영남대학교
인문학
육성총서
• • • 28

왕양명 심학의 탄생지
용장(龍場) 관련자료 역주

초판 발행 2020년 12월 30일
저자 왕수인(王守仁)
역주 최재목·김명월
디자인 정재완
펴낸곳 영남대학교출판부
펴낸이 서길수
출판등록 1975년 9월 5일 경산 제16-1호
주소 경북 경산시 대동 214-1
전화 053) 810-1801~3
FAX 053) 810-4722
홈페이지 book.yu.ac.kr

ISBN 978-89-7581-828-8 93150

값은 표지 뒷면에 있습니다.
잘못 만들어진 책은 바꾸어 드립니다.

왕양명 심학의 탄생지

용장(龍場) 관련 자료 역주

왕수인(王守仁) 지음
최재목·김명월 역주

영남대학교출판부

옮긴이 서문

1

양명陽明 왕수인王守仁은 성화成化 8년(1472년)에 태어나 가정 7년(1528년)에 세상을 떠난(향년 57세) 중국 명나라의 정치인이자 교육자이며 사상가이다. 수인守仁은 이름이고, 호號는 양명陽明, 자字는 백안伯安이다.

그가 제창한 학문은 호를 따서 '양명학陽明學'이라 한다. 또는 나라는 주체의 '마음[心]'을 중심내용으로 하고 있는 점을 드러내어 '심학心學'이라 하고, 또는 여러 심학 가운데 양명의 것임을 밝히기 위해 '양명심학陽明心學'이라고도 한다.

왕양명은 35세가 되던 1506년, 당시의 최고 실세의 환관인 유근劉瑾의 비리를 고발하며 탄핵하라는 상소문을 올렸다가, 다른 관리들이 그랬듯이, 오히려 처벌을 받게 된다. 기절할 때까지 곤장을 40대를 맞고 투옥되었다가 다음 해(36세, 1507년)에 귀주성貴州省의 용장龍場의 말단 관리로 좌천되어 떠난다. 북경에서 5000km나 되는 험난하고 머나먼 길. 귀주성에서도 산간 벽지였다. 1년이 걸려 37세 되던 해(1508년) 봄에 도착한다. 용장은 한족이 아닌 이민족인 묘족苗族들이 원주민으로 혈거穴居 형태로 살고 있는 곳이었다. 언어도 통하지 않고, 기후도 나쁘고, 풍토병이 심한 곳이었다. 그래서 이곳에 좌천되거나 귀양살이 온 사람들은 죽는 경우가 허다했다.

그는 여기서 동굴 속에서 주로 지내며, 밤에는 자객들로부터 안전을 확보하기 위해 완역와玩易窩의 지하 석관石棺 속에서 잠을 자곤 하였다. 그러던 어느 날 꿈속에서, 청소년기부터 그때까지 과제로 껴안고 있던 주자의 '격물치지格物致知'의 의미를 '대오大悟'하는 신비체험을 겪는다. 이것을 일반적으로 '용장의 대오'라고 하며, 중국 사상사에서 획기적인 사건으로 자리매김한다. 「연보年譜」 37세조의 기록은 이렇다:

홀연히 한밤중에 (여태까지 고민해왔던) 격물치지格物致知의 본지를 대오大悟하였다. 꿈에서 누군가가 말을 하는 것 같았다. 자신도 모르게 소리를 치며 펄쩍 뛸 지경이었다. 성인의 도는 자신의 본성性 속에 자족한 것이다, 이전에 마음 밖의 사물에서 이치를 구한 것은 잘못이라는 것을 비로소 알게 되었다. 이에 묵묵히 오경五經의 말을 기록하여 증명해보니 맞지 않는 것이 없었다. 그래서『오경억설五經臆說』을 지었다.
忽中夜大悟格物致知之旨, 夢寐中若有人語之者, 不覺呼躍, 從者皆驚, 始知聖人之道, 吾性自足, 向之求理於事物者誤也, 乃默記五經之言證之, 莫不脗合, 因著五經臆說.(『陽明全書』卷32, 「年譜」37세조)

"성인의 도는 자신의 본성性 속에 자족한 것"이라는 '성인지도, 오성자족聖人之道, 吾性自足'론은 왕양명 사상의 출발점이며, 양명학의 탄생이 되는 '심즉리(心卽理. 내 마음이 바로 이치이다)' 학설의 원형이다. 모든 이치(理)는 나의 본성에 갖추고 있다는 '선언'에 의해 왕양명의 '성인됨'의 추구와 고뇌(문제의식)는 여기서 일단락된다. 왕양명은 여기서 3년간(1508 봄~1510년 3월)을 머문다.

그는 '심즉리'설을 바탕으로 곧이어 여기서 '지행합일'(知行合一. 지와 행은 하나로 통합되어 있음)을 제창한다. 이후 용장을 떠난 다음에 '치양지'(致良知. 인간 내면의 완전한 앎과 실천의 능력인 양지(良知)를 이루라는 것)·만물일체(萬物一體. 만물들은 하나의 기(氣)에 의해 본래 한 몸이라는 것) 등의 주요 핵심 학설을 차례차례 전개해 간다.

이처럼 양명학의 철학사상 전개의 출발점은 바로 이 용장에서 깨달은 '오성자족'(吾性自足: 나의 본성만으로 자족함) 즉 '심즉리心卽理'의 자각이었다. 용장은 왕양명의 철학사상이 탄생한 곳이기에, 현재 중국에서는, 그가 태어난 절강성浙江省의 여요餘姚와 그가 자란 소흥紹興과 더불어, '양명학의 성지聖地'로 불린다.

2

이 책은 '양명심학의 탄생지'인 중국 귀주성 용장에서 양명이 남긴 자료를 모아 국내에서 처음으로 역주譯註한 것이다.

이 책은 왕양명의 『연보』를 기반으로, 그가 귀주貴州 용장龍場에 머물렀던 3년간(1508 봄~1510년 3월)의 다양한 저작(文, 記, 詩, 서예 작품 등)을 역주의 대상으로 삼는다. 즉, 용장에서 지은 시詩 105수, 기사記事류 8편, 교유敎諭류 2편, 논술論述류 2편, 서문序文류 5편, 서신書信류 6편, 제문祭文류 3편, 총 26편, 서예 작품 5편을 역주하였다.

따라서 이 자료를 통하여 왕양명의 사상 발전과 용장에서의 사회, 교육, 예술 활동 정황을 두루 살펴볼 수 있다.

이 책의 역주한 왕양명 용장 시절의 자료는, 2002년 귀주성貴州省 귀양시貴陽市 수문현修文縣의 지방지地方志 사무실辦公室에서 공식적으로 편집한『왕양명재용장(王陽明在龍場: 용장에서의 왕양명)』[1]을 저본으로 하였다.

『왕양명재용장』에는 자세한 역주가 없다. 따라서 역주는 모두 역주자가 붙인 것이다. 아울러 편집한 원문 속의 오류는 한글 역주자가 2011년 전명錢明 편교編校, 오강吳光 복교覆校『신편본新編本 왕양명전집王陽明全集』(1~6)[2]을 참고하여 바로잡았다.

3

이 책에 실린 글들을 간략하게 소개하면 다음과 같다.

1. 왕양명연보王陽明年譜(成化 8년부터 正德 5년까지)

왕양명王陽明(1472-1529)의 이름은 수인守仁이고 , 자는 백안伯安, 시호 문성文成이다. 중국 절강성浙江省 소흥부紹興府 여요餘姚사람이다. 일찍이 고향 소흥와 회계산 자락의 양명동에 수행한 적이 있어서 사람들이 그를 양명자陽明子, 양명산인陽明山人, 양명선생陽明先生이라 불렀다. 양명은 초명은 운雲이고 5세가 되어서도 말을 하지 못해서 수인으로 개명한 후에 말을 하기 시작했다. 양명은 12세 때 성현이 되는 뜻을 세웠다. 15세 거용삼관을 돌아보고 사방의 이민족을 다스릴 뜻을 품었다. 17세 결혼을 했다. 18세 루일재婁一齋를 만나서 격물지학格物之學을 배웠다. 21세 향시에 합격하였지만 22세와 25세 때, 두 번의 회시를 했는데 두 번 실패했다. 28세에 마침내 제2차 회시에 합격했다. 28-29세에 관정공부觀政工部, 운남청리사주사雲南淸吏司主事 등 관직을 지냈다. 30세부터 건강 때문에 요양 생활하면서 도교에 심취했다. 31세 사직하

1 修文縣地方志辦公室編,『王陽明在龍場』, (貴州煤田彩印廠印刷, 2002).

2 王守仁,『王陽明全集)』(新編本)1~6), 錢明 編校, 吳光 編校, (浙江出版聯合集團·浙江古籍出版社, 2011)

고 회계산 양명동에 은거 생활을 하면서 인도술引導術을 배웠다. 33세 병부무선청리사주사兵部武選淸吏司主事에 임명되어 북경으로 올라갔다.

2. 환관 유근 탄원에 관한 상소문乞宥言官去權奸以章聖德疏

35세(1506)년 권력자인 환관 유근劉瑾을 탄핵하려 대선과 같은 남경의 간관들 무종에게 상소하는데 투옥되는 일이 벌어졌다. 양명은 그들을 변호하기 위해「걸유언관거권간이장성덕소」을 올리고 무종에게 "임금이 어질면 신하는 정직한 법이다. 그 말이 좋으면 당연히 마땅히 가납하시어 시행하실 것이요. 만약 그 말이 무리하지 않더라도 또한 마땅히 포용하고 덮어 주어 그 들의 충직한 충언의 길을 열어줌이 마땅할 것입니다(其言而善，自宜嘉納施行, 如其未善，亦宜包容隱覆，以開忠讜之路)"라고 간언하였다.

결국 무종의 화를 불러서 정장庭杖 40재의 형벌을 받고 투옥되었다. 마침내 중국 귀주성貴州省 용장龍場역의 역승으로 좌천된다.

36세(1507) 봄, 용장으로 출발하여, 37세(1508)년 봄에 용장에 도착하였다. 용장은 북경에서 5,000킬로미터 떨어져 있다. 양명은 머물 곳이 없어 움집을 만들고 거처했다.

37세 때, 왕양명은 '완역와玩易窩'에서 수행을 하다 어느 날 밤 꿈에서 주자가 말한 '격물치지格物致知'의 참뜻을 깨달고 심즉리 즉 "성인의 도리는 나의 본성만으로 충분하다"라는 깨달음을 얻었다. 이것을 '용장대오龍場大悟'라고 한다. 대오 후에 「오경억설」을 지었다. 1509년 왕양명은 제학提學부사副使 석서席書에게 "지와 행은 본래 하나"라는 '지행합일知行合一'설을 가르쳤다. 그 후에 석서는 왕양명과 함께 귀양서원貴陽書院을 수리 복원하여 양명을 스승으로 모시고 귀양의 학생들을 가르치고 지행합일설을 논하기 시작했다. 38세(1509)되던 3월, 왕양명은 강서성 길안부吉安府 여릉현廬陵縣의 지현知縣으로 부임하였다. 39세(1510)되던 해, 무종이 장영張永의 건의를 받아들여 유근 및 그 일파는 처형되었다.

3. 용장 시기 왕양명의 유문遺文

1) 기사류記事類 : 완역와기玩易窩記, 하루헌기何陋軒記, 군자정기君子亭記, 원속정기遠俗亭記, 상사기象祠記, 와마총기臥馬塚記, 빈양당기賓陽堂記, 중수월담사건공관기重修月潭寺建公館記 등 8편.

(1) 완역와기玩易窩記

왕양명은 용장에 산록에 굴을 파서 『주역』을 공부했다. "옛날 문왕文王과 무왕武王이 감옥도 마다 않고 감옥에 갇힌 것도 잊으며 『역』을 연구하였고 공자도 늙는 것도 잊고 연구하였구나! 나는 이제야 늙을 때까지 해야 할 일을 알았다.(嗟乎! 此古之君子所以甘囚奴, 忘拘幽, 而不知其老之將至也夫! 吾知所以終吾身矣)"고 탄식하였다." 그래서 동굴을 '완역와玩易窩'라고 이름 짓고 그 까닭을 설명하였다.

후에 용장산에 있는 돌로 된 넓은 동굴, 즉 지금의 수문현修文縣의 양명동陽明洞으로 옮겼다. 수개월 뒤에 현지 주민의 도움으로 양명이 하루헌, 군자정, 빈양당을 지어 기記를 썼다.

(2) 하루헌기何陋軒記 "예전에 공자께서는 구이九夷에 가서 살고 싶다고 하셨는데, 제자들이 어째서 그렇게 편벽하고 누추한 곳에 거하려 하는지를 물었다. 공자가 이르길 '군자가 거하는 곳이 어찌 누추하다 할 수 있겠는가'?(昔孔子欲居九夷, 人以為陋. 孔子曰: 君子居之, 何陋之有?)"라는 『논어』 「자한子罕」의 내용을 인용하고 군자의 도를 추구했다.

(3) 군자정기君子亭記

(4) 원속정기遠俗亭記 : "헌부 모응규毛應奎 공이 관직에서 물러나 돌

아가는 곳을 '원속'이라고 했다. 양명선생이 그를 위한 기를 지어주었다. 즉, 속습과 고도는 서로 성쇠인 것이다. 소란하고 혼탁한 세속과 이미 멀어지면, 이 주택은 반드시 고명하고 고요하며, 광활하다. 이것은 바로 '원속'이라는 이름을 붙이는 이유이다.(憲副毛公應奎, 名其退食之所曰'遠俗'. 陽明子為之記曰: 俗習與古道為消長. 塵囂溷濁之既遠, 則必高明淸曠之是宅矣, 此'遠俗'之所由名也.)

(5) 상사기象祠記 : "세상 사람에게 비록 상과 같은 선하지 못한 사람도 고칠 수 있다는 것을 알리게 하고자 합니다. 그리고 군자가 덕을 닦아 지극하게 되면 비록 상과 같은 어질지 못한 사람도 감화시킬 수 있는 것입니다.(吾將以表于世, 使知人之不善, 雖若象焉, 猶可以改, 而君子之修德, 及其至也, 雖若象之不仁, 而猶可以化之也.)"

(6) 와마총기臥馬塚記 : 왕양명은 순안도찰어사 왕제王濟가 세운 와마총을 위해 지었다. "와마총은 선부성에서 서북쪽으로 십 여리 떨어져 있다.(臥馬塚在宣府城西北十余里)". "지금 회래懷來의 도헌都憲 왕질이 여기에 그의 돌아가신 부친을 장사지냈다.(今都憲懷來王公實葬厥考大卿於是)". "마을 사람들은 하늘이 공의 효행에 감동하여 그 자리를 주었다고 했다. 그 서로 그 묘지를 '와마臥馬'라고 명명하고 그 상서로운 것을 기록했다.(鄉人謂公孝感所致, 相與名其封曰'臥馬', 以志厥祥)".

(7) 빈양당기賓陽堂記 : "전사의 동쪽을 향한 당은 "빈양"이라고 부르고 『요전』에 "뜨는 해를 공손히 맞이한다(寅賓出日)"의 뜻을 취했다.(傳之堂東向曰'賓陽', 取『堯典』'寅賓出日'之義)".

(8) 중수월담사건공관기重修月潭寺建公館記 : 왕양명은 흥륭위興隆衛 를 지나갈 때 흥륭비운애월담사건공관興隆飛雲崖月潭寺建公館에서 머물다가 스님의 요청으로 이 기문을지었다.

2) 시유류示諭類 : 용장생문답龍場生問答, 교조시용장제생教條示龍場諸生 2편.

(1) 용장생문답龍場生問答 : 문답의 형식으로 자신의 교육 사상이 드러나다.

(2) 교조시용장제생教條示龍場諸生 : 입지立志, 근학勤學, 개과改過, 책선責善으로 도어 있는데 그의 교육사상과 견해가 드러나다.

3) 서문류序文類 : 오경억설서五經臆說序, 송모헌부치사귀동강서원서送毛憲副致仕歸桐江書院序, 기후도서氣候圖序, 은수쌍상사후서恩壽雙慶詩後序, 중간문장집범서重刊文章軌範序 등 5편.

(1) 오경억설서五經臆說序 : 「오경억설」을 마든 과정과 목적을 서술했다. 용장은 남쪽 오랑캐 땅의 수많은 산 가운데 있어, 서적을 휴대할 수 없었기에, 매일 석굴에 앉아 예전에 독서했던 것을 묵묵히 기억하여 그것을 기록하였다. 뜻을 얻은 바가 있으면, 곧 훈석訓釋으로 삼았다. 1년 7개월이 걸려서 『오경』의 요지를 대략 정리하였으니, 「억설」이라 이름 붙였다. 생각건대 반드시 선현에게 합치되지는 않아도, 가슴속의 억지스런 견해를 제멋대로 써서, '감정을 기쁘게 하고 본성을 기르기 위한 것일 뿐'이었다.(龍場居南夷萬山中, 書卷不可攜, 日坐石穴, 默記舊所讀書而錄之. 意有所得, 輒為之訓釋. 期有七月而『五經』之旨略遍, 名之日"臆說". 蓋不必盡合于先賢, 聊寫其胸臆之見, 而因以娛情養性焉耳)".

(2) 송모헌부치사귀동강서원서送毛憲副致仕歸桐江書院序 : 모과 안찰부사가 벼슬하여 동강서원에 돌아가는 것을 전송하며 지은 증서문) 정덕 기사년(正德 4년, 1509년) 여름 4월에 귀주貴州의 안찰사부사按察司副使인 모과毛科 공이 왕명을 받고 벼슬을 물러나 돌아가게 되었다. 왕양명을 모공을 위해 이 서문을 써서 그의 인품과 덕업을 칭찬했다.

(3) 기후도서氣候圖序 : 대총병이신 시찬施瓚공께서 화공에게 『칠십이

후도 七十二候圖』를 그리라 명하여 그려 간행하게 하면서 사자를 파견하여 용장으로 예물을 보내시고 저에게 그 그림의 사이에 서문을 써 주기를 부탁하였다.

(4) 은수쌍상사후서恩壽雙慶詩後序 : 이 글에 등장하는 왕제王濟는 정덕 2년에 귀주순안감찰어사貴州巡按監察御使에 임명되었는데, 귀주일대를 다스리기에 바빠 부모님인 왕공과 부인(즉 왕제의 어머니)의 장수를 축하하는 연회에 참석하지 못했다. 연회에 모였던 사대부들과 왕제의 막하에서 벼슬했던 사대부들이 두 분의 장수를 소재로 많은 시를 지었으며 이 시들을 엮어 『은수쌍경시恩壽雙慶詩』라는 시집이 만들어졌는데 이를 소재로 왕양명이 지은 서문이다.

(4) 중간문장궤범서重刊文章軌範序 : 왕여즙王汝楫이 왕양명에게 송나라의 사방득謝枋得이 지은『문장궤범文章軌範』의 서문을 써 주도록 부탁했다. "대개 고문의 심오한 뜻이 여기에 있는 것이 아니고 과거수험생만 위해서 만든 것 같다. 세상의 학자들에게 이 책이 전해져 익히고 이미 오래되는데, 귀양의 선비들은 유독 그 책을 아직 못 본 경우가 많았다. 귀주순안감찰어사 왕여즙王汝楫이 안찰사 공무의 여가에 그 기억하고 있는 것을 손수 기록하고 선본을 구해서 그것을 교정했다. 여러 지방의 행정장관 예컨대 좌포정사左布正史였던 곽신郭紳같은 분들과 의논하여 서로 녹봉에서 돈을 출연하여 출판함으로써 장차 귀양의 선비들에게 도움이 되도록 하고자 하였습니다.(蓋古文之奧不止于是，是獨為舉業者設耳. 世之學者傳習已久，而貴陽之士獨未之多見. 侍御王君汝楫于按歷之暇，手錄其所記憶，求善本而校是之；謀諸方伯郭公輩，相與捐俸廩之資，鋟之梓，將以嘉惠貴陽之士.)"

4) 논설류論說類 : 오경억설십삼조五經臆說十三條, 논원년춘왕정월論元年春王正月 등 2편.

(1) 오경억설십삼조五經臆說十三條 :

1508년, 용장대오 뒤에 그것을 그가 기억하고 있던 『오경五經』의 성현의 말씀에 맞추어보았는데 모두 일치하였다. 그래서 「오경억설五經臆說」을 지었다. 「오경억설」은 양명 직접 쓴 유일한 저작이다. 그러나 총 46권인데, 경은 각각 10권이었으나 예의 설은 6권이었다. 양명이 그것을 마음에 들지 않는다는 이유로 후에 태워버렸기 때문에 13여 조목만 남아 있는데 왕양명 사후 전덕홍錢德洪에 의해 정리되고 그가 편집한 『문록속편文錄續編』에 속해 있다. "『오경』에는 성인의 학문이 갖추어져 있다. 그러나 이미 도를 들어서 알고 있는 자의 입장에서 말한다면, 「오경」은 도에 있어서는 통발과 지게미일 뿐이다. 일찍이 나는 세상의 유자가 통발에서 고기를 찾고 지게미를 술이라고 말하는 것을 재심 이상하게 여기고 있었다."고 한 부분은 그의 심학적 입장을 잘 말해주고 있다.

(2) 논원년춘왕정월論元年春王正月 : 아마 「오경억설」 중의 한편일 수가 있다.

4) 서찰류書札類 : 여안선위與安宣慰(1~3), 답모헌부答毛憲副, 답인문신선答人問神仙, 진원려저서찰鎮遠旅邸書札 등 6편.

(1) 여안선위與安宣慰(1~3) : 왕양명이 용장에 있을 때 귀주貴州 선위사宣慰使 안귀영安貴榮에게 보낸 편지이다. 이전에 조정에서 수서水西에 군위軍衛를 설치할 것을 논의하고 성곽을 설치하였다가 이미 중지된 상태였으나 역전은 여전히 존속하고 있었다. 안씨가 그의 심복心腹에게 의지하는 것이 싫어 역전을 제거하는 문제를 선생에게 물었다. 양명 선생은 서찰을 보내어 그것은 불가하다는 뜻을 분명하게 밝히고 조정의 위신과 법령을 펼치게 하니, 모든 난제가 해결되었다. 이윽고

송씨의 추장인 아고阿賈와 아찰阿劄 등이 송씨에게 반란을 일으킴에 이 지방의 근심거리가 되자, 선생이 다시 서찰을 보내 안선위를 깨우쳤다. 안선위가 두려워하면서 부대를 거느리고 그 반란을 평정하니 백성들이 이에 평안하게 살 수 있게 되었다.

(2) 답모헌부答毛憲副 : 왕양명이 용장에 있는 동안 귀주성 사주思州의 태부가 보낸 사신이 와서, 태부의 위엄을 등에 업고 왕양명을 모욕하려고 하였다. 원주민들은 그들이 스승으로 모시고 있던 왕양명이 학대받는 일에 분개하여 그 사신을 구타하였다. 장관이 상급 관청에 그 사실을 보고하자 헌부의 안찰부사인 모응규毛應奎가 왕양명이 태부에게 사죄를 하라고 했다. 그러나 왕양명은 다음과 같은 서신을 써서 사죄를 거절했다.

“구타한 일은 사신이 권력을 등에 업고 빼기는 데서 생겨난 일이기 때문에 사중의 장관이 그렇게 시킨 것이 아니며, 또한 용장의 원주민이 그를 구타한 일은 그들의 분노에 따른 것이고 내가 시킨 것이 아닙니다. 따라서 나도 장관도 관련되어 있지 않으므로 사죄할 필요는 없습니다. 화복의 이해禍福利害로 말하자면 충신예의忠信禮義를 지킴이 복되고 이로운 일입니다.”라고 말했다. 이렇게 하여 일이 잘 마무리되었으며 원주민들 또한 무사할 수 있었다.

(3) 답인문신선答人問神仙 : 이 편지는 왕양명이 귀주제학부사貴州提學副使 석서席書에게 쓴 답신이다. 석서는 일찍이 왕양명에게 편지 3편을 보내어 주자와 육상산의 차이 및 신선에 대해 물었다. 왕양명은 이에 대해 직접 대답하지 않고 용장에서 깨달은 것을 답장으로 보냈다. 이에 따라 석서는 4번째의 편지를 보냈다. 왕양명은 신선술에 대해 논의하는 답장을 보냈는데 바로 이것이 「답인문신선答人問神仙」이다.

(4) 진원려저서찰鎭遠旅邸書札 : 왕양명은 38세 때 말에 강서성 길안

부 여릉현의 지현이 승진되었다. 이듬해 1510년 3월 부임하러 가는 도중 진원鎭遠여관에 머물 때 제자들에게 쓴 편지이었다.

6) 제문祭文 : 예려문瘞旅文, 제류인정주사祭劉仁徵主事, 양삭지현양군묘지명陽朔知縣楊君墓志銘등 있다.

(1) 예려문瘞旅文 : 정덕正德 4년(1509) 가을 3일에 어떤 이목吏目이 수도에서 왔는데, 그 이름은 모르겠지만, 아들 하나와 종 하나를 데리고 부임지로 가려고 하는데, 용장龍場을 지나가며 토착 묘족苗族 집에 투숙했다.

"나는 그대 셋 주검이 의탁할 사람이 없는 것을 생각하여, 와서 그대를 묻어주려 하는데, 나는 끝없는 슬픔을 느낀다오. 아 슬프도다! 만약 그대를 묻지 않으면, 깊은 벼랑의 여우들과 음침한 계곡에 수레바퀴 같은 살무사는 또한 반드시 그 시체를 삼킬 것이니, 오래 들판에 드러나지 않을 것이다. 그대는 지각이 없지만 나는 어찌 마음에 꺼리지 않겠는가?"냐고 했다. 이 문장은 천고의 절창이 되었다.

(2) 제유인징주사祭劉仁徵主事 : 왕양명이 그의 친한 친구를 추모하기 위해 쓴 제문이다. 이 제문에서 왕양명은 그의 친한 친구 유인징의 고상한 인품을 칭찬하고 불공정한 대우를 받은 친구를 위해 세상이 그에 대해 불공평함을 호소하였다. 그리고 그가 스스로 생사와 명리를 포기하고, 良知를 중시한 일을 강조했다.

(3) 양삭지현양군묘지명陽朔知縣楊君墓志銘 : 광서성 양삭지현 양상문의 조카가 용장에 와서 왕양명에게 묘지명을 써달라고 청했다. 그러나 왕양명은 처음에는 거절했다. 양삭지현의 조카는 매일 와서 왕양명을 기다리고 심지어 "계단 아래에서 엎드리고 울면서 일어나지 않았다." 나중에 "양상문은 성실하고 믿음직하며 성격이 꿋꿋하고 강

직하니, 그가 고을에 있을 때 함부로 교제하지 않으며 교제하는 분도 반드시 이름난 선비와 관리였고 동료 중에서 착하지 않은 자를 보게 되면 마치 더러운 것을 보듯이 여겼습니다."라는 말을 듣고 비로소 그의 묘지명을 쓸 것을 허락했습니다.

4. 거이시居夷詩 즉 귀주貴州 경내에서 지은 시 모두 105수이다.

처음 용장에 도착할 때 「처지용장무소지결초암거지初至龍場無所止結草庵居之」를 지고 가난한 생활을 묘사했다. "초막의 높이가 어깨보다 낮으나, 나그네의 지친 몸 바야흐로 쉬겠네. 가시덤불을 헤쳐 울타리를 만드니, 흙 계단 편편하여 높낮이도 없네. 바람이 줄어와도 가릴 수 없으니, 비가 새어든들 막기가 쉬울 손가.(草庵不及肩, 旅倦體方適. 開棘自成籬, 土階漫無級. 迎風亦蕭疏, 漏雨易補緝.)"

마지막 용장을 떠날 때 남기는 시는 바로 「여러 문인들을 전송하며 용리 도중에서 2수(諸門人送至龍里道中二首)」이다.

이 시로 헤어지는 것을 못내 아쉬워하는 감정과 드디어 좌천생활을 벗어나는 기쁨을 표했다.

"산길이 높고 낮고 어지러운 산으로 드는데, 여러분들을 서로 전송하면서 길 험한 것 부끄럽네.(蹊路高低入亂山,諸賢相送愧間關.)" "그리워도 부지런히 편지 쓰지 아니리니. 이별 뒤 나의 말을 머리에 꼭 박아 두세나.(相思不作勤書禮, 別後吾言在訂頑.)"

"눈 쌓은 산성으로 저문 날 관문에 드니, 돌아가는 마음, 이별하는 뜻 다 아득하네.(雪滿山城入暮關, 歸心別意兩茫然.)"

5. 왕양명의 용장관련 서예 도판

상사기(象祠記(正德3年,1508)), 진원鎮遠여저에서 쓴 서찰(鎮遠旅邸書劄 (正德五年

春1510)), 여유선수차(與惟善手劄(正德五年春1510)), 천애사귀서축(天涯思歸書軸(正德五年春1510)), 객좌사축(객지에 있게 됨에 따라 제자들에게 사적으로 축원하는 글(客座私祝(1527)) 등 5편.

왕양명은 중국 서예가의 왕희지王羲之의 후손이다. 그의 서풍은 힘차고 전아하며 훌륭했다. 왕양명은 글씨 그 차체에 집착하지 않고 마음가짐에 중점을 두었다. 이것은 그의 심즉리 치양지로 표명되는 심학의 기본 입장과도 통하는 것이다. 그의 글씨는 현재 중국과 일본에 많이 남아 있다.

4

이상과 같이 역주를 진행해 온 작업이 의외로 많은 시간이 걸렸다. 그 사이에 김명월은 영남대학교 대학원 한국학과에서 박사학위 논문을 제출하여 통과되어(2020.2) 문학박사가 되었다. 이 자리를 빌어 축하를 드린다.

기초적인 역주는 김명월 박사가 하였고, 그것을 최재목이 다시 검토하며 수정, 보완, 교열하였다. 특히 시 번역 작업에는 많은 정성을 쏟았다. 왜냐하면 왕양명이 시를 통해 표현하려는 미묘한 감정과 의도를 살피며 그것을 한글로 표현하기 위해서였다.

이 역주 작업은 영남대학교 문과대학 인문기금의 도움을 받아, 영남대학교출판부에서 간행한 것이다.

오래 이 작업을 기다려준 분들에게 감사드린다.

2020. 11

최재목 쓰다

차례

사진 및 도판

왕양명의 귀주성貴州省 용장龍場 관련 자료 역주

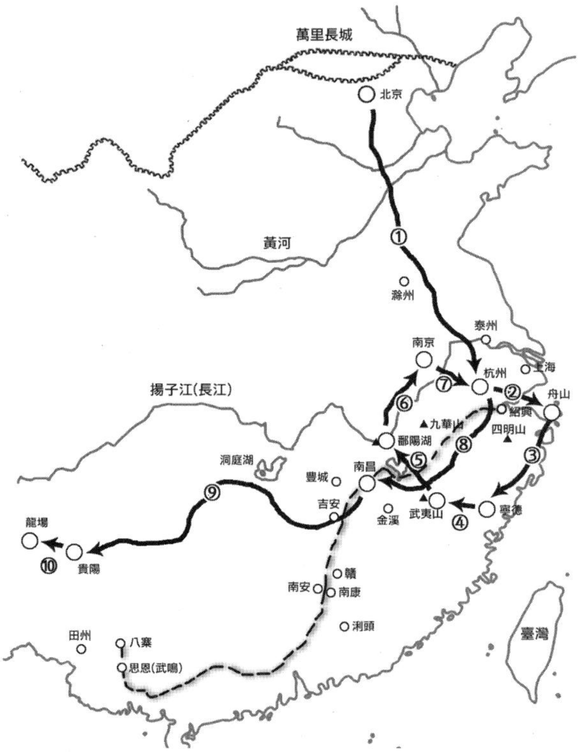

[그림1]: 왕양명이 좌천되어 북경에서 귀주성 용장역(龍場驛)까지 이동하는 경로
[굵은 선. 번호는 주요 지명과 지명 사이의 여정을 가리킴]

좌천되는 길은 북경에서 용장까지 대략 5천km이다. 36세(1507년) 봄에 출발하여 이듬해(37세, 1508년) 봄, 용장에 도착한다.

왕양명의 「연보」에 근거하여, 용장까지의 주요 이동 경로를 밝히면 다음과 같다:

<북경北京→전당錢塘→주산舟山→민계閩界→무이武夷→파양鄱陽→남경南京→전당錢塘→남창南昌→귀양貴陽→용장龍場>

[그림2]: 신건백왕문성공수인상(新建伯王文成公守仁像)

왕양명이 50세(1521년) 되던 해, 중국 강서江西 남창南昌의 영왕寧王 주신호(朱宸濠. ?~1521)가 일으킨 반란을 평정한 공로로 '신건'(新建: 강서 남창의 현명(縣名)) 지역의 '백작'伯爵 즉 '신건백'新建伯에 봉해진다. 왕양명의 고향 절강성 여요餘姚에도 신건백 작위의 간판 즉 패방牌坊이 세워져 있다.

[그림 3]: 양명선생소상(陽明先生小像)(上海博物館藏)

명대의 유명한 화가이자 양명의 제자인 채세신(蔡世新. ?-?, 호는 소학(少壑)) 작으로 전해짐.

[그림 4] 양명선생상(陽明先生像)(中國歷史博物館. 현 中國國家博物館 소장)

채세신蔡世新 작으로 전해짐.

[사진 1] 귀주성 용장(龍場) 양명동(陽明洞) 아래 공원 내의 '양명 및 제자상'.
뒤편의 숲이 양명동이 있는 용강산(龍崗山)이다.
(사진촬영: 최재목/2002년 5월과 10월. 이하 같음)

[사진 2] 귀주성 용장(龍場) 양명동(陽明洞) 모습

[사진 3] 양명동 오른쪽의 계단 앞에는 양명이 직접 심었다는 큰 측백나무[柏]가 있다.

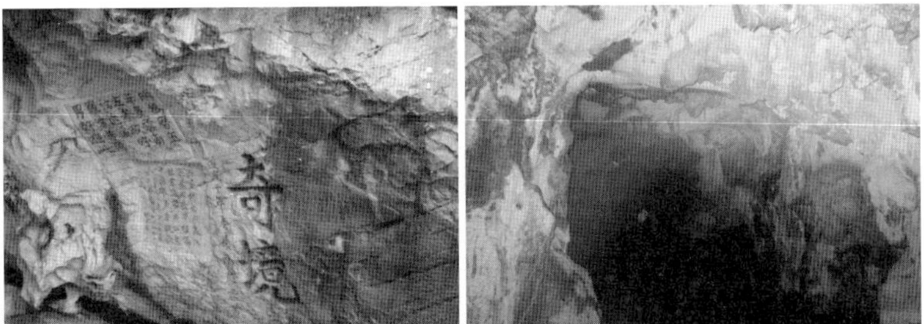

[사진 4] 양명동 내부의 모습

[사진 5] 양명동 뒷편의 모습(동굴이 연결되어 있음)

[사진 6] 양명동 위쪽의 '하루헌'(何陋軒)(상), '군자정'(君子亭)(중), '빈양당'(賓陽堂)과
왕양명을 모시는 사당인 '왕문성공사'(王文成公祠)(하),
그리고 용강산 양명동 및 건물 배치도(중간의 우측)

[사진 7] 왕양명이 실제로 심즉리(心卽理)를 깨달았던[보통 용장오도(龍場悟道)라고 함] 지하 굴 속의 '완역와'(玩易窩. 주역을 완색하던 굴)(위)와 석굴 내부의 모습(아래).

용강산의 양명동에서 4km 정도 떨어져 있고, 예전에는 양명동의 굴과 서로 연결되어 있었다고 한다.

[사진 8] 용장 양명동 부근의 시골 풍경

[사진 9] 용장의 소수민족인 묘족(苗族)의 모습(위), 묘족의 악기 및 수공예품(아래)

1장

왕양명 연보:
출생에서 용장 시기까지
(성화成化8년부터 정덕正德5년까지)

自成化壬辰始生至正德庚午

先生諱守仁, 字伯安, 姓王氏. 其先出晉光祿大夫[1]覽[2]之裔, 本琅琊[3]人, 至曾孫右將軍羲之[4], 徙居山陰[5]; 又二十三世迪功郞[6]壽, 自達溪[7]徙餘姚[8]; 今遂爲餘姚人. 壽五世孫綱[9], 善鑒人. 有文武才. 國初誠意伯劉伯溫[10]薦爲兵部郎中[11], 擢廣東參議, 死苗難. 子彥達綴羊革裹屍歸, 是爲先生五世祖. 禦史[12]郭純[13]上其事於朝, 廟祀增城[14]. 彥達號秘湖漁隱[15], 生高祖, 諱与准[16], 精

---

1 광록대부(光祿大夫): 공중(宮中) 고문관(顧問官)이다. 종이품(從二品)으로 주로 궁내청(宮內廳)을 관장하는 벼슬이다.

2 람(覽): 즉 왕람(王覽)이다. 왕람의 자는 현통(玄通)이다. 『진서(晉書)』 권33 「왕람전(王览傳)」에서 왕람은 태보 왕상(王祥)의 이복동생이고 효제로 유명하다고 기록했다.

3 낭야(琅琊): 중국 산동성(山東省) 제성현(諸城縣) 동남(東南)쪽에 있다.

4 희지(羲之): 303~361, 혹은 321~379, 왕희지(王羲之)이다. 절강성(浙江省) 회계(會稽) 사람이고 자는 일소(逸少)이다. 진(晉)나라 유명한 서예가이다.

5 산음(山陰): 지금 절강성(浙江省) 소응시(紹興市) 내에 있다.

6 적공랑(迪功郎): 관명. 적공(迪功)이라고도 한다. 『송사(宋史)』 「직관지·8(職官志八)」에, "적공랑은 종구품이다."[迪功郎…爲從九品]. 청(淸), 유정변(俞正燮)의 『계사존고(癸巳存稿)』 「벽운암제명발(碧雲巖題名跋)」에, "송나라 각 주의 상, 중, 하의 현부, 위 등 관직은 모두 종구품 적공랑(迪功郎)에 속한다."[宋諸州上中下縣簿, 尉, 俱從九品迪功郎]라고 있다.

7 달계(達溪): 지명이고 산음(山陰) 경내에 있다.

8 여요(餘姚): 절강성(浙江省) 회계(會稽)에 속하며, 소흥(紹興)의 동쪽에 있다.

9 강(綱): 자는 성상(性常)이다. 文学으로 유명하고 홍무제 시기 광동 참의에 임명되었다. 『명사(明史)』 권 289, 「열전(列傳)」 제177의 충의(忠義)편을 참조.

10 유백온(劉伯溫): 명나라 초의 명신(名臣) 유기(劉基)이고 자는 백온(伯溫)이며, 봉호는 성의백(誠意伯)이다. 『명사(明史)』 권 128, 「열전(列傳)」 제16을 참조.

11 병부낭중(兵部郎中): 병부국장(兵部局長)이다.

12 어사(禦史): 원래는 사관이다. 나중에 두찰원(都察院) 탄해사(彈劾司)의 관리로 바뀌었다.

13 곽순(郭純): 1370~1444, 절강성(浙江省), 영가(永嘉) 사람이다. 초명은 문통(文通)이고 후 성조(成祖)에게 순(純)이라는 이름을 얻었다.

14 증성(增城): 중국 광동성(廣東省) 번우현(番禺縣)의 동북쪽에 있다.

15 비호어은(秘湖漁隱): 신비로운 호수에 은둔한 어부.

16 여준(与准): 자는 공도(公度)이고 호는 둔석(遁石)이다.

『禮』、『易』、嘗著『易微』數千言. 永樂間, 朝廷擧遺逸, 不起, 號遁石翁. 曾祖諱世傑, 人呼爲槐里子, 以明經貢太學卒. 祖諱天敍, 號竹軒, 魏嘗齋瀚[17]嘗立傳, 敍其環堵蕭然, 雅歌豪吟, 胸次灑落, 方之陶靖節、林和靖. 所著有『竹軒稿』、『江湖雜稿』行於世. 封翰林院修撰. 自槐里子以下, 兩世皆贈嘉議大夫[18]、禮部右侍郎, 追贈新建伯. 父諱華[19], 字德輝, 別號實庵, 晩稱海日翁, 嘗讀書龍泉山[20]中, 又稱龍山公. 成化辛丑, 賜進士及第第一人, 仕至南京吏部尙書, 進封新建伯. 龍山公常思山陰山水佳麗, 又爲先世故居, 復自姚徙越城[21]之光相坊居之. 先生嘗築陽明洞, 洞距越城東南二十裏, 學者咸稱陽明先生雲.

성화成化 임진壬辰년(1472)부터 정덕正德 경오庚午년(1510)까지

선생의 이름은 수인守仁이고, 자는 백안伯安이며, 성은 왕王씨이다. 그 선대는 진晉나라 광록대부光祿大夫 람覽의 후예로, 본시 랑야琅琊사람이었으나 증손인 우장군右將軍 왕희지王羲之때에 산음山陰으로 이사하였다.

또한 23세의 선조 적공랑迪功郞 수壽는 달계達溪에서 여요餘姚로 이사하였다. 그래서 지금은 여요餘姚사람이 되었다. 수壽의 오세손인 강綱은 사람을 잘 알아보고 귀감에 능하知人善鑑었으며 문무에 재능이 있었다. 명나라 초의 성의백誠意伯 유백온劉伯溫이 그를 천거하여 병부낭

17 상재 위한(魏嘗齋瀚): 1426~?, 자는 구연(九淵)이고 절강성(浙江省) 소흥(紹興) 여요현(餘姚縣)의 지방장관이다.

18 가의대부(嘉議大夫): 즉 예부 상서(尙書)이다.

19 화(華): 즉 왕화(王華 1446~1522)이다. 왕화는 1481년에 장원급제하여 한림원 참수관(翰林院纂修官)에 임명하였다.

20 용천산(龍泉山): 또한 영서산(靈緖山) 혹은 서산(嶼山)이다. 절강성(浙江省) 여요시(餘姚市) 경내의 서쪽에 있다.

21 월성(越城): 지금 중국의 절강성(浙江省) 소흥(紹興)이다.

중兵部郎中으로 삼았으며, 다시 광동참의廣東參議로 발탁하였다. 묘족의 난에 죽었다. 아들인 언달彥達이 염소가죽에 시신을 싸서 돌아오니 이 분이 바로 선생의 오대조이시다. 어사禦史 곽순郭純이 그 사적을 조정에 올렸으며, 증성增城의 묘당에서 제사를 지내게 되었다. 언달彥達의 호는 비호어은秘湖漁隱이다.

선생의 고조를 낳으니 휘가 여준与准이며 『예禮』와 『역易』에 정통하였고 일찍이 『역미易微』라는 책 수천언을 저술하였다. 영락永樂 연간에 조종에서는 유일遺逸로 들어 쓰려고 하였으나 응하지 않았다. 호가 둔석옹遁石翁이다. 증조의 휘는 세걸世傑이며 사람들은 괴리자槐里子라 불렀다. 명경을 공사貢士로 태학에 천거되었다가 죽었다.

할아버지의 휘는 천서天敍이며 호는 죽헌竹軒으로도 부른다. 절강성浙江省 포정사布政史인 상재嘗齋 위한魏瀚이 일찍이 거의 전을 지었는데 그 글에서 사는 집이 횅댕 그러하고 바른 노래雅歌를 호기롭게 불렀으며, 가슴속은 언제나 쇄락하여 그를 도연명陶淵明과 임화정林和靖에 비하였다고 표현하였다. 저서로 『죽헌고竹軒稿』와 『강호잡고江湖雜稿』가 세상에 전해져 있다. 한림원수찬翰林院修撰에 봉해졌으며 괴리자槐里子로부터 그 아래로는 2대가 다 가의대부嘉議大夫와 예부우시랑禮部右侍郞을 증직 받았으며 신건백新建伯을 추증 받았다.

아버지의 휘는 화華이며 자는 덕휘德輝이고 별호는 실암實庵이다. 만년에는 해일옹海日翁이라 칭하였다. 일찍이 용천산龍泉山에서 독서하였으므로 또한 용산공龍山公 (혹은 죽헌공(竹獻公)이라고도 칭한다.) 성화成化 신축辛丑년(1481)에 진사에 제1인으로 올랐다. 뒤에 벼슬이 남경南京의 이부상서吏部尙書에 이르렀고 신건백新建伯에 봉해졌다. 그의 아버지 용산공龍山公은 늘 산음山陰의 산수가 아름다운 것을 생각하였고, 또한 선대가 살던 곳이라 해서 다시 여요餘姚에서 월성越城의 광상방光相坊으로 이사하여 살았다. 선생은 일찍이 양명동陽明洞을 지으니 그 동네는 월성越城의 동남으로 20리 떨어진 거리였으며, 이로 인해 학자들은 모두 그를 양명(陽明)선생이라고 하였다.

憲宗成化八年壬辰九月丁亥, 先生生.

是爲九月三十日. 太夫人鄭娠十四月. 祖母岑夢神人衣緋玉雲中鼓吹, 送兒授岑, 岑警寤, 已聞啼聲. 祖竹軒公異之, 即以雲名. 鄕人傳其夢, 指所生樓曰"瑞雲樓".

헌종憲宗 성화成化 8년 임진(1472) 9월 정해丁亥에 선생이 태어나셨다.

곧 9월 30일이다. 어머니 정씨鄭氏가 임신한지 14개월째였다. 조모 잠씨岑氏가 꿈에서 신인 이 비옥緋玉빛의 옷차림으로 구름 속에서 북 치고 피리를 불며 아이 하나를 잠씨에게 주었다. 잠씨가 놀라서 꿈을 깨었으나 아기 울음소리가 들려왔다. 그 이야기를 듣고 할아버지 죽헌공竹軒公이 이상히 여겨 곧 손자한테 운雲이라고 이름을 지어 불렀다. 마을 사람들이 그 꿈 이야기를 전해 듣고 아이가 태어난 누각을 "서운루瑞雲樓"라 불렀다.

十有二年丙申, 先生五歲.

先生五歲不言. 一日與群兒嬉, 有神僧過之曰 : "好個孩兒, 可惜道破[22]. "竹

---

22 도파(道破): 천기를 (숨기지 않고) 설파했다(즉 누설했다). 즉 꿈꾼 것을 다른 데 누설해서는 안 되는데도 '운'이라 이름을 지어서 사람들에게 그 신비한 출생의 비밀을 밝히고 말았다는 것이다.

軒公悟, 更今名[23], 即能言. 一日誦竹軒公所嘗讀過書. 訝問之. 曰 : “聞祖讀時已默記矣.”

성화成化 12년 병신丙申(1476), 선생이 다섯 세가 되던 해이다.

선생은 다섯 살인데도 말을 하지 못했다. 하루는 여러 아이들과 노는데, 한 신승神僧 이 지나가다가 말하였다.

“안타깝다! 참 좋은 애인데, 천기를 도파했구나. 안타깝다.”

이 소리를 듣고, 죽헌공竹軒公이 바로 현재 이름으로 고치니 곧 말을 하기 시작하였다. 어느 날 선생은 죽헌공이 그 전에 읽던 글을 외웠다. 죽헌공이 의아하게 여기자 양명 선생은 말하였다. “할아버지가 책을 읽을 때 옆에서 가만히 기억하였습니다.”

十有七年辛丑, 先生十歲, 皆在越.

是年龍山公擧進士第一甲第一人.

---

23 갱금명(更今名): 왕수인(王守仁)으로 고쳤다. “수인(守仁)”이라는 것은 “인을 지키다”, “인으로 생명을 지키다”는 뜻이다. 『주역(周易)』「계사전(繫辭傳)」에서, “천지의 큰 덕을 생이라 하고, 성인의 큰 보재를 위라 하며, 자리를 지키는 것은 인이다.(天地之大德曰生, 聖人之大寶曰位, 何以守位 曰仁)”라고 했다. 또한『논어(論語)』「위령공(偉靈公)」에서, “지혜가 미쳐서 그것을 손에 넣었으나 인이 그것을 지켜내지 못하면 비록 얻는다 해도 반드시 잃을 것이다. 지혜가 미쳐서 그 것을 손에 넣어고인이 그것을 지킬 수 있다 하더라도 그들을 점잖게 대하지 않는다면 백성들이 공경하지 않을 것이다. 지혜가 거기에 미치고, 인으로 그것을 지켜낼 수 있고 정중하고 공손한 태도로 임한다하더라도 예로써 하지 않는다면 잘 되지 않을 것이다.(知及之, 仁不能守之, 雖得之,必失之. 知及之, 仁能守之, 不莊以蒞之, 則民不敬. 知及之, 仁能守之, 莊以蒞之, 動之不以禮, 未善也)”라고 했다. 이것은 또한 양명선생이 미래에 덕과 지혜로 “입공(立功), 입덕(立德), 입언(立言)”이라는 성인이 되는 것을 예언한 것 같다.

성화成化 17년 신축辛丑(1481), 선생 10세가 되었다. 10년 동안 계속 월越에만 있었다.

이해 용산공龍山公이 진사 제1갑 제1인으로 올랐다.

十有八年壬寅, 先生十一歲, 寓京師[24].

龍山公迎養竹軒翁, 因攜先生如京師, 先生年才十一. 翁過金山寺[25], 與客酒酣, 擬賦詩, 未成. 先生從傍賦曰: "金山一點大如拳, 打破維揚水底天. 醉倚妙高台[26]上月, 玉簫吹徹洞龍眠"客大驚異, 復命賦蔽月山房[27]詩. 先生隨口應曰: "山近月遠覺月小, 便道此山大於月. 若人有眼大如天, 還見山小月更闊."明年就塾師, 先生豪邁不羈, 龍山公常懷憂, 惟竹軒公知之. 一日, 與同學生走長安街, 遇一相士. 異之曰 : "吾爲爾相, 後須憶吾言: 須拂領, 其時入聖境; 須至上丹臺, 其時結聖胎; 須至下丹田, 其時聖果[28]圓."先生感其言, 自後每對書輒靜坐凝思. 嘗問塾師曰: "何爲第一等事?"塾師曰: "惟讀書登第耳."先生疑曰: "登第恐未爲第一等事, 或讀書學聖賢耳."龍山公聞之笑曰: "汝欲做聖賢耶?"

헌종憲宗 18년(1482) 임인壬寅, 선생11세, 경사에 머물렀다.

용산공龍山公이 죽헌옹竹軒翁을 모시고 와서 봉양하였다. 용산공이 선생을 데리고 북경에 갔는데, 이때 선생의 나이 11살이 되던 해였다.

---

24 경사(京師): 즉 중국 북경이다.

25 금산사(金山寺): 중국 강소성(江蘇省) 진강시(鎭江市) 금산(金山)에 있다.

26 묘고대(妙高臺): 금산의 정상인 묘고봉(妙高峰)에 있는 누각이다.

27 폐월삼방(蔽月山房): 달을 가린 산방.

28 상단대(上丹臺): 가슴의 위의 성태(聖胎)를 말한다. 미래 성인이 될 종자를 뜻한다.

죽헌옹이 금산사金山寺에서 객과 술을 마시고 취하여 시를 지으라고 하던 참이었는데, 선생은 할아버지 옆에서 벌써 시 한 수를 지었다.

金山一點大如拳, 금산의 한 점, 크기가 주먹만 크구나.
打破維揚水底天. 양주 물속에 비친 하늘을 쳐서 깨뜨리는구나.
醉倚妙高臺上月, 취하여 묘고대의 달에 기대어
玉簫吹徹洞龍眠. 옥피리 소리가 들려오니 굴속의 용도 잠드는구나.

객이 매우 놀라고 기이하게 여기며 다시 폐월산방蔽月山房이라는 시를 지어보라고 명하였다. 선생이 그 말을 따라 바로 아래와 같이 응하였다.

山近月遠覺月小, 산은 가깝고 달은 멀어서 달이 작은 듯하니
便道此山大於月. 이 산이 달보다도 크다고 말한다.
若人有眼大如天, 만일 사람이 눈 크기가 하늘과 같을 수 있다면
還見山小月更闊. 산이 작고 달이 더욱 광활함을 도리어 알게 되리라.

다음해(1483)에 선생이 12세가 되던 해에 서당에 나아갔는데, 선생의 호매불기豪邁不羈한 성품을 용산공은 늘 걱정하였다. 다만 죽헌공은 선생의 사람됨을 알고 있었다. 하루는 선생이 동학들과 장안의 거리를 뛰어가다가 한 관상가를 만났다. 그가 선생을 기이하게 여기어 말하였다.

"내가 너를 위해 관상을 봐줄 테니 뒤에 내말을 반드시 기억하고 있어야한다."

"수염이 옷깃까지 오면 그때는 성인의 경지에 들 것이요, 수염이 상단대上丹臺에 이르면 그때는 성태聖胎를 맺을 것이요, 수염이 하단전에 이르면 그때는 성과聖果가 원만할 것이야."

양명선생은 그 말에 감동했으며 그 뒤로 늘 독서에 힘쓰고, 또 조용히 앉아 생각에 잠기 곤했다. 일찍이 서당의 선생에게 물었다.

"가장 먼저 해야 할 일이 무엇입니까" 서당 선생이 말했다.

"책을 읽어 과거에 급제하는 것이지."

선생은 그 말을 의심하며 말했다. "그것은 가장 중요한 일이 아닙니다. 아마도 공부하여 성현을 배우는 일일 것입니다."

용산공이 그 말을 듣고 웃으며 말했다. "흐흐, 네가 성현이 되려고 하는가?"

二十年甲辰, 先生十三歲, 寓京師.

母太夫人鄭氏卒. 居喪哭泣甚哀.

헌종 20년 갑진甲辰(1484), 선생13세, 북경에 머물렀다.

어머니 정씨가 돌아가셨다. 초상에 곡읍하는 것이 매우 애절하였다.

二十有二年丙午, 先生十五歲, 寓京師.

先生出遊居庸三關[29], 即慨然有經略四方之志: 詢諸夷種落, 悉聞備禦策;

29 삼관(三關): 즉 만리장성(萬里長城)의 거용관(居庸關), 산해관(山海關), 가욕관(嘉峪

逐胡兒騎射, 胡人不敢犯. 經月始返. 一日, 夢謁伏波將軍[30]廟, 賦詩曰: "卷甲歸來馬伏波, 早年兵法鬢毛皤. 雲埋銅柱雷轟折, 六字題文尙不磨." 時畿內石英、王勇盜起, 又聞秦中[31]石和尙、劉千斤作亂, 屢欲爲書獻於朝. 龍山公斥之爲狂, 乃止.

헌종 22년 병오丙午(1486), 선생 15세, 경사에 머물렀다.

선생이 거용관居庸關등 삼관으로 가서 노닐며 개연히 사방의 적을 경략할 뜻을 가졌다. 여러 오랑캐의 부락을 물었으며 거기에 대한 대비책도 다 들었다.

오랑캐의 기병을 쫓아 버리면 오랑캐들이 감히 우리 땅을 범하지 못할 것이다. 한 달 지나 돌아왔다. 어느 날 밤 꿈에 복파장군伏波將軍 마원馬援의 사당을 배알하고 시를 지었다.

卷甲歸來馬伏波, 갑옷 벗고 전장에서 돌아온 마복파(馬伏波)
早年兵法鬢毛皤. 젊어서 병법 익히더니 귀밑머리 희어졌네.
雲埋銅柱雷轟折, 구름 속에 묻힌 구리기둥 우레가 쳐서 꺾었다는
六字題文尙不磨. 위에 적은 여섯 글자가 여전히 또렷하네.

그 당시에 북경 근처에서 석영石英과 왕용王勇이라는 도적패가 일어났으며, 또 진중秦中에서 석화상石和尙과 유천근劉千斤이 난을 일으켰다는 소식이 들려 여러 차례 조정에 글을 보냈다. 용산공이 미친 짓이라 하여 물리치는 통에 그쳤다.

關)이다. 북경의 서북방에 있다.

30 복파장군(伏波將軍): 후한 광무제 때의 장군 마원(馬援. BC 14~49)이다.

31 진중(秦中): 중국 섬서성(陝西省)을 가리킨다.

孝宗弘治元年戊申，先生十七歲，在越.

七月, 親迎夫人諸氏於洪都.

外舅諸公養和爲江西布政司[32]參議, 先生就官署委禽. 合巹之日, 偶閑行入鐵柱宮[33], 遇道士趺坐一榻, 即而叩之, 因聞養生之說, 遂相與對坐忘歸.諸公遣人追之, 次早始還.

官署中蓄紙數篋, 先生日取學書, 比歸, 數篋皆空, 書法大進. 先生嘗示學者曰: "吾始學書, 對模古帖, 止得字形. 後擧筆不輕落紙, 凝思靜慮, 擬形於心, 久之始通其法. 既後讀明道先生書曰: '吾作字甚敬, 非是要字好, 只此是學.'[34] 既非要字好, 又何學也? 乃知古人隨時隨事只在心上學, 此心精明, 字好亦在其中矣." 後與學者論格物[35], 多擧此爲證.

효종孝宗 홍치원년弘治元年(1488) 무신戊申, 선생 17세, 월(소흥)에 있었다.

7월에 부인 제씨諸氏를 홍도洪都에서 맞이하였다. 장인 제양화諸養和가 강서포정사江西布政司 참의參議가 되었다. 선생은 관서에 나아가 (신랑 집에서 신부 집으로 기러기 한 마리를 보내는)위금委禽[36]을 하였다. 결혼하는 날 선생이 마침 철주궁鐵柱宮에 들어갔다가 도사가 가부좌 하고 있는 것을 보았다. 곧 그에게 양생의 이야기를 듣고는 서로 마주 앉아 이야기하다

---

32 강서포정사(江西布政司): 명나라는 전국 13개의 포정구로 나누어 통치했다. 포정사란 포정구의 중앙 직할관으로서 민정과 재정을 관장하는 장관의 직책이다.

33 철주궁(鐵柱宮): 중국 강서남창시(江西南昌市)에 있는 도관(道觀)이다. 그 중에 철로 된 기둥이 있는데 허손(許遜)이 만들었다고 전하였다.

34 『이정유서(二程遺書)』권3.

35 격물(格物): 왕양명의 격물론은 그가 37세 때 귀주성(貴州省) 용장(龍場)에서 이룬 깨달음(龍場大悟) 이후 그는 격물(격물)의 '격'을 '바로잡다'으로 해석하고 물(物)을 "마음속의 일[心內之事]"로 읽었다. 즉 격물을 "내 마음 속의 일을 바로잡는다."라고 본 것이다.

36 위금(委禽): 신랑 집에서 신부 집으로 기러기 한 마리를 보내는데 이를 '납채(納采)' 또는 '새를 보낸다.'는 의미에서 '위금(委禽)'이라고도 불렀다.

가 돌아오는 것도 잊었다. 장인 제공諸公이 사람들을 보내 찾으니 다음 날 아침이 되어서야 비로소 돌아왔다.

관서에 쌓아놓은 종이가 여러 상자가 있는데 선생은 날마다 그 것을 가져다 글씨를 배웠다. 돌아올 무렵엔 여러 상자가 다 텅 비우었으며 서법이 크게 진보하였다. 선생이 일찍이 배우는 자들에게 보이면서 말하였다. "내가 처음 글씨를 배울 때 고첩을 대해 모사를 하며 글자 모양이 갖추어져야 비로소 그쳤다. 그 후에 붓을 쥐고서도 종이에 가벼이 놓지 않았으며 생각을 몰두하고 마음을 고요하며 글 모양을 마음속에 또렷하게 떠올리고 나서야 글을 썼다. 이렇게 하기를 오래하자 그 법에 통하게 되었다.

뒤에 정명도程明道 선생이 글씨에 대해 한 말을 읽고서 말하였다.

"내가 글자를 쓰는 것이 매우 경敬하는 자세로 하였으며 글자를 잘 쓰려고 한 것은 아니었다. 다만 배웠을 따름이었다(吾作字甚敬, 非是要字好, 只此是學). 글자를 잘 쓰기 위한 생각이 아니라면 도대체 무엇을 배우는 것이냐? 곧 옛사람들은 때를 따라 일을 따라 마음에서만 배운다는 것을 알았다. 이 마음은 정하고 분명하면 글씨가 잘 되는 것은 그런 가운데 있다."

뒤에 학자들과 격물格物을 논할 때 이 예를 자주 들었다.

二年己酉, 先生十八歲, 寓江西.

十二月, 夫人諸氏歸餘姚.

是年先生始慕聖學. 先生以諸夫人歸, 舟至廣信[37], 謁婁一齋諒[38], 語宋儒格物之學, 謂"聖人必可學而至"[39], 遂深契之. 明年龍山公以外艱歸姚, 命從弟冕、階、宮及妹婿牧, 相與先生講析經義. 先生日則隨衆課業, 夜則搜取諸經子史讀之, 多至夜分. 四子見其文字日進, 嘗愧不及, 後知之曰: "彼已遊心擧業外矣, 吾何及也!"先生接人故和易善謔, 一日悔之, 遂端坐省言. 四子未信, 先生正色曰: "吾昔放逸, 今知過矣."自後四子亦漸斂容.

효종 홍치2년(1489) 기유己酉, 선생18세, 강서江西에 머물렀다.

12월에 부인 제씨가 여요로 돌아갔다.

이해에 선생은 비로소 성학을 중요하게 생각하기 시작했다. 선생은 제씨 부인이 고향에 돌아갈 때 배를 타고 광신廣信에 이르러 누일재(婁一齋 1422~1491)를 배알하였다. 누일재는 송유宋儒의 격물의 학문을 "성인은 반드시 배워서 도달할 수 있다[聖人必可學而至]"라고 말하였다. 이 말이 마침내 선생의 마음속에 깊이 남았다.

다음 해 용산공이 부친상을 당하여 여요로 돌아갔다.

용산공이 종제 면冕, 계階, 궁宮과 매제인 목牧 등에게 선생과 함께 경전의 뜻을 공부하고 연구하도록 명하였다. 선생은 낮에는 여러 사람과 과업을 공부하고, 밤에는 경사자집經史子集의 글들을 추려서 밤늦도록 읽곤 하였다. 네 사람은 선생의 문장이 날마다 진보하는 것을 보고, 따라갈 수 없음을 부끄러워하였다. 뒤에 그 사실을 안 것에 대

37 광신(廣信): 현 중국 강서성 상요시 신주구(現 江西省 上姚市 信州區)이다.

38 누일재량(婁一齋諒): 성은 누(婁), 이름은 량(諒), 자는 극정(克貞), 일재(一齋)는 그의 호이다. 주자학자로 "(사람은) 배워서 성인에 이를 수 있다."는 말에서, 양명은 깊은 감명을 받았다.

39 성인필가학이지(聖人必可學而至):『이정전서(二程全書)』권26,「안자소호하학론(顏子所好何學論)」편.

해 이렇게 말하였다.

"그분의 마음은 이미 과거 공부 너머에서 노닐고 있으니 우리가 어찌 미칠 수 있으랴!"

선생은 본래 사람을 접하면 마음을 평하게 하였고 농담도 곧잘 하였으나 어느 날 그 일을 후회하고는 마침내 단정히 앉아 말수를 줄였다. 네 분이 그의 행동을 믿지 않자 선생은 정색을 하고 말하였다.

"내가 예전에는 멋대로 하였다. 이제 그것이 잘못되었음을 알았다." 그 뒤로 네 사람(면(冕), 계(階), 궁(宮)과 매제인 목(牧))도 점차 용모를 가다듬었다.

五年壬子, 先生二十一歲, 在越.

擧浙江鄉試[40].

是年場中夜半見二巨人, 各衣緋綠, 東西立, 自言曰: "三人好作事."忽不見. 已而先生與孫忠烈燧、胡尙書世寧同擧. 其後宸濠之變[41], 胡發其奸, 孫死其難, 先生平之, 咸以爲奇驗.

是年爲宋儒格物之學. 先生始待龍山公於京師, 遍求考亭遺書讀之. 一日思先儒謂"衆物必有表裏精粗, 一草一木, 皆涵至理", 官署中多竹, 即取竹格之; 沉思其理不得, 遂遇疾. 先生自委聖賢有分, 乃隨世就辭章之學.

明年春, 會試下第, 縉紳知者咸來慰諭. 宰相李西涯[42]戲曰: "汝今歲不第,

---

40 향시(鄕試): 과거의 일차 시험.

41 신호지변(宸濠之變): 정덕(正德)14년에 종실(宗室)인 영왕(寧王) 신호(宸濠)가 남창(南昌)에서 반란을 일으켰다.

42 이서애(李西涯): 1447~1516. 성은 이(李), 이름은 동양(東陽), 자가 빈지(賓之), 호가 서애(西涯)이다. 명나라 다릉시파 (茶陵詩派)의 대표자이다.

來科必爲狀元, 試作來科狀元賦.” 先生懸筆立就. 諸老驚曰: “天才! 天才!” 退有忌者曰: “此子取上第, 目中無我輩矣.” 及丙辰[43]會試, 果爲忌者所抑. 同舍有以不第爲恥者, 先生慰之曰: “世以不得第爲恥, 吾以不得第動心爲恥.” 識者服之. 歸餘姚, 結詩社龍泉山寺[44]. 致仕方伯魏瀚平時以雄才自放, 與先生登龍山, 對弈聯詩, 有佳句輒爲先生得之, 乃謝曰: “老夫當退數舍.”

효종 홍치5년 임자(1492년), 선생21세, 월에 있었다.

절강성浙江省의 향시鄕試에 합격하였다.

이해 과거장에서 한밤중에 붉은빛과 초록빛 비단緋緞 옷을 입는 두 거인巨人이 나타나 동쪽과 서쪽에 서서

“세 사람이 일을 잘해낼 것이다.”

라고 한 뒤 문득 사라졌다. 얼마 뒤 선생과 충렬공 손수孫燧와 상서인 호세녕胡世寧 세 사람이 동방 급제했다.

그 뒤 신호宸濠의 반란에서 호세녕은 그들의 간사한 꾀를 적발하였고, 손수는 그 난에서 죽었다. 이에 모두 기이한 징험이라고 여겼다.

이해 송유宋儒의 격물지학을 공부하였다.

선생은 처음으로 북경에서 용산공을 기다리며 두루 고정(주희)이 남긴 책들을 구해

읽었다. 어느 날 선유先儒가

“모든 사물에는 반드시 겉과 속, 정밀함과 거침이 있고, 풀 한 포기 나무 한 그루에도 모두 지극한 이치가 있다.”

라고 한말을 생각하고서, 관사에서 자라는 대나무를 잘라 와서 그

---

43 병진(丙辰): 홍치9년 (1496) 양명선생이 25세가 되는 해.

44 용천산사(龍泉山寺): 중국 절강성 여요(餘姚)시 중심의 서쪽 방향으로 치우쳐있다.

것을 격물 공부의 재료로 삼았다.

그 이치를 깊이 생각하였으나 얻지 못하고, 마침내 노이로제에 걸렸다. 선생은 스스로 성현에는 타고난 역량이 있어 아무나 되는 것이 아니라 생각하고 세상의 흐름에 따라 사장辭章의 학문으로 나아갔다.

다음 해봄에 회시에 응했으나 낙제하였다. 선비들로서 아는 자들이 모두 와서 위로하였다. 재상 이서애李西涯가 농담으로 이렇게 말하였다.

"자네는 올해 과거에 붙지 않았지만 다음 과거에는 반드시 장원壯元 할 것이야.

시험 삼아 다음 과거를 위한 장원부壯元賦를 지어보라."

선생이 붓을 들어 바로 썼다. 여러 노인들이 보고는 놀라서 말하였다.

"천재다. 천재야."

물러나오자 그를 경계한 자가 말하였다.

"이 사람이 과거에서 높은 등급을 차지하면 우리들이 눈에 보이지 않을 것이야."

병진년丙辰 회시 때에 과연 그를 경계한 자에 의해 밀렸다. 같은 방에 낙제하여 일로 부끄러워하는 친구가 있었는데 선생이 그를 위로하였다.

"세상에는 과거에 떨어진 것을 부끄러워하지만 나는 떨어진 일로 마음이 흔들리는

것을 부끄러워한다."

아는 사람들이 그 말을 듣고 경복하였다. 여요로 돌아가 용

천산사龍泉山寺에서 시사詩社를 결성하였다.

벼슬에서 물러난 방백 위한魏瀚은 평소 웅재雄才로 자부하고 있었

는데, 선생과 함께 용산龍山에 올라 바둑을 둘 때 좋은 시 구절을 바로 짓곤 하자 감사하며 말하였다.

"이 늙은 사람이 마땅히 몇 사舍[45][=몇 십리]를 물러서야 하겠소."

十年丁己, 先生二十六歲, 寓京師.

是年先生學兵法. 當時邊[46]報甚急, 朝廷推擧將才, 莫不遑遽. 先生念武擧之設, 僅得騎射搏擊之士, 而不能收韜略[47]統馭之才. 於是留情武事, 凡兵家秘書, 莫不精究. 每遇賓宴, 嘗聚果核列陣勢爲戲.

홍치 10년(1497)정사丁己, 선생26세로 북경에 머물렀다.

이해 선생은 병법을 배웠다. 당시에 변방에서 전해 온 소식이 매우 급박하였다. 조정에서는 대군을 이끌 유능한 장군을 추천 발탁하는 일이 매우 황급히 하였다. 선생은 무과를 통해서는 겨우 기사騎射·박격搏擊을 하는 병사만 얻을 수 있을 뿐 『육도·삼략六韜·三略』을 가지고 통어하는 재능의 인재는 얻을 수 없다고 생각하여 무사武事를 마음에 두고 여러 병가의 비서秘書들을 정밀하게 연구하지 않을 것이 없었다. 빈객들과 연회를 할 때 마다 과일의 씨를 모아 군사 진영의 형세를 구상하여 재미를 삼았다.

---

45 사(舍): 1사는 30리.

46 변(邊): 당시 토노번(土魯番) 지역의 위급한 사건을 가리킨다.

47 도략(韜略): 중국의 오래된 병서 태공망(太公望)이 지은 『육도(六韜)』와 황석공(黃石公)이 지은 『삼략(三略)』을 아울러 이르는 말. 육도(六韜)와 삼략(三略)을 묶어서 '도략(韜略)'이라고도 한다.

十一年戊午, 先生二十七歲, 寓京師.

是年先生談養生. 先生自念辭章藝能不足以通至道, 求師友於天下又不數遇, 心持惶惑. 一日讀晦翁上宋光宗疏, 有曰: "居敬持志, 爲讀書之本, 循序致精, 爲讀書之法."[48]乃悔前日探討雖博, 而未嘗循序以致精, 宜無所得; 又循其序, 思得漸漬洽浹, 然物理吾心終若判而爲二也. 沉鬱既久, 舊疾復作, 益委聖賢有分. 偶聞道士談養生, 遂有遺世入山之意.

홍치11년(1498) 무오戊午, 선생의 나이 27세로 북경에 머물렀다.

이 해 선생은 양생養生을 말하였다.

선생은 스스로 사장예능辭章藝能의 방법으로는 지극한 도[至道]에 통할 수 없다고 생각하였다. 천하에서 두루 스승과 벗을 구하였으나 또한 자주 만날 수 없자 마음에 당황하고 의혹된 생각을 가졌다. 하루는 주자가 송宋의 광종光宗에게 올린 상소문을 읽었는데, 그 가운데 이런 것이 있었다.

"경의 자세로 뜻을 가지는 것이 독서의 근본이고, 차례를 따라 점점 정밀함을 이루는 것이 독서의 방법이다."

이에 이전에 탐구하고 토론한 것이 비록 넓다 해도 순서를 밟아 정밀함을 이루지 못하여 아무 얻은 것이 없다고 후회하고는 다시 그 차례를 따라 점차 물젖어 갈 것을 생각하였다. 그러나 사물의 이치와 나의 마음이 끝내 칼로 자르듯이 두 가지 인 점에서 오래도록 침울해 하다가 다시 옛날 병이 도졌다. 더욱 성현이 되는 데는 분수가 있어 아무나 되는 것은 아니라고 생각하였다. 우연히 도사가 양생을 이야기하는 것을 듣고는 마침내 세상을 버리고 산에 들어갈 뜻을 품었다.

---

48 『주자문집(朱子文集)』 제14권 「행궁변전주차2(行宮便殿奏箚二).

十有二年己未，先生二十八歲，在京師.

擧進士出身.

是年春會試. 擧南宮第二人, 賜二甲進士出身第七人, 觀政工部.

疏陳邊務. 先生未第時嘗夢威寧伯遺以弓劍. 是秋欽差督造威寧伯王越墳, 馭役夫以什伍法[49], 休食以時, 暇即驅演"八陣圖"[50]. 事竣, 威寧家以金帛謝, 不受; 乃出威寧所佩寶劍爲贈, 適與夢符, 遂受之. 時有星變, 朝廷下詔求言, 及聞達虜猖獗, 先生復命[51]上邊務八事[52], 言極剴切.

홍치12년(1499) 기미己未, 선생의 나이 28세로 북경에 있었다.

진사시에 합격하였다. 이해 봄에 회시會試가 있었다. 선생은 이갑二甲의 사진사賜進士로 제7인에 들어 공부工部의 관정觀政이 되었다. 변경의 일에 대해 소장[疏]을 써서 개진하였다. 선생이 과거에 오르지 못했을 때 일찍 위녕백威寧伯이 활과 검을 주는 꿈을 꾼 적이 있었다.

이해 가을에 흠차로서 위녕백 왕월王越의 분묘 축조 공사 감독으로 임명되었다.

그가 공사를 하는 사람을 십오법什伍法으로 조를 나누고 때에 맞게 휴식하고 식사하게 하였으며 여가에 '팔진도八陣圖'를 연습하였다. 공

---

49 십오법(什伍法): 5명 또는 10명을 한 조로 하여 연대 책임을 묻는 법.

50 팔진도(八陣圖): 제갈량이 발명한 포진도(布陣圖)이다. 팔괘의 방위로 진의 형태를 본 딴 것이다.

51 복명(復命): 명령을 받은 일에 대하여 그 처리 결과를 보고함.

52 변무팔사(邊務八事):『왕양명전서(王陽明全書)』 권9에 수록되고 있다. 즉 (1) 인재를 마련하여 응급사태에 대비할 것, (2) 인재의 단점을 버리고 장점을 쓸 것, (3) 정에 군대를 선발하여 비용을 줄일 것, (4) 둔전병을 두어 직접 식량을 충당하도록 할 것, (5) 법률을 엄중 시행하여 군대의 위세를 진작시킬 것, (6) 은택을 베풀어 군대를 크게 분발시킬 것, (7) 소사를 버리고 대사를 온전히 할 것, (8) 아군 내부에서 일어나는 일이 바깥으로 드러나지 않게 숨기면서 적군의 폐단을 엿볼 것이다.

사가 끝나자 위녕백의 집에서 금백으로 사례했으나 받지 않았으나, 위녕백이 차고 있던 보검을 주자 마침 몽조와 부합하였으므로 이를 받았다. 그 때에 별자리에 이변이 있었다.

그에 대해 기탄없는 언론을 구하는 임금의 조서가 내렸다. 그리고 오랑캐의 반란으로 변경이 소란하다는 말을 듣고 선생이 변경에 대한 여덟 가지 방법 즉 '변무팔사邊務八事'를 보고하였다. 말이 매우 절박하고 간절하였다.

十有三年庚申, 先生二十九歲, 在京師.

授刑部雲南淸吏司主事.

홍치 13년(1500) 경신庚申, 선생의 나이 19세로 북경에 있었다.

형부刑部 운남청리사주사雲南淸吏司主事에 임명되었다.

十有四年辛酉, 先生三十歲, 在京師.

奉命審錄江北[53].

先生錄囚多所平反. 事竣, 遂遊九華[54], 作『遊九華賦』[55], 宿無相、化城諸寺. 是時道者蔡蓬頭善談仙, 待以客禮請問. 蔡曰: "尙未."有頃, 屛左右, 引至後亭, 再拜請問. 蔡曰: "尙未." 問至再三, 蔡曰 : "汝後堂後亭禮雖隆, 終不

53 강북(江北): 중국 강소성(江蘇省)이다.

54 구화산(九華山): 중국 안휘성(安徽省) 청양현(靑陽縣) 서남쪽에 있다.

55 유구화부(遊九華賦): 『왕양명전서(王陽明全書)』 권19 「외집(外集)」1에 수록되어 있다.

忘官相.” 一笑而別. 聞地藏洞有異人, 坐臥松毛, 不火食, 曆岩險訪之. 正熟睡, 先生坐傍撫其足. 有頃醒, 驚曰 : “路險何得至此!”因論最上乘曰: “周濂溪、程明道是儒家兩個好秀才.” 後再至[56], 其人已他移, 故後有會心人[57]遠之歎.

홍치 14년(1501) 신유辛酉, 선생의 나이 30세로 북경에 있었다.

선생은 명을 받들어 강북江北의 사형수의 판결을 재심사하여 무고한 자를 많이 구제하기도 했다. 일이 끝나자 마침내 구화산九華山에 가서 노닐며 『유구화부遊九華賦』를 지었고, 무상無相과 화성化城 등의 여러 절에서 숙박했다.

이때 도사 채봉두蔡蓬頭라는 사람이 신선이야기를 잘했다. 선생은 그를 귀빈의 예로 대접하며 신선에 대해 물었다. 채蔡가 말하였다.

“아직 준비가 안 되었소.”

얼마 뒤 좌우를 물리치고는 그를 데리고 뒤의 정자에 이르렀다. 재배하고 청하였다.

채蔡가 말하였다.

“아직 안 되었소.”

선생은 더욱 간청하자 채가 말하였다.

“그대는 후당의 후정의 예가 비록 융숭하나 끝내 관의 모습을 버리지 않고 있소.”

한번 웃으며 헤어졌다. 또한 지장동地藏洞에 이인이 있다고 들었다.

---

56 양명이 49세에 다시 산에 올라갔을 때의 일이다.

57 회심인(會心人): 마음의 문제에 통한 사람의 뜻. 뒤의 원지(遠之)는 “멀리 가버렸다.” 또는 “그를 멀리 하였다.” 두 가지 뜻으로 보는 것이 가능하다. 여기서는 자신의 마음을 아는 사람이 가까이 있지 않다로 풀이한다.

솔잎 위에서

앉고 눕고 하며 화식火食하지 않는다고 하였다. 험준한 산을 올라가서 그를 찾았다. 그 도사[異人]는 한창 잠들어 있었다. 선생이 곁에 앉아 그의 발을 어루만졌다. 잠시후 도사가 깨어나더니 놀라워하며 말하였다.

"길이 험한데 어찌 여기까지 오셨소."

따라서 최고[最上乘]의 진리를 논하면서 말하였다.

"주렴계周濂溪, 정명도程明道 두 사람은 유가의 훌륭한 수재이시오."

그 뒤에 다시 거기에 가니 도사[異人]는 벌써 다른 곳으로 가고 없었다. 그래서 뒤에, 자신의 마음을 아는 사람이 가까이 있지 않다는 탄식을 하였다.

十有五年壬戌, 先生三十一歲, 在京師.

八月 , 疏請告.

是年先生漸悟仙、釋二氏之非. 先是五月復命[58], 京中舊遊俱以才名相馳騁, 學古詩文. 先生歎曰: "吾焉能以有限精神爲無用之虛文也!"遂告病歸越, 築室陽明洞中, 行導引術. 久之, 遂先知. 一日坐洞中, 友人王思輿等四人來訪, 方出五雲門, 先生即命仆迎之, 且曆語其來跡. 仆遇諸途, 與語良合. 眾驚異, 以爲得道. 久之悟曰: "此簸弄精神, 非道也."又屏去. 已而靜久, 思離世遠去, 惟祖母岑與龍山公在念, 因循未決. 久之, 又忽悟曰: "此念生於孩提. 此念可去, 是斷滅種性矣."明年遂移疾錢塘西湖, 復思用世. 往來

58 복명(復命): 사명을 띤 사람이 일을 마치고 돌아와 아뢴다.

南屛、虎跑諸刹, 有禪僧坐關[59]三年, 不語不視, 先生喝之曰: "這和尙終日口巴巴說甚麼! 終日眼睜睜看甚麼!"僧驚起, 即開視對語. 先生問其家. 對曰: "有母在."曰: "起念否?"對曰: "不能不起. "先生即指愛親本性諭之, 僧涕泣謝. 明日問之, 僧已去矣.

홍치弘治15년 임술(1502), 선생 31세, 경사에 있었다.

8월 상소문을 올려 하소연했다.

이해에 선생은 도가와 불가 두 학문의 그릇됨을 점차 깨닫게 되었다. 먼저 오월에 [옥사獄事의 결과를] 보고하고, 서울에서 예전에 함께 노닐던 친구들이 재주와 이름을 시로 드러내고, 옛 시문詩文을 배우고 있었다. 신생이 탄식하면서 "내가 어찌 유한한 성신을 쓸모없는 겉치레의 문장을 짓는데 사용할 수 있겠는가!" 라고 말하였다. 마침내 병으로 퇴직을 청하고 고향으로 돌아가서[歸越], 양명동에 집을 짓고, 도인술導引術을 행하였다. 그 것을 오래 하다 보니, 마침내 예지력豫知力을 지니게 되었다. 하루는 동굴에 앉아 있는데 벗인 왕사여王思輿를 비롯한 네 명이 방문하였는데, 그들이 오운문五雲門을 지나자마자 선생이 하인에게 그들을 맞이하도록 명하였고, 또한 그들이 어떤 길로 올 것인지를 차례대로 말하였다. 하인이 가는 도중에 그들을 만나 말을 해보니 정확하게 (왕양명의 말과) 합치하였다 무리들은 모두 놀라 (왕양명이) 이미 득도한 것으로 여기게 되었다. 오랜 뒤에 왕양명이 깨닫고서 말하기를 "이는 정신을 가지고 노는 것일 뿐, 도가 아니다." 라 하고. 또 (그 도술을) 물리쳐 버렸다. 이후에 고요함을 오랫동안

59 좌관(坐關): 일종의 수행방법으로, 수행자가 일정 시간 안에, 개인이 홀로 고요한 방에 앉아 경전을 참선을 하거나 염불을 하거나 명심견성(明心見性)을 구하는 것을 좌관이라 칭한다.

유지하게 되니, 세상을 멀리 떠나 생각하였으나, 오직 조모 잠씨(岑氏)와 아버지 용산공龍山公이 마음에 걸려. 머뭇거리고 선뜻 결정을 내리질 못하게 되었다. 오랜 뒤에 또한 갑자기 깨달고서 말하기를 "이 생각(할머니와 아버지에 대한 은혜와 사람의 감정)은 아기 때부터 생겨난 것이다. 이 생각을 버릴 수 있다면, 이는 인간의 근본 성품(인간성의 동태)을 끊어 없애는 것이다." 다음 해에 이윽고 병으로 인해 전당錢塘의 서호西湖로 이주하고, 세상에 쓰이고자 다시 생각하였다 남병南屛과 호포虎跑의 여러 사찰들을 왕래하였는데, 선승이 3년 동안 좌관坐關하면서, 말도 하지 않고 보지도 않았다. 신생이 그에게 소리치기를 "이 화상아 종일토록 입으로 중얼중얼 무슨 말을 떠들고 있느냐! 종일토록 눈물 멀뚱멀뚱 뜨고 무엇을 보고 있느냐!"라고 하였다. 승이 깜짝 놀라 일어나. 곧 눈을 뜨고 답하였다. 선생이 그 가족에 대해 묻자 (선승이) "어머니가 있습니다." 라고 대답하였다.

(선생이) "어머니에 대한 생각이 나지 않는가?"라고 묻자, (선승이) "생각이 나지 않을 수 있겠습니까?"라고 답하였다. 선생이 곧 부모를 사람 하는 마음은 본성 이라고 깨우쳐주니, 승이 울면서 고마움을 표현하였다. 다음날 방문하였을 때, 승은 이미 떠나고 없었다.

十有七年甲子，先生三十三歲，在京師.

秋, 主考山東鄉試.

巡按山東監察禦史陸偁聘主鄉試, 試錄皆出先生手筆. 其策問議國朝禮樂之制: 老佛害道, 由於聖學不明; 綱紀不振, 由於名器太濫; 用人太急, 求效太速; 及分封[60]、清戎、禦夷、息訟, 皆有成法. 錄出, 人占先生經世之學.
九月改兵部武選淸吏司主事[61].

홍치弘治17년 갑자(1504), 선생 33세, 경사에 있었다.

가을에 산동향시山東鄕試를 주관하였다.

산동을 시찰巡按하는 감찰어사監察禦史 육칭陸偁이 선생을 초빙하여 향시를 주관케 하니, 시록試錄은 모두 선생이 손수 쓴 것이었다.[62] 그 책문에서 명나라 조정의 예악제도를 논의하면서 노불老佛이 도를 해치는 것은 성학이 밝지 못하기 때문이고 나라의 기강이 시지 않음은 관직이 크게 문란하기 때문이다. 사람을 쓰는데 너무도 급히 하면서 효과는 너무도 빨리 나타나기를 구하기 때문이라 하였다. 그리고 분봉分封 군사조직의 부패척결, 외적인 방어, 쟁송의 그침을 모두 법으로 만들어야 한다. 시록試錄이 나오자 이를 통해 사람들은 선생의 경세학經世學을 헤아려 볼 수 있었다.

9월에 병부의 무선청리사주사武選淸吏司主事로 전직하였다.

十有八年乙丑, 先生三十四歲, 在京師.

是年先生門人始進. 學者溺於詞章記誦, 不復知有身心之學. 先生首倡言之, 使人先立必爲聖人之志. 聞者漸覺興起, 有願執贄及門者. 至是專志授徒講學. 然師友之道久廢, 咸目以爲立異好名, 惟甘泉湛先生若水時爲翰林

60 분봉(分封): 군주가 제후 등에게 토지와 작위를 하사하는 것.
61 무선청리사주사(武選淸吏司主事): 병부의 부관시험을 담당하는 관리.
62 왕양명의 「연보(年譜)」에 나오는 「산동향시록(山東鄕試錄)」은 왕양명이 작성한 것이 아니라는 연구물들이 최근에 나오고 있다.

庶吉士, 一見定交, 共以倡明[63]聖學爲事.

홍치 18년 을축(1505), 선행 34세 경사에 있었다.

이해에 선생의 문인이 나오기 시작하였다. 학자들은 사장과 암송에 빠져 더 이상 자신의 몸과 마음에서 연마하는 학문이 있음을 알지 못하였다. 선생이 앞장서서 그것(심신지학)을 말하기를, "사람은 무엇보다 반드시 성인이 되겠다는 뜻을 세워야 한다."고 하였다. 듣는 이들이 점차 깨달아 흥기하여, 예물을 갖추어 입문을 원하는 자가 있었다. 이때에 이르러 문인들에게 강학을 하는 것에 오로지 뜻을 두었건만, 사우의 도가 패진지 오래되어 이상한 논의를 세워 이름나기를 좋아한다고 모두들 지목하였건만, 오직 당시 한림翰林의 서길사庶吉士였던 감천甘泉 담약수湛若水[64]와 만나자마자 공부 벗으로 사귀기 시작하여 (왕양명과) 함께 성학을 표명[倡明]하는 것을 임무로 삼았다.

武宗正德元年丙寅，先生三十五歲，在京師.

二月, 上封事, 下詔獄, 謫龍場驛驛丞.

是時武宗初政, 奄瑾竊柄. 南京科道[65]戴銑[66]、薄彥徽[67]等以諫忤旨, 逮擊詔獄. 先生首抗疏救之, 其言: "君仁臣直. 銑等以言爲責, 其言如善, 自宜

63 창명(倡明): 표명하다. 언명하다.

64 담약수(湛若水): 1466-1560. 자는 감천(甘泉)이다.

65 과도(科道): 호부의 급사(給事).

66 대선(戴銑): 자는 보지(寶之), 무원(婺源)사람. 홍치(弘治) 9년에 진사(進士)가 되었으며, 병과급사 중주사중(兵科給事中)이 되어 자주 상소를 올렸다.

67 박언휘 (薄彥徽)의 오자. 자는 순미(舜美), 양곡(陽曲) 사람. 홍지(弘治) 9년에 진사가 되었다. 정덕(正德) 중에 사천성(四川省) 감찰어사(監察御使)가 되었다.

嘉納; 如其未善, 亦宜包容, 以開忠讜之路. 乃今赫然下令, 遠事拘囚, 在陛下不過少示懲創, 非有意怒絶之也. 下民無知, 妄生疑懼, 臣切惜之! 自是而後, 雖有上關宗社危疑[68]不制之事, 陛下孰從而聞之? 陛下聰明超絶, 苟念及此, 寧不寒心? 伏願追收前旨, 使銑等仍舊供職, 擴大公無我之仁, 明改過不吝之勇; 聖德昭布, 遠邇人民胥悅, 豈不休哉!"疏入, 亦下詔獄. 已而廷杖四十, 旣絶復蘇. 尋謫貴州龍場驛驛丞.

무종 징덕 원년 병인(1506년), 선생 35세, 서울에 있었다.

2월에, 봉사를 올리자, 하옥하라는 조치가 내려지고, 용장역의 역승으로 좌천당하였다.

이 때에 무종이 즉위하여 정무政務를 시작하니, 환관 유근劉瑾이 권세를 잡고 있었다. 남경의 과도科道 대선戴銑과 박언휘薄彦徽 등이 임금님의 뜻을 거역하는 장소를 올렸다가 체포되어 투옥하라는 조치가 내려졌다. 선생이 앞장서서 상소를 올려 그들을 구하고자 하였으니 그 말이 이와 같았다. "임금님이 어질어야 신하가 간언할 수 있습니다. 대선 등이 한 말에 책망을 하시나 그 말은 올바른 것이니, 스스로 마땅히 기쁘게 받아들여할 것입니다. 만약 그 말이 옳지 않다고 해도 또한 마땅히 포용해야, 충심으로 간의諫議하는 길을 여는 것입니다. 이에 지금 버럭 화를 내면서 명령을 내리기를. 멀리(남경)에서 체포하여 구속시킴은, 폐하에게 있어 작은 징계를 내림懲創에 불과하며, 참으로 화나서 그들을 죽이려는 생각은 없었습니다. 아래의 백성들은 무지하여 망령되게 의구심이 생겨날 것이기에 신은 참으로 애석합니다. 이제부터 비록 위로는 종묘宗廟와 사직社稷이 불안한 바로잡지 못

68 종사위의(宗社危疑) : 종묘(宗廟)와 사직(社稷)이 불안하다.

한 일에 관해, 폐하는 누구에게 그것과 관련한 말을 들을 수 있겠습니까? (이렇게 되면) 폐하의 총명은 완전히 끊어지고, 진실로 (저의) 생각이 이에 미치게 되면, 어찌 마음이 딱하지 않을 수 있겠습니까? 엎드려 원하건데 전에 (대선과 박언휘를 하옥한) 뜻을 거두시고, 대선 등에게 예전의 공직 거듭 맡기어 크게 공정하고 사심이 없는[大公無我] 인仁을 확대하여 허물을 고치고 조언을 아끼지 않는 용기를 밝히기 바랍니다. 성덕을 밝게 베푸시면, 가깝고 먼 모든 백성이 서로 기뻐할 것으로, 어찌 (이를) 그만둘 수 있겠습니까!" 상소가 들어오자, 또한 투옥하라는 조치가 내려졌고, 이에 정장 40대를 맞아 기절했다가 다시 깨어났다. 이윽고 귀주貴州 용장역龍場驛 역승으로 좌천되었다.

二年丁卯, 先生三十六歲, 在越.

夏, 赴謫至錢塘.

先生至錢塘, 瑾遣人隨偵. 先生度不免, 乃托言投江以脫之. 因附商船遊舟山, 偶遇颶風大作, 一日夜至閩界. 比登岸, 奔山徑數十裏, 夜扣一寺求宿, 僧故不納. 趨野廟, 倚香案臥, 蓋虎穴也. 夜半, 虎繞廊大吼, 不敢入. 黎明, 僧意必斃於虎, 將收其囊; 見先生方熟睡, 呼始醒, 驚曰: "公非常人也! 不然, 得無恙乎?"邀至寺. 寺有異人, 嘗識於鐵柱宮, 約二十年相見海上; 至是出詩, 有"二十年前曾見君, 今來消息我先聞"之句. 與論出處, 且將遠遁. 其人曰: "汝有親在, 萬一瑾怒逮爾父, 誣以北走胡, 南走粵, 何以應之?"因爲著, 得『明夷』, 遂決策返. 先生題詩壁間曰: "險夷原不滯胸中, 何異浮雲過太空? 夜靜海濤三萬裏, 月明飛錫[69]下天風."因取間道, 由武夷而歸. 時

69 비석(飛錫): 승려나 도사가 짚고 다니는 주석 지팡이를 날린다는 말로 지팡이를 쥐

龍山公官南京吏部尚書, 從鄱陽[70]往省. 十二月返錢塘, 赴龍場驛.

是時先生與學者講授, 雖隨地興起, 未有出身承當, 以聖學爲己任者. 徐愛[71], 先生妹婿也, 因先生將赴龍場, 納贄北面, 奮然有志於學. 愛與蔡宗兗、朱節同擧鄕貢, 先生作「別三子序」[72]以贈之.

정덕 2년 정묘(1507년), 선생 36세, 월에 있었다.

여름에, 좌천지로 가다가 전당강錢塘江에 이르렀다.

선생이 전당강에 이르자 유근劉瑾이 자객을 보내 정탐하도록 하였다. 선생이 도저히 피할 수 없다고 생각이 들자, 이에 강에 투신하였다고 말을 하여 그것을 벗어났다. 주산舟山으로 가는 상선商船에 승선하였다가 뜻하지 않게 거대한 태풍을 만나게 되어, 하루 만에 복건성[圖界]에 도달하게 되었다. 강기슭에 이르러 산길을 수 십리 걷다가. 밤에 한 절에 이르러 문을 두드려서 투숙을 부탁하였으나, 중들이 허락하지 않았다. 서둘러 야묘野廟로 가서 제단에 기대어 잠이 들었는데, 아마도 호랑이굴인 듯하였다. 한밤중에 호랑이가 행랑을 돌며 크게 울부짖었으나 감히 (본당에) 들어가지는 않았다. 날이 새자 중들은 반드시 (왕양명이) 호랑이의 밥이 되었을 것이라 생각하고, 그 (왕양명의) 행랑을 거두려고 하였다. 선생이 지금 잠을 자고 있는 것을 보고, 소리를 내어 부르자 비로소 잠을 깼다. 그러자 사람들이 놀라면서 "공은 보통사람이 아니다. 그렇지 않다면 어찌 아무런 일도 없을 수 있

고 공중을 난다는 뜻이다.

70 파양호(鄱陽湖): 중국 강서성[江西省] 동북부 일대에 있는 중국 최대의 담수호.

71 서애(徐愛): 1487~1517. 중국 명(明) 나라의 문신、학자. 왕수인(王守仁)의 매부(妹夫)로, 남경공부낭중(南京工部郎中) 등을 지내고, 『전습록(傳習錄)』을 편찬함.

72 『왕양명 전집』 제7권.

겠는가?"라고 말하며, 절로 초대하였다. 절에 기인이 있는데, 일찍이 철주궁鐵柱宮에서 알던 사이로, 20년 뒤에 서로 바닷가[海上]에서 보기로 약속한 사람이었다. 이 때에 "20년 전에 일찍이 그대를 보았는데, 오늘에서야 소식 내가 먼저 들었다네."라는 시구를 지어냈다. 출처와 또 장차 멀리 운둔하고자 하는 것을 더불어 논의하였다. 그 사람이 말하기를 "그대는 부모가 산아계신데, 만에 하나 유근이 화가 나서 그대의 아버지를 체포하고, 그대가 북쪽의 오랑캐 땅으로 도망갔다거나 남쪽 월粵로 도망갔다고 무고하면, 어찌 이에 대응하겠소?"라고 하였다. 이에 (왕양명이) 시초점蓍草占을 쳐서 명이괘明夷卦가 나오자 마침내 (유배길로) 돌아가기로 결심하였다. 선생이 벽에다 이렇게 시를 지었다: "험준함과 평탄함이 본디 원래 내 마음에 있지 않거늘, 뜬 구름 너른 하늘에 떠도는 것과 어찌 다르리오? 고요한 밤 삼만리 파도가 치고 있는 때, 밝은 달빛에 석장錫杖을 날려 하늘 에 있는 바람을 타고 내려온다네." 사이 길을 따라서 무이산武夷山에서 돌아오니, 때에 용산공이 남경의 이부상서吏部尙書가 되었으니, 파양호鄱陽湖에 가서 뵈었다. 12월에 전당강에 돌아와, 용장역을 향해 나아갔다. 이때에 선생이 학생들과 더불어 강학을 하여, 가는 곳마다 흥기하였다고 하지만, 몸소 성학聖學을 자기의 임무라고 받아들여 감당하는 자는 없었다. 서애徐愛는 신생의 매제妹婿로서 선생이 용상에 가려고 할 때, 스승(왕양명)에게 공경을 다하여 보좌함은 분명히 배움에 뜻이 있었기 때문이었다. 서애와 채종연蔡宗兗, 주질朱節이 함께 향시에 합격하였다. 이에, 선생은 「별삼자서別三子序」를 지어, 그들에게 보내주었다.

三年戊辰, 先生三十七歲, 在貴陽.

春, 至龍場.

先生始悟格物致知. 龍場在貴州西北萬山叢棘中, 蛇虺魍魎, 蠱毒瘴癘, 與居夷人鴂舌難語, 可通語者, 皆中土亡命. 舊無居, 始教之範土架木以居. 時瑾憾未已, 自計得失榮辱皆能超脫, 惟生死一念尙覺未化, 乃爲石墎[73]自誓曰: "吾惟俟命而已!" 日夜端居澄默, 以求靜一[74]; 久之, 胸中灑灑. 而從者皆病, 自析薪取水作糜飼之; 又恐其懷抑鬱, 則與歌詩; 又不悅, 復調越曲, 雜以詼笑, 始能忘其爲疾病夷狄患難也. 因念: "聖人處此, 更有何道?" 忽中夜大悟格物致知之旨, 寤寐中若有人語之者, 不覺呼躍, 從者皆驚. 始知聖人之道, 吾性自足, 向之求理於事物者誤也. 乃以默記『五經』之言證之, 莫不吻合, 因著『五經臆說』. 居久, 夷人亦日來親狎. 以所居湫濕, 乃伐木構龍岡書院及寅賓堂, 何陋軒, 君子亭, 玩易窩以居之. 思州守遣人至驛侮先生, 諸夷不平, 共毆辱之. 守大怒, 言諸當道. 毛憲副科令先生請謝, 且諭以禍福. 先生致書復之, 守慚服. 水西安宣慰聞先生名, 使人餽米肉, 給使令, 旣又重以金帛鞍馬, 俱辭不受. 始朝廷議設衛於水西, 旣置城, 已而中止, 驛傳尙存. 安惡據其腹心, 欲去之, 以問先生. 先生遺書析其不可, 且申朝廷威信令甲, 議遂寢. 已而宋氏酋長有阿賈、阿劄等叛宋氏, 爲地方患, 先生復以書詆諷之. 安悚然, 率所部平其難, 民賴以寧.

정덕 3년 무진(1508), 선생 37세, 귀양에 있었다.

봄, 용장에 도착하였다.

73 석곽(石墎): 석곽(石廓)으로 된 곳도 있음. 석관(石棺)이나 석곽(石槨)으로 볼 수 있으나(최재목, 『왕양명의 삶과 사상: 내 마음이 등불이다』, (이학사, 2003), 113~4쪽 참조), 양명동을 가리킬 가능성도 있음.

74 정일(靜一): 고요히 마음을 한 곳에 집중시키다.

선생이 비로소 격물치지를 깨닫게 되었다. 용장은 귀주 서북의 수만은 산[萬山] 속의 우거진 산림에 있으며, 독사와 도깨비, 독충과 풍토병이 있고, 거주하고 있는 이민족들과 말을 통하기가 어려웠으며, 말이 통하는 이들은 모두 중원에서 망명 온 이들이었다. 예전에 거할 곳이자, 비로소 그들에게 흙을 틀로 하여 나무를 걸쳐 집을 짓는 방법을 가르쳤다. 때에 유근의 감정이 아직 다하지 않아, 스스로 득실과 영욕을 모두 초달할 수 있다고 스스로 생각하였으나, 오직 생사의 일념은 여전히 떨쳐버릴 수 없었다. 이에 석곽石槨을 만들고 스스로 맹세하면서 "나는 오직 천명을 기다릴 뿐이다."라고 말하였다. 밤낮으로 단정히 앉아 말없이 고요히 집중됨[靜一]을 구하는데, 오래되자 마음속이 맑아졌다[胸中灑灑]. 그러다 시종侍從이 모두 병이 걸려 스스로 땔나무를 구하고 물을 길러 죽을 만들어 먹이고, 또 그들이 억울함을 품고 있음이 걱정되어 노래하고 시를 지었고, 또 기뻐하지 않으면 월나라 민요越曲에 맞추어 농담을 섞자. 비로소 그들이 질병과 오랑캐 땅에 있다는 환란을 잊을 수가 있었다. 이에 "성인께서 이 상황에 면 무슨 도가 있을까?" 생각하다가 갑자기 밤중에 격물치지의 본지를 크게 깨달으니, 꿈꾸고 있는 사이에 마치 누군가 말을 거는 듯했다. 자신도 모르게 춤을 추니 시종이 모두 놀랐다. 성인의 도리는 내 본성만으로 스스로 충족되니, 이전에 사물에서 이치를 구한 것은 잘못이라는 것을 비로소 알게 되었다. 이에 묵묵히 암기하고 있던 『오경五經』의 말로 맞춰보니 들어맞지 않는 것이 조금도 없었다. 그에 따라서 「오경억설五經臆說」을 짓게 되었다. 오래 머물자, 묘족들도 또한 날로 와서 상당히 친하게 되었다. 땅이 낮고 습한 곳에 거주하였기에, 이에 곧 나무를 베어 용강서원龍場書院과 인빈당寅賓堂, 하루헌何陋軒, 군자정君子亭, 완역와玩易窩를 짓고 거기에 거처하였다. 사주思州, 귀주貴州의 수령이 사신을 용장역에 보내 선생을 모욕하려하자, 원주민들이 불평하고 그 사신을 모욕하고 구타하였다. 수령이 크게 분노하여 도의 담당자에게 말하니, 부과副科 모헌毛憲 선생에게 사죄하라고 명령하고 화禍와 복으로서 깨우치려 하였다. 선생이 편지[75]를 써 돌려보내니, 수령이 부끄러워하며 탄복하였다. 수서선위사水西宣慰使 안씨가 선생의 이름을 듣고, 사람을 시켜 밥과 고기를 대접하고, 사람에게 또한 금·비단·안장·말을 딸려 보냈으나 (왕양명은) 모두 사양하고 받지 않았다. 비로소 조정에서 수서水西에 군위軍衛를 설치할 것을 논의하고 성곽을 설치하였지만 이미 중지된 상태였으나 역전이 여전히 존속하고 있었다. 안씨가 그의 가장 믿은 측근[心腹]에게 의지하는 것이 싫어 그것을 제거하고자 선생에게 물었다. 선생이 서찰을 보내어 그것이 불가하다는 것을 분명하게 밝히고 도는 조정의 위신과 법령을 펼치니, 모든 의제가 해결되었다. 이윽고 송씨 추장인 아고阿賈와 아찰阿劄 등이 송씨에게 반란을 일으킴에, 이 지방의 근심거리가 되자, 선생이 다시 서찰을 보내 꾸짖어 깨우쳤다. 안이 두려워 부대를 거느리고 그 반란을 바로잡으니 백성들이 이에 평안히 살 수 있게 되었다.

四年己巳, 先生三十八歲, 在貴陽.

提學副使席書聘主貴陽書院.

是年, 先生始論知行合一. 始席元山書提督[76]學政, 問朱陸同異之辨. 先生

75 『왕양명전집』21권, 「답모헌부(答毛憲副)」.

76 제독(提督): 옛날 무관 가운데 하나.

不語朱陸之學，而告之以其所悟. 書懷疑而去. 明日復來，擧知行本體證之『五經』諸子，漸有省. 往復數四，豁然大悟. 謂"聖人之學復睹於今日；朱陸異同，各有得失，無事辯詰，求之吾性本自明也."遂與毛憲副修葺書院，身率貴陽諸生，以所事師禮事之.

後徐愛因未會先生知行合一之訓，決於先生. 先生曰："試擧看." 愛曰："如今人已知父當孝，兄當弟矣，乃不能孝弟，知與行分明是兩事." 先生曰："此被私欲隔斷耳，非本體也. 聖賢教人知行，正是要人復本體，故『大學』指出真知行以示人曰：'如好好色，如惡惡臭.'夫見好色屬知，好好色屬行. 只見色時已是好矣，非見後而始立心去好也. 聞惡臭屬知，惡惡臭屬行；只聞臭時，已是惡矣，非聞後而始立心去惡也. 又如稱某人知孝，某人知弟，必其人已曾行孝行弟，方可稱他知孝知弟, 此便是知行之本體. "愛曰："古人分知行爲二，恐是要人用工有分曉否？"先生曰："此正失卻古人宗旨. 某嘗說知是行之主意，行實知之功夫；知是行之始，行實知之成；已可理會矣. 古人立言所以分知行爲二者，緣世間有一種人，懵懵然任意去做，全不解思惟省察，是之爲冥行妄作，所以必說知而後行無繆. 又有一種人，茫茫然懸空去思索，全不肯著實躬行，是之爲揣摸影響，所以必說行而後知始真. 此是古人不得已之教，若見得時，一言足矣. 今人卻以爲必先知然後能行，且講習討論以求知，俟知得真時方去行，故遂終身不行，亦遂終身不知. 某今說知行合一，使學者自求本體，庶無支離決裂之病."

정덕 4년 기사己巳(1509), 선생은 38세, 귀양에 있었다.

제학부사提學副使 석서가 초빙을 받아 귀양서원貴陽書院을 주관했다.

이해에 선생은 지행합일知行合一설을 논하기 시작했다. 처음 제독提督 학정學政 원산元山 석서席書가 주자朱子와 육상산陸象山의 차이를 물었다. 선생은 주육朱陸의 차이를 말하지 않고 그가 깨달은 것을 그에게 말해주었다. 석서는 의문을 가지고 돌아갔다. 다름 날 다시 돌아와서 선생이 지행의 본체를 거론하고 그것을『오경五經』의 말을 증거로 들면서 논의했다. 그 후에 점점 이해하고 네 번이나 왔다 갔다 하면서 나중에 마음이 휑하니 뚫리듯 크게 깨달았다. "성인의 학문은 오늘에 다시 보게 되었다. 주자와 육상산에게는 각기 장단이 있기 때문에 그것을 이러쿵저러쿵 논의하기보다도 나의 본성 속에서 구하면 참된 도는 저절로 분명해진다."고 자신이 깨우친 것을 말했다. 그래서 선생은 모헌부毛憲副와 함께 서원을 수리하고 직접 귀양貴陽의 제생들과 함께 선생을 스승으로 모시고 학문을 배웠다.

후에 서애徐愛가 선생의 지행합일설에 대해 이해하지 못하기에 선생께 가르침을 구했다. 선생께서 말씀을 하셨다.

"어디 한번 말해 보게나."라고 했다.

서애가 말했다. "지금 사람들은 부모에게 마땅히 효도를 해야 하고, 형에게 공경해야 한다는 것을 알면서도 효와 제를 행하지 못합니다. 이로써 지와 행이 분명히 두 가지 일인 것 같습니다."고 자신의 의견을 제시 했다.

선생은 "이건 사욕 때문에 지와 행이 분리된 것이니 본체의 문제는 아니다. 성현께서 사람들에게 지와 행을 하라고 하는 것은 사람으로 하여금 본체를 회복하라고 하는 것이다. 고로『대학大學』에서는 진정한 지와 행을 밝히고 사람에게 보여주었다. 즉 '아름다운 색깔을 좋아하듯이 하고, 악한 냄새를 싫어하듯이 하라.' 아름다운 색깔을 보는 것은 지에 속하고 아름다운 색깔을 좋아하는 것은 행에 속한다. 색을 보자마자 이미 좋아하게 되는 것이지, 보고 난 후에 다시 다로 하나의 마음이 생겨서 좋아하게 되는 것은 아니다. 악취를 맡는 것은 지에 속하고 아취를 싫어하는 것은 행에 속한다. 악취를 맡자마자 이미 싫어하게 되는 것이지, 맡은 후에 다로 하나의 마음이 생겨서 싫어하게 되는 것이 아니다. 또한 어떤 사람이 효도를 알고 어떤 사람이 공경을 안다고 한다면, 반드시 그 사람은 이미 효제孝弟를 행했어야만 비로소 그가 효제를 안다고 말할 수 있다. 이것은 바로 지행의 본체이다."라고 대답하였다. 서애가 "옛 사람들이 지와 행을 별개의 것으로 나누는 것도 아마 사람을 하여금 지와 행의 공부를 분명히 깨닫기 위하는 것이냐?"고 물었다. 선생께서 말씀하셨다. "이건 바로 옛 사람의 진정한 뜻을 잃는 것이다. 나는 일찍이 앎는 행의 주된 뜻이고 행함은 지의 공부이다. 앎은 행함의 시작이고 행함은 진실로 앎의 완성이라고 말 해본 적이 있다. 이제 이해할 수 있지. 옛 사람들이 지행을 둘로 나눠서 설명한 까닭은 세상에 이런 종류의 사람이 있기 때문이다. 즉 어리석고 멋대로 하고 완전히 생각과 성찰을 전혀 하지 않으며, 어둠속을 가고 함부로 행동하는 사람이 있기 때문이다. 그래서 반드시 안[知] 다음에 행위[行]하는 것이 틀림없다고 이야기 한다. 또 한 종류의 사람은 망상에만 들떠서 실제로 몸으로 실천하려 하지 않고, 공상만 하는 사람들도 있기 때문에, 반드시 행한 다음에 참된 지를 가지도록 하는 것이라고 이야기 한다. 이것은 옛 사람들이 부득이하게 보여준(=방편적인) 가르침이다. 만약 이것을 볼 수 있다면 단한 마디만으로도 충분하다. 지금 사람들은 반드시 먼저 안 다음에야 행할 수 있다고만 생각하고 또한 강습과 토론을 통해 앎[知]이 참된 다음에 비로소 행하고자[行] 한다. 그러므로 평생을 두고서도 행하지 못하고 알지도 못한다. 내가 지금 말하는 지행합일知行合一은 학자들로 하여금 스스로 본체를 구하고 항상 흩어지고 끊어지는 병폐를 없어야 하는 것이다."라고 했다.

五年庚午, 先生三十九歲, 在吉.

升廬陵縣[77]知縣.

先生三月至廬陵. 爲政不事威刑, 惟以開導人心爲本. 涖任初, 首詢裏役, 察各鄉貧富奸良之實而低昻之. 獄牒盈庭, 不即斷射. 稽國初舊制, 愼選裏正三老, 坐申明亭[78], 使之委曲勸諭. 民胥悔勝氣囂訟, 至有涕泣而歸者. 由是囹圄日清. 在縣七閱月, 遺告示十有六, 大抵諄諄慰父老, 使教子弟, 毋令蕩僻. 城中失火, 身禱返風, 以血禳火, 而火即滅. 因使城中辟火巷, 定水次兌運, 絶鎭守横征, 杜神會之借辦, 立保甲[79]以弭盜, 淸驛遞以延賓旅. 至今數十年猶踵行之. 語學者悟人之功. 先是先生赴龍場時, 隨地講授, 及歸過常德[80], 辰州[81], 見門人冀元亨[82], 蔣信[83], 劉觀時輩俱能卓立, 喜曰: "謫居兩年, 無可與語者, 歸途乃幸得諸友! 悔昔在貴陽擧知行合一之教, 紛紛異同, 罔知所入. 玆來乃與諸生靜坐僧寺, 使自悟性體, 顧恍恍若有可即者." 旣又途中寄書曰: "前在寺中所云靜坐事, 非欲坐禪入定也. 蓋因吾輩平日爲事物紛拏, 未知爲已, 欲以此補小學收放心一段功夫耳. 明道云: '才學便

---

77 여릉현(廬陵縣) : 중국 강서성(江西省) 길안부(吉安府)의 현(縣).

78 신명정(申明亭): 명태조 주원장(朱元璋)이 홍무(洪武) 5년(1372)에 창건한 것으로 선을 표창하고 악을 없애고 쟁송을 해결하기 위한 형지(刑治)의 장소로서 정자를 말한다. 신명정을 세운 곳에는 또한 정선정(旌善亭)을 설치하니, 이 정자의 위에는 착한 사람과 착한 행동, 악한 사람과 악한 일을 적도록 하여 징계하도록 하였다. 명대에는 신명정(申明亭)이라는 정자에서 이장(里甲老人)이 주재하는 분쟁 해결 절차를 거쳐야 관청에 소송을 제기할 수 있었다.

79 보갑(保甲): 가(家) 단위로 편성된 지연적 단체로서, 향촌의 야경(夜警), 도적 의 방비 등을 임무로 한 자위단으로 향약과 더불어 송대 및 명·청 시대 향촌질서를 유지하는 데 큰 역할을 한 향촌제도.

80 상덕(常德): 중국 호남성(湖南省) 무릉(武陵)의 부명(府名).

81 진주(辰州): 중국 호남성(湖南省) 원릉(沅陵)의 부명(府名).

82 기원형(冀元亨): 자는 유건(惟乾), 호는 암재(闇齋), 호남성(湖南省)의 무릉(武陵) 사람.

83 장신(蔣信): 자는 경식(卿實), 호는 도림(道林), 무릉(武陵) 상덕(常德)의 사람.

須知有用力處, 旣學便須知有得力處.' 諸友宜於此處著力, 方有進步, 異時始有得力處也."

冬十有一月, 入覲.

先生入京: 館於大興隆寺[84], 時黃宗賢綰[85]爲後軍都督府都[86]事, 因儲柴墟巏[87]請見. 先生與之語, 喜曰 : "此學久絶, 子何所聞?"對曰: "雖粗有志, 實未用功." 先生曰: "人惟患無志, 不患無功." 明日引見甘泉[88], 訂與終日共學.

정덕 5년 경오(1510), 선생 39세, 길안(吉安)에 있었다.

여릉현廬陵縣의 지현知縣으로 승진하였다.

선생이 3월에 여릉廬陵에 이르렀다. 정사를 행함에 위세와 형벌威刑로 일삼지 않고 오직 인심을 깨우쳐 인도하는 것을 근본으로 삼았다. 부임 초기에는 먼저 마을의 관리[役人]에게 물어본 뒤에, 각 마을의 빈부와 (마을 풍속의) 좋고 나쁨奸良의 실상에 따라 높고 낮음을 바로잡았다. 고소장獄牒이 그 관청에 가득하더라도 바로 차단하지 않고, 국초의 옛 제도를 상고하여 마을의 장로를 신중히 선발하고 신명정申明亭에 앉혀서 그들을 완곡하게 타일렀다. 이에 백성들이 이기고자 쟁송

---

84 대흥륭사(大興隆寺): 지금 베이징시 풍태구(豊台區) 루구교성내(盧溝橋城內)로에 있음.

85 황관(黃綰): 1477-1551, 자는 종현(宗賢), 호는 구암(久庵) 또는 석용(石龍)이다. 절강성(浙江省) 황암현(黃岩縣) 사람이다.

86 후군도독(後軍都督): 후군도독부(後軍都督府). 관서명. 명나라의 5군 도독부 중의 하나이다.

87 저시허권(儲柴墟巏): 1457-1513, 저권(儲巏) 이다. 자는 정부(靜夫), 호는 시허(柴墟), 직례성태주현(直隸省泰州縣)사람이다.

88 감천(甘泉): 1466-1560, 즉 담약수(湛若水)이다. 자는 원명(元明), 호는 감천(甘泉)이며, 중국 광동성증성(廣東省增城) 사람이다.

을 일삼는 것[嚚訟]을 뉘우치고, 울면서 돌아가는 자까지 있었다. 이로 인해 감옥이 날마다 비게 되었다. 현에서 7개월을 보내고서, 16개의 유고를 제시하였는데, 대개 부모와 노인들에게 효도하고 공경하도록 하고, 자제들에게 가르쳐 방탕하지 않도록 하였다. 성에서 화재가 있었는데, 몸소 (불길이 이는 방향과) 반대로 바람이 오도록 주문을 외우고 희생양의 피로써 불에 푸닥거리를 행하자 불이 곧 꺼졌다. 이에 성 안에서 방화 거리(방화벽)를 세우고, 물길을 정하여 그 다음에 조운을 하였고, 군대를 주재시키고 지나치게 세를 거두는 일을 끊어버리며 미신에게 의존하는 것을 막고, 보갑제保甲制를 통해 도적을 막도록 하고, 역참의 관리[驛遞]를 깨끗이 하여 손님들이 늘게 하였다. 지금까지 수십 년 동안에도 그대로 실행하였다.

배우는 이들에게 깨달음에 들어서는 공부에 대해 말하셨다. 먼저 선생이 용장에서 나아갈 때에 가는 곳마다 강학을 펼쳤는데, 상덕常德과 진주(辰州)로 지나갈 때에 문인門人인 기원형冀元亨, 장신蔣信, 유관시劉觀時등을 무리 가운데서 탁월하다는 것을 보고, 기뻐서 이와 같이 말했다. "좌천되어 이년동안 말을 나눌 자가 없었는데, 돌아오는 길에 여러 벗들을 사귀게 되니 참으로 다행이다. 애석하게도 예전에 귀양貴陽에서 지행합일知行合一의 교설[教]을 가르쳤는데, 서로 의견이 분분할 뿐 (학자들이 공부를 함에 있어) 어떻게 접근해야 할지를 모르고 있었다. 이에 여러 학생들[諸生]과 절에서 정좌靜坐를 하게 하여, 스스로 성체性體를 깨닫도록 하니, 생각건대 어렴풋이[恍恍] 아는 것을 마치 (지행합일을) 이해하였다고 여기고 있었다. 이에, 가는 도중에 편지를 부쳐 이렇게 말하셨다. "지난번 절에서 말한 정좌靜坐 건은 좌선坐禪하여 선정禪定에 들어가도록 함이 아니었다. 대개 우리들이 평소 사물에 어지러이 붙잡혀 위기지학爲己之學을 알지 못하니, 이것[=정좌]을 통해, 『소학小學』의 놓친 마음을 거두어들이는[收放心] 한 가지 공부에 도움이 되고자 한 것일 뿐이었다. 정명도程明道는 '막 배우기 시작했으면 반드시 힘쓸 곳이 있음을 알아야 하고, 공부를 한 후에는 힘을 얻는 곳이 있어야 한다.'고 말하였다. 여러 벗들이 이 힘쓸 곳이 있어야 비로소 진보가 있을 것이고, 훗날에 비로소 힘을 얻는 곳이 있게 될 것이다."

겨울 11월에, 조정에 들어가서 임금에게 알현하였다.

선생이 수도[京]에 들어갔다. 대흥륭사大興隆寺에 숙박하고 있었다. 그때 황관黃綰이 후군도독부後軍都督府 도사都事를 맡고 있었는데, 저권儲巏을 통해서 면회를 청했다. 선생은 그에게 기쁘게 말을 나누었다. "이 성학聖學은 오랜 동안 행해지 않고 있는데, 그대가 어떻게 들었을까?"하고 물었다. 황관은 "비록 간단한 뜻만 있고 실제의 공부를 하지는 못했습니다."라고 대답했다. 선생은 "사람은 단지 뜻이 없는 것을 걱정할 뿐이지 공부를 하지 못하는 것을 걱정하지 않는다."고 하였다. 다음 날 담감천湛甘泉에게 소개해주어, 세 사람이 함께 공부하자고 약속하였다.

2장

환관 유근 탄원에 관한 상소문乞宥言官去權奸以章聖德疏[1]

1 『왕양명전집(王陽明全集)』 권9, 별록1.

正德元年, 時官兵部主事

臣聞君仁則臣直[2]. 大舜之所以聖, 以能隱惡而揚善也. 臣邇者竊見陛下以南京戶科給事中戴銑[3]等上言時事, 特敕[4]錦衣衛[5]差官[6]校[7]拿解[8]赴京. 臣不知所言之當理與否, 意其間必有觸冒[9]忌諱[10], 上幹[11]雷霆之怒[12]者. 但銑等職居諫司[13], 以言爲責, 其言而善, 自宜嘉納[14]施行, 如其未善, 亦宜包容隱

---

2 신문군인즉신직 (臣聞君仁則臣直): 신은 '임금이 어질면 신하가 정직하다.'고 들었습니다.『자치통감(資治通鑑)』「주기(周紀)」에 다음과 같은 내용이 있다. "위문후 (魏文侯) 가 악양 (樂羊) 을 시켜 중산을 쳐서 이긴 후에 그 땅을 그의 아들 격(擊)에게 봉했다. 문후가 여러 신하들에게 물었다. "나는 어떤 임금인가?" 신하들이 모두 "어진 임금입니다."라고 했다. 임좌(任座)가 말했다. "임금님이 중산을 얻으사 동생에게 주지 않으시고 아들에게 주시니 어찌 어진 임금이라 할 수 있겠습니까?" 문 후가 노하니 임좌가 좇아 나가거늘 다음으로 적황(翟璜)에게도 물었다. 적황은 "어진 임금님이십니 다."라고 대답했다. 문후가 "어찌 그렇다는 것을 아시오?"라고 하자, 적황이 "신은 임금이 어질면 신 하가 정직하다. 조금 전에 임좌의 말이 곧으므로 그 사실을 압니다." 문후가 기뻐하여 적황을 시켜 임좌를 불러 그를 돌아오게 했다. 그리고 문후가 직접 내려가 임좌를 맞이하고 그로서 귀빈을 삼았다."[魏文侯使樂羊伐中山, 克之. 以封其子擊. 文候問于群臣曰:'我何如主?'皆曰:'仁君'.任座曰:'君得中 山, 不以封君之弟而以封君之子, 何謂仁君?' 文侯怒, 任座趨出. 次問翟璜,對曰:'仁君.' 文侯曰:'何以 知之?' 對曰:'臣聞君仁則臣直. 向者任座之言直, 臣是以知之.' 文侯悅, 使翟璜召任座而反之, 親下堂 迎之, 以爲上客."].

3 대선(戴銑): 1464~1506. 자는 보지(寶之), 호는 충봉(衝峰)이다.

4 특칙(特敕): 특별 조칙(詔勅).

5 금의위(錦衣衛): 중국 명조의 금위군(禁衛軍)의 하나. 명나라 전제정치 유지를 위한 특무 기관. 1382 년에 설치되어 황제가 행차할 때에 행렬을 보살피며, 황제 측근에서 비밀을 조사하고, 체포 심문하 는 일을 수행하였음.

6 차관(差官): (일정한 임무를 맡기어) 벼슬아치를 파견함 또는 파견되는 벼슬아치.

7 교(校): 조사하다. 심사하다. 교정하다. 이외에 '차꼬. 차꼬 채우다.'의 뜻도 있음.

8 나해(拿解): 붙잡아[체포하여] 호송하다.

9 촉모(觸冒): 범하여 무릅쓰다.

10 기휘(忌諱): 꺼리어 싫어함.

11 상간(上幹): 임금(主上)께서~일으키다(하다).

12 뇌정지노(雷霆之怒): 천둥과 벼락[雷霆] 같은 분노. 매우 화났음을 이르는 말.

13 간사(諫司): 간언하는 관리(벼슬아치).

14 가납(嘉納): 간(諫)하거나 권(勸)하는 말(=의견)을 기꺼이 받아들임.

覆, 以開忠讜[15]之路. 乃今赫然[16]下令, 遠事拘囚, 在陛下之心, 不過少示懲創[17], 使其後日不敢輕率妄有論列[18], 非果有意怒絶之也. 下民無知, 妄生疑懼, 臣切惜之! 今在廷之臣, 莫不以此擧爲非宜, 然而莫敢爲陛下言者, 豈其無憂國愛君之心哉? 懼陛下復以罪銑[19]等者罪之, 則非惟無補於國事, 而徒足以增陛下之過擧耳. 然則自是而後, 雖有上關宗社危疑不制之事, 陛下孰從而聞之? 陛下聰明超絶, 苟念及此, 寧不寒心! 況今天時凍沍[20], 萬一差去官校督束過嚴, 銑等在道或致失所, 遂塡溝壑, 使陛下有殺諫臣之名, 興群臣紛紛之議, 其時陛下必將追咎左右莫有言者, 則既晩矣. 伏願陛下追收前旨, 使銑等仍舊供職; 擴大公無我之仁, 明改過不吝之勇; 聖德昭布遠邇, 人民胥悅, 豈不休哉[21]!

臣又惟君者, 元首也. 臣者, 耳目手足也. 陛下思耳目之不可使壅塞, 手足之不可使痿痹, 必將惻然而有所不忍. 臣承乏[22]下僚, 僭言實罪. 伏睹陛下明旨有"政事得失, 許諸人直言無隱"之條, 故敢昧死爲陛下一言. 伏惟俯垂宥察, 不勝幹冒戰栗之至!

언관을 용서하고 유근과 같은 권세 있는 간신들을 제거하여 성왕의 덕을 밝히기를 비는 상소문(약칭: 「환관 유근 탄원에 관한 상소문」)

정덕 원년. 당시 관직이 병부주사兵部主事였다.

---

15 충당(忠讜): 충직. 충성하고 정직하다.
16 혁연(赫然): 벌컥. 버럭. 발끈. 몹시 화를 내는 모양.
17 징창(懲創): 잘못을 뉘우치도록 꾸짖어서 경계하다.
18 논렬(論列): 죄목(罪目)을 들춰내어 쭉 늘어놓음.
19 선(銑): 대선(戴銑).
20 동호(凍沍): 얼어붙다. 날씨가 무척 춥다.
21 휴(休): 아름답다. 좋다. 길하다.
22 승핍(承乏): 인재(人材)가 없어서 재능이 없거나 부족한 사람이 벼슬을 함. 겸손한 표현.

신은 '임금이 어질면 신하가 정직하다.'고 들었습니다. 저 위대한 순이 성인이 된 이유는 악을 숨겨주고 선을 드러내주었기 때문입니다. 신이 최근 가만히 살펴보니 폐하께서 남경南京 호과戶科 급사중給事中 대선戴銑 등 시사時事 문제들을 아뢰자, 특별 조칙詔勅으로 금의위錦衣衛를 파견하여 그들을 체포하고 사정査正하여 수도[京師]로 보내졌다는군요. 신은 그들이 말한 것이 정당한 것인지 아닌지 모르겠으나 그 가운데는 반드시 임금님이 꺼리어 싫어하는 것[忌諱]을 범하여 무릅씀이 있어, 임금님이 천둥과 벼락 같이 노하신 것이라 생각됩니다. 그러나 대선 등 대신은 간언하는 관리의 직책에 있어 간언할 책임이 있습니다. 그 말이 좋으면 당연히 마땅히 달게 받아들여 시행하실 것이요. 만약 그 말이 좋지 않더라도 또한 마땅히 포용하고 덮어 주어 그 들의 충직한 충언의 길을 열어줌이 마땅할 것입니다. 그러나 지금 발끈하셔서 명령을 내려 정사를 멀리하도록 구속했는데 폐하의 마음은 약간 잘못을 뉘우치도록 꾸짖어서 경계하는 뜻을 보여주었다가 그들이 훗날에 감히 경솔하게 행동하지 못하도록 죄목罪目을 들춰내어 쭉 늘어놓을 뿐이지, 과연 그들을 노하여서 죽이려는 뜻은 아니었으리라 생각합니다.

아래에 있는 백성들이 알지 못하여 망령되게 의심하고 두려워하니, 신은 참으로 그 점을 애석하게 여기고 있습니다. 이제 조정의 신하로서 이 일을 다들 옳지 않다고 여기고 있는 실정입니다. 그런데도 아무도 폐하를 위하여 말씀을 드리는 자가 없으니, 이 어찌 그들이 우국애민의 마음이 없어서 그런 것이겠습니까. 단지 폐하께서 다시 대선戴銑 등에게 죄를 물어 자기들이 죄를 입으면 국사에 도움을 주지 못할 뿐만 아니라 헛되이 폐하의 잘못만 더 커질 수 있다는 점을 두려워한 것이겠지요. 그러나 이렇게 되면 이 후에 비록 종사를 위태

롭게 하는 일과 제도에 불합한 일이 생기게 되어도, 거기에 대해 폐하는 누구로부터 이야기를 들으시겠습니까? 폐하께서 매우 총명하시니 참으로 여기까지 생각하면 어찌 슬프지 않겠습니까? 게다가 오늘 날씨도 무척 춥고, 만일 그들을 체포하여 사정査正·호송해가는 파견 관리들이 너무 지나치게 감독해서 혹시 대선戴銑 등이 길에서 몸을 보존하지 못하여 죽으면 폐하께서 간신諫臣을 죽였다는 이름을 얻게 되고 여러 대신들의 분분한 비난을 초래할 수 있습니다.

그 때 폐하께서 반드시 측근의 사람들이 직언을 해주지 않은 것을 나무라실 것인데 그때는 이미 늦을 것입니다. 엎드려 바라건대 앞서 내리신 어명[旨]을 거두어주시고 대선戴銑 등을 예전대로 복직하게 해주십시오. 그렇게 하신다면 폐하께서 또한 대공무아大公無我의 인仁을 확대하고, 허물을 아낌없이 고치는 용기를 밝히며, 성덕聖德은 사방에 퍼지고 백성들이 모두 기뻐할 테니 이 어찌 큰 상서로운 일이 되지 않겠습니까? 신은 또한 군주란 것은 우두머리[元首]에 해당하고, 신하란 것은 이목수족耳目手足에 해당한다고 생각합니다. 폐하께서 이목을 막아서는 안 되고, 수족을 마비시킬 수 없다고 생각하신다면 반드시 딱하게 여기고 가엾게 여기시어 차마하지 못하는 마음이 있으실 것입니다.

신은 재능 없이 낮은 관직을 맡고 있는데, 그런 주제에 참람한 말씀을 올려 참으로 죄를 지었습니다. 엎드려 살펴보니, 폐하의 어명[旨] 중에 "정사의 득실은 대신들이 숨긴 것 없이 직언하는 것을 허락한다!"는 조목이 있었습니다. 그러므로 죽음을 무릅쓰고 폐하께 한 말씀 감히 올리는 것입니다.

엎드려 생각하노니, 너그러이 살펴 용서하여 주시옵소서. 폐하께서 꺼리어 싫어하는 것[忌諱]을 범하여 무릅쓰게 되어 벌벌 떨림을 금치 못하겠습니다.

3장

용장시기 왕양명의 유문遺文

1. 기사류(記事類)

玩易窩記[1]

戊辰

陽明子之居夷也, 穴山麓之窩而讀『易』其間. 始其未得也, 仰而思焉, 俯而疑焉, 函六合[2], 入無微, 茫乎其無所指, 孑乎其若株. 其或得之也, 沛兮其若決[3], 聯兮其若徹, 菹淤出焉, 精華入焉, 若有相者而莫知其所以然. 其得而玩之也, 優然其休焉, 充然其喜焉, 油然其春生焉; 精粗一, 外內翕, 視險若夷, 而不知其夷之爲厄也. 於是陽明子撫幾而歎曰: "嗟乎! 此古之君子所以甘囚奴, 忘拘幽[4], 而不知其老之將至也[5]夫! 吾知所以終吾身矣." 名其窩曰'玩易', 而爲之說曰: 夫『易』, 三才[6]之道備焉. 古之君子, 居則觀其象而玩其辭, 動則觀其變而玩其占. 觀象玩辭, 三才之體立矣, 觀變玩占, 三才之用行矣. 體立, 故存而神; 用行, 故動而化. 神, 故知周萬物而無方; 化, 故範圍天地而無跡. 無方, 則象辭基焉; 無跡, 則變占[7]生焉. 是故君子洗心而退

---

1 『왕양명전집(王陽明全集)』 권23, 외집5.

2 육합(六合): 천지와 동서남북을 가리킨다.

3 패혜기약결(沛兮其若決): 강뚝 무너지듯이 척척 풀린다. 『맹자』「진심상(盡心上)」: "若決江河, 沛然莫之能禦也."

4 감구노, 망구유(甘囚奴, 忘拘幽): 문왕과 무왕이 감옥도 마다 않고 감옥에 갇힌 것도 잊으며 『역』을 연구하였다. 구노(囚奴): 『서경』「주서·태서(周書·泰誓)」: "屏棄典刑, 囚奴正士." 구유(拘幽): 『사기(史記)』「주본기(周本紀)」: "西伯蓋卽位五十年. 其囚羑里, 蓋益易之八卦爲六十四卦."

5 노지장지(老之將至): 『논어』「술이편(述而)」: "子曰: '奚不曰:其爲人也, 發憤忘食, 樂以忘憂, 不知老之將至.'"

6 삼재(三才): 천天, 지地, 인人이다. 『역』「계사(易經·繫辭)」: "有天道焉, 有人道焉, 有地道焉, 兼三才而兩之."

7 변점(變占): 괘의 효가 변화에 따라 길흉을 판단한다.

藏于密, 齋戒以神明其德[8]也. 蓋昔者夫子嘗韋編三絶[9]焉. 嗚呼! 假我數十年以學『易』, 其亦可以無大過已[10]夫!

완역와기

무진(1508년)

양명선생이 귀주貴州 용장역龍場驛에 있을 때, 산에 동굴[窩]을 뚫고 동굴 안에서『주역周易』을 연구하였다. 처음에는 아무것도 몰라서 하늘과 땅을 바라보고 생각할수록 의문도 많았다. 『주역』은 큰 것은 우주를 포함하고 작은 것은 아주 작은 것도 포함하였으니, 도대체 무엇을 말하는지 막연하게 몰라서 마치 벌판에 나무 한 그루 서있는 느낌이었다. 조금씩 알게 된 뒤부터는 의문은 강둑 무너지듯이 척척 풀리고, 이것저것 모두가 연결되어 이해하는 데 바닥까지 들여다보였고, 잡풀이 우거진 진흙탕을 빠져나와 핵심에 들어갔는데, 아직도 형상만 보이고 까닭을 몰랐다. 아는 것도 더욱 연구하였더니, 잘 이해되는 것이 아무것도 안하는 것 같았고, 끝까지 알게 되니 기뻤고, 봄날 들판에 풀이 돋아나듯이 좋은 생각들이 싹터 나왔다. 형이하와 형이상 모두 하나로 이해하고, 내 마음과 바깥 만물도 하나로 이해한 뒤에는, 어려운 것도 쉽게 보이지만 쉬운 것이 왜 재액災厄이 되는지

---

8 군자세심이퇴장우밀 , 재계이신명기덕(君子洗心而退藏于密 , 齋戒以神明其德): 군자는 마음을 닦아 깊은 본체에 들어가야 하며, 재계하여 타고난 덕성을 신명스럽게 해야 한다. 『역』「계사·상(繫辭·上)」:"聖人以此洗心, 退藏於密. 聖人以此齋戒, 以神明其德."

9 위편삼절(韋編三絶): 『사기』「공자세가(孔子世家)」:"공자가 주역을 즐겨 읽어 책의 가죽 끈이 세 번이나 끊어졌다."

10 가아수십년이학 『역』, 기역가이무대과이(假我數十年以學『易』, 其亦可以無大過已): 몇 십년 동안『역』을 연구하면 큰 잘못 없이 살 수 있을 텐데.[『논어』「술이(述而)」: 子曰 : 加我數年 , 五十以學易 , 可以無大過矣.]

까닭은 여전히 모르겠다. 그래서 양명 선생은 책상을 쓰다듬으면서 "옛날 문왕文王과 무왕武王이 감옥도 마다 않고 감옥에 갇힌 것도 잊고 『주역』을 연구하였고, 공자도 늙는 것도 잊고 연구하였구나! 나는 이제야 늙을 때까지 해야 할 일을 알았다."고 탄식하였다. 그래서 동굴을 '완역玩易'[=완역와]이라고 이름 짓고 까닭을 설명하였다.

『주역』은 천지인天地人 삼재三才의 도리가 다 있다. 옛날 군자는 집에 있을 때는 상象을 보고 괘사卦辭를 연구하였고, 세상에 나가서는 변고[變]을 보고 점을 쳤다. 상을 보고 괘사를 연구하여야 천지인 삼채의 본체를 이해하며, 변을 보고 점을 쳐 보아야만 삼재의 작용을 이해했다. 본체를 깨닫는 것은 고요한[靜]한 본체에서 신神이 있고, 작용이 유행하는 것은 움직임[動]에서 화육化育한다. 신神이 있기에 만물을 포함하더라도 어떤 형상도 없고, 화육하기에 천지를 포함하더라도 형상이 남지 않다. 형상이 없기에 상사象辭를 바탕으로 삼고, 형상이 남지 않기에 변고를 점침[變占]이 생길 수 있다. 그래서 군자는 마음을 닦아 깊은 본체에 들어가야 하며, 재계齋戒하여 타고난 덕성을 신명스럽게 해야 한다. 대체로 옛날에 공자가 (『주역』)책의 끈이 세 번이나 끊어지도록 연구하였다[韋編三絶]고 전해오는데, 아! 나도 몇십 년 동안『주역』을 연구하면 큰 잘못 없이 살 수 있을 텐데.

何陋軒記[11]

戊辰

11 『왕양명전집』 권23, 외집5.

昔孔子欲居九夷[12], 人以爲陋. 孔子曰:“君子居之, 何陋之有?” 守仁以罪謫龍場. 龍場, 古夷蔡[13]之外, 於今爲要綏, 而習類尙因其故. 人皆以予自上國[14]往, 將陋其地, 弗能居也. 而予處之旬月[15], 安而樂之, 求其所謂甚陋者而莫得. 獨其結題鳥言[16], 山棲羝服, 無軒裳宮室之觀, 文儀揖讓之縟, 然此猶淳龐質素之遺焉. 蓋古之時, 法制未備, 則有然矣, 不得以爲陋也. 夫愛憎面背, 亂白黝丹, 浚奸窮黠, 外良而中螫, 諸夏蓋不免焉. 若是而彬郁其容, 宋甫魯掖[17], 折旋矩鑊[18], 將無爲陋乎?夷之人乃不能此. 其好言惡詈, 直情率遂, 則有矣. 世徒以其言辭物采之眇而陋之, 吾不謂然也. 始予至, 無室以止, 居於業棘之間, 則郁也. 遷于東峰, 就石穴而居之, 又陰以濕. 龍場之民, 老稚日來視予, 喜不予陋, 益予比. 予嘗圃于叢棘之右, 民謂予之樂之也, 相與伐木閣之材, 就其地爲軒以居予. 予因而翳之以檜竹, 蒔之以卉藥, 列堂階, 辯室奧, 琴編圖史, 講誦游適之道略俱. 學士之來游者, 亦稍稍而集於是. 人之及吾軒者, 若觀于通都焉, 而予亦忘予之居夷也. 因名之曰‘何陋’, 以信孔子之言. 嗟夫! 諸夏之盛, 其典章禮樂, 曆聖修而傳之, 夷不能有也, 則謂之陋固宜. 于後蔑道德而專法令, 搜抉鉤縶之術窮, 而狡匿譎詐無所不至, 渾樸盡矣. 夷之民方若未琢之璞[19], 未繩之木[20], 雖粗礪頑梗,

---

12 공자욕거구이(孔子欲居九夷): 『논어(論語)』「자한(子罕)」.

13 채(蔡): 주대(周代)의 옛 나라[古國] 이름.

14 상국(上國): 경사(京師)를 가리킨다.

15 순월(旬月): ①열흘이나 ②달포(만 1개월, 한 달 가량) 또는 ③만 10개월. 여기서는 ③에 해당한다.

16 결제조언(結題鳥言): 이마에 머리를 묶고 말소리가 새처럼 들인다.

17 송보로액(宋甫魯掖): 송(殷)나라의 모자와 노나라의 옷이다. 예복을 가리킨다.

18 절선구확(折旋矩鑊): 위의(威儀)와 행동은 모두 예를 잘 맞춘다.

19 미탁지박(未琢之璞): 아직 쪼지(다듬지, 가공하지) 않은 옥돌(옥석). ‘순박, 소박, 질박(質朴), 자연 그대로의 아름다움’을 말한다.

20 미승지목(未繩之木): 아직 먹줄을 대지 않은(다듬지않은, 손대지 않은) 나무 즉 원목. 『노자』에서 말한 ‘통나무=박(朴, 樸)’를 말하며, 앞의 미탁지박처럼 ‘순박, 소박,

而椎斧尚有施也, 安可以陋之? 斯孔子所謂欲居也歟? 雖然, 典章文物則亦胡可以無講! 今夷之俗, 崇巫而事鬼, 瀆禮而任情, 不中不節, 卒未免于陋之名, 則亦不講於是耳. 然此無損于其質也. 誠有君子而居焉, 其化之也蓋易. 而予非其人也, 記之以俟來者.

하루헌기

무진

예전에 공자께서는 "구이(九夷)에 가서 살고 싶다."고 하셨는데, 제자들이 "어째서 그렇게 편벽하고 누추한 곳에 거하려 하는지"를 물었다. 이에 공자가 "군자가 거하는 곳이 어찌 누추하다 할 수 있겠는가?"라고 말했다.

나 양명은 나라에 죄를 얻어 이곳 용장龍場에 좌천되어 왔다. 이곳 용장은 옛부터 이채夷蔡지역에도 속하지 못하는 땅 끝이었고, 지금은 그나마 수복으로 지정되었으나 여전히 이곳의 습속은 옛날과 다르지 않다고 하겠다. 벗들은 내가 수도[上國]에서 이렇게 먼 곳으로 유배를 가니 그렇게 누추한 곳에서 어떻게 지낼까를 염려하였다. 이제 이곳에 이른지 10여개월 쯤[旬月] 되었는데 즐겁고 편안히 지내고 있으니 그들이 말하던 누추함이 뭔지 찾아보려 해도 찾아볼 수가 없구나. 물론 이들이 이마에 머리를 묶고 말소리가 마치 새소리같이 들리긴 하고, 짐승가죽으로 옷을 해 입기도 하고 대부분이 산위에 거주하기는 한다. 중원의 수레와 가마도 없고, 관복이나 위용을 갖춘 건물도 없으며 번다하기 그지없는 예의와 의식 절차도 없기는 하다.

그러나 이곳 사람들은 고대로부터 이어진 순박하고 질박한 풍속

질박(質朴), 자연 그대로의 아름　다움'을 말한다.

을 여전히 갖고 있다. 그 옛날에 어찌 문물제도가 다 갖추어져 있었겠는가? 그러니 이러한 습속에 따라 사는 것인데 그것을 비루하다고 말할 수는 없으리라. 내가 살았던 중원 땅은 비록 문물제도는 다 갖추었다고 하지만 앞에서는 친숙한 척 하고는 뒤에서는 원한을 품고, 시비가 어지러이 뒤섞이고 간교함이 극을 달리며, 겉으로는 선량하게 꾸미고 속으로는 악독한 계교를 부리는 사람들이 없지 않았다. 이런 사람들이 외모는 화려하게 꾸미고 송나라의 관을 쓰고 노나라의 의복을 입고, 그 나아가고 물러남에 있어 예에 합한다 하더라도 이것이 오히려 비루한 것이 아닌가? 내가 보기에 묘족苗族은 전혀 그렇지가 않으니 그들은 말을 선하게 하고 욕하는 것을 아주 싫어하는 게 그들의 솔직한 감정에서 그대로 표출된다. 세상 사람들이 그들의 꾸밈없는 말을 듣고 그 말에 격식이 없다고 하여 비루하다고 한다면 나는 그 말에 전혀 동의할 수가 없다.

내가 처음 용장에 이르렀을 때 거주할 집이 없었다. 하여 부득이 가시나무 숲에 움막을 치고는 임시로 거주하면서 울적한 마음을 달랠 길이 없었다. 그래서 산 동쪽 봉우리 아래 돌로 된 돌로 굴[石穴]이 있어 옮겼으나, 그곳 또한 어둡고 습기가 많아서 불편하기 그지없었다. 이곳 용장 사람들은 노인이고 아이들이고 할 것 없이 멀리서 온 이방 나그네가 신기하여 매일 들여다보곤 하였는데 내가 자신들을 오랑캐라고 무시하지 않는 것을 기뻐하며 도움을 주고자 하였다. 얼마 전 내가 숲의 우측 변두리를 개간하여 채마밭을 만들었다. 이를 본 이들이 내가 이곳에서 낙심하지 않고 오래 거하려 한다고 여기고는 다들 달라붙어 쓸 만한 나무를 베어 집을 지을 목재를 마련해서는 집 한 채를 지어 내가 거하게 해주었다. 집 옆으로는 측백나무와 대나무를 심어 그늘을 만들고, 앞뒤로는 몇 가지 꽃과 약초를 심었다.

집의 앞쪽에 섬돌을 놓고 내가 거하는 방 한쪽에는 거문고와 서책을 놓아 공부를 하거나 휴식을 취할 수 있도록 하였다. 점차 지역의 선비들이 찾아와 벗이 되고 방문이 잦게 되었고, 그러다 보니 내가 머무는 이 궁벽한 곳이나 저 선비들이 사는 성읍이나 아무 차이가 없게 느껴졌다. 그러니 내가 이곳 먼 남방 땅에 거한다는 것도 잊게 되었으니 이 집을 '하루何陋'[="어째 누추하단 말인가?"]라고 이름 지음으로, 공자의 말씀이 옳았다는 것을 밝히는 바이다.

아! 중원 땅의 한족이 흥성하였을 때, 역대의 성현들께서 세우고 바로잡았던 문물제도와 예악문화가 아울러 잘 유전되어 내려왔다. 그러나 변방의 이민족들에게는 그와 같은 것이 없었으니 이런 이유로 저들(한족)이 이곳을 편벽되고 누추한 곳이라고 한다면 일리 있는 말이리라. 그러나 세월이 흘러 중원의 한족들이 도덕을 멸시하고 오로지 법령에만 의거하게 되고 말았다. 그 결과 오히려 죄인을 붙잡아 가두는 수단조차도 사람을 다스리는데 무소용이 되고 교활함과 협잡이 판을 치게 되고 선대로부터 내려온 질박한 기풍은 사라져 버렸다. 오히려 내가 보기에 묘족苗族은 그렇지 않으니 아직 깎아 다듬지 않은 박옥[未琢之璞]이고 자르고 손질하지 않은 원목[未繩之木]이라. 일견 보기에는 세련됨도 없고 투박하고 우둔해보이지만 내가 보기엔 이는 충분히 다듬을 수 있고 변화시킬 수 있는 것이니 어찌 이들을 그저 비루하다고만 할 수 있겠는가? 그렇기에 공자께서도 구이九夷에 가서 살고 싶다고 하지 않았겠는가?

그렇긴 하나, 문물제도라든지 예악문화에 대해서 어찌 한마디 덧붙이지 않을 수 있으랴! 지금 묘족의 습속은 무속에 휘둘리고 귀신을 숭상하고 있다. 의례에 무지하여 범하기도 쉽고, 일을 대하여서는 제 기질대로 행하기도 한다. 행위는 중용의 도에 부합되지 않으며, 정비

된 제도 또한 부족하니 결국은 비루하다는 평가를 면하질 못한다. 이 모든 것이 결국은 정비된 법령이나 제도와 예의를 가르치지 않아 배우지 못한 연고이다. 그러나 그것으로 인해 그들의 질박한 본성을 깎아내릴 수 없으니 만약 참된 군자가 이곳에 거하면서 이들을 잘 교화할 방법을 써서 묘족을 변화시킬 수 있다면 이들의 변화 또한 어려운 일이 아니리라. 안타깝구나! 나는 그러한 일을 자임하기에는 부족하기 이를 데 없는 인물이로다! 이 글을 적음으로 후대에 올 군자를 기다린다.

君子亭記[21]

戊辰

陽明子旣爲何陋軒, 復因軒之前營, 駕楹爲亭, 環植以竹, 而名之曰'君子'. 曰: "竹有君子之道四焉: 中虛而靜, 通而有間, 有君子之德. 外節而直, 貫四時而柯葉無所改, 有君子之操. 應蟄而出, 遇伏而隱, 雨雪晦明無所不宜, 有君子之時, 淸風時至, 玉聲珊然, 中采齊而協肆夏[22], 揖遜俯仰, 若洙, 泗[23]群賢之交集, 風止籟靜, 挺然特立, 不撓不屈, 若虞廷群後, 端冕正笏而列于堂陛之側, 有君子之容. 竹有是四者, 而以'君子'名, 不愧于其名. 吾亭有竹焉, 而因以竹名名, 不愧于吾亭."門人曰:"夫子蓋自道也吾見夫子之居是

---

21 『왕양명전집』 권23, 외집5.

22 채제(采齊) · 사하(肆夏): 옛 음악의 이름이다. 『예기(禮記)』「옥조(玉藻)」편에, " 군자가 반드시 옷을 차고 천천히 걸을 때는 사하의 박자에 맞추고 빨리 걸을 때는 채제의 박자에 맞췄다."[趨以采齊, 行以肆夏]"고 있다.

23 주사(洙泗): 공자가 가르치던 곳에 수수(洙水)와 사수(泗水)로, '유가(儒家)'나 '유학(儒學)'을 뜻하다.

亭也, 持敬以直內, 靜虛而若愚, 非君子之德乎? 遇屯[24]而不懾, 處困[25]而能亨, 非君子之操乎? 昔也行于朝, 今也行于夷, 順應物而能當, 雖守方而弗拘, 非君子之時乎?其交翼翼, 其處雍雍, 意適而匪懈, 氣和而能恭, 非君子之容乎? 夫子蓋謙于自名也, 而假之竹. 雖然, 亦有所不容隱也. 夫子之名其軒曰'何陋', 則固以自居矣." 陽明子曰:"噫!小子之言過矣, 而又弗及. 夫是四者何有于我哉? 抑學而未能, 則可爾耳. 昔者夫子不云乎? '汝爲君子儒, 無爲小人儒'[26], 吾之名亭也, 則以竹也. 人而嫌以君子自名也, 將爲小人之歸矣, 而可乎? 小子識之!"

군자정기

무진

양명선생이 하루헌何陋軒을 만든 뒤 다시 하루헌의 바로 앞에 기둥을 세워 정자를 만들고 그 정자 주변에 대나무를 심어 '군자君子'라는 이름을 붙였다. 말씀하셨다.

"대나무엔 군자의 도가 네 가지 있다. 즉, 속은 비어 정靜하고, 통하여 사이가 있으므로 군자의 덕이 있다. 밖으로 마디가 있고 곧으며 사계절을 관통하여 가지와 잎이 변하지 않으므로 군자의 절조가 있다. 경칩驚蟄에 대응하여 나와 복날을 만나 숨고, 비가 오거나 눈이 오거나, 어두운 날과 밝은 날 모두 알맞지 않은 것이 없으니 군자의 때를 이름이다. 맑은 바람이 불 때 옥소리가 울리는 듯하여 '채제采齊'와 '사하肆夏'의 음률에 맞고, 읍하고 물러서고 엎드리고 우러름이 마치 수사洙泗에 모이는 성현들과 같다. 바람이 그치고 모든 소리가 고요할

24 둔(혹은 준)(屯): 주역의 둔괘(혹은 준괘).

25 곤(困): 주역의 곤괘.

26 여위군자유, 무위소인유(汝爲君子儒, 無爲小人儒): 『논어』「옹야(雍也)」

때 꼿꼿하게 흔들리지 않고 굽히지도 않으며, 마치 우순虞舜의 조정에 관을 단정하게 하고 홀을 바르게 들어, 전당殿堂의 섬돌 양측에 서 있는 공경公卿들과 같으니, 군자의 모양이 있다고 할 것이다. 대나무는 이 네 가지 덕이 있으니 '군자'라는 이름을 붙이는 것이 참으로 부끄럽지 않다. 나의 정자에 대나무가 있으니 고로 대나무로 이름을 지어 주는 것도 나의 정자 군자라는 이름답다."

문인이 "선생님께서 아마도 자신을 두고 하시는 말씀인 듯합니다. 저는 선생님이 이 정자에 거처하고 경敬의 태도로 마음을 바르게 하고, 정허靜虛(조용하여 마음에 번거로움이 없음)하여 어리석게 보이는 한 것이 바로 군자의 덕이 아니겠습니까? 둔屯을 만나도 두렵지 않고 곤困에 처해도 형통할 수 있는 것 군자의 절조가 아니겠습니까? 전날에 조정에 계시다가 지금은 남방의 오랑캐[용정]에 왔지만 물을 순응하고 담당할 수 있으며 비록 변방을 지키지만 구애되지 않으니 이것이 군자가 때에 맞게 하는 도리가 아니겠습니까? 교제를 조심스럽게 하고 처세를 온화하게 하며, 그 뜻을 원하는 대로 하되 게을러지지 않고 기가 화하고 공손할 수 있는 것이 군자의 모양이 아니겠습니까? 선생님은 겸손해서 군자로 지차하지 않으시고 대나무에 의탁해서 말씀하십니다. 비록 그렇게 하더라도 숨기지 못하는 것이 있을 것이니 선생님이 그 집을 '하루'로 하는 것이 이미 스스로 군자로 자처하는 것입니다."라고 하였다.

양명선생이 "아아, 그대의 말이 지나치고 또한 미치지 못했다. 내게 이 네 가지 군자의 덕이 어찌 해당하랴. 그러나 배우려고 애쓰는데 얻지 못하고 있다고는 말 할 수 있다. 옛날에 공자께서 이런 말씀을 하시지 않았는가? '너는 군자의 선비가 되어야지 소인의 선비가 되어서는 안 된다.'라고. 그래서 내가 정자의 이름을 대나무로 지은 것이다. 사람은 모두 군자로 자칭하는 것이야 꺼리겠지만 장차 소인으로 돌아간대서야 되겠는가? 그대는 기억 할지어다!"라고 하셨다.

遠俗亭記[27]

戊辰

憲副毛公應奎[28], 名其退食之所[29]曰'遠俗'. 陽明子爲之記曰: 俗習與古道爲消長. 塵囂溷濁之旣遠, 則必高明淸曠之是宅矣, 此'遠俗'之所由名也. 然公以提學爲職, 又兼理夫獄訟軍賦, 則彼擧業辭章, 俗儒之學也. 簿書期會[30], 俗吏之務也. 二者皆公不免焉. 舍所事而曰'吾以遠俗', 俗未遠而曠官之責近矣. 君子之行也, 不遠于微近纖曲[31], 而盛德存焉, 廣業著焉. 是故誦其詩, 讀其書, 求古聖賢之心, 以蓄其德而達諸用, 則不遠于擧業辭章, 而可以得古人之學, 是遠俗也已. 公以處之, 明以決之, 寬以居之, 恕以行之, 則不遠于簿書期會, 而可以得古人之政, 是遠俗也已. 苟其心之凡鄙猥瑣, 而待閒散疏放之是托, 以爲'遠俗', 其如遠俗何哉!昔人有言:"事之無害于義者, 從俗可也."[32]君子豈輕于絶俗哉?然必曰無害于義, 則其從之也, 爲不苟矣. 是故苟同于俗以爲通者, 固非君子之行. 必遠于俗以求異者, 尤非君子之心.

---

27 『왕양명전집』 권23, 외집5.

28 헌부모공응규(憲副毛公應奎): 모응규(毛應奎 1469-1535)의 명은 과(科)이고 자는 졸안(拙庵)이다. 여요(餘姚) 사람이다. 성화(成化) 14년 (1478)진사이 되고 도찰원좌부도어사(官至都察院左 副都御史) 즉 헌부(憲副)를 지냈다.

29 퇴식지소(退食之所): 공직에서 물러나 돌아가는 곳.

30 부서기회(簿書期會): 일년의 회계를 장부(帳簿)에 기입하여 기일(期日)내에 조정에 보고하던 일.

31 미근섬곡(微近纖曲): 작고 가깝고, 미세하고 자세한 일.

32 사지무해우의자, 종속가야(事之無害于義者, 從俗可也): 군자가 처세할 때 일이 의리에 해가 되지 않으면 세속을 따라도 괜찮다. [『이정전서(二程全書)』:"程子曰: 君子處世, 事之無害于義者, 從俗可也, 害於義則不可從也."]

원속정기

무진

헌부 모응규毛應奎공이 관직에서 물러나 돌아가는 곳을 '원속遠俗'이라고 했다. 양명선생이 그를 위한 기記를 지어주었다. 즉, 속습俗習과 고도古道는 성하고 쇠하게 되는 것이다. 소란하고 혼탁한 세속과 이미 멀어지면, 이 주택은 반드시 고명하고 고요하며, 광활하다. 이것은 바로 '원속'이라는 이름을 붙이는 이유이다. 그러나 공公은 제학提學을 직으로 하고 대저 옥송獄訟과 군부軍賦의 일까지 겸해서 관리했다. 그 과거시험[擧業]과 사장辭章에 몰두하는 일 등은 속유俗儒의 학문이고, 일 년의 회계會計를 장부帳簿에 기입하여 기일期日까지 조정에 보고하던 일은 속리俗吏의 사무이다. 이 두 가지는 공이 면할 수 없는 일인데 하는 일을 버리고 "나는 세속으로부터 멀어지련다."라고 말하는 것은 세속과 멀어지지 못하고 관직에 있으면서 그 책임을 다하지 않은 데에 가깝다. 군자의 행위는 작고 가깝고 미세하고 자세한 일[微近纖曲]. 일상생활의 친근한 일들]에서 멀어지지 않아야 성한 덕[盛德]이 보존되고, 대업이 드러나는 것이다. 그래서 성현의 시를 읊고, 성현의 책을 읽으며 성현의 마음을 추구함으로서 그 덕을 쌓아 제반 활용에 이른다.

그러니 과거시험[擧業]과 사장辭章에서 멀어지지 않고서도 고인古人의 학을 얻을 수 있는 것이 바로 '원속遠俗'이다. 공公이 그 자리에 처하고 현명하게 결단하고 관용하게 거처하고 너그럽게 행하며, 일년의 회계를 장부帳簿에 기입하여 기일期日내에 조정에 보고하지[簿書期會] 않고서도 고인古人의 정치를 얻을 수 있는 것이 '원속遠俗'이다. 만약 그 마음이 평범하고 옹졸한 것이 한산하고 구애 받지 않고 자유로운 것을 빌어서 '원속遠俗'이라고 생각하는데, 그것이 '원속遠俗'과 무슨 관계가 있나? 옛날에 어떤 사람은 "일이 의를 해칠 수 없으면 풍속 습관에 따라도 괜찮다."라고 했다. 군자는 어찌 쉽사리 속세와 인연을 끊으려고 하는가? 그러나 반드시 의를 해치지 않고 그에 따르는 태도라야 구차하지 않는 것이다. 그렇다고 세상과 구차히 한 덩어리가 되는 것으로 통한다고 생각하는 것은 진실로 군자의 행위가 아니다. 반드시 세속과 멀어져 남들과 다르게 추구하는 것이란 더욱 군자의 마음이 아니다.

象祠記[33]

戊辰

靈博之山有象祠[34]焉, 其下諸苗夷之居者, 咸神而事之. 宣慰安君[35]因諸苗夷之請, 新其祠屋, 而請記于予. 予曰:"毁之乎?其新之也?" 曰:"新之." "新之也, 何居乎?"曰:"斯祠之肇也, 蓋莫知其原. 然吾諸蠻夷之居是者, 自吾父吾祖溯曾高而上, 皆尊奉而禮祀焉, 擧之而不敢廢也." 予曰:"胡然乎?有庳[36]之祠, 唐之人蓋嘗毁之[37]. 象之道, 以爲子則不孝, 以爲弟則傲. 斥于唐而猶存於今, 毁于有庳而猶盛于茲土也, 胡然乎?我知之矣, 君子之愛若人

---

33 『왕양명전집』 권23, 외집5.

34 사(象祠): 상(象)은 순임금의 동생이다. 상사는 상(象)을 제사하는 사당[祠]이다.

35 선위(宣慰安君): 선위사(宣慰使) 안귀(安貴)를 가리킴. '선위'는 선위사(宣慰使)의 약칭. 명대에 변경을 관리하는 관리이다. '안군'은 이름이 안귀(安貴)인데, 친근하게 불러 '공(公)'을 붙였다.

36 유비(有庳): 지명. 지금 중국 호남도현(湖南道縣)이고, 상(象)의 봉지(封地)이다.

37 당지인개상훼지(唐之人蓋嘗毁之): 당나라 사람들이 이미 모두 허물어버렸지요. [유종원(柳宗元), 『유하동집(柳河東集)』권28, 「도주훼비정신기(道州毁庳庭神記)」: 그(상사의)집을 치우고, 그 땅을 파괴하고, 그 신주님을 강에 가라앉혔다. (撤其屋, 墟其地 , 沉其主于江.)]

也, 推及于其屋之烏, 而況于聖人之弟乎哉? 然則祀者爲舜, 非爲象也. 意象之死, 其在干羽旣格[38]之後乎? 不然, 古之驁桀者豈少哉? 而象之祠獨延于世, 吾於是益有以見舜德之至, 人人之深, 而流澤之遠且久也. 象之不仁, 蓋其始焉爾, 又烏知其終不見化于舜也?『書』不雲乎?'克諧以孝, 烝烝義, 又不格奸, 瞽瞍亦允若'[39], 則已化而爲慈父. 象猶不弟, 不可以爲諧. 進治于善, 則不至於惡, 不抵于奸, 則必入于善. 信乎, 象蓋已化于舜矣! 孟子曰:'天子使吏治其國, 象不得以有爲也.'[40]斯蓋舜愛象之深而慮之詳, 所以扶持輔導之者之周也. 不然, 周公之聖, 而管蔡不免焉[41]. 斯可以見象之旣化于舜, 故能任賢使能而安于其位, 澤加于其民, 旣死而人懷之也. 諸侯之卿, 命于天子, 蓋周官之制[42] 其殆仿于舜之封象歟?吾於是益有以信人性之善, 天下無不可化之人也. 然則唐人之毁之也, 據象之始也, 今之諸夷之奉之也, 承象之終也. 斯義也, 吾將以表于世, 使知人之不善, 雖若象焉, 猶可以改, 而君子之修德, 及其至也, 雖若象之不仁, 而猶可以化之也."

---

38 간우기격(干羽旣格): '간우'는 춤을 출 때 쓰는 방패와 새 깃이다. 문무(文舞)를 출 때에는 '간'을, 무무(武舞)를 출 때에는 '우'를 이용한다.『서경(書經)』「대우모(大禹謨)」에, "우임금이 문덕을 크게 펴고 방패와 새 깃을 가지고 두 섬돌에서 춤을 추는데 70일 만에 묘족(苗族)들이 귀순했다."(禹乃 广修文德 , 舞干羽于兩階 , 七旬 , 有苗歸順)고 있다.

39 『서경(書經)』「요전(堯典)」에, "효로써 회합하고 차차 의에 나아가 사악한 곳에 이르지 않게 하였다. 고수(瞽瞍)가 믿고 따랐다."(克諧以孝 , 烝烝義 , 又不格奸 , 瞽瞍亦允若)라고 있다. 고수(瞽瞍)는 순임금 아버지의 이름이다.

40 『맹자(孟子)』「만장·상(萬章上)」에, "상(象)은 그 나라를 다스리지 못하게 하고 천자께서 관리를 보내 나라를 다스리게 하시어 상에게 세금과 곡물을 바치게 하였다"(象不得有爲于其國, 天子使吏治其 國而納其貢稅焉)라고 있다.

41 관채(管蔡): 주(周)나라 무왕(武王)의 아우인 관숙(管叔) 선(鮮)과 채숙(蔡叔) 도(度)를 말한다. 두 사람은 은나라를 복국(復國) 하려고 주나라를 배반하는 난을 일으켰다. 나중에 주왕은 난을 평정하고 관채를 죽였다.[『사기(史記)』「관채세가(管蔡世家)」참조]

42 주관지제(周官之制): 주나라의 360관의 관제.

상사기

무신

영박산靈博山에 상사象祠가 있다. 그 아래에 묘족 등 소속민족들이 살고 있는데 모두 상象을 신으로 여기고 섬겼다. 선위宣慰 안군安君은 묘족의 청으로 그 사당을 새로 중수重修하며 나에게 글을 써달라고 하였다. 내가 물었다. “그 사당을 부술 것입니까? 아니면 새로 개축할 것입니까?” 이에 “개축하려고 합니다.”라고 대답했다. “그것을 개축해서 뭣 하려 하는지요?” 하니, 그가 말하였다. “그 사당을 처음 지은 이유에 대해 아는 사람은 없으나 우리 묘족 중 여기에 살고 있는 사람들로 부친 조부 증조 고조까지 거슬러 올라가 그 분들 모두 상象을 존경하고 제사를 지내왔으니 이에 받들어 감히 폐하지 못했습니다.” 내가 말하기를 “어찌 그렇습니까? 유비有庳 지방에 있던 사당은 당나라 사람들이 이미 모두 허물어버렸지요. 상象의 사람됨이 자식으로서 불효하고 아우로서 오만했습니다. 당나라 사람이 그를 허물어버렸는데도 아직도 여기에는 보존되어 있습니다그려. 유비에서 허물어버렸는데도 이 땅에서는 아직도 흥성하니 어찌 그러합니까? 이제 내가 알았습니다. 군자가 사람을 사랑하는데 그 사람을 사랑하면 그 사람의 모든 것까지 사랑합니다. 하물며 성인聖人의 아우에 있어서는 더 말할 것이 없겠지요. 그러나 제사 지내는 것은 순임금을 위한 것이지 상象을 위한 것이 아닙니다. 상象이 죽은 것은 순임금께서 간우干羽로 삼묘三苗[43]를 감동시킨 후의 일이라고 생각됩니다. 그렇게 않았다면, 고대에 성격이 포악한 사람이 어찌 적었겠습니까? 상象의 사

43 중국 요순(堯舜) 시대에 강(江) • 회(淮) • 형주(荊州)에 자리잡고 있었던 만족(蠻族)의 이름.

당만이 지금 세상에 내려오고 우리가 이러한 점에서 볼 때 순임금의 덕이 지극하고 사람에게 깊은 영향을 주었습니다. 그 은택이 오랜 동안 전해진 것을 알 수 있습니다. 상이 어질지 않았던 것은 대개 처음의 일이고, 어찌 나중에 순임금의 감화를 받아서 변하지 않았는지 알 수 있겠습니까? 『서경』에 이르지 않았습니까? '효로써 회합하고 차차 의에 나아가 사악한 곳에 이르지 않게 하였다'라고. 고수瞽瞍가 믿고 따랐다는 것은 이미 자애하신 아버지로 변한 것을 이르는 것입니다. 상도 매우 공손하지 않았으며 순임금과 화목하지 못했습니다. 그러나 순임금이 선으로 다스려 악에 이르지 않았고 간사하게 되지도 않았으니 반드시 선으로 들어간 것입니다. 진실로 상은 순임금의 교화를 받아 변했습니다. 맹자가 "천자께서 관리를 보내 나라를 다스리게 하시어 상은 할 일이 없었다."라고 말했습니다. 아마 순임금이 상을 매우 사랑하시고 깊이 생각하시어 그를 도와 자상하게 인도하셨기 때문일 것입니다. 그렇지 않았다면 주공이 관숙과 채숙의 반란을 만난 것처럼 되었을지도 모를 일입니다. 여기서 상이 순임금의 교화를 받아서 현명하고 능력 있는 사람을 임명하여 그 자리에 안전하게 대처했음을 알 수 있고 그 백성들에게 은택을 베풀어 죽은 후에는 백성들이 그를 추모했음을 알 수 있습니다. 제후의 경대부들을 천자께서 임명하는 것이 주관周官의 제도와 같으니, 이 제도도 처음부터 순임금께서 상을 봉한 것에서 모방한 것이 아니겠습니까? 나 또한 인성이 선하다는 것을 믿고 있으며 교화할 수 없는 사람은 없다고 생각합니다. 그러므로 당나라 사람들[唐人]이 상의 사당을 훼멸한 것은 그의 처음 행동에 근거한 것이고 지금 묘족이 상의 사당을 받드는 것은 그의 나중의 선행을 받드는 것입니다. 내가 이 기문記文으로 세상 사람에게 비록 상과 같은 선하지 못한 사람도 고칠 수 있다는 것을 알리고자 합니다. 그리고 군자가 덕을 닦아 지극하게 되면 비록 상과 같은 어질지 못한 사람도 감화시킬 수 있는 것입니다.

臥馬塚記[44]

戊辰

臥馬塚在宣府城[45]西北十餘里. 有山隆然, 來自蒼茫, 若湧若滀, 若奔若伏, 布爲層裀, 擁爲覆釜, 漫衍陂迤, 環抱涵迴, 中凝外完, 內缺門若[46], 合流泓洄[47], 高岸屛塞, 限以重河, 敷爲廣野, 乾桑[48]燕尾[49], 遠泛近挹. 今都憲[50]懷來[51]王公[52]實葬厥考大卿於是. 方公之卜兆也, 禱于大卿, 然後出從事, 屢如未迪, 末乃來茲, 顧瞻徘徊, 必契神得, 將歸而加諸卜, 爰視公馬眷然跽臥, 噓嗅盤旋, 纏綣嘶秣, 若故以啟公之意者. 公曰:"嗚呼!其弗歸卜, 先公則旣命于此矣." 就其地窆焉. 厥土五色, 厥石四周, 融潤煦淑, 面勢環拱. 旣葬, 弗震弗崩, 安靖妥謐. 植樹蓊蔚, 庶草芬茂, 禽鳥哺集, 風氣凝毓, 產祥萃休, 祉福駢降. 鄕人謂公孝感所致, 相與名其封曰'臥馬', 以志厥祥, 從而歌之, 士大夫之聞者, 又從而和之. 正德戊辰, 守仁謫貴陽, 見公于巡撫台下, 出,

---

44 『왕양명전집』 권23, 외집5.

45 선부성(宣府城): 즉 지금 중국 하북(河北) 선화현(宣化縣). 명나라 초 설립한 구변진(九邊鎭) 중의 하나이다. 회래(懷來)현을 속한다.

46 내결문약(內缺門若): 안에 갈라진 틈이 마치 문과 같다.

47 홍회(泓洄): 깊고 회전한다.

48 건상(乾桑): 즉, 상건하(桑乾河)이다. 중국 산서성(山西省) 마읍현(馬邑縣)에서 하북성(河北省)으로 흘러가는 강.

49 연미(燕尾): 제비 꼬리.

50 도헌(都憲):명나라의 도찰원(都察院) 도어사(都御史)의 별칭.

51 회래(懷來): 중국 하북성(河北省) 회래현(懷來縣).

52 왕공(王公): 즉 왕질(王質)이다. 자는 상고(上古)이고 산동 제녕주(濟寧州) 사람이다. 정덕(正德) 원년 귀주(貴州) 순무(巡撫)를 지냈다.

聞是于公之鄉人. 客有在坐者曰: "公其休服于無疆哉! 昔在士行[53], 牛眠[54]協兆, 峻陟三公[55]. 公茲實類於是." 守仁曰:"此非公意也. 公其愼厥終, 惟安親是圖, 以庶幾無憾焉耳已, 豈以徼福于躬, 利其嗣人也哉?雖然, 仁人孝子, 則天無弗比[56], 無弗祐, 匪自外得也. 親安而誠信竭, 心斯安矣. 心安則氣和, 和氣致祥, 其多受祉福以流衍于無盡, 固理也哉!" 他日見於公, 以鄉人之言問焉. 公曰:"信. "以守仁之言正焉, 公曰:"嗚呼!是吾之心也. 子知之, 其遂志之, 以訓于我子孫, 毋替我先公之德!"

와마총기

무진

와마총臥馬塚은 선부성宣府城에서 서북쪽으로 십 여리 떨어져 있다. 불룩 솟은 산이 있는데 광활하고 아득한 곳에 온 것 같다. 때로는 줄기차게 앞으로 나아가는 듯, 때로는 멈추는 듯, 때로는 달리는 듯 엎드리는 듯하다. 펴면 층층이 자리가 되고, 안으면 가마솥을 엎어놓은 모양이 된다. 끝없이 이어가고 기울어지는 둑이 늘러가며, 강을 둘러 감싼다. 중간은 응기고 바깥은 완전하며, 안으로 갈라진 틈이 마

53 사행(士行): 도간(陶侃)의 자이다. 도간은 진(晉)나라 파양(鄱陽)사람이다. 우면(牛眠)의 이야기는『진서(晉書)』에 나온다.

54 우면(牛眠): 좋은 묘(墓) 자리. 명당(明堂).『진서(晉書)』「주방전(周訪傳)」에, "'우면'은 우면지(牛眠地)로 소가 자는 곳인데, 진(晉)의 도간(陶侃)이 미천했을 때 부친상을 당했는데 갑자기 집에서 기르는 소가 없어져 간 곳을 모르던 중 한 노인이 '저 앞산에 소가 누워 있는데 그 곳에 장사 지내면 정승이 나겠더라.' 하고, 또 한 산을 가리키며 그 곳은 당대에 2천 석이 나리라 하고는 사라졌음. 그리하여 가보니 자기 집 소가 누워 있어 그 자리에 아버지 묘를 쓰고, 2천 석 난다는 산에는 주방(周訪)의 아버지 묘를 썼더니 두 곳 모두 말대로 되더라고 하였다."고 있다.

55 삼공(三公): 아주 높은 관직. 원래 주나라부터 설치하는 태사(太師)·태부(太傅)·태보(太保)이다.

56 비(比): 비(庇)와 통한다.

치 문과 같아, 물이 여기서 합류하여 깊고 회전한다. 한편으로 높은 언덕은 병풍과 같이 막고, 한편으로 깊은 강에 국한되지만 펴면 넓은 들판이 된다. 상간하桑乾河와 연미燕尾하고 멀리 넘쳐흐르고 가까운 데로 당긴다. 지금 회래懷來의 도어사都御史 왕질王質이 여기에 그의 돌아가신 부친을 장사지냈다.

공이 처음 그 묘를 쓸 곳을 찾기 위해 점을 쳤다. 부친에게 기도한 후에 나갔다. 몇 번이나 찾지 못했다. 나중에 이곳에 와서 주변을 둘러보고 머뭇거리는데 마음에 아주 들어서 바로 돌아가 점을 더 쳐보려고 했다. 그런데 공의 말이 갑자기 무릎을 꿇고 코로 냄새를 맡고 재채기 하며 빙빙 돌며 사료를 보는 것처럼 흥분하여 히히힝 울고 떠나고 싶어 하지 않았다. 마치 공에게 무엇을 암시하는 듯하다. 공이 말하기를 "아! 돌아가서 점을 칠 필요가 없네. 아버님이 이미 이곳이라 명하시는구나."라고 하였다. 여기에 바로 매장하는 기둥을 세웠다. 땅을 파는데 오색의 흙이 나오고, 돌을 파는데 사방 기운이 온화하고 부드럽다. 사방이 모두 빙 둘러싸는 형세가 되었다. 매장한 후에 진동하지도 않고 무너지지도 않으며 평온하고 조용하고 잠잠했다. 나무가 무성하고 풀이 향기롭고 풍성하다. 새들은 나무위에 새끼들을 먹여주고 바람과 공기는 초목을 기르고 상서로운 기운을 낳고 아름다움을 모으며 복과 길상을 같이 내린다. 마을 사람들은 하늘이 공의 효행에 감동하여 그 자리를 주었다고 했다. 그 서로 그 묘지를 '와마臥馬'라고 명명하고 그 상서로운 것을 기록해서 따라서 노래했다. 사대부들이 그 것을 듣고 또한 따라서 불렀다. 정덕正德 무진戊辰년 수인守仁은 귀양으로 좌천되어 공을 순무태巡撫台 아래에서 만났는데, 뒤에 공의 동향 사람에게 이것을 들었다. 자리에 계신 손님은 말하기를 "공이 아름다운 관복官服을 영원히 이어 나가세요! 옛날에 도간

陶侃은 소가 그[도간]에게 징조를 보여주어, 그가 잠드는 곳에다 부친을 묻어서 삼공까지 올라갔습니다."라고 하였다. 수인은 말했다. "이것은 공의 뜻이 아닙니다. 공은 돌아가신 부모의 장례를 신중하게 치르고 단지 부친을 평안하게 안치하는 것만 생각하고 거의 유감이 없게 했을 뿐입니다. 어찌 자신의 복을 구하고 후손의 이익을 바랐겠습니까? 그렇지만 어진사람과 효자라면 하늘이 친애하지 않고, 보호하지 않는 사람이 없습니다. 이것은 밖에서 얻는 것이 아닙니다. 부친이 평온하게 성신誠信을 다하여 비로소 안심하는 것입니다. 마음이 편해야 기운도 화평하고, 화기가 길상에 이르고, 그 복을 많이 받아 영원히 이어져갈 수 있는 것이 지리地理입니다."

다음 날 공을 만나서 마을 사람들이 말한 것을 그에게 물었다. 공이 말하기를 "맞습니다."라고 하였다. 수인의 말은 바르다고 생각하는 것이다. 공은 말하기를 "아! 이것은 나의 마음입니다. 선생님은 나를 알고 그 것을 기록해서 이로서 나의 자손을 훈계하고 나의 돌아가신 부친의 덕을 바꾸지 않겠습니다."라고 하였다.

賓陽堂[57]記[58]

戊辰

傳[59]之堂東向曰'賓陽', 取『堯典』'寅賓出日'之義, 志向也, 賓日, 羲[60]之職而

---

57 빈양당(賓陽堂): 중국 귀주성(貴州省) 용강산(龍崗山)의 위에 있다.

58 『왕양명전집』 권23, 외집5.

59 전(傳): 전사, 역관.

60 희(羲): 태양신 희화(羲和)이다. 『산해경(山海經)』 「대황 남경(大荒東經)」에 의하면 동남해 저편에 희화국(羲和國)이 있어서, 거기에서는 희화(羲和)라는 여성이 막 태어난 태양을 씻기고 태양을 태운 수레를 모는 신이다.

傳冒焉, 傳職賓賓, 義以賓賓之寅而賓日, 傳以賓日之寅而賓賓也, 不曰日乃陽之屬, 爲日, 爲元, 爲善, 爲吉, 爲亨治[61], 其于人也爲君子, 其義廣矣備矣. 內君子而外小人, 爲泰. 曰:“賓自外而內之傳, 將以賓君子而內之也. 傳以賓君子, 而容有小人焉, 則如之何?”曰:“吾知以君子而賓之耳. 吾以君子而賓之也, 賓其甘爲小人乎哉?”爲賓日之歌, 日出而歌之, 賓至而歌之. 歌曰：日出東方，再拜稽首，人曰予狂. 匪日之寅，吾其怠荒. 東方日出，稽首再拜，人曰予僿. 匪日之愛，吾其荒怠. 其翳其曀，其日惟霽, 其昫其霧，其日惟雨. 勿忭其昫，倏焉以霧；勿謂終翳，或時其曀. 曀其光矣，其光熙熙. 與爾偕作，與爾偕宜. 倏其霧矣，或時以熙；或時以熙，孰知我悲！

빈양당기

무진

전사傳舍의 동쪽을 향한 당은 “빈양”이라고 부르고 『요전堯典』에 “뜨는 해를 공손히 맞이한다(寅賓出日)”의 뜻을 취하여 동향東向을 표명하는 것이다. “빈일”은 원래 희씨의 직분인데, (이제) 전사傳舍는 그를 대신 맡았다. 전사의 직무는 손님을 맞이하는 것이다. 희씨가 손님을 맞이하는 공경함으로 해를 맞이하고 전사는 해를 맞이하는 공경함으로 손님을 맞이한다. 해[日]가 양陽에 속하기 때문에 해[日]라 하지 않고 양이라 한다. 양은 원元이 되고, 선善이 되고, 길이 되고 통달한 정치가 되며, 사람에 있어서는 군자가 된다. 그 뜻은 넓고 완벽하다. 군자를 안으로 모시고 소인을 밖으로 배척하는 것이 태괘泰卦의 상사象辭이다. 어떤 사람은 말씀하기를 “손님은 밖에서 전사 안으로 들어

---

61 형치(亨治): 통달한 정치.

오려고 하는데 군자를 모시려는 예로 안으로 인도하고 맞이한다. 전사는 군자를 맞이하기 위해 쓰이는 것인데 혹은 그 중 소인도 있으면 어찌 해야 하는 것인가?"라고 하자, 이에 "나는 군자의 예로 그를 맞이하는 것을 알뿐이다. 나는 그를 군자로 대해주려고 하는데 기꺼이 그(손님)는 소인을 할 수 있단 말인가?"라고 대답했다. 나중에 해를 맞이하는 노래를 만들었다. 해가 뜨면 노래하고 손님이 오면 노래했다.

해가 동방에 뜬다, 다시 절하고 머리를 조아린다. 사람들이 내가 미쳤다고 한다. 그 해의 공경함이 아니면 내가 나태하고 황폐하게 될 것이다. 동방에 해가 뜬다, 내가 다시 머리를 조아리고 절한다. 사람들이 내가 피곤하다고 하네. 해의 사랑이 아니면 나는 막되 먹은 인간이 될 것이다. 그 그늘과 빛이, 해가 갤 뿐이다. 그 따스함과 자욱함은 비 때문이다. 그 따스함에 너무 기뻐하지 말라. 갑자기 안개로 가릴 수 도 있다. 계속 그늘만 있다고 하지 말라. 갑자기 별들이 뜰 때도 있다. 반짝반짝 별은 빛난다. 그 빛이 화목하다. 그대들과 함께 하고, 그대들과 함께 화목하다. 갑자기 안개로 가리나, 간혹 때로 빛나고 또 빛난다. 누가 나의 비애를 알리오!

重修月潭寺建公館記[62]

戊辰

隆興之南有岩曰月潭[63], 壁立千仞, 簷垂數百尺. 其上澒洞[64]玲瓏, 浮者若

---

62 『왕양명전집』 권23, 외집5.

63 월담(月潭): 월담은 귀주성(貴州省) 검동남묘족동족자치주(黔東南苗族侗族自治州) 황평현(黃平縣) 정부소재지와 12km나 떨어져 있는 비운애(飛雲崖) 아래에 있다.

64 홍동(澒洞): 잇닿은 동굴.

雲霞, 亙者若虹霓; 豁若樓殿門闕, 懸若鼓鐘編磬; 幨幢纓絡, 若摶風之鵬, 飜集翔鵠, 螭虺[65]之糾蟠, 猱猊[66]之駭攫; 譎奇變幻, 不可具狀. 而其下澄潭邃谷, 不測之洞, 環秘回伏; 喬林秀木, 垂蔭蔽虧; 鳴瀑淸溪, 停洄引映. 天下之山, 萃于雲貴[67]; 連亙萬里, 際天無極. 行旅之往來, 日攀緣下上于窮崖絶壑之間, 雖雅有泉石之癖者, 一入雲、貴之途, 莫不困踣煩厭, 非復夙好. 而惟至於玆岩之下, 則又皆灑然開豁, 心洗目醒; 雖庸儔[68]俗侶, 素不知有山水之游者, 亦皆徘徊顧盼, 相與延戀而不忍去. 則玆岩之勝, 蓋不言可知矣. 岩界興隆、偏橋之間各數十裡, 行者至是, 皆憊頓饑悴, 宜有休息之所. 而岩麓故有寺, 附岩之戍卒官吏與凡苗夷犵狄[69]之種連屬而居者, 歲時令節皆於是焉厘祝. 寺漸蕪廢, 行禮無所. 憲副滇南[70]朱君文端[71]按部[72]至是, 樂玆岩之勝, 憫行旅之艱, 而從士民之請也, 乃捐資庀材, 新其寺于岩之右, 以爲厘祝之所. 曰:「吾聞爲民者, 順其心而趨之善. 今苗夷之人, 知有尊君親上之禮, 而憾于弗伸也, 吾從而利道之, 不亦可乎!」則又因寺之故材與址, 架樓三楹, 以爲部使者休食之館. 曰:「吾聞爲政者, 因勢之所便而成之, 故事適而民逸. 今旅無所舍, 而使者之出, 師行百里, 饑不得食, 勞不得息. 吾圖其可久而兩利之, 不亦可乎!」使游僧[73]正觀[74]任其勞, 指揮逖遠[75], 度其工;

---

65 리훼(螭虺): 이(螭)는 뿔이 없는 용이고, 훼(虺)는 전설 중의 독사이다.

66 노예(猱猊):원숭이와 전설 중의 사자.

67 운귀(雲貴):지금의 운남성(雲南省)과 귀주성(貴州省)이다.

68 용주(庸儔): 오래된 친구.

69 묘이힐狄(苗夷犵狄): 중국 서남의 소수 민족이다.

70 전남(滇南): 중국 운남(雲南)이다.

71 주군문단(朱君文端): 주기(朱璣)의 자는 문서(文瑞)이고 호는 상재(恒齋)이다. 성화(成化) 23년 진사이다.

72 안부(按部): 관할 지역을 다스린다는 뜻.

73 유승(游僧): 탁발승.

74 정관(正觀): 사람의 이름이다. (不詳)

75 적원(逖遠): 사람의 이름이다. (不詳)

千戶[76]某某相其役. 遠近之施捨勤助者欣然而集, 不兩月而工告畢. 自是饑者有所炊, 勞者有所休, 游觀者有所舍, 釐祝者有所瞻依, 以爲竭虔效誠之地; 而玆岩之奇, 若增而益勝也. 正觀將記其事于石, 適予過而請焉. 予惟君子之政, 不必專于法, 要在宜於人; 君子之敎, 不必泥于古, 要在入于善. 是擧也, 蓋得之矣. 況當法網嚴密之時, 衆方喘息憂危, 動虞牽觸, 而乃能從容于山水泉石之好, 行其心之所不愧者, 而無求免于俗焉. 斯其非見外之輕而中有定者, 能若是乎?是誠不可以不志也矣!寺始于戍卒周齋公[77], 成于游僧德彬[78]; 增治于指揮劉瑄、常智、李勝及其屬王威、韓儉之徒; 至是凡三緝. 而公館之建, 則自今日始.

중수월담사건공관기

무진

융흥隆興의 남쪽에 월담月潭이라는 바위가 있다. 천길 절벽이 가파르게 높이 솟아있고 그 처마가 수백 척 드리운다. 그 위에 잇닿은 동굴은 눈부시게 찬란하고 무지개와 같이 가로지르고 있다. 골짜기는 마치 궁궐의 대궐과 같고, 달아매는 것은 마치 고종편경과 같다. 휘장에 매는 갓끈이 마치 회오리바람을 타고 날아오는 듯 하고, 백조가 나부끼고 모이는 것과 같기도 하며, 용과 배가 감돌아 얽이고, 또한 사자와 원소이가 서로 낚아채는 무서운 장면 같기도 하다. 형태가 기이하고 변화무궁하며 구체적으로 말할 수가 없다. 그 아래로는 깨끗한 호수, 깊은 골짜기로 알 수 없는 동굴이 숨고 있는 듯 어떤 신비로움을 둘러싸서 품고 있다. 높은 숲 속에의 무성한 나무가 드리우고

76 천호(千戶): 위소의 관병 천인 정도 장관하는 무관직(武官職)의 하나이다.
77 주재공(周齋公): 사람의 이름이다. (不詳)
78 덕빈(德彬): 사람의 이름이다. (不詳)

그늘을 만들어 나무 사이를 덮으며, 울리는 폭포와 맑은 시냇물은 멈추어 하늘을 비친다. 천하의 산은 모두 운남과 귀주에 모여서, 잇달아 만 리가 되어 끝이 없이 뻗어나간다.

나그네가 왕래하고 매일 절벽 사이에 기어 올라가고 내리는데, 비록 자연을 즐기는 버릇이 있지만, 일단 운남과 귀주의 길로 들어가면 모두 곤란해 하고 싫증을 내며 내내 좋아하던 것을 다시 좋아하지 않게 된다. 그러나 단지 이 바위아래에 오기만 하면 또 다시 후련하고 개운하며, 마음이 깨끗해지고 눈도 맑게 된다. 비록 평소에 산수를 즐길 줄 모르는 평범한 사람도 또한 모두 여기에 배회하고 둘러보며, 서로 미련 없이는 차마 떠날 수 없었다. 그래서 이 바위의 아름다움은 말을 하지 않아도 알 수 있다.

이 바위는 흥륭興隆과 편교偏橋의 사이에 위치하는 데 양쪽으로 각각 수 십리가 떨어지고 있다. 사람들이 여기까지 오면 모두 배가 고프고 피곤하며 쉬는 장소가 있어야 한다. 이 바위의 산기슭에 옛날에 절이 하나가 있었다. 바위 근처 지키는 졸병과 관리들이 묘족 오랑캐들과 더불어 살고 세시가절歲時佳節 때마다 모두 여기에서 축하하며 지냈다.

절은 점점 황폐되고 예禮를 지내는 장소도 없어졌다. 헌부憲副 운남雲南 주문단朱文端은 관할지역을 다스리려고 여기에 이르렀다. 이 바위의 아름다움을 좋아해서, 나그네의 고생을 가엾이 여겨 사민士民의 청원에 따라 재물을 기부하고 절을 바위의 우측에 새롭게 재건하여 이것으로 축제 장소로 삼았다. "나는 민중으로서 마땅히 자신의 마음에 따라 선善을 좇는다고 들었다. 오늘날 묘족 사람은 임금을 존중하고 위 사람을 친해야 하는 예가 있는 것을 알지만 그것을 펴지 못하는 데에 매우 유감스럽다고 여겨, 나는 그를 따라서 잘 인도하는 것은 또한 안 됩니까?"라고 했다. 그리고 설의 옛날의 재료와 위치에 의해 건물 3개를 만들어서 부사자의 휴식과 식사하는 여관을 했다.

"나는 정치를 하는 자가 자연스러운 추세에 따라 정사를 이룬다고 들었다. 고로 정사가 적당하고 민중이 편안하다. 지금 나그네는 거처할 여관도 없고 사자가 나가고 군대가 백리로 행할 때 배고파도 먹지 못하고 피곤했는데도 쉬지 못하니, 나는 양쪽에게 모두 이익을 줄 수 있다고 생각할 것인데 어떻습니까?"라고 했다. 탁발승 정관正觀으로 하여금 노고의 일을 맡고 지휘 적원逖遠으로 하여금 그 작업을 감독하여 천호千戶 모모某某가 그 절을 중건하는 것을 도와주었다. 원근에서 보시하고 적극적으로 도와주는 사람은 흔쾌히 모여서 두 달도 안 되어 공사를 마무리했다. 여기서부터 굶주린 사람들이 밥을 해먹을 수 있고, 고생한 사람은 쉴 수 있으며, 유람하는 사람은 숙박할 수 있었다. 그리고 축제를 지내는 사람도 참배할 수 있으며 이 곳을 그 공경함을 다하고 성심을 드릴 수 있는 곳으로 여겼다. 그리고 이 바위도 더욱 기이하도 더욱 아름다워졌다.

정관은 이 일을 돌에 새기려고 할 때 내가 여기로 지나갔다. 그래서 나한테 가르침을 청했다. 나는 군자의 정치는 법만으로 전념할 필요가 없는데, 중요한 것은 사람에게 맞게 하는 것이다. 군자의 가르침은 옛 것을 구속하지 않고 중요한 것은 선을 행해야 한다. 이런 행동은 대개 군자의 정치를 이루는 것이다. 하물며 법과 강령이 엄밀할 때 대중들이 숨을 쉬는 것도 위험한데, 행동하고 법령을 건드리는 것을 우려하고 어찌 산수천석山水泉石에 여유롭게 즐길 수 있고 그 마음속에의 부끄럽지 않은 것을 행할 수 있지만 세속을 면하는 것을 구하지 않는다. 이 밖에의 일을 가볍게 보고 마음속에 정하는 자가 아니면 이렇게 할 수 있는가? 이것은 진실로 기억하지 않을 수가 없다.

절은 수졸戍卒 주재공周齋公으로부터 시작하고 탁발승 덕빈德彬의 손에서 이루어졌다. 지휘 유선劉瑄, 상지常智, 이승李勝과 그의 부하 왕위王威, 한검韓儉 등 다시 절을 확대했다. 지금까지 총 3번이나 수리했다. 그러나 공관을 건설하는 것이 오늘부터 시작하는 것이다.

2. 시유류(示諭類)

龍場生[79]問答[80]

戊辰[81]

龍場生問于陽明子曰: “夫子之言于朝侶[82]也, 愛不忘乎君也. 今者譴於是, 而汲汲于求去, 殆有所渝乎?” 陽明子曰: “吾今則有間矣. 今吾又病, 是以欲去也. ”龍場生曰: “夫子之以病也, 則吾既聞命矣. 敢問其所以有間[83], 何謂也? 昔爲其貴而今爲其賤, 昔處於內而今處於外[84]歟? 夫乘田委吏[85], 孔子嘗爲之矣.” 陽明子曰: “非是之謂也. 君子之仕也以行道. 不以道而仕者,

---

79 용장생(龍場生): 좌천되었던 곳 용장에서 왕양명에게 배운 문생(門生) 즉 학생.

80 『왕양명전집』권24, 외집6.

81 무진(戊辰): 정덕(正德) 3년(1508). 왕양명 37세.

82 조려(朝侶): 조정의 동료.

83 유간(有間): 간극(빈틈)이 있음. 즉 다른 마음이 섞이어 일심이 되지 못함.

84 처어내(處於內), 처어외(處於外): ‘안에 있었다’는 것은 조정에 근무하고 있었던 것을 말하고, ‘밖에 있었다’는 것은 당시 용장에 좌천되어 있는 것을 말한다.

85 승전위리(乘田委吏): 나라의 가축을 기르는 승전리(乘田吏)와 창고를 관장하는 위리(委吏). 『맹자(孟子)』「만장·하(萬章·下)」에, “공자가 옛날에 창고를 관리하는 위리(委吏)가 되어 ‘회계를 맞게 할 뿐입니다.’라고 하였고, 일찍이 가축을 기르는 승전(乘田)이 되어서는 ‘소와 양을 잘 키울 뿐이다.’라고 하였다. 벼슬자리가 낮으면서 말이 높은 것은 죄다. 남의 조정에 서 있으면서 도가 행하여지지 않는 것은 수치다.[孔子嘗爲委吏矣. 曰會計當而已矣. 嘗爲乘田矣. 曰牛羊茁壯長而已矣, 位卑而言高 , 罪也, 立乎人之本朝 , 而道不行 , 恥也.]”라고 있다.

竊[86]也. 今吾不得爲行道矣. 雖古之有祿仕[87], 未嘗奸其職[88]也. 曰牛羊茁壯, 會計當也, 今吾不無愧焉.[89] 夫祿仕, 爲貧也[90], 而吾有先世之田, 力耕足以供朝夕, 子且以吾爲道乎? 以吾爲貧乎?" 龍場生曰: "夫子之來也, 譴也, 非仕也. 子于父母, 惟命之從, 臣之于君, 同也. 不曰事之如一, 而可以拂之[91], 無乃爲不恭乎?" 陽明子曰:"吾之來也, 譴也, 非仕也, 吾之譴也, 乃仕也, 非役也. 役者以力, 仕者以道, 力可屈也, 道不可屈也. 吾萬里而至, 以承譴也, 然猶有職守焉. 不得其職而去, 非以譴也. 君猶父母, 事之如一, 固也. 不曰就養有方乎?[92] 惟命之從而不以道, 是妾婦之順[93], 非所以爲恭也." 龍場生曰: "聖人不敢忘天下, 賢者而皆去, 君誰與爲國矣!" 曰: "賢者則忘天下乎? 夫出溺于波濤者, 沒人[94]之能也, 陸者冒焉, 而胥[95]溺矣. 吾懼于胥

---

86 절(竊): 지위를 훔치다는 뜻. 『논어(論語)』「위령공(衛靈公)」에, "장문중(臧文仲)은 지위를 훔친 자일 것이다[子曰: 臧文仲, 其竊位者與.]"라고 있는 것을 근거로 한 말이다.

87 록사(祿仕): 녹봉을 받기 위하여 벼슬길에 오름.

88 간기직(奸其職):직위를 더럽히다. 독직(瀆職)하다. 오직(汚職)하다.

89 왈우양줄장(曰牛羊茁壯)…금오불무괴언(今吾不無愧焉): 위의 『맹자(孟子)』「만장·하(萬章·下)」를 근거로 한 것임.

90 부록사(夫祿仕), 위빈야(爲貧也): 『맹자(孟子)』「만장·하(萬章·下)」에, "맹자가 말했다. '벼슬하는 것이 빈곤을 극복하기 위해서 하는 것은 아니지만, 돈이 필요해 벼슬하는 경우도 있다.[孟子曰, 仕非為貧也, 而有時乎為貧.]"에 근거하여 한 말이다.

91 불(拂): 거스르다.

92 취양유방(就養有方): 좌우에 나아가 받들어 섬기되 방위가 있어야 한다.『예기(禮記)』「단궁·상(檀弓·上)」에, "임금을 섬기는 데는 범하는 일은 있어도 숨기는 일은 없어야 한다. 좌우에 나아가 받들어 섬기되 방위가 있어야 한다.[事君有犯無隱, 左右就養有方.]"라고 있다.

93 처첩지순(妻妾之順): 『맹자(孟子)』「등문공·하(滕文公·下)」에 "순종으로 바른 도리를 삼는 것은 부녀자의 도리이다.[以順爲正者, 妻妾之道也.]"라고 있는데, 근거한 것이다.

94 몰인(沒人): 잠수하는 사람(잠수부). 몰은 '잠수하다, 무자맥질하다(물속에서 팔다리를 놀리며 떴다 잠겼다 하다.)'는 뜻.

95 서(胥): 서로, 함께, 다, 모두.

溺也.” 龍場生曰: “吾聞賢者之有益於人也, 惟所用, 無擇于小大焉. 若是亦有所不利歟?” 曰: “賢者之用於世也, 行其義而已. 義無不宜, 無不利也. 不得其宜, 雖有廣業[96], 君子不謂之利也. 且吾聞之, 人各有能有不能, 惟聖人而後無不能也. 吾猶未得爲賢也, 而子責我以聖人之事, 固非其擬矣.” 曰: “夫子不屑于用也. 夫子而苟屑[97]于用, 蘭蕙[98]榮[99]于堂階, 而芬馨[100]被于几席[101]. 萑葦[102]之刈, 可以覆垣, 草木之微, 則亦有然者, 而況賢者乎?” 陽明子曰: “蘭蕙榮于堂階, 而芬馨被于几席, 萑葦也, 而後刈可以覆垣. 今子將刈蘭蕙而責之以覆垣之用, 子爲愛之耶? 抑爲害之耶?”

용장의 학생들과의 문답

무진

용장의 학생들이 양명선생에게 물었다. “선생님이 조정에 동료 대신들에게, 임금을 사랑하여서 잊을 수 없다고 하였습니다. 지금 여기에 좌천되어서는 떠남을 구하는데 급급하시는 것 같습니다. 거의 마음이 바뀐 것입니까?” 양명선생이 말씀하셨다. “나는 지금 좀 거리가 생겼다. 지금 몸이 아프다. 그래서 떠나려고 하는 것이다.”라고 말씀하셨다. 용장의 학생이 말하기를 “선생님은 병을 이유로 삼으시지

96 광업(廣業): 『주역(周易)』「계사전·상(繫辭傳·上」에 “대저 역(易)이란, 성인이 덕을 숭상하고 공공적 사업[業]을 넓히기 위한 것이다.”[夫易, 聖人所以崇德而廣業也]에 근거한다.

97 설(屑): 달갑게 여기다(매우 흡족해 하다). (마음에)두다. 중(重)히 여기다.

98 난혜(蘭蕙): 난초(蘭草)와 혜초(蕙草)로, 모두 향이 좋은 풀. 군자의 덕을 비유하여 쓰는 말이다.

99 영(榮): ‘성하다, 왕성하다, 무성하다’의 뜻. 여기서는 ‘그득하다’로 풀이한다.

100 분형(芬馨): (꽃의) 향기. 좋은 명성을 말한다.

101 궤석(几席): 안석과 돗자리.

102 추위(萑葦): 갈대.

만, 저는 임금의 명(命)을 들은 것이라고 봅니다. 감히 "좀 다르다."라고 하신 것은 무슨 뜻인지를 여쭙고자 합니다. 옛날에 귀하게 여기신 것이 지금은 천하고, 옛날에는 안쪽(=조정)에 계셨고, 지금은 밖(=좌천지 용장)에 있기 때문인지요? 공자도 일찍이 나라의 가축을 기르는 승전리乘田吏와 창고를 관장하는 위리委吏와 같은 비천한 벼슬도 해봤지 않겠습니까?"

양명선생이 이렇게 대답하셨다. "그런 뜻이 아니다. 군자는 도를 행하기 위해 벼슬을 하는 것이다. 도로 행하지 않고서 벼슬만을 하는 자는 지위를 훔치는 자인 것이다. 지금 나는 도를 행할 수가 없는 것이다. 옛날에는 봉록을 위해 벼슬을 하는 사람이 있더라도 일찍이 독직하는 사람은 없었다." 또 말씀하셨다. "공자가 옛날에 창고를 관리하는 위리委吏가 되어 말씀하기를, '회계를 맞게 할 뿐이다.'라고 하셨고, 일찍이 나라의 가축을 기르는 승전乘田이 되어서는 '소와 양을 잘 키울 뿐이다'라고 하셨다. 지금 나는 너무 부끄럽다. 봉록을 위한 벼슬살이가 가난을 극복하기 위해서 하는 것 같아서이다. 그러나 나는 조상들이 남겨준 땅도 있고, 열심히 농사만 지어도 아침저녁을 충분히 제공할 수 있다. 자네들은 내가 도를 위해서 벼슬을 한다고 생각하는가? 아니면 가난하기 때문에 벼슬을 한다고 생각하는가?"

용장의 학생들이 말했다. "선생님이 좌천되셨기 때문에 여기에 오신 것이지, (가난을 위해) 벼슬하러 오신 것이 아닙니다. 자식은 부모에게 명만 따라가는 것이고, 신하들도 임금에게 똑 같이 해야 합니다. 이처럼 섬기는 것이 똑 같다고 말하지 않으면, 거스르는 것이 아니라면 차라리 공경하지 않는 것이라고 해야 하겠지요."

양명 선생이 말씀하셨다. "내가 여기에 온 것은 좌천 때문이지, 벼슬을 하러 온 것이 아니다. 좌천된 것은 또한 벼슬하는 것이다. 부림

당하는 것[役]을 하는 것이 아니다. 부림당하는 것[役]은 힘으로 하고 벼슬은 도道로 하는 것이다. 힘은 굽힐[屈] 수 있지만, 도는 굽힐 수 없다. 내가 만 리 길도 마다않고 여기까지 온 것은 명을 받든 것이다. 하지만 그만큼 맡아서 지켜야할 일이 있다고 생각한다. 지금 해야 할 일이 없어서 떠나려는 것은 좌천된 것과 연관된 것이 아니다. 임금은 부모와 같으니 똑 같이 섬기는 것이 마땅하다. '좌우에 나아가 받들어 섬기되 방위가 있어야 한다.'고 듣지 않았는가? 무조건 명령대로 따라 가고 도를 따라 가지 않으면 부녀자가 순종하는 도리이지, 공경하는 도리는 아닌 것이다."

용장의 학생들이 물었다. "성인은 감히 천하를 잊지 않는다 했습니다. 현자도 마찬가지겠지요. 모두 천하를 떠나버리면, 임금이 누구와 함께 나라를 다스리겠습니까?"

양명선생이 말씀하셨다. "현자인들 천하를 잊었겠는가? 파도에서 빠진 사람을 구출하는 일은 잠수부가 할 수 있는 일이다. 육지에 있는 사람이 위험을 무릅쓰고 구하고자 하게 되면 모두 물에 빠질 것입니다. 나는 모두 물에 빠지는 것이 두렵다."

용장 문생이 물었다. "저는, 현자가 사람에게 도움이 되지만 크고 작은 것을 가려서 쓰지는 않는다고 들었습니다. 만약에 이렇게 된다면 도움 되는 바가 있습니까?"

양명 선생이 말했다. "현자가 세상에 쓰이는 것이 의를 행할 뿐이다. 의는 마땅하지 않은 것이 없고, 도움 되지 않는 것이 없다. 그 마땅함을 얻지 못하면 비록 업을 넓힌다[廣業] 하더라도, 군자는 그것을 이익됨이라고 하지 않는다. 또한 나는 사람은 각각 할 수 있는 것이 있고 할 수 없는 것이 있다고 들었다. 오직 성인이 된 후에 다 할 수 있는 것이다. 나는 현자로도 칭해질 수 없는데, 자네들이 성인의 일을 나에게 맡기는 것은 정말로 아닌 것 같다."

용장 문생이 말했다. "선생님께서는 등용되는 것을 마음에 두지 않습니다. 만약 등용되는 것을 마음에 두지 않는다면, 향초가 당(堂)의 계단에 무성하고, 그 향기가 안석과 돗자리를 뒤덮듯 명성이 드러나는 것이겠지요. 갈대를 베는 것은 담장을 덮을 수 있어서입니다. 초목이 미세한 경우에도 그렇게 함이 있습니다. 그런데 하물며 현자에게 있어서이겠습니까?"

양명선생이 말씀하셨다. "향초가 당堂의 계단에 무성한 뒤에 그 향기가 안석과 돗자리를 뒤덮는다. 갈대인 다음에야 베어서 담장을 덮는다. 지금 자네들은 향초를 베고나서 그것을 질책하면서 담장을 덮는데 쓴다고 해댄다. 자네들이 그 향초를 사랑하는 것인가? 그렇지 않으면 향초를 해치는 것인가?"

教條[103]示龍場諸生[104]

諸生相從於此, 甚盛[105]. 恐無能爲助也, 以四事相規, 聊以答諸生之意: 一曰立志; 二曰勤學; 三曰改過; 四曰責善. 其愼聽, 毋忽!

교조教條를 용장의 여러 학생에게 보여주다

여러 학생들이 여기서 서로 따르는 것이 매우 장하다. 돕지 못함이 걱정된다. 그래서 다음의 네 가지로써 서로 바로잡아서, 조금이나마

---

103 교조(教條): 교시(教示)의 조목. 용장에서 배우는 학생들에게 제시한 교육 법규(法規) 내지 원론.

104 『왕양명전집』권26, 속편1.

105 성(盛): 왕성하다. 장하다.

여러 학생들의 뜻에 답하고자 한다. 첫째는 입지(立志. 뜻을 세움)요, 둘째는 근학(勤學. 배움에 힘씀)이요, 셋째는 개과(改過. 허물을 고침)요, 넷째는 책선(責善. 선을 권함)이다. 삼가 듣고서, 소홀히 하지 말지어다.

立志

志不立, 天下無可成之事, 雖百工技藝[106], 未有不本於志者. 今學者曠廢隳惰[107], 玩歲愒時[108], 而百無所成, 皆由於志之未立耳. 故立志而聖, 則聖矣; 立志而賢, 則賢矣. 志不立, 如無舵之舟, 無銜[109]之馬, 漂蕩奔逸, 終亦何所底[110]乎? 昔人有言, 使爲善而父母怒之, 兄弟怨之, 宗族鄕黨[111]賤惡之, 如此而不爲善可也; 爲善則父母愛之, 兄弟悅之, 宗族鄕黨敬信之, 何苦而不爲善爲君子? 使爲惡而父母愛之, 兄弟悅之, 宗族鄕黨敬信之, 如此而爲惡可也; 爲惡則父母怒之, 兄弟怨之, 宗族鄕黨賤惡之, 何苦而必爲惡爲小人? 諸生念此, 亦可以知所立志矣.

입지

뜻[志]을 세우지 않으면 천하에 이룰 수 있는 일은 아무것도 없다. 비록 온갖 장인의 뛰어난 재주일지라도, 뜻에 근본하지 아니함이 없다. 오늘날의 학자들이 (공부를) 내버려두고 나태하여 안일을 추고하고

---

106 백공기예(百工技藝): 온갖 장인의 재주.

107 광폐휴타(曠廢隳惰): 내버려두고(등한시하고), 나태하다.

108 완세게시(玩歲愒時): 안일을 추구하고, 시간을 낭비하다.

109 함(銜): 재갈.

110 저(底): 끝. '(목적에) 이르다, 다다르다.'

111 향당(鄕黨): 자기가 태어났거나 사는 시골 마을 혹은 그 마을 사람들. 1만 2500집이 '향'이 되고 500집이 '당'이 되었다. 『논어』「옹야(雍也)」에, "너의 이웃과 마을 사람들에게 나누어주어라!"[以與爾鄰里鄕黨乎]라고 있다.

시간을 낭비하면서, 아무것도 이룰 수 없음은 모두 뜻을 세우지 않았기 때문이다. 그러므로 뜻을 세워서 성인이 되겠다고 하면, 곧 성인이 되고, 뜻을 세워서 현인이 되겠다고 하면 현인이 된다. 뜻을 세우지 않으면 키가 없는 배나 재갈이 없는 말과 같아, 이리저리 떠돌 뿐이니, 결국 어디에 도달하겠는가? 옛날사람들이 말하기를, "만약 선을 행하는데, 부모는 그에게 화를 내고, 형제들은 그를 원망하고, 종족 향당은 그를 미워한다고 치자. 이렇게 하면 선을 하지 않아도 된다. 만일 선을 행하는데 부모가 그를 좋아하고, 형제들이 그를 기뻐하고, 종족 향당은 그를 존경하고 믿는다 치자. 그렇다면 왜 애써서 선을 행하지 않고 군자가 되지 않겠는가? 만약 악을 행하는데, 부모님이 그를 사랑하고 형제들이 그를 기뻐하고, 종족향당은 그를 믿고 존경한다 치자. 이렇게 되면 악을 해도 될 것이다. 악을 행하는데 부모님이 그에게 화를 내고, 형제들이 그를 원망하고, 종족 향당이 그를 싫어한다면, 왜 애써서 반드시 악을 행하여 소인이 되겠는가? 여러 학생들이 이런 것을 염두에 둔다면, 또한 뜻을 세워야 하는 바를 알 수 있을 것이다.

勤學

已立志爲君子, 自當從事於學. 凡學之不勤, 必其志之尙未篤也. 從吾遊者, 不以聰慧警捷爲高, 而以勤確謙抑[112]爲上. 諸生試觀儕輩[113]之中, 苟有虛而爲盈, 無而爲有, 諱己之不能, 忌人之有善, 自矜自是[114], 大言欺人者, 使其

---

112 근확겸억(勤確謙抑): 부지런하며 진실하고, 겸손하며 조심함.

113 제배(儕輩): 동료들.

114 『맹자』「진심·하(盡心·下)」에, "스스로 옳다고 여기되, 요순의 도에 들어갈 수 없으

人資稟雖甚超邁, 儕輩之中, 有弗疾惡之者乎? 有弗鄙賤之者乎? 彼固將以欺人, 人果遂爲所欺, 有弗竊笑之者乎? 苟有謙默自持[115], 無能自處, 篤志力行, 勤學好問, 稱人之善, 而咎己之失, 從人之長, 而明己之短, 忠信樂易[116], 表裏一致者, 使其人資稟雖甚魯鈍, 儕輩之中, 有弗稱慕之者乎? 彼固以無能自處, 而不求上人, 人果遂以彼爲無能, 有弗敬尙之者乎? 諸生觀此, 亦可以知所從事於學矣.

근학

이미 군자가 되기로 뜻[志]을 세웠다면, 스스로 마땅히 학문을 해야만 한다. 학문을 부지런히 하지 않음은, 반드시 그 뜻이 굳건하지 않은 것이다. 나를 따라 교유하려는 사람은 총명과 기민을 최고로 여기지 않고, 오히려 부지런하며 진실하고, 겸손하며 조심함을 제일로 여긴다. 여러 학생들은 주위 동료들을 관찰해 보라. 만약 텅 비었는데도 충실하다고 하고, 아무것도 없는데도 있다고 하고, 자신이 능력 없는 것을 싫어하고, 다른 사람이 선을 행하는 것을 시기하며, 스스로 자랑하고 옳다고 하고 큰 소리로 남을 속이는 사람은, 만약 그 사람의 자질이 비록 남보다 뛰어나다고 해도 우리 가운데 그를 싫어하지 않을 사람이 있겠는가? 그를 경멸하지 않은 사람이 있겠는가? 그가 진실로 남을 속이려고 한다면, 사람들이 과연 당하고 뒤에서 그를 비웃지 않을 사람이 있겠는가? 진실로 겸손하고 말이 없으며 스스로를 지키지만, 무능하다고 자처하여 독실한 뜻으로 힘써 실천하며, 부

니 '덕의 적이'라고 하는 것이다.[自以爲是, 而不可與入堯舜之道, 故曰德之賊也.]"라고 있다.

115 겸묵자지(謙默自持): 겸손하고 말이 없으며, 스스로를 지킴.

116 충신낙이(忠信樂易): 충성스럽고 믿음직하며 마음이 즐겁고 편안함.

지런히 배우고 묻기를 좋아하며, 다른 사람의 선을 칭송하지만 자신의 과실을 허물로 삼고, 남의 장점을 따르지만 자기의 단점을 밝히고, 충성스럽고 믿음직하며 마음이 즐겁고 편안하여 겉과 속이 일치하는 사람은, 만약 그 사람의 자질이 비록 매우 노둔하다고 해도 동료들이 그를 칭송하고 사모하지 않겠는가? 그가 진실로 무능으로 자서하여 높은 사람이 되는 것을 추구하지 않더라도 사람들이 바로 그가 무능하다고 그를 존경하지 않는 사람이 있겠는가? 여러 학생들은 이러한 것을 살펴서, 또한 학문을 해야 함을 알 것이다.

改過

夫過者, 自大賢所不免, 然不害其卒爲大賢者, 爲其能改也. 故不貴於無過, 而貴於能改過. 諸生自思平日亦有缺於廉恥忠信之行者乎? 亦有薄於孝友[117]之道, 陷於狡詐偸刻[118]之習者乎? 諸生殆不至於此. 不幸或有之, 皆其不知而誤蹈, 素無師友之講習規飭也. 諸生試內省, 萬一有近於是者, 固亦不可以不痛自悔咎. 然亦不當以此自歉, 遂餒於改過從善之心. 但能一旦脫然洗滌舊染, 雖昔爲寇盜, 今日不害爲君子矣. 若曰吾昔已如此, 今雖改過而從善, 將人不信我, 且無贖於前過, 反懷羞澀凝沮[119], 而甘心於汙濁終焉, 則吾亦絶望爾矣.

개과

과실이란 위대한 현인이라도 벗어날 수 없는 것이지만, 끝내 위대

---

117 효우(孝友): 부모에게 효도하고, 형제간에 우애가 있다.

118 교사투각(狡詐偸刻): 간사한 꾀로(교활하게) 남을 속이고, 야박하고 모질다.

119 수삽응저(羞澀凝沮): 부끄러움에 힘들어하면서도 멈추어 막혀있음.

한 현인이 위대한 현인일 수 있는 것은 그 과실을 고칠 수 있기 때문이다. 그러므로 과실이 없음을 귀하게 여기지 않고, 과실을 고칠 수 있음을 귀하게 여긴다. 여러 학생들은 또한 평소에 염치 있고 충신스런 행동을 하지 못함이 있었는지 생각해보라? 또한 효도하고 우애하는 일에 박하고, 교활하게 속이고 야박하게 하는 습관에 빠져버린 자가 있는가? 여러 학생들은 대개 이 지경에 이르지는 않을 것이다. 불행하게도 혹 이런 점이 있다 하더라도 모두 그 알지 못하는 사이에 잘못 들어선 것이고, 평소에 사우師友의 강습과 규칙이 없었기 때문이다. 여러 학생들은 안으로 성찰하여 만일 이러한 잘못에 가까운 적이 있었다면, 진실로 또한 스스로 뉘우치고 허물을 고치는 고통이 있어야만 한다. 그러나 또한 이로서 스스로 부족하다고 여겨서 드디어 허물을 고치고 선을 행하려는 마음에 낙담해서는 안 될 것이다. 다만 하루아침에 깨끗이 옛 관습을 씻어버릴 수 있다면, 비록 옛날에 도적이었다고 하더라도 오늘은 군자가 되는 데 해가 되지 않는다. 만약에, "내가 옛날부터 이미 이렇게 되었다면 지금 허물을 고치고 선을 따르려고 해도 사람들이 나를 믿지 않음으로, 나는 예전의 허물에 대해 속죄할 수 없다."고 말하고, 오히려 부끄러움에 힘들어하면서도 멈추어 막혀 있어 스스로 더러운 곳에 처함에 만족하여, 잘못을 거듭 저지르며 인생을 끝낸다면 나도 또한 절망할 뿐이다.

責善

責善，朋友之道，然須忠告而善道之. 悉其忠愛，致其婉曲，使彼聞之而可從，繹[120]之而可改，有所感而無所怒，乃爲善耳. 若先暴白[121]其過惡，痛毁極底，使無所容，彼將發其愧恥憤恨之心，雖欲降以相從，而勢有所不能，是激之而使爲惡矣. 故凡訐[122]人之短，攻發人之陰私，以沽直[123]者，皆不可以言責善. 雖然，我以是而施於人不可也. 人以是而加諸我，凡攻我之失者，皆我師也，安可以不樂受而心感之乎？某於道未有所得，其學鹵莽耳. 謬爲諸生相從於此，每終夜以思，惡且未免，況於過乎？人謂事師無犯無隱，而遂謂師無可諫，非也. 諫師之道，直不至於犯，而婉不至於隱耳. 使吾而是也，因得以明其是；吾而非也，因得以去其非：蓋斅[124]學相長[125]也. 諸生責善，當自吾始.

책선

책선이란 친구의 도리이지만, 반드시 서로가 충고하여 차근차근 잘 타일러 가르쳐야 한다. 그 충심과 사랑으로 가득하고 완곡한 방식을 다하여, 저 사람이 그것을 듣고 따르도록 하고 과실을 풀어내어 고치도록 할 수 있어, 감동은 있어도 분노하는 바가 없도록 하면, 잘

---

120 역(繹): 궁구하다.

121 폭백(暴白): 드러내다. 폭로하다.

122 알(訐): 들춰내다.

123 고직(沽直): 정직하다는 명성을 얻다. 고명매직(沽名賣直), 고직요명(沽直要名)의 준말. 남의 앞에서 자기의 행실이 정직하다고 일부러 자랑함으로써 명성을 얻으려는 것을 말함.

124 효(斅): 가르치다. 교(教)의 고자(古字)

125 효학상장(斅學相長)=교학상장(教學相長): 스승은 학생을 가르치면서 생장하고 학생은 배움으로써 진보한다는 뜻.『예기』「학기(學記)」에, "배워 본 후에야 자기의 부족함을 알 수 있으며, 가르쳐 본 후에야 비로소 어려움을 알게 된다. 부족함을 안 후에야 스스로 반성하게 되고, 어려움을 안 후에야 스스로 강해질 수 있다. 그러므로 가르치고 배우면서 함께 성장하는 것이다.[學然後知不足, 教然後知困. 知不足然後能自反也. 知困然後能自强也. 故曰教學相長也.]"라고 있다.

못된 것을 고쳐서 선善이 될 수 있다. 만약 그의 과실과 단점을 솔질하게 들춰내고 호되게 야단을 치며, 그가 부끄러워 몸 둘 바를 모르도록 만들면, 그가 부끄러워하고 원망하는 마음이 생겨 비록 낮춰서 따라가고 싶더라도 할 수 없는 상황이라서 못하는 바가 있는 것이다. 이것은 그를 자극해서 악을 하게 된 것이다. 고로 남의 약점 따위를 들춰내고 남의 사사로운 비밀을 폭로하고 공격한 것으로 정직하다는 명성을 얻으려는 사람은, 모두 책선이라고 할 수 없다. 비록 내가 옳은 것으로써 남을 비난하면 안 된다. 옳은 것으로써 나를 비난하고 나의 과실을 공격하는 사람은 모두 나의 스승이다. 어찌 기분 좋게 받아들이고, 마음속으로 감사해야 하지 않겠는가? 나는 도에 있어 깨달은 바가 없어서, 그 학문은 거칠고 서투르다. 무언가 잘못되어 여러 학생들이 이토록 나를 따르기 때문에, 매일 밤 세우며 스스로 생각해건데, 악惡조차 벗어날 수 없는데, 하물며 허물을 벗어나겠는가? 사람들은 "스승을 섬김에 범해서도 안 되고, 잘못을 감싸도 안 된다."고 말하여, 마침내 "스승에게 잘못을 간언해서는 안 된다."고 말하는 것은 잘못이다. 스승에게 간하는 도리는, 솔직하되 스승을 범하는 데 이르러서는 안 되고, 완곡하되 잘못을 감싸는 지경에 이르러서는 안 될 뿐이다. 만약 내가 옳은 경우 내가 왜 옳은지를 알려주고, 내가 틀렸을 경우에는 그 잘못을 제거하게 해주어야 할 것이다. 생각건대, 이것은 바로 가르치는[斅] 과정을 통해 선생도 학생도 같이 배우며[學] 발전하는, 이른바 교학상장教學相長이다. 제성들은 책선하는 것은 자신부터 시작해야 한다.

3. 서문류(序文類)

五經臆說序[126]

戊辰

得魚而忘筌[127], 醪盡而糟粕棄之. 魚醪之未得, 而曰是筌與糟粕也, 魚與醪終不可得矣. 『五經』, 聖人之學具焉. 然自其已聞者而言之, 其于道也, 亦筌與糟粕耳. 竊嘗怪夫世之儒者求魚于筌, 而謂糟粕之爲醪也. 夫謂糟粕之爲醪, 猶近也, 糟粕之中而醪存. 求魚于筌, 則筌與魚遠矣.

龍場居南夷萬山中, 書卷不可攜, 日坐石穴, 默記舊所讀書而錄之. 意有所得, 輒爲之訓釋. 期有七月[128]而『五經』之旨略遍, 名之曰『臆說』. 蓋不必盡合于先賢, 聊寫其胸臆之見, 而因以娛情養性焉耳. 則吾之爲是, 固又忘魚而釣, 寄興于麴糵[129], 而非誠旨于味者矣. 嗚呼! 觀吾之說而不得其心, 以爲是亦筌與糟粕也, 從而求魚與醪焉, 則失之矣.

夫說凡四十六卷, 『經』各十, 而『禮』之說尚多缺, 僅六卷云.

---

126 『왕양명전집(王陽明全集)』 권22, 외집4.

127 『장자(莊子)』「잡편·외물편(雜篇·外物篇)」에 "통발은 물고기를 잡는 도구인데 통발로 물고기를 잡고 나면 통발을 잊어버리고 만다[筌者所以在魚, 得魚而忘筌]."는데 따른다.

128 기유칠월(期有七月): '1년[期]하고도' '또'[有. 우(又)와 같음. 더하기(+)] 7개월[七月]. 즉 19개월을 말함. 이것은 왕양명의 수제자 전덕홍(錢德洪. 1496~1574. 호 서산(緖山), 자 홍보(洪甫))이 편집한 「오경억설13조(五經臆說十三條)」(『양명전서』8권 「속편(續編)」의 「잡저(雜著)」)의 머리말 부분(전덕홍이 썼음)에 "十有九月"이라는 구절이 나오는 데서 알 수 있다. 즉 "스승은 용장에 있으면서 배우고 깨닫는 바가 있었다. 이것을 『오경』의 각 경을 통해서 밝히고 선유(先儒)의 훈석(訓釋)에 아직 다 밝히지 못한 것이 있다는 것을 깨닫고 기억한 바에 따라서 소해[疏解]를 만드니, 19개월(十有九 月: 10+9개월)이 지나서야 『오경』은 거의 정리되었다. 이름하여 억설이라고 하였다."[師居龍場, 學得所悟, 證諸五經, 覺先儒訓釋未盡, 乃隨所記憶, 爲之疏解. 閱十有九月, 五經略遍, 命曰臆說][최재목, 『내 마음이 등불이다』, (이학사, 2014), 124쪽 참조.]

129 곡얼/국얼(麴糵): 술.'곡/국'과 '얼'은 모두 술을 빚는 누룩 또는 술을 가리킨다.

오경억설서

무진

물고기를 잡으면 통발을 잊고, 술을 다 걸러내면 술지게미를 버린다. 물고기와 술을 아직 얻지 못하고서 "이것은 통발과 술지게미'라고 말한다면, 끝내 물고기와 술은 얻지 못할 것이다. 『오경』은 성인의 학문[聖人之學]을 갖추고 있다. 그러나 그 이미 들은 것을 (아무런 깨달음 없이 그대로) 말하는 자는, 그 도(道)에 있어서 또한 통발과 술지게미일 뿐이다. 일찍이 나는 세상의 유자들이 통발에서 물고기를 구하고 술지게미를 술이라고 말하는 것을 괴이하게 여기고 있었다. 아마도 술지게미를 술이라고 말하는 것은 그런대로 그럴듯하다. 왜냐하면 술지게미에는 술이 있으니까 말이다. (하지만) 통발에서 물고기를 구하는 것은, 통발과 물고기만큼이나 (관련이) 먼 것이다.

용장은 남쪽 오랑캐 땅의 수많은 산 가운데 있어, 서적을 휴대할 수 없었기에, 매일 석굴에 앉아 예전에 독서했던 것을 묵묵히 기억하여 그것을 기록하였다. 뜻을 얻은 바가 있으면, 곧 훈석訓釋으로 삼았다. 1년 7개월이 걸려서 『오경』의 요지를 대략 정리하였으니, 『억설』이라 이름 붙였다. 생각건대 반드시 선현에게 합치되지는 않아도, 가슴속의 억지스런 견해를 제멋대로 써서, '감정을 기쁘게 하고 본성을 기르기 위한 것일 뿐'이었다. 곧 내가 이 책을 지은 것은, 본래 또한 물고기를 잊고 낚시질 한 것이며, 흥을 술에 기댄 것이다. (이는) 진실로 맛봄에 좋은 것을 구하고자 한 것이 아니었다.

아! 나의 『오경억설』을 보고 그 핵심을 얻지 못하고, 또한 (이 『오경억설』이) 통발과 술지게미라고 여겨 거기에서 (이 『오경억설』이란 통발과 술지게미에 매달려) 물고기와 술을 구하고자 한다면, 그것(『오경억설』의 핵심)을 잃는 것이다.

『오경억설』은 46권으로 구성하는데, 경전은 각기 10권이며, 『예기』의 설만 많이 일실되어 6권이다.

送毛憲副[130]致仕歸桐江書院序[131]

戊辰

正德己已[132]夏四月, 貴州按察司副使毛公承上之命, 得致其仕[133]而歸. 先是, 公嘗卜[134]桐江書院[135]于子陵釣臺[136]之側者幾年矣, 至是將歸老焉, 謂其志之始獲遂也, 甚喜. 而同僚之良惜公之去, 乃相與咨嗟不忍, 集而餞之南門之外. 酒旣行, 有起而言于公者, 曰 : "君子之道, 出與處[137]而已. 其出也有所爲, 其處也有所樂. 公始以名進士從政南部, 理繁治劇, 頎然已有公輔[138]之望. 及爲方面于雲, 貴之間者十余年, 內厘[139]其軍民, 外撫諸戎蠻夷, 政務擧而德威著. 雖或以是召嫉取謗, 而名稱亦用是益顯建立, 暴于天下. 斯

---

130 모헌부(毛憲副): 헌부(憲副)는 안찰부사(按察副使)의 다른 이름이다. 모(毛)씨의 이름은 과(科), 자는 응규(應奎), 호는 졸암(拙庵)이다. 모과(毛科)는 절강성(浙江省) 여요(餘姚) 동려(桐廬) 사람으로 성화(成和) 14년(1478)에 진사가 되었으며, 관직이 도찰원좌부도어사(都察院左副都御史) 즉 헌부(憲副)의 벼슬에 이르렀다.

131 『왕양명전집』 권22, 외집4.

132 무진(戊辰): 본 편지는 무진년이라 기록되어 있으나 실은 기사(己巳)(정덕 4년, 1509년)를 잘못 표기한 것으로 보인다. 왜냐하면 모헌부가 벼슬길을 떠난 것은 무진년의 다음 해인 기사년이었기 때문이다.

133 치기사(致其仕): 그의 벼슬을 사양하고 물러난다.

134 복(卜): 복거(卜居). (점을 쳐서) 살 곳을 정하다. 거주할 곳을 선택하다.

135 동강서원(桐江書院): 동강서원은 지금의 절강성(浙江省) 태주시(台州市) 선거현(仙居縣) 서쪽의 파탄향(皤灘鄉)에 있었다.

136 자릉조태(子陵釣台): 그 현재의 위치는 절강성(浙江省) 동려현(桐廬縣)의 남쪽 15km 거리에 있는 부춘산(富春山)의 기슭이다.

137 출여처(出與處): 출사와 은퇴. 즉 벼슬길에 나아가거나 물러남.

138 공보(公輔): 삼공과 보상(輔相).

139 리/이(厘): 다스리다.

不謂之有所[140]爲乎? 今茲之歸, 脫屣聲利, 垂竿讀書, 樂泉石之淸幽, 就煙霞而屛跡; 寵辱無所與, 而世累無所加. 斯不謂之有所樂乎? 公于出處之際, 其亦無憾焉耳已!"公起拜謝. 復有言者曰: "雖然, 公之出而仕也, 太夫人老矣, 先大夫忠襄公又遺未盡之志, 欲仕則違其母, 欲養則違其父, 不得已權二者之輕重, 出而自奮于功業. 人徒見公之憂勞爲國而忘其家, 不知凡以成忠襄公之志, 而未嘗一日不在于太夫人之養也. 今而歸, 告成于忠襄之廟, 拜太夫人于膝下, 旦夕承歡, 伸色養之孝, 公之愿遂矣. 而其勞國勤民, 拳拳不舍之念, 又何能釋然而忘之! 則公雖欲一日遂歸休之樂, 蓋亦有所未能也."

公復起拜謝. 又有言者曰: "雖然, 君子之道, 用之則行, 舍之則藏. 用之而不行者, 往而不返者也; 舍之而不藏者, 溺而不止者也. 公之用也, 旣有以行之; 其舍之也, 有弗能藏者乎? 吾未見夫有其用而無其體者也."公又起拜, 遂行. 陽明山人聞其言而論之曰: "始之言, 道其事也, 而未及于其心; 次之言者, 得公之心矣, 而未盡于道; 終之言者, 盡于道矣, 不可以有加矣. 斯公之所允蹈者乎!"諸大夫皆曰: "然. 子蓋書之以贈從者?

모과 안찰부사가 벼슬하여 동강서원에 돌아가는 것을 전송하며 지은 서序 무진(明 正德 3년, 1508년)

정덕 기사년(正德 4년, 1509년) 여름 4월에 귀주貴州의 안찰사부사按察司副使인 모과毛科 공이 왕명을 받고 벼슬을 물러나 돌아가게 되었다. 이보다 앞서서 모공은 몇 년 전에 자릉조대子陵釣臺에 있는 동강서원桐江書院의 부근에 거주할 곳을 선택하여 노경을 보내려고 하였다. [모공은] 그러한 뜻을 비로소 이룰 수 있게 되어 매우 기뻐하였다. 동료들은

140 고본에서는 소(所)자가 없다.

진실로 모공이 떠나는 것을 애석하게 여겼고 서로 더불어 탄식하며 차마 견딜 수 없어서 모여서 도시의 남문南門 밖에까지 전별하였다. 술이 이미 한 바퀴 돌자 어떤 사람은 자리에서 일어나 모공에게 말했다. "군자의 도는 출처일 뿐이다. 벼슬길에 나아가면 해야 할 일이 있으며 [산림에] 처하면 또 즐거움이 있다. 모공은 처음에는 진사進士로 이름이 나서 남쪽 지방에서 벼슬을 하면서 정치적 업적을 많이 내고 잘 다스렸으므로 당당하게 이미 재상이나 고급관료가 될 것이라는 명망이 있었다. 운남성·귀주성의 사이에서 10여 년을 벼슬하면서 안으로는 그 군민軍民을 잘 다스리고, 밖으로는 여러 오랑캐를 진압하여 정치적 업적이 탁월하고 덕이 있다는 명성이 드러났다. 비록 간혹 이러한 것으로 말미암아 질투와 비방을 불러 일으켰으나 명성도 이러한 업적 때문에 이루고 점점 날리며 세상에 드러나게 되었다. 이것을 하는 바가 있다[有所爲]고 하지 않겠는가?

이제 이 곳에 돌아가시니 명성과 이익을 벗어나시며 낚싯대를 드리워 책을 읽고 천석(泉石: 자연)의 맑고 그윽함을 즐기며 안개와 노을에 나아가 [세상과] 자취를 끊을 것입니다. [윗사람의] 총애와 욕됨도 함께 하지 않고 세상의 얽매임도 더 가해질 일이 없으니 이것을 락樂한 바가 있다고 하지 않겠는가? 모공은 출처의 실행에서 또 유감이 없다고 하겠습니다."

모공은 자리에서 일어나 예를 행하여 감사드렸다. 또한 어떤 사람이 모공에게 말했다. "비록 그러하지만 공께서 벼슬을 하심은 태부인(毛科의 어머니)께서 나이 드셨고 아버님이신 충양공忠讓公께서 남기신, 다하지 못했던 뜻이 있었습니다. 벼슬길에 나아가려 하면 곧 공의 어머님을 위배하게 되고, 공의 어머님을 봉양하려고 하면 공의 부친을 위배하는 것이 되니, 부득이하게 두 가지 일(벼슬하는 것, 은거하는 것)을 잘 헤아리시고 벼슬하게 되면 스스로 공업을 이루려 힘을 쏟는 것입니다." 사람들은 다만 공이 나라를 위해 고민하고 힘쓰면서 집안을 잊은 것만 보이고, 충양공이 이루고 싶은 모든 뜻은 하루라도 태부인을 봉양하는 것에 없는 일이 없었다는 것을 알지 못했다. 이제 공이 돌아가시게 되면, 충양공의 묘소에 인사를 하여 알리시고, 태부인의 슬하에 절을 올리고 아침저녁으로 기쁘게 지내면서 부모님의 낯빛을 살피는 효도를 펼 것이니, 공의 소원이 이루어졌습니다. 그러나 공이 나라를 위해 힘쓰고 백성들을 위해 부지런히 노력하셨으니, 그 간절하고 떠나기가 아쉬워하는 마음이 또한 어찌 떨쳐버리고 다 잊을 수 있겠습니까. 곧 모공이 비록 하루라도 일을 완수하고 귀향해서 쉬는 즐거움을 누리고 싶어도 아마 할 수 없을 것입니다.

모공이 다시 일어나 절하고 감사인사를 했다. 다시 어떤 사람이 모공에게 말했습니다. "비록 그러하지만 군자의 도리는 쓰일 때는 곧 행하고, 버림을 받을 때는 간직하는 것입니다. 쓰일 때는 행하지 않는 것은 길을 나가기만 하고 되돌아오지 못하는 것입니다. 버림을 받을 때는 간직하지 않는 것은 탐닉하고 멈추지 못하는 것입니다. 공은 벼슬에 이미 나가고 또한 행했는데 이제 버린다고 해서 간직할 수 없는 것입니까? 나는 그 용만 있음에도 그 본체가 없는 것은 아직 보지 못했습니다." 모공은 다시 일어나서 절을 하더니 드디어 길을 떠났다. 나는(陽明山人: 왕양명) 그 이야기를 듣고 논평했다. "처음에 그것을 말한 사람은 모공이 일처리 하는 것을 말한 것입니다. 모공의 마음 씀에는 미치지 못했습니다. 다음으로 말한 사람은 모공의 마음을 얻은 것입니다. 그러나 도를 다 말하지 못했습니다. 마지막에 말한 사람은 도를 남김없이 다 말했으니 더 덧붙일 수 없습니다." 이는 모공이 성실하게 실행하는 것입니다." 여러 대부들이 모두 말했다. "그렇습니다. 그대는 그 일을 글로 쓰고 시종侍從에게 주어 모공에게 전달하시겠습니까?”

氣候圖序[141]

戊辰年(明 正德 3年, 1508년)

天地一元之運[142]爲十二萬九千六百年, 分而爲十二會; 會[143]分而爲三十運; 運[144]分而爲十二世; 世[145]分而爲三十年; 年分而爲十二月; 月分而爲二氣[146]; 氣分而爲三候[147]; 候分爲五日; 日分爲十二時[148]; 積四千三百二十時三百六十日而爲七十二候.會者, 元之候也; 世者, 運之候也; 月者, 歲之候

---

141 기후도서(氣候圖序): 회유백(懷柔伯) 시찬(施瓚) 총병(總兵)이 지은 『칠십이후도(七十二候圖)』를 위해 왕양명이 지어준 서문이다. 『왕양명전집』 권22, 외집4.

142 일원지운(一元之運): 소강절의 『황극경세서(皇極經世書)』에 의하면, 유가에서 보는 시간의 단위는 30년이 1세가 되며, 12세는 1운이 되고, 30운이 1회가 되며, 12회는 1원이 된다고 한다. 1원의 시간은 129,600년이라고 하는데, 유가에서 보는 우주의 생성과 소멸의 한 시기를 말한다.

143 회(會): 1회의 시간은 10,800년이라고 한다. 원을 우주의 1년이라고 가정한다면, 1회는 우주의 1달에 해당하는 시간이다.

144 운(運): 1운의 시간은 360년이라고 한다. 30운이 모여 1회를 이루게 되니, 1운은 우주의 하루에 해당하는 시간적 길이이다.

145 세(世): 1세는 30년의 시간에 해당된다. 世부터는 우리가 살아가면서 체험할 수 있는 정도의 시간적 길이인 셈이다.

146 이기(二氣): 고대천문학에서 태양은 1년에 360도를 운행하는 것으로 여겨졌다. 즉 태양은 하루에 1도씩 운행을 한다는 것이다. 고대에는 농사의 편의성을 위해 1년을 24절기로 나누었으므로, 360도를 24절기로 나누어보면 1절기는 15도, 곧 15일의 기간이 된다. 따라서 2절기는 30도, 곧 30일이 된다. 즉 이기(二氣)란 2절기(節氣)를 가리킨다.

147 삼후(三候): 1절기는 15도, 곧 15일을 가리킨다 하였는데, 1절기는 삼후라 하였으니 1후는 5도, 곧 5일에 해당된다.

148 십이시(十二時): 고대에는 하루 24시간을 12시간으로 구분하였다. 자,축,인,묘,진,사,오,미,신,유,술, 해(子,丑,寅,卯,辰,巳,午,未,申,酉,戌,亥)의 12시가 그것이다. 즉 고대의 1시는 오늘날의 2시간에 해당하는 시간적 길이이다.

也; 候者, 月之候也. 天地之運, 日月之明, 寒暑之代謝, 氣化人物之生息終始, 盡于此矣. 月, 證于月者也[149]; 氣, 證于氣者也; 候, 證于物者也.若孟春之月, 其氣爲立春, 爲雨水; 其候爲東風解凍, 爲蟄蟲始振, 爲魚負冰, 獺祭魚之類; 『月令』諸書可考也.

氣候之運行, 雖出于天時, 而實有關于人事. 是以古之君臣, 必謹修其政令, 以奉若夫天道; 致察乎氣運, 以警惕夫人爲. 故至治之世, 天無疾風盲雨[150]之愆[151], 而地無昆蟲草木之孽. 孔子之作『春秋』也, 大雨, 震電, 大雨雪則書, 大水則書, 無冰[152]則書, 無麥苗則書, 多麋[153]則書, 蜮蜚[154]雨, 螽蝝[155]生則書, 六鷁[156]退飛則書, 隕霜不殺草李梅實則書, 春無水則書, 鸜鵒[157]來朝則書. 凡以見氣候之愆變失常, 而世道之興衰治亂人事之汙隆得失 , 皆于是, 乎有證焉; 所以示世之君臣者恐懼修省之道也. 大總兵[158]懷柔伯施公命繪工爲『七十二候圖』, 遣使以幣走龍場, 屬守仁敍一言于其間. 守仁謂使者曰: "此公臨政之本也, 善端之發也, 戒心之萌也." 使者曰: "何以知之?" 守仁曰: "人之情必有所不敢忽也, 而後著于其念; 必有所不敢忘也, 而後存于其心.

---

149 월(月): 앞에 나온 월(月)은 '한 달'의 뜻, 뒤에 나온 월(月)는 '달의 운행'을 가리킴.

150 맹우(盲雨): 모진 비.

151 건(愆): '어그러지다, 어기다, 거스르다, 위반하다.'는 뜻으로, 날찌 또는 절기의 변화가 정상적이 아님을 말한다.

152 원본에서는 물(水)로 되고 있다.

153 미(麋): 고라니. 사슴류.

154 역비(蜮蜚): 역(蜮): 곡식의 싹을 갉아먹는 해충. 비(蜚): 쌕새기. 볏 잎을 갉아먹는 곤충.

155 종(螽): 메뚜기. 연(蝝): 아직 날개가 나지 않은 황충(蝗蟲)의 유충.

156 육익(六鷁): 익조(鷁鳥) 여섯 마리. '익조'는 농작물의 해충을 잡아먹는 등 직간접으로 사람에게 이익이 되는 새.

157 구욕(鸜鵒): 구관조(九官鳥). 찌르레기과의 새. 과실을 먹고 삼림에 사는 데. 비둘기 비슷하며 사람 의 말을 잘 흉내 냄.

158 대총병(大總兵): 큰 총병. 총병은 명청(明淸) 시대에 군대를 통솔하고 한 지방을 지키는 벼슬.

著于其念, 存于其心, 而後見之于顔色言論, 志之于弓矢幾杖盤盂劍席, 繪之于圖書, 而日省之其心. 是故思馳騁者, 愛觀夫射獵游田之物; 甘逸樂者, 喜親夫博局燕飲之具. 公之見于圖繪者, 不于彼而于此, 吾是以知其爲善端之發也; 吾是以知其爲戒心之萌也. 其殆警惕夫人爲而謹修其政今也歟! 其殆致察乎氣運, 而奉若夫天道也歟! 夫警惕者, 萬善之本, 而衆美之基也. 公克念于是, 其可以爲賢乎! 由是因人事以達于天道, 因一月之候以觀夫世運會元, 以探萬物之幽賾, 而窮天地之始終, 皆于是乎始. 吾是以喜聞而樂道之, 爲之敍而不辭也."

기후도서

천지의 일원一元의 운수運數는 129,600년의 시간이 되는데, [일원을] 나눈다면 12회十二會가 된다. [일회를] 나눈다면 30운三十運이 된다. [일운을] 나눈다면 12세十二世가 된다. [일세를] 나눈다면 30년(三十年)이 된다. [일년을] 나눈다면 12월十二月이 된다. [일월을] 나눈다면 2절기二節氣가 된다. [일기를] 나눈다면 3후三候가 된다. [일후를] 나눈다면 5일五日이 된다. [일일을] 나눈다면 12시十二時가 된다. 4,320시가 모이면 360일이 되고, 72후가 된다. '회會'라는 것은 '원元'의 절후가 된다. '세世'라는 것은 '운運'의 절후가 된다. '월月'이라는 것은 '세歲'의 절후가 된다. '후候'라는 것은 '월月'의 절후가 된다. 하늘과 땅의 운행, 해와 달의 밝음, 추위와 더위가 바뀌는 것, 음양의 기가 사람과 사물을 변화하게 해서 태어남과 번식함 및 끝과 시작을 주관함 등은 모두 이것에 있는 것이다. 한 달[一月]은 달의 운행으로 증명된다. 절기節氣는 절기의 순환에서 증명된다. 후候는 사물로 증명된다. 예를 들면, 맹춘孟春의 달이라면, 그 절기는 입춘立春이 되며, 우수雨水도 된다. 그 기후는 동풍東風이 얼었던 것을 녹이며, 동면冬眠했던 생물이 비로소 꿈틀거리게 되고 물고기는 얼음 바로 밑에서 헤엄치며 수달은 잡은 물고기를 물가에서 놓아주기도 한다. 『월령月令』등의 여러 책에서 상고할 수 있다.

기후의 운행은 비록 천시天時에서 나타나는 것이지만 그러나 실제로는 인사人事와도 관련이 있다. 이러하므로 옛날의 임금과 신하는 반드시 그 정령政令의 실행을 조심하여 천도天道와 시기를 같이하여 받들었다. [하늘의] 기운을 잘 살피고 사람의 일을 함에 경계하고 조심하게 하였다. 그러므로 세상이 잘 다스려지는 시기에는 하늘에서 거센 바람과 모진 비를 내리는 이상한 날씨가 없으며, 땅에서도 곤충과 초목의 재앙이 없었다. 공자가 『춘추春秋』를 지으면서, 큰 비나 우레와 번개, 큰 진눈깨비 등의 자연현상을 기록하셨고, 큰 홍수를 기록하셨으며, 물이 얼지 않는 현상도 기록하였고, 보리 싹이 나지 않는 현상도 기록하였으며, 고라니가 많이 나타나는 것도 기록하였고, 곤충과 바퀴벌레 따위가 비처럼 내리거나 메뚜기 떼가 나타나는 현상도 기록하였다. 익조 여섯 마리가 날다가 뒤로 밀리는 현상도 기록하셨고, 서리가 내렸는데 풀과 자두, 매실 등이 시들어 죽지 않는 현상도 기록하셨으며, 봄에 강물이 없는 현상도 기록하셨고, 구관조가 와서 둥지를 짓는 현상도 기록하셨다. 세도世道의 성쇠와 치란, 사람과 사물의 융성과 득실 등은 모두 기후의 변화가 이상하게 나나나는 데에서 확인할 수 있는 것이다. 그러므로 세상의 임금과 신하들에게 [이러한 조짐]을 보여주고 이러한 조짐에 두려워하며 자신을 닦고 반성하는 도리로 삼는 것이다.

대총병大總兵이신 회유백懷柔伯 시찬施瓚공께서 화공畫工에게 『칠십이후도七十二候圖』를 그리라 명하여 그려 간행하게 하면서 사자를 파견하여 용장으로 예물을 보내시고 나에게 그 그림에다 서문을 써주기를 부탁하였다. 내가 사자에게 말했다. "이 책은 회유백 시찬 공이 정치를 하실 때의 근본이고 선한 단서의 발로이며, 마음을 경계하실 때의 싹입니다." 사자가 물었다. "어떻게 그것을 아는 것입니까?" 내가 대답했다. "인정人情에는 감히 소홀히 할 수 없는 바가 있습니다. 그 후에는 그 생각에 드러낸 것입니다. 반드시 감히 잊지 않아야 할 바가 있습니다. 그 후에는 반드시 그 마음에 둔 것입니다. 그의 생각에 드러나고 그의 마음에 둔 후에 얼굴과 말 속에도 나타나며, 활과 화살, 안석과 지팡이, 주발과 그릇, 칼과 자리 등에 기록해 두고, 그것을 도화로 그려놓고 자신의 마음을 성찰하는 것입니다. 이러한 까닭에 생각을 마구 달리는 자는 활 쏘고 사냥하며 들판을 달리는 것들을 살펴보는 것을 좋아하고, 한가함을 즐기는 자는 바둑을 두거나 연회에서 술 마시는 도구들을 가까이 함을 좋아하는 것입니다. 시찬 공이 그림에서 보는 것은 그러한 것에 있음이 아니고 이것에 있음이니, 내가 이 때문에 그것이 선한 단서의 발로임을 아는 것입니다. 내가 이 때문에 그것이 마음을 경계하는 싹이 됨을 아는 것입니다. 그는 아마 사람이 해야 할 일을 경계하고 두려워하나니, 그 정치적 명령도 조심해서 실천할 것이다. 그가 아마 하늘의 기운을 살피는 것은 천도를 받들어 정치를 펴고자 함일 것입니다. 대개 두려워하고 경계함은 만가지 선함의 근본이고, 온갖 아름다운 일의 토대입니다. 공께서 이것을 능히 생각하시니 현명하게 될 진저! 이로 인해 사람의 일이란 천도天道에 도달하기 때문에, 한 달의 후候로 인해서 세世·운運·회會·원元의 변화를 관찰할 수 있고, 만물의 심오함을 탐색함으로서 천지의 시작과 끝을 궁구하는 것이 모두 여기에서 시작됩니다. 이렇기 때문에 나는 그런 것을 듣기를 즐기고 그것을 말하기를 즐겨하니, 그것을 위해 서문을 쓰는 것을 사양하지 않는 것입니다."

恩壽雙慶詩[159]後序[160]

戊辰

무진(明 正德 3年, 1508년)

正德丙寅[161], 丹徒沙隱王公壽七十, 配孺人嚴六十有九. 其年, 天子以厥子侍御君[162]貴, 封公監察御史, 配爲孺人. 在朝之彥, 咸爲歌詩侈上之德, 以祝公壽, 美侍御君之賢. 又明年, 侍御君奉命巡按貴陽, 以王事之靡盬[163], 將厥[164]父母之弗遑[165]也, 載是冊以俱. 每陟屺岵[166], 望飛雲, 徘徊瞻戀, 喟然而興歎, 黯然而長思, 則取是冊而披之, 而微諷之, 而長歌詠嘆之, 以舒其懷, 見其志. 雖身在萬里, 固若稱觴膝下, 聞『詩』, 『禮』而趨于庭也[167]. 大夫士之有事于貴陽

---

159 은수쌍경시(恩壽雙慶詩): 이 글에 등장하는 왕제(王濟)는 정덕 2년에 귀주순안감찰어사(貴州巡按監察御使)에 임명되었는데, 귀주(貴州) 일대를 다스리기에 바빠 부모님인 왕공과 부인(즉 왕제의 어머니)의 장수를 축하하는 연회에 참석하지 못했다. 연회에 모였던 사대부들과 왕제의 막하에서 벼슬했던 사대부들이 두 분의 장수를 소재로 많은 시를 지었으며 이 시들을 엮어 『은수쌍경시(恩壽雙慶詩)』라는 시집을 만들었는데, 이를 소재로 왕양명이 지은 서문이다.

160 『왕양명전집』 권22, 외집4.

161 정덕병인(正德丙寅): 명나라 무종(武宗) 정덕(正德) 원년. 서기 1506년에 해당된다.

162 시어군(侍御君): 왕제(王濟)를 가리킨다. 왕제는 자가 여즙(汝楫)이고 단도사람(丹徒人)으로 정덕 2년에 귀주순안감찰어사가 되었다. 이 때문에 그를 높여 '시어군'으로 불렀다.

163 미염(靡盬): 끊임없다. 『시경』 「소아·북산(小雅·北山)」: " 나라 일 끊임없어, 부모님이 걱정이네(王事 靡盬 憂我父母)."

164 궐(厥): 여기서 경(慶)으로 본다.

165 불황(弗遑): 겨를(경황)이 없다.

166 기호, 비운(屺岵, 飛雲): 모두 어버이를 뜻한다. '기호'(屺岵)는 민둥산과 우거진 산. 『시경』 「위풍·기호(魏風·屺岵)」에 "저 민둥산에 올라 아버지 계신 곳 바라보노라...저 우거진 산에 올라 어머니 계신 곳 바라보노라(陟彼岵兮, 瞻望父兮......陟彼屺兮, 瞻望母兮)."라고 있다. '비운(飛雲)'은『구당서(舊唐書)』 「적인걸전(狄仁傑傳)」에 "태행산에 올아 남쪽에 흰 구름을 홀로 나는 것을 보고 옆에 사람에게 말했다. '나의 어버이 가 그 구름 아래에 계신다.[登太行山, 南望見白雲孤飛, 謂左右曰: '吾親所居, 在此雲下.']."라고 있다.

167 『논어』 「계씨(季氏)」에 다음과 같이 있다: "일찍이 홀로 서 계실 때, 제가 급하게 뜰을 지나가는데, '시를 배웠느냐?'하고 물었다. '아닙니다.'하고 답했다. '시를 배

者, 自都憲王公[168]而下, 復相與歌而和之, 聯爲巨帙, 屬守仁敍于其後.

夫孝子之于親, 固有不必捧觴戲彩以爲壽, 不必柔滑旨甘以爲養, 不必候起居奔走扶攜以爲勞者. 非子之心謂不必如是也, 子之心愿如是, 而親以爲不必如是, 必如彼而後吾之心始樂也. 子必爲是不爲彼以拂其情, 而曰"吾以爲孝, 其得爲養志乎?[169]孝莫大乎養志."親之愿于其子者曰: "弘乃德, 遠乃猶[170]. 嘻嘻旦夕, 孰與名垂簡冊, 以顯我于無盡? 飮食口體, 孰與澤被生民, 以張我之能施? 服勞奔走, 孰與比跡夔, 皋[171], 以明我之能教?"

非必親之愿于其子者咸若是也, 親以是愿其子, 而子弗能焉, 弗可得而愿也. 子能之, 而親弗以愿其子焉, 弗可得而能也. 以是愿其子者, 賢父母也; 以是承于其父母者, 賢子也; 二者恒百不一遇焉, 其庸[172]可冀乎? 侍御君之在朝, 則忠愛達于上; 其巡按于玆也, 則德威敷于下. 凡其宣布恩惠, 摩赤子, 起其疾而乳哺之者, 孰非公與孺人之慈! 凡其慴大奸使不得肆, 袪大弊使不復作, 爬梳調服, 撫諸夷而納之夏, 以免天子一方之顧慮者, 孰非侍御君之孝! 而凡若此者, 亦孰非侍御君之所以壽于公與孺人之壽哉! 公孺人之賢, 靳太史之『序』詳矣. 其所以修其身, 教其家, 誠可謂有是父有是子. 是詩之作, 不爲虛與諛, 故爲序之云爾.

우지 않으면 말을 할 수 없다.'고 했다. 제가 물러나서 시를 배웠다. 다음날에 또 다시 뜰을 지나가는데 '예를 배웠느냐?'하고 또 물었다. '아닙니다.'하고 답했다. '예를 재우지 않으면 설 수 없다.'고 했다. 제가 물러나서 예를 배웠다[嘗獨立, 鯉趨而過庭. 曰:'學詩乎?' 對曰:'未也.' '不學詩, 無以言.' 鯉退而學詩. 他日又獨立, 鯉趨而過庭. 曰: 學禮乎? 對曰: 未也. 不學禮, 無以立. 鯉退而學禮. 聞斯二者]."

168 도헌왕공(都憲王公): 순안감찰어사의 다른 이름.

169 양지(養志): 부모님의 뜻을 따르다. 혹은 부모님께 순종하다.

170 유(猶): 유(猷)와 같다. 꾀. 꾀하다. 『상서』「강고(康誥)」:"너의 덕을 돌아보고, 꾀를 멀리하라(顧乃德, 遠乃猷)."

171 기고(夔皋): '기(夔)'와 '고(皋)'는 순임금 때의 관리. '기'는 순임금 때 음악을 맡은 관리였고, '고'는 형벌과 사법을 맡은 관리였다.

172 용(庸): 어찌.

『은수쌍경시』의 후서

정덕正德 병인년丙寅年(=정덕 원년(元年), 1506년)에 단도丹徒 출신의 사은沙隱 왕공王公은 70세가 되었는데, 부인 엄씨嚴氏는 69세였다. 이 해에 천자는 그의 아들인 왕제王濟를 귀하게 여겨서 사은 왕공을 감찰어사로 봉하면서, 부인을 유인孺人으로 명했다. 조정에서 재능과 덕을 가진 대신들은 모두 임금님의 은덕을 노래하면서 왕공의 장수를 축하하였고 시어군(侍御君: 왕제(王濟))의 현명함을 찬미했다. 또한 다음 해, 시어군은 왕명을 받고 귀양貴陽을 순안巡按하여 조정의 일이 끝이 없었으므로, 부모님의 장수축하연에 올 수 있는 겨를이 없었는데, 이 책에도 이런 내용이 모두 실렸다. 왕제 공은 매번 언덕에 올라 날아가는 구름을 바라보고 왔다갔다 거닐며 부모님에 대한 그리움으로 슬프게 탄식할 때, 바로 이 책을 가지와 그 것을 책에서 털어내는데, 가볍게 시로 읊거나, 길게 소리 내어 영탄하기도 하면서, 그 가슴의 뜻을 펼치고 자신의 뜻을 나타냈다. 비록 몸은 만리 머나먼 곳에 있으나 진실로 술잔을 들고 부모님의 슬하에 있으며, 『시경』·『예기』의 구절을 들으려고 뜰 앞을 종종걸음으로 다니는 듯했다. 사대부로서 공무가 있어 귀양貴陽에 들르는 자들은 도헌 왕제부터 아래 사람으로, 또 서로 시를 짓고 화답하기도 하여, 모은 시를 엮었더니 거질巨帙이 되었으며 나에게 시집 뒤의 서문을 지어주도록 부탁했다.

대개 효자가 어버이에 대해 진실로 반드시 술잔을 받들고 때때옷 입고 재롱을 피움으로 장수를 축하드릴 필요는 없으며, 반드시 부드러운 낯빛으로 봉양할 필요는 없고, 반드시 어버이의 기거동정을 살피고 달려가 부축해 드리는 수고로움을 할 필요는 없다는 것입니다. 그대가 마음으로 하려는 것이 아니라면 반드시 이렇게 할 필요가 없으며, 그대의 소망이 이렇게 하는 것이라 해도 어버이가 반드시 그렇게 한 연후에야 내 마음이 비로소 즐겁다고 여기지는 않을 것입니다. 그대는 반드시 이렇게 해야 하고 저렇게 하지 않아야 정을 펼 수 있다 여기고 말합니다: "내가 효도로 여기는 것은 그가 어버이의 뜻을 봉양했는가 입니다. 효도란 어버이의 뜻을 봉양하는 것보다 더 큰 것이 없습니다." 어버이는 자식에게 염원하는 것을 말합니다: "너의 덕을 크게 하고, 너의 업적이 멀리까지 미치게 하라. 아침과 저녁으로 헤헤 웃고 지낸다면 누구와 더불어 이름을 간책에 드리울 것이며, 나를 끝도 없이 드러낼 것인가? 먹고 마시고 입과 몸만 위한다면, 누구와 더불어 은택을 백성들에게 베풀고, 나의 재능을 펼칠 것인가? 어버이를 시중들기에만 분주하다면, 누구와 더불어 순임금의 명신名臣인 기夔·고皐의 자취와 나란히 하고 나의 재능을 펼치고 밝힐 것인가?" 반드시 어버이의 그 자식에 대한 소원이 모두 이와 같지는 않을 것입니다. 어버이가 이러한 것으로 그 자식에 대해 소망한다고 해도 자식이 [이렇게] 할 수는 없다면 그 소원을 이룰 수 없는 것입니다. 자식이 할 수 있는데, 어버이가 그 자식에게 이런 것을 소원하지 않는다면, 자식이 그렇게 할 수 없는 것입니다. 이러한 것을 그 자식에게 소원하는 사람은 현명한 부모님이고 이러한 것을 그의 부모에게 이루어주는 사람은 현명한 자식입니다. 현명한 부모와 현명한 자식의 두 경우는 언제나 백에 하나도 만나기 힘듭니다. 그런 경우를 어찌 바라겠습니까? 시어군[왕제王濟]은 조정에서 있으면 충성과 사랑을 임금에게 상달하고, 여기에서 순안사로 근무하면 덕과 위엄을 백성들에게 펼쳤습니다. 대개 그가 임금의 은혜를 펼치고 배성에게 갓난아이 어루만지는 듯 보살피고, 이어나 급히 달려가 젖을 먹이는 어머니 같았으니 그 누가 왕공과 부인의 자애로움 덕분이 아니라고 할 것입니까? 대개 크게 간악한 자가 두려워 마음껏 행동하지 못하게 하고 큰 폐단을 없애어 다시 나타나지 못하도록 하듯이 얼레빗으로 머리를 단정히 빗듯이 정리하고, 오랑캐들을 위로하고 중원 땅에 복종하도록 하여 한 지방에 대한 천자의 근심을 덜게 했으니 그 누가 시어군을 효성스럽다 하지 않겠습니까? 그리고 대개 이와 같은 경우라면 또한 그 누가 시어군이 그렇게 함은 왕공과 부인의 장수를 축하하는 것이 아니라 하겠습니까? 왕공과 부인의 현명하심은 근태사靳太史가 지은 이 책의 서문에 상세히 설명되어 있습니다. 시어군 왕제가 그 몸을 닦고 그 집안을 다스린 것은 실로 그 아버지에 그 아들이라고 말할 수 있을 것입니다. 이 시집에 수록된 시들은 거짓이거나 아첨이 없습니다. 그 때문에 '서문'을 쓴 것입니다.

重刊文章軌範序[173]

戊辰年

宋謝枋得[174]氏取古文之有資于場屋[175]者, 自漢迄宋, 凡六十有九篇, 標揭[176]其篇章句字之法, 名之曰『文章軌範』. 蓋古文之奥不止于是, 是獨爲舉業[177]者設耳. 世之學者傳習已久, 而貴陽之士獨未之多見. 侍御王君汝楫[178]于按

---

173 『왕양명전집』 권22, 외집4.

174 사방득(謝枋得): 1226~1289. 남송말엽의 충신. 자는 군직(君直), 호는 첩산(疊山), 익양(弋陽) 사람이다. 신주(信州)가 원나라 군대에 멸망당하자, 애통해하며 산하의 수복을 꾀했으나 성공하지 못했 다. 원나라 조정의 강요에 의해 벼슬을 강요당했으나 거부하고 단식 끝에 사망하였다. 『문장궤범(重刊文章軌範)』 7권을 남겼다.

175 장옥(場屋): 과거(科擧).

176 표계(標揭): 표시, 계시.

177 거업(擧業): 과거시험에 맞춰서 하는 학업. 과거시험 공부.

178 시어왕군여즙(侍御王君汝楫): 왕제(王濟)를 가리킨다. 왕제는 자가 여즙(汝楫)이고 단도사람(丹徒人)으로 정덕 2년에 귀주순안감찰어사가 되었다. 이 때문에 그를 높여 시어군으로 호칭한 것이다.

歷[179]之暇, 手錄其所記憶, 求善本而校是之; 謀諸方伯郭公[180]輩, 相與捐俸廩[181]之資, 鋟[182]之梓, 將以嘉惠貴陽之士. 曰: "枋得爲宋忠臣, 固以擧業進者, 是吾微有訓[183]焉." 屬守仁敍一言于簡首.

夫自百家之言興, 而後有『六經』[184]; 自擧業之習起, 而後有所謂古文. 古文之去『六經』遠矣; 由古文而擧業, 又加遠焉. 士君子有志聖賢之學, 而專求之于擧業, 何啻[185]千里! 然中世以是取士, 士雖有聖賢之學, 堯舜其君之志, 不以是進, 終不大行于天下. 蓋士之始相見也必以贄[186], 故擧業者, 士君子求見于君之羔雉[187]耳. 羔雉之弗飾, 是謂無禮; 無禮, 無所庸于交際矣. 故夫求工于擧業而不事于古, 作弗可工也; 弗工于擧業而求于幸進, 是僞飾羔雉以罔其君也. 雖然, 羔雉飾矣, 而無恭敬之實焉, 其如羔雉何哉! 是故飾羔雉者, 非以求媚于主, 致吾誠焉耳; 工擧業者, 非以要利于君, 致吾誠焉耳. 世徒見夫由科第而進者, 類多徇私媒利[188], 無事君之實, 而遂歸咎于擧業. 不知方其業擧之時, 惟欲釣聲利, 弋身家之腴, 以苟一旦之得, 而初未

---

179 안력(按歷): 순찰하다.

180 방백곽공(方伯郭公): '방백'(方伯)은 지방의 수장이다. '곽광'(郭公)은 곽신(郭紳)이며 당시의 귀주좌포정사(貴州左布正史)이다.

181 봉름(俸廩): 관리(官吏)에게 봉급(俸給)으로 주는 쌀.

182 침(鋟): 새기다.

183 훈(訓): 해설하다.

184 육경(六經): 『시경(詩經)』·『서경(書經)』·『예기(禮記)』·『악기(樂記)』·『역경(易經)』·『춘추 (春秋)』.

185 하시(何啻): 어찌 …뿐이랴.

186 지(贄): 고대 처음으로 윗사람을 뵐 때 올리는 예물. 폐백.

187 고치(羔雉): 예물. 『예기』「곡례(曲禮)」에, "처음 스승을 만나러 갈 때 가져가는 예물이 있어서는 천자가 술로 하고 제후는 규로 하며, 경대부는 새끼 양으로 하고 대부는 기러기로 하며, 선비는 꿩으로 한다[凡贄 , 天子鬯 , 諸侯圭 , 卿羔 , 大夫雁 , 士雉]."

188 순사매리(徇私媒利): 사리사욕에 따라(눈이 멀어) 이익을 꾀하다. '매(媒)'는 '모(謀)'와 통한다.

嘗有其誠也. 鄒孟氏曰: "恭敬者, 幣之未將者也."伊川[189]曰: "自灑掃應對, 可以至聖人."夫知恭敬之實在于飾羔雉之前, 則知堯舜其君之心, 不在于習擧業之後矣; 知灑掃應對之可以進于聖人, 則知擧業之可以達于伊, 傅, 周, 召[190]矣. 吾懼貴陽之士謂二公之爲是擧, 徒以資其希寵祿之筌蹄[191]也, 則二公之志荒矣, 于是乎言.

『문장궤범』을 재차 간행하면서 지은 서문

무진(明 正德 3년, 1508년)

송나라의 사방득謝枋得이 과거시험장에서 자료가 될 고문을 모았는데, 한나라부터 송나라까지 69편의 고문을 모아서 편, 장 구, 자의 법칙을 각각 비주와 권주를 붙이 『문장궤범』이라는 제목을 지었다. 대개 고문의 심오한 뜻이 여기에 있는 것이 아니고 과거수험생만 위해서 만든 것 같다. 세상의 학자들에게 이 책이 전해져 익히고 이미 오래되는데, 귀양의 선비들은 유독 그 책을 아직 못 본 경우가 많았다. 귀주순안감찰어사 왕여즙王汝楫이 안찰사 공무의 여가에 그 기억하고 있는 것을 손수 기록하고 선본을 구해서 그것을 교정했다. 여러 지방의 행정장관 예컨대 좌포정사左布正史였던 곽신郭紳같은 분들과 의논하여 서로 녹봉에서 돈을 출연하여 출판함으로써 장차 귀양의 선비들에게 도움이 되도록 하고자 하였습니다. 그러면서 말하기를, "사방득

189 이천(伊川): 북송의 유학자 정이(程頤). 정이의 자는 정숙(正淑)이고 낙양(洛陽)사람이다.

190 이, 부, 주, 소(伊, 傅, 周, 召): 이윤(伊尹), 부열(傅說), 주공(周公), 주왕(紂王). '소공'은 무왕의 신하이다. '이윤'은 중국 은나라의 대신이다. '부열'은 은나라의 재상이다. '주공'은 주무왕의 아들이고 무왕을 보좌하면서 주왕(紂王)을 멸망시켰다. '소공'은 무왕의 신하이다. 이상 네 사람은 모두 현명한 대신이다.

191 전제(筌蹄): 전(筌)은 대나무로 만든 물고기 잡는 '통발'을, 제(蹄)는 토끼 잡는 창애로서, 어떤 목적을 달성하기 위한 '수단이나 공구'를 말한다.

은 송나라의 충신입니다. 고로 과거로 나아가는 사람은 여기서 저의 잘 못된 해석이 있다면 바로잡아주시기를 바람입니다."라고 하면서 나에게 책의 서문을 써 주도록 부탁하였다.

대개 제자백가의 말씀이 흥기하고 나서 그 후에 『육경六經』이 나타났다. 과거공부의 풍조가 흥기하면서 그 후에 이른바 고문古文이 나타났다. 고문은 육경의 참뜻은 멀어졌다. 고문이 과거공부의 교재로 변질되면서 고문의 참뜻은 더욱 멀어졌다. 사대부로 성인의 학문에 뜻을 두고도 오로지 그 것을 과거공부에서 전적으로 구하게 되었으니, 어찌 천 리 만 멀어졌을 뿐이랴! 그러나 중세이래로 과거를 통해 관리를 선발하니 사대부가 비록 성현의 학문을 익히고 있고 요임금과 순임금같이 군주를 보좌하려는 뜻이 있어도 이것으로는 관리가 되지 못하게 되었다. 마침내 [성현의 학문은] 천하에서 크게 행해질 수 없게 되었다. 대개 선비들이 처음으로 만나면 반드시 예물을 가지고 가게 되며, 그러므로 과거수험생이 사대부를 만나려 하면, 염소와 꿩 등을 가지고 뵙는다. 염소와 꿩 등의 예물을 갖추지 않으면 그것을 무례하다고 한다. 무례하다는 것은 상호 교제에 쓸 수 없다는 뜻이다. 대개 과거공부에 힘을 쏟는 자는 고문을 일삼지 않고, 고문 짓는 것을 정교하게 하지 않는다. 과거공부는 정밀하게 하지 않으면서 요행으로 관리되기를 구하니, 이것은 염소와 꿩으로 꾸며 그 임금을 속이는 것이다. 비록 염소와 꿩을 갖추었으나 공경하는 실질이 없으니, 염소와 꿩으로 무엇을 하랴! 이러한 까닭에 염소와 꿩을 갖추는 것은 임금에게 아첨을 하라는 뜻이 아니고 나의 성실함을 나타낸다는 것이다! 과거공부를 하는 자는 임금에게 이로움을 구하라는 것이 아니라 나의 성실함을 나타낸다는 것이다! 세상 사람이 과거에 급제하면 관리되는 사람은 대부분 개인적 이득이나 취하고자 하고, 임금을 섬기는 실질이 없는 것을 보고 마침내 모든 과거공부의 탓으로 되돌린다. 당시 그가 과거공부를 할 때 단지 명성과 이익이나 낚으려 하고 몸과 집안의 부유함만 구하여 구차하게 하루아침에 얻으려고 하는 것이지, 처음부터 그러한 정성이 본디 없었다는 것을 모른 것이다. 맹자가 말씀하시기를, "공경한다는 것은 예물을 가지고 오지 않는 것이다."라고 하였고, 정이천은 말씀하시기를, "소제하고 사람 응대하는 일에서, 성인이 될 수 있는 것이다."라고 하였다. 대개 공경의 실질은 염소와 꿩을 갖추기 이전에 있음을 안다면 곧 요임금과 순임금이 그 임금을 위하는 마음이 과거공부를 이룬 후에 있지 않음을 알 것이다. 소제하고 사람 응대하는 일이 성인으로 나아갈 수 있는 일임을 안다면, 과거공부로도 이윤·부열·주공·소공의 자리에 도달할 수 있음을 알 것이다. 나는 귀양의 선비들이 두 분의 이번 책 출간을 한갓 총애와 녹봉을 얻기 위한 통발로 여기면, 두 분의 뜻이 쓸모없어질 것을 두려워해서, 이에 말해 두고자 한다.

4. 논설류(論說類)

五經臆說十三條[192]

師居龍場, 學得所悟, 證諸《五經》, 覺先儒訓釋未盡, 乃隨所記憶, 爲之疏解. 閱十有九月, 《五經》略遍, 命曰《臆說》. 旣后自覺學益精, 工夫益簡易, 故不復出以示人. 洪嘗乘間以請. 師笑曰: "付秦火久矣. "洪請問. 師曰: "只致良知, 雖千經萬典, 異端曲學, 如執權衡, 天下輕重莫逃焉, 更不必支分

192 『왕양명전집』권26, 속편1.

句析, 以知解接人也.” 后執師喪, 偶于廢稿中得此數條. 洪竊錄而讀之, 乃嘆曰: “吾師之學, 于一處融徹, 終日言之不離是矣. 卽此以例全經, 可知也.”

元年春王正月, 人君卽位之一年, 必書元年. 元者, 始也, 無始則無以爲終. 故書元年者, 正始也. 大哉乾元, 天之始也. 至哉坤元, 地之始也. 成位乎其中, 則有人元焉. 故天下之元在于王; 一國之元在于君; 君之元在于心. 元也者, 在天爲生物之仁, 而在人則爲心. 心生而有者也, 曷爲爲君而始乎? 曰: “心生而有者也. 未爲君, 而其用止于一身; 旣爲君, 而其用關于一國. 故元年者, 人君爲國之始也. 當是時也, 群臣百姓, 悉意明目以觀維新之始. 則人君者, 尤當洗心滌慮以爲維新之始. 故元年者, 人君正心之始也.”曰: “前此可無正乎?”曰: “正也, 有未盡焉, 此又其一始也. 改元年者, 人君改過遷善, 修身立德之始也, 端本澄源, 三綱五常之始也; 立政治民, 休戚安危之始也. 嗚呼! 其可以不慎乎?”

“元年”者, 魯隱公之元年. “春”者, 天之春. “王”, 周王也. 王次春, 示王者之上承天道也. “正月”者, 周王之正月. 周人以建子爲天統, 則夏正之十一月也. 夫子以天下之諸侯不復知有周也, 于是乎作《春秋》以尊王室, 故書“王正月”, 以大一統也. 書“王正月”以大一統, 不以王年, 而以魯年者,《春秋》魯史, 而書“王正月”, 斯所以爲大一統也. 隱公未嘗卽位也, 何以有元年乎? 曰: “隱公卽位矣. 不卽位, 何以有元年? 夫子削之不書, 欲使后人之求其實也.”曰: “隱公卽位矣, 而不書, 何也?”曰: “隱公以桓之幼而攝焉, 其以攝告, 故不卽位也. 然而天下知隱公讓國之善, 而爭奪覬覦者知所愧矣.”曰: “以攝告, 則宜以攝書, 而不書何也?”曰: “隱公, 兄也, 桓公, 弟也, 庶均以長, 隱公君也, 奚攝焉? 然而天下知嫡庶長幼之分, 而亂常失序者知所定也.”曰: “隱公君也, 非攝也, 則宜卽位矣, 而不卽位焉, 何也?”曰: “諸侯之立國也, 承之先君, 而命之天子, 隱無所承命也. 然而天下知父子君臣之倫, 而無父無君者知所懼矣. 一不書卽位, 而隱公讓國之善見焉, 嫡庶長幼之分明焉, 父子君臣之倫正焉, 善惡兼著, 而是非不相掩. 嗚呼!此所以爲化工之妙也歟!"

鄭伯克段于鄢書"鄭伯", 原殺段者惟鄭伯也. 段以弟簒兄, 以臣伐君, 王法之所必誅, 國人之所共討也. 而專罪鄭伯! 蓋授之大邑, 而不爲之所, 縱使失道, 以至于敗者, 伯之心也. 段之惡旣已暴著于天下,《春秋》無所庸誅矣. 書"克", 原伯之心素視段爲寇敵, 至是而始克之也. 段居于京, 而書于鄢, 見鄭伯之旣伐諸京, 而復伐諸鄢, 必殺之而后已也. 鄭伯之于叔段, 始焉授之大邑, 而聽其收鄙, 若愛弟之過而過于厚也. 旣其畔也, 王法所不赦, 鄭伯雖欲已焉, 若不容已矣. 天下之人皆以爲段之惡在所必誅, 而鄭伯討之宜也. 是其跡之近似, 亦何以異于周公之誅管蔡. 故《春秋》特誅其意而書曰: "鄭伯克段于鄢!"辯似是之非, 以正人心, 而險譎無所容其奸矣.

天地感而萬物化生, 實理流行也. 聖人感人心而天下和平, 至誠發見也. 皆所謂"貞"也. 觀天地交感之理, 聖人感人心之道, 不過于一貞, 而萬物生, 天下和平焉, 則天地萬物之情可見矣.

《恒》, 所以亨而無咎, 而必利于貞者, 非《恒》之外復有所謂貞也, 久于其道而已. 貞卽常久之道也. 天地之道, 亦惟常久而不已耳, 天地之道, 無不貞也. "利有攸往"者, 常之道, 非滯而不通, 止而不動之謂也. 是乃始而終, 終而復始, 循環無端, 周流而不已者也. 使其滯而不通, 止而不動, 是乃泥常之名, 而不知常之實者也, 豈能常久而不已乎? 故"利有攸往"者, 示人以常道之用也. 以常道而行, 何所往而不利! 無所往而不利, 乃所以爲常久不已之道也. 天地之道, 一常久不已而已. 日月之所以能晝而夜, 夜而復晝, 而照臨不窮者, 一天道之常久而不已也. 四時之所以能春而冬, 冬而復春, 而生運不窮者, 一天道之常久不已也. 聖人之所以能成而化, 化而復成, 而妙用不窮者, 一天道之常久不已也. 夫天地、日月、四時, 聖人之所以能常久而不已者, 亦貞而已耳. 觀夫天地、日月、四時, 聖人之所以能常久而不已者, 不外乎一貞, 則天地萬物之情, 其亦不外乎一貞也, 亦可見矣.《恒》之爲卦, 上震爲雷, 下巽爲風, 雷動風行, 簸揚奮厲, 翕張而交作, 若天下之至變也. 而所以爲風爲雷者, 則有一定而不可易之理, 是乃天下之至《恒》也. 君子體夫雷風爲《恒》之象, 則雖酬酢萬變, 妙用無方, 而其所立, 必有卓然而不可易之體, 是乃體常盡變. 非天地之至恒, 其孰能與于此?

《遁》, 陰漸長而陽退遁也.《彖》言得此卦者, 能遁而退避則亨. 當此之時, 苟有所爲, 但利小貞而不可大貞也. 夫子釋之以爲《遁》之所以爲亨者, 以其時陰漸長, 陽漸消, 故能自全其道而退遁, 則身雖退而道亨, 是道以遁而亨也. 雖當陽消之時, 然四陽尙盛, 而九五居尊得位; 雖當陰長之時, 然二陰尙微, 而六二處下應五. 蓋君子猶在於位, 而其朋尙盛, 小人新進, 勢猶不敵, 尙知順應於君子, 而未敢肆其惡, 故幾微. 君子雖已知其可遁之時, 然勢尙可爲, 則又未忍決然舍去, 而必於遁, 且欲與時消息, 盡力匡扶, 以行其道. 則雖當遁之時, 而亦有可亨之道也. 雖有可亨之道, 然終從陰長之時, 小人之朋日漸以盛. 苟一裁之以正, 則小人將無所容, 而大肆其惡, 是將以救敝而反速之亂矣. 故君子又當委曲周旋, 修敗補罅, 積小防微, 以陰扶正道, 使不至於速亂. 程子所謂"致力於未極之間, 強此之衰, 艱彼之進, 圖其暫安"者, 是乃小利貞之謂矣. 夫當遁之時, 道在於遁, 則遁其身以亨其道. 道猶可亨, 則亨其遁以行於時. 非時中之聖與時消息者, 不能與于此也. 故曰: "《遁》之時義大矣哉!"

"明出地上,《晉》, 君子以自昭明德." 日之體本無不明也, 故謂之大明. 有時而不明者, 入于地, 則不明矣. 心之德本無不明也, 故謂之明德. 有時而不明者, 蔽于私也. 去其私, 無不明矣. 日之出地, 日自出也, 天無與焉. 君子之明明德, 自明之也, 人無所與焉. 自昭也者, 自去其私欲之蔽而已. 初陰居下, 當進之始, 上與四應, 有晉如之象. 然四意方自求進, 不暇與初爲援, 故又有見摧之象. 當此之時, 苟能以正自守, 則可以獲吉. 蓋當進身之始,德業未著, 忠誠未顯, 上之人豈能遽相孚信. 使其以上之未信, 而遂汲汲于求知, 則將有失身枉道之恥, 懷憤用智之非, 而悔咎之來必矣. 故當寬裕雍容, 安處于正, 則德久而自孚, 誠積而自感, 又何咎之有乎? 蓋初雖晉如, 而終不失其吉者, 以能獨行其正也. 雖不見信于上, 然以寬裕自處, 則可以無咎者, 以其始進在下, 而未嘗受命當職任也. 使其已當職任, 不信于上, 而優裕廢弛, 將不免于曠官之責, 其能以無咎乎?

『時邁』[193]十五句, 武王初克商, 巡守諸侯, 朝會祭告之樂歌. 言我不敢自逸, 而以時巡行諸侯之邦. 我勤民如此, 天其以我爲子乎? 今以我巡行之事占之, 是天之實有以右序夫我有周矣. 何者? 我之巡行諸侯, 所以興廢擧墜, 削有罪, 黜不職者, 亦聊以警動震發其委靡頹惰者耳. 而四方諸侯莫不警懼修者, 敦薄立懦, 而興起夫維新之政, 至於懷柔百神, 而河之深廣, 嶽之崇高, 莫不感格焉[194]. 則信乎天之以我爲王, 而於以君臨夫天下矣. 於是我其宣明昭布我有周之典章, 於以式序在位之諸侯; 我其戢斂夫干戈弓矢, 以偃夫武功; 我其旁求懿德之士, 陳布於中國, 以敷夫文德. 則亦信乎可以爲王, 而能保有上天右序我有周之命矣.

---

193 시매(時邁): 『시경(詩經)』「주송(周頌)」의 편명. 그 내용은 이렇다. "時邁其邦, 昊天其子之, 實右序有周. 薄言震之, 莫不震疊. 懷柔百神, 及河喬嶽, 允王維後. 明昭有周, 式序在位. 載戢干戈, 載櫜弓矢. 我求懿德, 肆于時夏, 允王保之." 일반적으로 하(河)는 큰 강이고 악(嶽)은 높은 산이라고 한다. 일설에는 하를 황하, 교악을 사악(四嶽) 또는 태산이라고도 한다. 또한 『서경(書經)』「우공(禹貢)」에 나오는 견산(岍山)으로, 지금의 섬서성 농현(隴縣) 서남쪽에 있는 오악(吳嶽)이라고도 한다.

194 주희(朱熹), 『시경집전(詩經集傳)』卷8, "至於懷柔百神, 而河之深廣, 嶽之崇高, 莫不感格焉."에 보인다.

『執競』[195]十四句, 言武王持其自强不息[196]之心, 其功烈之盛, 天下旣莫得而彊之矣. 成康繼之, 其德亦若是其顯, 而復爲上帝之所皇焉.夫繼武王之後, 蓋難乎其爲德也, 然自成康之相繼爲君, 而其德愈益彰明, 則於武王無競之烈爲有光, 而成、康誠可謂善繼矣. 今我以三王之功德, 作之於樂, 以祈感格, 而果能降福之多且大若此, 我其可不反身修德, 而思有以成之乎? 我能反身修德, 而威儀之反, 則可享神之福, 旣醉旣飽, 而三王之所福我者, 益將反覆而無窮矣. 此蓋祭武王、成王、康王之詩也.

『思文』[197]八句, 言思文后稷, 其德真可以配上天矣. 蓋凡使我蒸民之得以粒食者, 莫非爾后稷之德之所建也. 斯固后稷之德矣, 然來牟之種, 非天不生, 則是來牟之貽我者, 實由上帝以此命之后稷, 而使之遍養夫天下, 是以天下之民皆有所養, 而得以復其常道, 則后稷之德, 固亦莫非上天之德也. 此蓋郊祀[198]后稷以配天之詩, 故頌后稷之德而卒歸之於天云.

『臣工』[199]十五句, 戒農官之詩. 言嗟爾司農之臣工, 當各敬爾在公之事. 今

---

195 집경(執競):『시경(詩經)』「주송(周頌)」의 편명. 그 내용은 이렇다: "강하신 무왕, 비길 데 없이 빛나는 공적, 더없이 강하신 무왕과 강왕, 상제께서 어여삐 여기신다. 저 성왕과 강왕으로부터 천하에 군림하시어, 그 덕망이 밝고도 밝도다. 종소리 북소리 크게 울리고 경쇠소리 피리소리 울려 복이 많이 내려주신다. 복이 크게 내려 주시옵고, 태도가 엄근하게 하시어, 취하도로 흠향하소서, 복록을 거듭 내려주신다."[執競武王，無競維烈. 不顯成康，上帝是皇. 自彼成康，奄有四方，斤斤其明. 鍾鼓喤喤，磬莞將將，降福穰穰. 降福簡簡，威儀反反. 旣醉旣飽，福祿來反.]

196 자강불식(自强不息): 스스로 덕을 닦는 노력을 쉬지 않음.『주역(周易)』「건괘(乾卦)」에 나오는 말.

197 사문(思文):『시경(詩經)』「주송(周頌)」의 편명. 문덕 높으신 후직(後稷), 저 하늘과 짝 하셨도다. 우리 온 백성 세우시어 당신의 덕 아님이 없도다. 우리에게 밀고 보리 주시어 상제께서 두루 기르라 하시고, 이곳저곳이 가리지 않으시어, 온 중국에 농사의 길 펴주시리라.[思文後稷，克配彼天.立我烝民，莫菲爾極.貽我來牟，帝命率育，無此疆爾界.陳常於時夏.]

198 교사(郊祀): 남교(南郊)에서 상제를 제사 지내는 것.

199 신공(臣工):『시경(詩經)』「주송(周頌)」의 편명. 이렇게 읊는다. "아아, 관리들이여! 그대들의 직무를 신중히 할지어다. 왕께선 그대들이 이루는 바를, 기뻐하시리니,

王以治農之成法賜汝, 汝宜來咨來度, 而敬承毋怠也. 因並呼農官之屬而總詔之曰: "嗟爾保介[200], 當玆暮春之月, 牟麥在田, 而百穀未播, 蓋農工之暇也, 汝亦何所爲乎?"因問: "汝所治之新田, 其牟麥亦如何哉?"夫牟麥之茂盛, 皆上帝之明賜也. 牟麥漸熟, 則行將受上帝之明賜矣. 上帝有是明賜, 爾苟惰農自安, 是不克靈承而泯上帝之賜矣. 爾尙永力爾田, 以昭明上帝之賜, 務底於豐年有成可也. 然則爾亦烏可謂玆農工之尙遠, 而遂一無所事乎? 汝當命爾衆農, 乘玆閑暇, 預修播種之事, 以具乃田器. 奄忽之間, 又將艾麥而與東作矣. 暮春, 周正建寅之月[201], 夏之正月也.

『有瞽』[202] 十三句, 言"有瞽有瞽, 在周之廷", 而樂工就列矣. "設業設虡, 崇牙樹羽, 應田縣鼓, 鞉磬柷圉", 而樂器具陳矣. 樂器旣以備陳, 於是衆樂乃

와서 묻고 헤아릴지어다. 아아, 이미 늦은 봄이 되었으니, 무엇을 챙겨야 할꼬, 아아, 아름다운 밀고 보리여, 장차 풍년이 들겠구나, 밝으신 하느님께서 안락한 한 해를 마련해 주셨도다, 우리 백성들에게 명하여, 가래와 호미를 잘 준지토록 하라, 곧 낫으로 수확함을 보리로다.[嗟嗟臣工，敬爾在公. 王釐爾成，來咨來茹. 嗟嗟 保介，維莫之春，亦又何求？如何新畬？於皇來牟，將受厥明. 明昭上帝，迄用康年. 命我衆人：庤乃錢鎛，奄觀銍艾.]"

200 보개(保介): 부관(副官)의 뜻. 여기서는 농관의 부(副)라고도 하고(『집전(集傳)』), 주왕(周王)의 근위(近衛) 부관이라고도 한다. 또는 좋은 날을 가려 풍년을 비는 기곡제(祈穀祭)를 지내고 다시 뒤에 천자는 적전(籍田:천자가 경작하는 밭)을 친경(親耕)했는데 공경대부(公卿大夫)들은 이때 임금을 따라 도왔다.(『예기(禮記)』「월령(月令)」) 따라서 여기는 호위 무관이라고도 하고 , 또는 이때의 부관격인 삼공(三公) 이하 제신들을 가리킨다고 하였다.

201 주정건인지월(周正建寅之月): 주나라에서 바로 인(寅)을 월건(月建)으로 하는 달이다. '월건(月建)'이란, 북두칠성의 손잡이 같은 부분이 가리키는 방향. 정월에는 인방(寅方, 동동북(東東北))을, 2월에는 묘방(卯方, 동(東))을 가리킨다.

202 유고(有瞽): 『시경(詩經)』「주송(周頌)」의 편명. 해당 부분은 이렇다. "장님 악공이 장님 악공이 주나라 종묘 뜰에 있네. 종틀 경틀 앞세우고 종과 경 매다는 판엔 오색 깃을 꽂았네. 작은 북 큰 복달아매고 소고와 경쇠와 축과 어도 다 갖추어 연주하니, 통소와 피리도 이에 갖추어 응하네. 덩덩 음악 소리가 엄숙하고 조화되게 울리니 선조들께서 들으시고 손님들도 오셔서 길이 이 악곡을 즐기시리라.[有瞽有瞽，在周之庭. 設業設虡，崇牙樹羽. 應田縣鼓，鞉磬柷圉. 旣備乃奏，簫管備擧. 喤喤厥聲，肅雍和鳴，先祖是聽.我客戾止，永觀厥成.]"

奏, 而簫管之屬亦皆備擧矣. 由是樂聲之喤喤, 其整密麗肅者, 莫非至敬之所寓, 而雍容暢達者, 莫非至和之所宣, 其肅雍和鳴如此, 是以幽有以感乎神, 而先祖是聽, 明有以感乎人, 而我客來觀厥成者. 蓋武王功成作樂, 使非繼述之孝, 真無愧於文考, 固無以致先祖之格, 而非其盛德之至, 伐紂救民之擧, 眞有以順乎天, 應乎人, 而於湯有光[203]焉! 其亦何以能使亡國者之子孫永觀厥成, 而略無忌嫉之心乎? 此蓋始作樂而合於祖廟之詩.[204]

오경억설십삼조

[스승은 용장에 있으면서 배우고 깨닫는 바가 있었다. 이것을『오경』의 각 경을 통해서 밝히고 선유先儒의 훈석訓釋에 아직 다 밝히지 못한 것이 있다는 것을 깨닫고 기억한 바에 따라서 소해[疏解]를 만드니, 19개월이 지나서야『오경』은 거의 정리되었다. 이름하여 억설이라고 하였다. 이후 스스로 학문이 더욱더 정밀해지고 공부가 더욱더 간이(簡易)해짐을 깨닫는다. 그러므로 다시 꺼내서 남들에게 보여주지 않았다. 내가 일찍이 틈을 타서 그 이유를 물었다. 스승은 웃으면서 "태워버린 지 오래다"라고 말씀하셨다. 나는 그 이유를 물었다. 그러자 스승은 "다만 치양지(양지를 이룰) 뿐이다. 수많은 경전은, 이단곡학異端曲學이라고 하더라도, [마음속 양지라는]저울을 잡게 되면, 천하의 경중은 피할 수가 없는 것과 같다. 더욱이 기필코 문장을 상세

---

203 오탕유광(於湯有光):『서경(書經)』「주서(周書)·태서(泰誓)」에 이란 말이 있다. "나의 무위(武威)를 드날리고 그의 땅에 침입하여 그 흉악한 해독 끼치는 자를 잡아 나의 정벌이 베풀어 진다면[나의 공적은 그 옛날] 탕 임금에 비해서도 손색이 없을 것이다.[我武惟揚 侵于之疆 取彼凶殘 我伐用張 于湯有光.]"

204『모시전(毛詩傳)』: 악곡을 만들어 가장 높은 태조의 묘당에서 신에게 고하는 것은, 음악이 사람의 성정에 미치는 효과를 중국의 옛사람들이 매우 중시하였기 때문이다.

히 분석하는 것이나 알음알이로써는 사람을 인도하지 못한다."고 말씀하셨다. 후에 스승의 상을 당하여 우연히 버려진 창고에서 이 여러 조목을 발견했다. 전덕홍이 살짝 몇 조를 기록하여 읽고 난 뒤에 탄식했다. "우리 스승님의 학문은 하나로 꿰뚫고 있어, '종일동안 그것을 말하여도 이에 떠나지 않는다[終日言之不離]'는 말이 바로 이것이다. 즉 이것으로 미루어 경서의 전체를 알 수 있다."고 했다.][205]

원년, 봄[春], 왕력王曆 정월.

인군人君이 즉위한 첫해를 반드시 원년元年이라 적는다. 원元이란 시작으로, 시작이 없으면 끝을 이룰 수 없다. 그러므로 원년이라 쓰는 것은 '바로잡음의 시작[正始]'이라는 것이다. 크도다! 건원乾元이여, 이는 하늘의 시작이다. 지극하도다! 곤원坤元이여, 이는 땅의 시작이다. 그 (하늘과 땅) 가운데 자리를 잡으니, 곧 인원人元이 있게 되는 것이다. 그러므로 천하天下의 원元은 왕王에게 있고, 한 나라[一國]의 원元은 군(君)에게 있고, 군君의 원元은 마음[心]에 있다. 원元이란 것은, 하늘에게 있어 만물을 낳는 인[生物之仁]이 되며, 사람에게 있어서는 곧 마음[心]이 된다.

"마음은 태어나면서부터 있는 것인데, 어찌 (마음이) 군君이 되는 것이 시작이 된다는 말인가?" "마음은 나면서부터 있는 것이다. 아직 군주가 되지 않는다면, 그 (마음의) 운용은 한 몸에 그칠 뿐이다. 이미 군주가 되면, 그 운용은 일국에 관계되는 것이다. 그러므로 원년이란, 인군人君이 나라의 시작이 됨이다. 이때를 당하여서는, 여러 신하와 백성들이, 뜻을 다하고 눈을 밝혀서 유신維新의 시작을 바라보게

205 번역은 최재목, 『내 마음이 등불이다』, (이학사, 2014), 124쪽 참조.

하여야 한다. 그러므로 원년이란 인군人君이 마음을 바로잡는[正心] 시작이라는 것이다."

"그전에는 바로잡음이 없다는 것인가?" "바로잡음[正]은, 미진함이 있는 것으로, 이는 또한 그 한 가지의 시작이다. 원년을 바꾸는 것은, 인군人君에게 개과천선改過遷善과 수신입덕修身立德의 시작이요, 근본을 바로잡고 근원을 맑게 함[端本澄源]은 삼강오륜의 시작이기 때문이다. (또한) 정치를 세우고 백성을 다스림은 (나라의) 행복과 불행[休戚]과 안전과 위험[安危]의 시작이기 때문이다. 오호라! 그 어찌 삼가지 않을 수 있겠는가?"

원년元年이란 노나라 은공隱公이 즉위한 첫해이고, '봄[春]'이란 '하늘의 봄'이며, '왕력'은 '주나라 왕력[周王]'이다. 천하의 제후들이 주周가 있었음을 다시는 알지 못하니, 이에 『춘추』를 지어 주 왕실을 높이고자 했기 때문이다. 노나라 은공은 즉위한 적이 없는데, 왜 공자는 즉위한 첫해를 의미하는'원년'이란 용어를 사용하였는가? 은공은 즉위를 하였다. 그렇기 때문에 공자는'원년'이라 표현한 것이다. 은공이 즉위했다면 왜 공자는 은공의 즉위기사를 기록하지 않았는가? 은공이 이복동생인 환공桓公이 어려 섭정攝政을 한 것이기에, 즉위한 것이라 볼 수 없다. 그래서 즉위 기사를 기록하지 않은 것이다. 하지만 나라를 환공桓公에게 선양禪讓한 미덕을 알리고 분수에 넘치는 야심으로 나라를 빼앗으려는 이들에게 부끄러운 것을 알리고자 공자는'원년'이라 표현한 것이다. 은공이 섭정을 했다면 이를 기록해야 하는데 왜 적지 않았는가? 은공이 비록 서자이지만 형이기 때문에 결코 섭정이 아니며, 공자가 이를 적지 않은 것은 천하에 적서장유嫡庶長幼의 구분을 알리고 강상綱常 윤리를 어지럽힌 이들이게 자신의 자리를 알리기 위함이었다. 은공이 임금이고 섭정이 아니라는 것인데,

그렇다면 즉위 기사를 써야하는 것이 당연한 일 아닌가? 제후가 나라를 세우기 위해서는 선대 임금의 허락과 천자의 명을 받아야 하는데, 은공은 이 두 가지 모두 하지 않았기 때문이다. 그리하여 천하에 부자와 군신의 인륜을 알리고, 아비도 없고 임금도 없는 자들에게 두려운 바를 알리기 위함이었다.

백鄭伯이 언鄢땅에서 공숙단共叔段을 격파[克]하였다. 정백鄭伯이라고 적음은, 단을 원래 죽이려 한 이가 바로 정백이기 때문이다. 단은 동생으로서 형의 자리를 찬탈하였고, 신하로서 임금을 치려고 하였으니, 왕법王法으로서 반드시 주살[誅]할 바이고, 국인國人으로서 함께 토벌해야 할 바이다. 하지만 오로지 (공자가) 정백에게 죄를 묻는 까닭은, 생각건대 대읍大邑을 내려줌에 (단의) 맘대로 하지 못하게 하고서, (단이) 도道를 잃고 패자敗者에 이르도록 한 것이 '백伯의 마음[心]'이었다. 단의 악이 이미 천하에 훤히 드러났음에도 『춘추』에서 '주誅'라고 쓰지 않았다. '극克'이라 쓴 것은, 원래 '백伯의 마음'이 본디 단段을 원수[寇敵]로 보고, 이 (지경에) 이르자 비로소 (정백이 단을) 격파[克]한 것이다. ...그러므로 『춘추』는 특별히 그 뜻을 조목조목 징벌하여서, "정백이 언鄢에서 공숙단共叔段을 격파[克]하였다"고 쓴 것이다. 올바른 것 같지만 잘못됨을 분별하고, 인심人心을 바로잡아서, 음험하고 간사한 이들[險譎]에게 그 간사[奸]함을 용납하지 않았던 것이다.

천지가 감응하여 만물을 화생化生함은 실리實理가 유행流行함이다. 성인聖人이 인심人心을 감복시켜 천하가 화평함은 지성至誠이 발현함이다. 모두 이른바"정貞"이다.'천지가 교감하는 이치[理]나 성인이 인심人心을 감복시키는 도道는, 이 한결같은 정貞에서 벗어나지 않으니', 만물이 생겨나고 천하가 화평함을 보면, 곧 천지만물의 정情이 그러하다는 것을 볼 수 있다. 항恒이 형통하고 허물이 없음은,'올바름을 지키면[貞]'반드시 이롭게 되기 때문이다.'항恒'의 밖에 다시 이른바'정貞'이라 할 수 있는 바가 있지 않으며, 그 도道를 오래하는 것[久]일 뿐이다. 정貞이란 곧 항구한[常久] 도이다, 천지의 도는 또한 오직 상구常久하여 그치지 않을 뿐이니, 천지의 도는 정貞하지 않음이 없다. '나아갈 곳이 있으면 이롭다[利有攸往]'는 것은, 항구한 도道란 '막혀 불통[滯而不通]하고 '그쳐 부동[止而不動]함'이 아님을 일컫는다. 이는 곧 시작하면 끝이 있으나 끝이 나면 다시 시작하니, 순환이 끝이 없어 두루 흘러 퍼지어 그치지 않는 것이다. '그 막혀 불통하고, 그쳐 부동함'은 이것이 곧'니상泥常'을 이름 하는 것이니, 항구함의 실상을 모르는 것으로, 어찌 항구하여 그치지 않을 수[常久不已]가 있겠는가?

'돈遁'은 음陰이 점차 자라나 양陽이 물러나 은둔하는 것이다. 「단전彖傳」에서 이 괘를 얻어 말하기를, '능히 은둔하여 물러나 피할 수 있으면 형통하다.' 이때를 당하여, 진실로 하는 바가 있다 할지라도, 다만 '조금이라도 바로잡음이 이롭지[利小貞]', '크게 바로잡는 것[大貞]은 불가하다.' 부자夫子께서 '돈遁을 형통[亨]함이 될 수 있는 이유이다'라고 해석하는 것은, 그 때에 음陰이 점차 자라고 양陽은 점차 소멸하기에, 그러므로 스스로 그 도道를 온전히 하여 물러나 은둔할 수 있다면, 곧 몸이 비록 물러날지라도 도가 형통할 것이니, 이 도로써 은둔하여 형통하기 때문이다. 군자는 또한 마땅히 자세히 헤아리고 주위를 살펴, 깨진 것을 수리하고 하자를 기워, 작은 것을 쌓고 은미한 것을 방지하여, 정도正道를 은밀하게 도움으로써, 난亂이 빠르게 이르지 않도록 하는 것이다. 무릇 은둔할 때에 해당하면 도는 은둔함에 있으므로, 곧 그 몸을 은둔하여 그 도가 형통하게 된다. 도가 형통할 수 있다는 것은, 곧 그 은둔함이 형통하니 때에 따라 (도를) 행하게 되기 때문이다. 시중時中의 성인聖人과 더불어 때에 따라 변화[消息]하는 자가 아니라면, 이를 함께 할 수 없는 것이다. 그러므로 "돈의 시의時義가 크다"고 말하는 것이다.

밝음[明]이 지상地上으로 나오게 됨을, 진晉이라 하니, 군자가 이를 보고서 스스로 밝은 덕[明德]을 밝힌다.

태양의 체體는 본래 밝지 않음이 없기에, 그러므로 '크게 밝음[大明]'이라 일컫는다. 밝지 않은 때가 있음은 땅에 들어간 것이라서 곧 밝지 않다. 마음의 덕도 본래 밝지 않음이 없기에, 그러므로 명덕明德이라 일컫는다. 때때로 밝지 않음이 있는 것은, 사욕私欲에 의해 가려졌기 때문이다. 그 사욕을 제거한다면, 밝지 않음이 없다. 태양이 땅에서 나옴은 태양이 스스로 나온 것이고, 하늘이 부여한 것이 아니다. 군자의 명명덕明明德은 스스로 밝은 것이지, 인간이 부여한 바가 아니다. 그 스스로 밝게 함이란 스스로 그 사욕의 가림을 제거함일 뿐이다.

『시매時邁』 15구의 시는 무왕武王이 상商나라를 멸하고 제후들을 순수巡狩한 뒤 조회에서 제고祭告한 악가樂歌이다. 이 시는 이렇게 말하고 있다. 내가 감히 스스로 방일하지 못하고 때맞춰 제후국을 순행한다. 내가 백성들에게 근면하니 하늘이 아마도 나를 자식처럼 사랑하시지 않으랴? 지금 내가 순행하는 일을 가지고 점을 쳐보니 실로 하늘이 우리 주나라를 돕고 순조롭게 하시는 도다. 어째서 그런가? 내가 제후를 순행하여 폐해진 것을 일으키고 추락한 것을 거양하고 죄 있는 자들을 깎아버리고 일하지 않는 자를 내치며 또한 나태하여 구태의연한 자들을 경동시켜 떨쳐 일어나게 하려 함이다.

그리고 사방의 제후들로서 경계하며 두려워 덕을 닦지 않는 자가 없으니, 박덕한 자를 돈독하게 하고 나약한 자를 입지立志하게 하여 유신의 정사를 일으켜 뭇 신들을 달래어, 깊고 넓은 강과 높고 숭엄한 산들까지 감응하지 않는 것이 없다. 정말로 하늘이 나를 왕자王者로 삼아 천하에 군림하게 하려 하심이다.

이에 나는 우리 주나라의 전장典章을 밝게 홍포하여 제후들로 하여금 질서 따라 벼슬에 있게 하고, 창과 방패 활과 화살을 거두고 무력(武力)을 그치게 하며, 또한 널리 아름다운 덕의 선비를 구하여 중국 땅에 널리 포진시켜 문덕文德을 펴게 할 것이다. 진실로 왕을 할 수 있고 하늘은 우리 주나라의 천명을 순조롭게 잘도 도와줄 것이다.

『집경執競』 14구의 시는 이렇게 말하고 있다. "무왕武王이 자강불식自彊不息의 마음을 가져 그 성대한 공이 천하의 누구도 그보다 더 앞설 수 없었다. 성왕成王과 강왕康王이 그 뒤를 이어 그 덕이 밝으니 다시 하느님이 아름답게 여기시었네."

무왕의 뒤를 이어 그 덕을 닮기가 어찌 어렵지 않으랴. 그러나 성왕과 강왕이 잇달아 임금이 되면서 그 덕이 더욱 밝았으니, 많고 비길 데 없는 무왕의 공이 빛났으나, 성왕 강왕 또한 참으로 잘 계승하였다고 할 만하다. 이에 우리는 삼왕의 공덕으로 음악을 만들어 비니 하느님이 감응하시어 참으로 많고 큰 복을 이처럼 주셨도다. 우리가 어찌 몸을 반성하여 덕을 닦아 성취시키기를 생각하지 않을 것인가?

우리가 몸을 돌이켜 덕을 닦아 위의威儀를 삼가 신중하니 신이 내리는 복을 누릴 수 있으리라. 신이 흠향하시어 제물祭物에 취하고 배부르시리라. 그리하여 삼왕이 우리들에게 복을 주심이 더욱 거듭되고 무궁할 것이리라. 이것이 대략 무왕과 성왕·강왕을 제사 지내는 시이다.

『사문思文』 8구의 시는 이렇게 말하고 있다. "문덕 많으신 후직后稷께서는 그 덕이 하늘의 짝이 되실만하네. 우리 백성들로 하여금 곡식을 먹고 살게 해주신 것은 후직의 덕이 세운 바 아님이 없다. 참으로 후직의 덕이시네. 보리와 밀의 씨가 하늘이 아니면 살게 하지 못할 것이니 이 보리와 밀을 우리에게 내려주신 것은 실로 상제께서 후직에게 천하를 두루 기르게 하시네. 그래서 천하 백성들이 길러졌으며 떳떳한 일상의 도를 회복하였네. 후직의 덕은 하늘의 덕 아님이 없도다." 이는 하늘과 함께 배향하실 만한 후직에 대해 교사郊祀를 지내는 시이다. 그러므로 후직의 덕을 노래하여 마침내 하늘에 돌렸다는 것이다.

『신공臣工』 15구는 농관農官을 경계한 시이다. 그 내용은 다음과 같다. "아아, 농사를 맡은 관리들이여, 마땅히 각각 그대들의 직무를 신중히 해야 한다. 이제 왕은 농사에 대한 법을 만들어 그대에게 주노라. 그대는 마땅히 묻고 헤아리며 일하고 공경히 게으르지 말지어다." 그리고는, 농관을 속한 이들을 모두 불러서 조서를 내려 말하였다."아아, 보개保介여, 이 늦은 봄을 맞아 보리와 밀을 밭에다 뿌렸지만 여러 가지 곡식을 아직 심지 못해, 대개 그들이 쉬고 있을 것 같다. 그대 또한 하는 바가 무엇인가?"

다시 물었다."그대가 다스리는 새 밭에 보리와 밀은 어떤가?"저 보리와 밀이 무성한 것은 다 밝으신 상제께서 주신 선물일세, 보리와 밀이 점점 익어가니 장차 밝으신 상제의 선물을 받겠네. 밝으신 상제께서 선물을 하사시니 그대가 참으로 농사를 게을리 하며 스스로 만족해한다면 이는 상제의 선물을 신령스럽게 받들지 않는 행동이고 그 선물 없어지는 행동일이다.

그대는 길이 그대의 밭에 힘써서 밝고 밝으신 상제의 선물을 가지고 풍년을 구가하도록 노력함이 마땅할 것이야. 그러하니 너 또한 어찌 말하는가. 저 농사 담당하는 관리들 멀리 있어 하나도 섬길 바 아니라고. 너는 마땅히 여러 농부들에게 한가한 시간을 틈타 미리 파종할 일을 준비하고 농사 기구를 갖추도록 명하라. 문득 그때 닥치면 보리를 수확하고 봄 농사도 지어야 한다. "모춘暮春"이란 주나라에서 바로 인寅을 월건月建으로 하는 달이요, 하夏나라의 정월에 해당하지.

『유고有瞽』 13구의 시에서는 말한다. "장님 악공이, 주나라 종묘 뜰에 있네." [有瞽有瞽, 在周之廷]"라고 하여 악공들이 주나라 종묘에 도열해 있음을 말하였고, "종틀 북틀 앞세우고 종과 경 매다는 판엔 오색 깃을 꽂았네. 작은 북 큰북 달아매고 소고와 경쇠와 축과 어" [設業設虡, 崇牙樹羽, 應田縣鼓, 鞉磬柷圉] 등 악기들을 갖추었네. 이리하여 뭇 악기들을 연주하니 퉁소와 피리 등 관악기도 이에 갖추어 응하네."

이렇게 악기의 소리가 덩덩 울리고 그 정제되고 엄숙한 것이 그 이상 공경한 자세 있을 수 없고, 조화롭고 창달한 것이 그 이상 화평한 모습 있을 수 없다. 그 엄숙하고 조화된 울림이 이와 같았다. 그리하여 그윽히 신에게 감응하고 선조들께서 들으셨으며, 뚜렷이 사람들에게 감응했거니와, 우리 손님들도 또한 오셔서 길이 이 악곡을 즐기시리라.

무왕이 공을 이루고 음악을 지었다 해도 가령 선대의 덕을 잇는 효심이 아니었다면 참으로 아버지 문왕에게 부끄러움이 없었으리라. 진실로 선조님을 부를 수 없다면 지극한 성덕이라 할 수 없으리라. 은나라 주왕紂王을 치고 백성을 구원한 의거는 진정 천명을 따르고 사람들의 소망에 응한 것이니, 아아, 탕 임금에 비해도 손색이 없다. 그러나 어찌 망국한 자의 자손에게 길이 이 악곡을 듣고, 대략 꺼리고 질투하는 마음이 없을까? 이 시는 대개 처음으로 음악을 작곡하여 태조의 묘에서 합주할 때 부르던 것이다.

論元年春王正月[206]

戊辰

聖人之言明白簡實, 而學者每求之於艱深隱奧, 是以爲論愈詳而其意益晦.『春秋』書"元年春王正月", 蓋仲尼作經始筆也.以予觀之, 亦何有於可疑？而世儒之爲說者, 或以爲周雖建子而不改月, 或以爲周改月而不改時[207]. 其最爲有據而爲世所宗者, 則以夫子嘗欲行夏之時[208], 此以夏時冠周月[209], 蓋見諸行事之實也. 紛紛之論, 至不可勝擧, 遂使聖人明易簡實之訓, 反爲千古不決之疑.嗟夫！聖人亦人耳, 豈獨其言之有遠於人情乎哉？而儒者以爲是聖人之言, 而必求之於不可窺測之地, 則已過矣. 夫聖人之示

---

206 『왕양명전집』권24, 외집6.『춘추』「은공원년(春秋·隱公元年)」: "원년 봄 정월 공이 즉위했다."[元年, 春王正月 , 公卽位.]라고 있다.
『춘왕정월』은 '어느 해 봄 를 제시하며 명쾌하게 해명하였다.

207 주(周)나라 왕이 쓰는 달력으로 정월'이라는 뜻으로,『춘추』에 통용된 연대표기 방식인데, 주희는 상(商)나라가 월(月)을 개정하지 않은 것에 의거하여, 주(周)나라도 개정하지 않은 증거로 삼으려 하였는데, 왕양명(王陽明)은 곧장『춘추』의 경문(經文)에 의거하여 이렇게 단안을 내리고 있다. "상나라가 월을 개정했다면「이훈(伊訓)」에서 분명히 '원사 12월'이라고 쓰지 않았을 것이고, 진나라가 시를 개정했다면『사기』에서 분명히 '원년 겨울 10월'이라고 쓰지 않았을 것이고, 주나라가 월과 시를 개정하지 않았다면『춘추』에서 또한 분명히 '춘왕정월'이라고 쓰지 않았을 것이다. 따라서『춘추』에서 춘왕정월이라고 썼다면, 주나라가 월과 시를 바꾼 것을 의심할 것이 뭐가 있겠는가.[夫商 而改月 則伊訓必不書曰元祀十有二月 秦而改時則史記必不書曰元年冬十月 周不改月與時也 則春秋亦必不書曰春王正月 春秋而書曰春王正月 則其改月與時 已何疑焉]" (『王文成全書』卷24「論元年春王正月」) 이처럼 왕양명은 구체적으로 논거혹이위주수건자이불개월, 혹이위주개월이불개시(或以爲周雖建子而不改月, 或以爲周改月而不改時):"어떤 사람은 주나라가 건자(建子)만 하고 월을 고치지 않았다 하고, 또 어떤 사람은 주나라가 월을 고치면서 시(時)를 고치지 않았다고 하였다." 옛날 중국의 역법(曆法)에 있어서 세 가지 정월(正月). 곧 하(夏)에서는 건인(建寅), 은(殷)에서는 건축(建丑), 주(周)에서는 건자(建子)의 달을 정월로 하였다.

208 『논어』「위영공(衛靈公)」에, 공자(孔子)는 사람을 위주로 농사 때를 살피며 나라를 다스려야 한다는 뜻에서 '하나라의 책력을 사용해야 한다.(行夏之時)'고 말하였다.

209 하시관주월(夏時冠周月):『춘추호씨전(春秋胡氏傳)』에, "하(夏) 나라의 역법(曆法) 사시절(四時節)로 주나라의 월을 썼다.[以夏時冠周月]"고 하였다.

人無隱, 若日月之垂象於天, 非有變怪恍惚, 有目者之所睹；而及其至也, 巧歷有所不能計, 精於理者有弗能盡知也, 如是而已矣. 若世儒之論, 是後世任情用智, 拂理亂常者之爲, 而謂聖人爲之耶？夫子嘗曰："吾從周"[210], 又曰："非天子不議禮, 不制度, 生乎今之世, 反古之道, 災及其身者也."[211] 仲尼有聖德無其位, 而改周之正朔, 是議禮制度自己出矣, 其得爲"從周"乎?[212] 聖人一言, 世爲天下法, 而身自違之, 其何以訓天下？夫子患天下之夷狄橫, 諸侯強背, 不復知有天王也, 於是乎作『春秋』以誅僭亂, 尊周室, 正一王之大法而已. 乃首改周之正朔, 其何以服亂臣賊子[213]之心？『春秋』之法, 變舊章者必誅, 若宣公之稅畝[214]；紊王制者必誅, 若鄭莊之歸祊[215], 無

---

210 오종주(吾從周): 나는 주를 따르리라. 『논어(論語)』 팔일(八佾)에 "주나라는 하와 은을 귀감으로 삼았나니, 찬란하도다 그 문화여, 나는 주나라를 따르겠노라.[周監於二代 郁郁乎文哉 吾從周]"라는 공자의 말이 실려 있다.

211 『중용장구(中庸章句)』 제28장에 "천자가 아니면 예를 의논하지 못하고, 제도를 제정하지 못하고, 문을 고정하지 못한다.[非天子不議禮不制度不考文]"라는 공자의 말이 실려 있다. 같은 『중용장구』 제 28장에 "오늘날의 세상에 태어나서 옛 시대의 도만 고집하는 자는 재앙이 그 몸에 미칠 것이다.[生乎今之世 反古之道者 災及其身]"라는 공자의 말이 실려 있다.

212 『예기』 「중용(中庸)」: "천자가 아니면 예를 의논하지 않고 제도를 만들지 않으며, 예문을 고증하지도 않는다.[非天子不議禮, 不制度, 不考文]".

213 『맹자』 「등문공하(滕文公下)」: "세상이 쇠퇴하고 정도가 희미해져서 사설(邪說)과 폭행이 일어났다. 신하가 자기 임금을 죽이는 일이 생기고 자식이 아비를 죽이는 일이 생기게 되었다. 공자가 이를 우려하여『춘추』를 지었다. ...옛날에 우(禹)가 홍수를 막아내니 천하가 화평해졌고, 주공(周公)이 이적(夷狄)을 정복하고 맹수를 몰아내니 백성들이 편안해졌으며, 공자가 『춘추』를 완성하자 나라를 어 지럽히는 신하들과 부모를 해치는 자식들이 두려워하게 되었다.[世衰道微, 邪說暴行有作, 臣弑其君者有之, 子弑其父者有之. 孔子懼, 作春秋. ...昔者禹抑洪水而天下平, 周公兼夷狄驅猛獸而百姓寧, 孔子成春秋而亂臣賊子懼]".

214 『좌전(左傳)』 「선공·선공십오년(宣公·宣公十五年)」: 초세무(初稅畝). 『춘추정의(春秋正義)』에 "조기는 하(夏) 50묘, 은(殷) 70묘라는 뜻을 해득하지 못했다. 대개 옛적에 사람은 많고 전지는 적어서 한 농부가 오직 50묘·70묘를 얻었던 이다."(선공 15년에 비로소 밭이랑에 따라 세를 받았다고 한다.)

215 『좌전(左傳)』 「은공(隱公)·은공팔년(隱公八年)」: "3월 정백(鄭伯)은 완(宛)을 파견하고 방(祊)을 기증했다.[鄭伯使宛來歸祊]"고 있다.

王命者必誅, 若莒人之入向[216]；是三者之有罪, 固猶未至於變易天王正朔之甚也. 使魯宣、鄭莊之徒擧是以詰夫子, 則將何辭以對？是攘鄰之雞而惡有其爲盜, 責人之不弟而自毆其兄也.豈『春秋』忠恕, 先自治而後治人之意乎？今必泥於行夏之時之一言, 而曲爲之說, 以爲是固見諸行事之驗；又引『孟子』“『春秋』天子之事”、“罪我者其惟『春秋』”之言而證之. 夫謂“『春秋』爲天子之事”者, 謂其時天王之法不行於天下, 而夫子作是以明之耳.其賞人之功, 罰人之罪, 誅人之惡, 與人之善, 蓋亦據事直書, 而褒貶自見；若士師之斷獄, 辭具而獄成.

然夫子猶自嫌於侵史之職, 明天子之權, 而謂天下後世且將以是而罪我, 固未嘗取無罪之人而論斷之曰“吾以明法於天下”, 取時王之制而更易之, 曰“吾以垂訓於後人”, 法未及明, 訓未及垂, 而已自陷於殺人, 比於亂逆之黨矣. 此在中世之士, 稍知忌憚者所不爲, 而謂聖人而爲此, 亦見其陰黨於亂逆, 誣聖言而助之攻也已！或曰：“子言之則然耳.爲是說者, 以「伊訓」之書‘元祀十有二月’, 而證周之不改月；以『史記』之稱‘元年冬十月’, 而證周之不改時；是亦未爲無據也.子之謂周之改月與時也, 獨何據乎？”曰：“吾據『春秋』之文也.夫商而改月, 則「伊訓」必不書曰‘元祀十有二月’[217]；秦而改時, 則『史記』必不書曰‘元年冬十月’；周不改月與時也, 則『春秋』亦必不書曰‘春王正月’.『春秋』而書曰‘春王正月’, 則其改月與時, 已何疑焉！況『禮記』稱‘正月七月日至’[218], 而前漢『律歷』至武王伐紂之歲, 周正月辛卯朔,

---

216 『좌전(左傳)』「은공·은공이년·隱公·隱公二年)」: 여름 5월, 거나라는 향나라로 쳐들어 갔다(夏五月, 莒人入向).

217 이훈에 “유원사 십유이월 을축(惟元祀十有二月乙丑)에 이윤(伊尹)이 선왕께 제사지냈다.” 하였는데, 전(傳)에는 “탕(湯)이 붕(崩)한 지 달이 넘자 태갑(太甲)이 즉위하여 빈소에 전(奠)을 드려 고하였다.”하였다. 태갑중에는 “유삼사 십유이월삭(惟三祀十有二月朔)”이라고 하였는데, 전에는 “탕이 원년 11월에 붕하였으니 이에 이르러 26개월로 3년복(服)을 마친 것이요, 12월로 세수(歲首)를 삼지는 않았다.”하였다.

218 정월칠월일지(正月七月日至) : 『예기(禮記)』「잡기·하(雜記·下)」에, “정월의 동지에

合辰在斗前一度；戊午, 師度孟津[219]；明日己未冬至；考之「太誓」'十有三年春',「武成」'一月壬辰'之說, 皆足以相爲發明, 證周之改月與時. 而予意直據夫子『春秋』之筆, 有不必更援是以爲之證者. 今舍夫子明白無疑之直筆, 而必欲傍引曲據, 證之於穿鑿可疑之地而後已, 是惑之甚也."曰"如子之言, 則冬可以爲春乎？"曰："何爲而不可？陽生於子而極於巳午, 陰生於午而極於亥子. 陽生而春, 始盡於寅, 而猶夏之春也, 陰生而秋, 始盡於申, 而猶夏之秋也. 此文王之所演, 而周公之所繫, 武王、周公, 其論之審矣. 若夫仲尼夏時之論, 則以其關於人事者, 比之建子爲尤切, 而非謂其爲不可也. 啟之征有扈, 曰'怠棄三正'[220], 則三正之用, 在夏而已然, 非始於周而後有矣." 曰："夏時冠周月, 此安定[221]之論, 而程子亦嘗云爾. 曾謂程子之賢而不及是也, 何哉？" 曰："非謂其知之不及也. 程子蓋泥於『論語』'行夏之時'之言, 求其說而不得, 從而爲之辭, 蓋推求聖言之過耳. 夫『論語』者,

---

는 상제께 제사지내야 하고, 칠월의 동지에는 선조께 제사지내야 한다.[正月日至可以有事於上帝七月日至可以有事於祖]"라고, 맹헌자(孟獻子)가 말한 것이 나온다.

219 『서경(書經)』「서서(書序)」.

220 태기삼정(怠棄三正): 『서경(書經)』「감서(甘誓)」에 "유호씨(有扈氏)는 오행(五行)을 업신여기며 삼정(三正)을 태만히 하여 버렸다.〔書曰 有扈氏 威侮五行 怠棄三正〕" 라고 하였다. 삼정(三正)이란 천(天)·지(地)·인(人)의 정도(正道)를 말하는 것으로, 『서경』「감서(甘誓)」의 전(傳)에 의하면 자(子)를 천에, 축(丑)을 지에, 인(寅)을 인에 배열하였다. 또한 삼정(三正)을, "하정은 건인, 은정은 건축, 주정은 건자[夏正建寅, 殷正建丑, 周正建子]"라고 하는 설도 있다.

221 문정(文定): 1074-1138. 자는 강후(康侯)이고 호는 청산(青山)이며, 시호는 문정(文定)이다. 건녕숭안(建寧崇安)(지금의 복건성(福建省)에 속함) 사람이다. 이정자(二程子: 程顥·程頤) 중 특히 정이를 사숙(私淑)하여 거경궁리(居敬窮理)의 학문을 귀중히 여겼으며, 정문(程門)의 제자인 사량좌(謝良佐)·양시(楊時)·유작(游酢) 등과 교유하였다. 정문의 학문을 명확히 구명하는 데에 힘썼으며, 송(宋)의 남도(南渡) 후 이락학파(伊洛學派)의 태두가 되었다. 그는 당시 왕안석(王安石)이 『춘추(春秋)』를 학관(學官)의 대열에서 폐하자 춘추학이 쇠퇴할 것을 탄식하고 『춘추』야말로 공자(孔子)가 필삭(筆削)한 것으로서 전심(傳心)의 요전(要典)이라고 역설하였다. 그 후 30여 년 동안 『춘추』를 연구 하여 『춘추호씨전(春秋胡氏傳)』(『춘추』의 주석서로 30권이다)을 저술하였다.

夫子議道之書；而『春秋』者, 魯國紀事之史. 議道自夫子, 則不可以不盡；紀事在魯國, 則不可以不實；'道並行而不相悖'[222]者也.自一陽之復, 以極於六陽之乾, 而爲春夏；自一陰之姤, 以極於六陰之坤, 而爲秋冬.[223] 且周雖建子, 而不改時與月, 則固夏時矣, 而夫子又何以行夏之時云乎？程子之云, 蓋亦推求聖言之過耳, 庸何傷？夫子嘗曰：'君子不以人廢言'[224], 使程子而猶在也, 其殆不廢予言矣！"

논원년춘왕정월

무진년

성인의 말씀은 명백하고도 간명하고 실질적인데도 배우는 자들은 언제나 어렵고 깊고 은미한 곳에서 찾는다. 그래서 논할수록 더욱 말이 많아지고 그 의미는 더욱 회삽해진다. 『춘추』에 "원년춘왕정월元年春王正月"이라고 쓰인 것은 대개 공자가 경을 지을 때 처음 썬 것이다. 내가 살펴보니 그 말에 무슨 의심을 한단 말인가? 아무 의심할 것이 없는 것 같다. 그러나 세상의 유자들이 말하는 것을 보면, 어떤 사람은 주나라가 건자建子만 하고 월을 고치지 않았다 하고, 또 어떤 사람은 주나라가 월을 고치면서 시時를 고치지 않았다고 하였다.

---

222 도병행이불상패(道並行而不相悖): 『예기(禮記)』「중용(中庸)」: "도와 함께 행해져 서로 거스르지 않는다.[道並行而不相悖.]"

223 12개월을 주역의 괘에 배당한 이론이 12소식괘(消息卦)이다. 양효가 하나 있는 괘가 지뢰복(地雷復)으로 음력 11월을 말하며, 효 전체가 양효가 되는 중천건(重天乾) 괘가 음력 4월이다. 반대로 음효가 하나 발생하는 괘가 천풍구(天風姤)로 음력 5월을 말하며, 효 전체가 음효가 되는 중지곤 (重地坤) 괘가 음력 10월이다.

224 군자불이인폐언(君子不以人廢言): 『논어(論語)』「위령공(衛靈公)」: "공자가 말했다. '군자는 말을 잘 하는 사람이 덕이 있는 것이 아니므로 말로 근거로 천거할 수 없고, 그 사람이 덕이 없다고 해서 말까지 무시해서는 안 된다.'[子曰君子不以言擧人, 不以人廢言.]"

그 중 가장 논거가 충분하고 사람에게 존숭을 받은 것은 바로 공자가 일찍이 하의 시를 행하자고 했었다는 것이다. 여기서 '하의 시로 주나라의 월을 썼다'는 것은 대개 다 행사에서 나타난 사실이다. 분분한 논의를 다 들 수 없는 데 이르렀으나 마침내 사람들로 하여금 성인의 명백 간이하고 실질적인 훈계가 도리어 천고에 해결되지 못한 의문을 해결하다니! 아아, 성인 또한 사람일 따름이다. 어찌 그 말이 유독히 보통 사람의 마음에서 멀리 떨어진 것이겠는가? 그러나 유자들은 이 성인의 말씀이라면 꼭 헤아릴 길 없는 곳에서 구하고 있으니 지나치다.

무릇 성인은 사람들에게 숨기는 것이 없으니 마치 해와 달이 하늘에서 드리움과 같아서 변괴스럽거나 황홀한 것이 있지 않다. 눈 있는 자라면 다 볼 수 있는 것이다. 그러나 그 지극한 데 이르면, 아무리 계산을 잘해도 헤아릴 수 없고, 그 이치를 잘 안다고 해도 다 알 수 없는 것이 있으니 이와 같을 따름이다. 세상의 선비들의 논설과 같은 것은 바로 후세에 멋대로 생각하고 머리를 쓰며, 이치를 거스르고 상도를 어지럽히는 자의 하는 것이지, 어찌 성인이 그렇게 했다고 한 것이라고 하겠는가?

공자께서 일찍이 말씀하셨다. "나는 주를 따르리라." 또 말씀하셨다. "천자가 아니면 예를 논의하지 않고, 제도를 만들지 않나니, 현세에 태어나서 옛 시대의 도로 돌아간다면 재앙이 그 몸에 미칠 것이다." 공자는 성인의 덕이 있다 하더라도 성인의 지위 없이 주나라의 정삭正朔을 고치는 것이 예를 논의하는 것과 법도를 만드는 것이 자신에게서 나온 것이니 했으니 어찌 "주를 따르다"고 할 수 있단 말이냐?

성인의 한 마디 말은 대대로 천하의 법이 된다. 그런데 자신이 그

걸 어겼다면 무엇으로 천하를 교훈하겠는가? 공자는 천하에 이적이 횡행하고 제후가 힘으로 왕도를 등지며 다시 천자가 있음을 모르게 되었다. 이에 춘추를 지어 참람한 자를 주벌하고 주나라 왕실을 높였으며, 일왕의 큰 법도를 바로 잡기 위함일 뿐이다. 이리하여 맨 먼저 주나라의 정삭을 고쳤다면 그 것은 어떻게 난신적자亂臣賊子의 마음을 복종시키겠는가? 춘추의 법에서 옛 전장典章을 변개시키는 자는 반드시 죽인다고 하였으니 선공宣公의 세수稅收과 같은 경우이다. 왕제(王制)를 문란하게 하는 자는 반드시 죽인다고 하였으니 정나라 장공이 방祊으로 돌아온 경우이다. 왕명을 무시하는 자는 반드시 죽인다고 하였으니 거莒나라 사람이 향向에 들어간 경우이다. 이 세 사람이 유죄한 것은 그래도 천자의 정삭正朔을 바꾸는 것보다 심하지는 않다. 가령 노나라 선공이나 정나라 장공 같은 무리가 다 이런 일로 공자를 힐난한다면 장차 무슨 말로 대답하겠는가? 내 집에 온 이웃집 닭을 앉아서 훔치는 대 대해 그 도둑질을 미워하고, 남이 우애가 없다고 책망하며 자신은 형을 때린다면 그거야 말로 춘추의 충서忠恕의 도에서 자신을 먼저 다스리고 난 뒤에 남을 다스린다는 뜻을 말함이 아니겠는가. 지금의 학자들이 반드시 "하의 시를 행해야 한다."라는 한마디에 빠져 억지로 논설을 지어내면서 옳다고 했다. 이것이 진실로 모두 행사에서 나타난 징험이라고 생각한 것이다. 또 『맹자』의 "『춘추』는 천자의 일이다."고 하는 것과 "나를 죄 주는 것도 오직 『춘추』이다."라는 말을 인용하여 그 것을 증명하였다. 무릇 『춘추』는 천자의 일이라고 하는 것은 그 때가 천자의 법이 천하에 행해지지 않았으니 공자는 『춘추』를 지어 이를 분명히 하셨다. 공로자를 상주고, 죄인을 벌주고, 악인을 죽이며, 선인과 함께하는 것은 또한 사건에 의거하여 직서直書하는 것을 통해 그 포폄褒貶이 저절로 드러난다. 감옥의 간수가 소송을 처리·결정할 때 그 말이 갖추어져 소송이 이루어진다.

그러나 공자께서는 마치 스스로 역사를 엮는 일과 천자의 권리를 분명히 하는 것은 싫어할 것과 같다. 그래서 천하 후세에 이 『춘추』를 지은 일을 가지고 나를 죄줄 것이라 하였다. 참으로 무죄한 사람을 자처하지 않았으며 논단하여 "나는 천하에 법을 밝혔다."고 하였고, 당시의 왕의 제도를 가져다 바꾸면서 또 말하였다. "나는 이로서 후세 사람에게 훈계를 내린다." 법이 밝혀지지 않았고 훈계가 드리워지지 않았으며, 사람을 죽이는 데 스스로 빠져 들었다면 이는 반역의 도당에 비유될 수 있을 것이다. 이것은 중세의 선비들 중에 거리낌을 조금 아는 자도 하지 않는데, 성인이 오히려 이를 하였다고 하였다. 그래서 음당陰黨들이 반역叛逆을 꾀하고 성인의 말씀을 왜곡하며, 그 무리를 돕는 것을 보여주었다.

어떤 사람이 말하였다. "그대의 말인 즉 그러하다. 이설을 만든 자는 『이훈伊訓』에서 '원사 12월元祀十有二月'이라고 씀으로서 주나라가 달을 고치지 않았음을 증명하였다. 『사기史記』에서 '원년 겨울 10월元年冬十月'을 가지고서 주나라가 시時를 고치지 않았음을 증명하였다. 이 또한 근거가 없는 것이 아니다. 그대가 주나라의 월과 시를 고쳤다고 하는 것은 유독 무슨 근거인가? "나는 『춘추』의 문장을 근거로 한다. 저 상(商)나라에서 월을 고쳤다면 반드시 『이훈伊訓』에 '한해가 시작되는 12월元祀十有二月'이라 쓰지는 않을 것이고, 진秦에서 시時를 고쳤다면 『사기』에 반드시 '원년 겨울 시월元年冬十月'이라 쓰지는 않았을 것이며, 주나라에서 달[月]과 시時를 모두 고치지 않았다면, 『춘추』에 반드시 '왕력이 시작되는 봄 정월春王正月'이라고 쓰지는 않았을 것이다. 『춘추』에서 '춘왕정월春王正月'이라고 썼다면 그 달[月]과 시

時를 고친 것인데 어찌 그것을 의심하는가! 하물며 『예기』에서 '정월의 동지와 칠월의 하지正月七月日至'를 말하고 있음에랴. 전한前漢의 『율력律歷』에서 무왕武王이 주왕紂王을 치던 해의 주나라 정월 초하루 신묘일 별이 두병斗柄 1도度 앞에 있었다. 무오일에 군사가 맹진孟津을 건넜다. 다음날인 기미일이 동지冬至였다. 「태서泰誓」에서는 '13년 봄十有三年春'이라 하였고, 「무성武成」에서는 '1월 임진일一月壬辰'이라는 것을 고찰해보면, 충분히 서로 밝힐 수 있고, 주나라가 월과 시를 고친 것을 증명하고 있다. 내 생각은 바로 공자의 『춘추』의 필법에 근거하여 이를 다시 인용하여 증거를 삼아 증명할 필요가 없다. 지금 공자의 명백하고 의심의 여지가 없는 직필을 버리고 부수적이고 굽은 증거를 꼭 인용해야 하나? 천착하여 의심할 만한 것을 증명한 뒤에야 그만두니 참으로 의혹되는 일이다." 말하노니, "그대의 말대로라면 겨울이 봄이 되는 것인가?" 말하노니, "무엇 때문에 불가하다는 것이냐? 양은 자에서 시작하여 사와 오에서 극점을 이룬다. 음은 오에서 생겨 해와 자에서 극한치가 된다. 양기가 생기면 봄이 되고 인寅의 달[月]에 비로소 다하며, 마치 여름 속의 봄 같다. 음이 생기면 신申의 달에 다하며, 여름 속의 가을 같다. 하나의 양기가 작용하는 복괘復卦가부터 육양의 건괘乾卦까지 봄과 여름이다. 하나의 음기가 작용하는 구괘姤卦부터 곤괘坤卦까지 이 시기가 가을과 겨울이다. 이것은 문왕이 연역한 것으로 주공이 이어 붙였으니 무왕 주공은 논의를 더욱 세밀히 한 셈이다. 만약 공자가 하시로 하자고 한 논의가 인사에 관계된다면, 비유컨대 건자建子의 문제가 더욱 절절하고 아니고 할 근거가 없다. 하나라 임금 계가 유호有扈를 친정하고 '삼정三正을 태만히 하므로 버렸다.' 하였다. 삼정三正이란 용어의 사용은 하나라에서 이미 있었으며 주나라 이후에 있었던 것이 아니다. "하의 시로 주나라의 월을 썼다"

라는 것은 호문정胡文定의 논설인데 정자程子도 일찍이 이렇게 말하였다. 일찍이 정자의 훌륭함을 말하고 있지만 그에 미치지 못하고 있다. 왜 그런가?" "지혜가 미치지 못해서 그런 것은 아니다. 정자程子가 『논어』의 '행하지시行夏之時'이라는 말에 얽매이며 그 의문을 해결하려다 해결하지 못하자 그에 대한 말씀을 한 것이다. 대개 성인의 말에서 잘못을 찾은 것이다. 『논어』는 공자가 도를 논하는 책이고, 『춘추』는 노나라 사적을 적은 역사책이다. 도를 논하는 것이 공자로 부터이니 그 도의 논의를 다하지 않을 수 없는 것이고, 사적을 기록한 것이 노나라의 내용이니 그 실정을 다하지 않을 수 없는 것이다. "도와 함께 행해져 서로 거스르지 않는다."는 것이다. 또한 주周나라가 비록 건자建子만 했으나 시時와 월月을 고치지 않았다면 하夏나라의 시時라 계속할 것이다. 공자께서 어찌 하의 시를 행하자고 하셨을까? 정자의 말을 보면 또한 성인의 말에서 잘못을 미루어 짐작하는 것을 뿐이다. 이게 무슨 문제 있겠는가? 공자께서 일찍이 '군자가 그 사람 때문에 그가 한 말을 폐하지 않는다.'라고 말씀하셨다. 만약 정자가 아직도 살아 있다면 아마도 나의 말을 폐하지 않는 것이리라!"

4. 서찰류(書札類)

與安宣慰(1)[225]

---

225 『왕양명전집』권21, 외집3. 안선위(安宣尉): 귀주 선위사(貴州宣尉使)를 맡고 있었던 안귀영(安貴榮)을 말한다. '선위사(宣尉使)'는 명대(明代)에 변방지역에 설치한 관직의 이름이다. 조정에서 멀리 떨어져 있어 조정의 힘이 잘 미치지 못하는 지역에는 그 지방의 유력자에게 '선위사'의 벼슬을 내렸으며 세습하도록 하고 다른 벼슬

戊辰

某得罪朝廷而來[226], 惟竄伏[227]陰崖幽谷之中以御魑魅, 則其所宜. 故雖夙聞使君[228]之高誼, 經旬月而不敢見, 若甚簡伉[229]者. 然省愆內訟[230], 痛自削責, 不敢比數于冠裳[231], 則亦逐臣之禮也. 使君不以爲過, 使廩人饋粟, 庖人饋肉, 園人代薪水之勞, 亦寧[232]不貴使君之義而諒其爲情乎! 自惟罪人何可以辱守土之大夫[233], 懼不敢當, 輒以禮辭. 使君復不以爲罪, 昨者又重之以金帛, 副之以鞍馬, 禮益隆, 情益至, 某益用震悚. 是重使君之辱而甚逐臣之罪也, 愈有所不敢當矣! 使者堅不可卻, 求其說而不得. 無已其周[234]之乎? 周之亦可受也. 敬受米二石, 柴炭雞鵝悉受如來數. 其諸金帛鞍馬, 使君所以交于卿士大夫者, 施之逐臣, 殊駭觀聽, 敢固以辭. 伏惟使君處人以禮, 恕物以情, 不至再辱, 則可矣.

을 겸직하지 못하도록 하였다.

226 모득죄조정(某得罪朝廷): '모(某)'는 왕양명 자신을 겸손하게 낮춘 것이다. '득죄(得罪)'는 당시 조정을 좌지우지하던 환관 유근(劉瑾)의 죄상을 성토하던 관리 몇몇이 처벌을 받게 되자, 그 부당함을 논하는 글을 왕양명이 올렸다가 결국 용장역승(龍場驛丞)으로 좌천된 사건을 가리킨다. 말이 좌천이지 아무 시설도 제대로 갖추어지지 않은 귀주성 용장역에 부임했다는 것은 유배나 다름없는 사건이었다. 이곳에서 소수민족과 함께 지내면서 왕양명은 양명학의 이론적 토대인 심즉리를 자각하였다.

227 찬복(竄伏): 숨다. 잠복하다.

228 사군(使君): 한 지방을 맡고 있는 관리, 즉 주[州]·군[郡]의 장관을 높여서 부르는 명칭[존칭]이다. 여기서는 안귀영 선위사를 '사군'으로 존칭하고 있다. 이하 안귀영선위사는 나머지 두 통의 편지에서도 '사군'으로 존칭된다.

229 간항(簡伉): 나태하고 교만하다.

230 성건내송(省愆內訟): 허물을 반성하고 자책하다. '송'은 자책하다.

231 비수우관상(比數于冠裳): 직위가 높은 사람[冠裳]과 나란히[比] 손꼽히다(대열에 들다)[數].

232 녕(寧): 어찌. 설마…하겠는가.

233 수토지대부(守土之大夫): 이 땅을 지키는 사대부. 여기서 '안선위'를 가리킨다.

234 주(周): 구하다. 구제하다. 베풀어 주다.

안귀영 선위사에게 드리는 편지 (1).

무진(明 正德 3년, 1508년)

저는 조정에 죄를 지은 이래, 오직 심산유곡에 숨어서 지내면서 도깨비 같은 산귀신들이나 부리고 있는데, 마땅한 바입니다. 고로 비록 평소에 사군의 고매하신 평판을 들었으나 열 달이 지나도 감히 뵙지 못했으니 매우 나태하고 교만한 것과 같습니다. 그러나 자신의 허물을 반성하고 꾸짖고 통렬히 자책하기에 바빠 감히 높으신 분의 반열에 나란히 하지 못함은 또 쫓겨난 신하의 예의입니다. 사군께서 저의 잘못을 허물로 여기지 않으시고 창고지기에게 양식을 보내도록 하고, 요리사에게 고기를 보내도록 시키고, 동산지기에게는 물을 긷고 땔감을 베는 일을 나를 대신해서 수고해주셨으니, 또 어찌 사군께서 주시는 의리를 소중하게 여기지 않고 그 인정스러움을 참작하지 않겠습니까? 생각하건대 [유배 온] 죄인의 몸으로 어찌 변경을 지키시는 관리를 욕되게 하려고 했겠습니까? 두려워서 감당할 수 없었으므로, 잠깐 [예의로] 만나기를 사양한 것입니다. [제가 인사를 드리지 못했음에도] 사군께서는 또 죄지은 것으로 여기지 않으시고 지난번에는 또 거듭 돈과 비단을 보내주셨고, 덧붙여 안장 갖춘 말도 보내주시니, 예의가 융숭해지고 정의가 지극해 질수록 저는 더 송구하고 두렵습니다. 이 일은 사군을 더욱 욕되게 하는 일이며 쫓겨난 신하의 죄를 더 심하게 만드는 일입니다. 더욱 감당할 수가 없습니다. 사자가 단호하게 물리치지 않고, 그를 설득하려 해도 듣지 않으니, 언제까지 구할 것입니까? 그 구제를 꼭 받으려면 삼가 보내주신 쌀 2섬 · 땔감과 숯 · 닭과 거위 등은 보내주신 수량대로 받겠습니다. 기타 여러 가지 즉 돈과 비단 · 안장 갖춘 말 등은 사군使君께서 경 · 사대부에게 교부交付하는 물품을 쫓겨난 신하에게 베푼 것이니, 남들이 보거나 들을까 두려워 군게 사양하려고 합니다. 생각하건대 사군께서 사람을 예의로써 대하시고 물건에도 정을 담아 베풀어 주시는데, 다시 사군을 욕되게 하는 정도에 이르지 않으면 좋겠습니다.

與安宣慰(2)[235]

戊辰

減驛事[236]非罪人所敢與聞, 承使君厚愛, 因使者至, 閑問及之, 不謂其遂達諸左右也. 悚息[237]悚息！然已承見詢, 則又不可默. 凡朝廷制度, 定自祖宗；後世守之, 不可以擅改[238], 在朝廷且謂之變亂, 況諸侯乎！縱朝廷不見罪, 有司者將執法以繩[239]之, 使君必且無益, 縱幸免于一時, 或五六年, 或八九年, 雖遠至二三十年矣, 當事者猶得持典章[240]而議其後. 若是則使君何利焉？使君之行先, 自漢, 唐以來千幾百年, 土地人民未之或改, 所以長久若此者, 以能世守天子禮法, 竭忠盡力, 不敢分寸有所違. 是故天子亦不得逾禮法, 無故而加諸忠良之臣. 不然, 使君之土地人民富且盛矣, 朝廷悉取而郡縣之, 其誰以爲不可？夫驛, 可減也, 亦可增也；驛可改也, 宣慰司亦可革也. 由此言之, 殆甚有害, 使君其未之思耶？所云奏功升職事[241], 意

---

235 『왕양명전집』권21, 외집3.

236 감역사(減驛事): 명나라의 조정에서는 원래 수서(水西)지방에 군위(軍衛)를 두고, 성을 쌓고 군대를 주둔시켰으나 나중에는 비록 이 제도를 폐지했지만 역참(驛站)은 여전히 남아 있었다. 용장역(龍場驛)은 군사의 요충지였으며, 안 선위사는 그 지역을 내부의 화근으로 여겼으므로 상소문을 올려 용 장역을 없애 줄 것을 조정에 요청하였다.

237 송식(悚息): 황공하여 숨을 죽이다.

238 천개(擅改): 제멋대로 혹은 함부로 고친다.

239 승(繩): 제재하다.

240 전장(典章): 한 나라의 법령과 제도.

241 주공승직사(奏功升職事): '군공(軍功)을 아뢰어 관직의 승진을 요청하신 일'을 말한

亦如此. 夫劃除寇盜以撫綏平良, 亦守士之常職, 今縷擧以要賞, 則朝廷平日之恩寵祿位, 顧將欲以何爲? 使君爲參政, 亦已非設官之舊, 今又干進不已[242], 是無抵極[243]也. 衆必不堪. 夫宣慰守士之官, 故得以世有其土地人民; 若參政, 則流官矣, 東西南北, 惟天子所使. 朝廷下方尺之檄, 委使君以一職, 或閩或蜀, 其敢弗行乎? 則方命[244]之誅不旋踵而至, 捧檄[245]從事, 千百年之土地人民非復使君有矣. 由此言之, 雖今日之參政, 使君將恐辭去之不速, 其又可再乎! 凡此以利害言, 揆之于義, 反之于心, 使君必自有不安者. 夫拂心違義而行, 衆所不與, 鬼神所不嘉也.

承問及, 不敢不以正對, 幸亮察!

안귀영 선위사에게 드리는 편지 (2)

무진년(明 正德 3년, 1508년)

역참을 줄이는 문제는 죄인의 몸이 감히 알 수 있는 것이 아니나, 사군의 두터운 은혜에 의해 사자가 이르렀고, 잡담을 하다가 나오는 이야기인데, [사군의] 측근 사람들에게 그 일에 대해 말하지 못했으니 송구스럽고 송구스럽습니다. 그러나 이미 질문을 해 주셨으니, 곧 다시 침묵하고 있을 수는 없습니다. 무릇 조정의 제도라는 것은 조종祖宗 때부터 제정되었습니다. 후세 사람들은 [조종이 세운] 제도를 지

다. 즉 정덕 2년(1507년) 2월, 선위사 안귀영이 보안(普安) 향로산(香爐山)의 반란군 정벌에 공을 세웠으므로 [조정에서] 안귀영을 소용장군(昭勇將軍)으로 승진시켰다. 안귀영이 이것을 불만스럽게 여기자, 명나라 조정에서는 다시 그를 우참정(右參政)에 임명하였다. 참정(參政)이란 포정사(布政使) 바로 밑의 벼슬이다.

242 간진(干進): 벼슬을 구하다. 승진함을 바라다.

243 무저극(無抵極): 끝이 없다.

244 방명(方命): 명을 거역하다. 『맹자』 「양혜왕(梁惠王)」에 "선왕의 명(가르침)을 거역하고 백성을 학대한다."[方命虐民]라고 있다.

245 격(檄): 격문.

켜나가는 것이지 함부로 고쳐서는 안 될 것입니다. 조정에서는 그러한 것(함부로 제도를 고치는 일)을 변란이라고 하는데, 하물며 제후가 고칠 수 있겠습니까! 설사 조정에서 [제후에게] 죄를 따지지 않는다 해도 사법담당관리가 법으로써 제재한다면, 사군에게는 반드시 이로울 것이 없을 것입니다. 가령 한 때 처벌을 면한다고 해도 혹 5-6년 뒤나 8-9년 뒤, 비록 멀리 20-30년 뒤라고 해도 담당관리는 도리어 법률제도에 의거하여 그 후에 논의하게 할 것입니다. 만약 이렇게 된다면, 사군에게 어찌 이롭겠습니까? 사군의 시대보다 훨씬 이전, 한·당이래 몇 백 년·몇 천 년 동안 그 땅의 토지와 인민들도 그것을 고치려고 하지 않으니 오랫동안 이와 같이 유지하는 까닭은 대대로 천자의 예법을 지키고 힘을 다해 충성하게 하면서 아주 적은 부분도 어기지 않게 했던 것입니다. 이러한 까닭에 천자도 또 예법을 어길 수도 없고 아무런 이유 없이 충성스러운 신하에게 (임무를) 더 부과하지는 않는다는 것입니다. 그렇지 않다면 사군이 다스리는 땅과 인민들이 부유하고 번성해 진 뒤, 조정에서 그 군현에서 모든 것을 가져간다 해도 그 누가 안 된다고 할 수 있겠습니까? 대개 역참이란 줄일 수도 있고, 또 늘일 수도 있습니다. 역참이란 바뀔 수도 있고, 선위사도 또 바뀔 수 있습니다. 이로 미루어 말씀드리면, 아마 [역참을 줄이는 것은] 매우 해로울 것이니, 사군께서는 그것을 생각하지 않으십니까?

이른바 군공軍功을 아뢰어 관직의 승진을 요청하신 일도, 그 뜻은 이와 같은 것입니다. 대개 도둑 떼를 뿌리 뽑고 백성들을 다스리고 어루만지는 것은 영토를 지키는 관리의 평소 직분인데, 이제 군공을 낱낱이 열거하면서 상을 요구하면 평소 조정에서 받은 은총과 작위는 장차 어떻게 하시려고 합니까? 사군께서 우참정右參政이 되신 것, 역시 이미 예전의 관직이 아닌데, 이제 다시 끊임없이 승진함을 구하시면 이런 것이 끝도 없을 것이며, 뭇 사람들이 반드시 참을 수 없을 것입니다. 대개 선위사는 땅을 지키는 관리이니, 그러므로 대대로 땅과 인민을 가질 수 있습니다. 참정參政벼슬이라는 것은 곧 파견된 관리이니, 동서남북으로 다니면서 오직 천자가 시키는 대로 하는 것입니다. 조정에서 한 자 크기의 격문을 내고, 사군에게 하나의 직책을 맡겨서 민閩지방이나 촉蜀지방에 파견하게 되면 그 일을 감히 하지 않을 것입니까? 이에 왕명을 거역하는 재앙이 곧 닥쳐올 것이고 격문을 받들고 종군하는 일, 백년·천년 내려온 땅과 인민이 다시는 사군의 소유가 아닐 것입니다. 이로 미루어 말씀드린다면, 비록 오늘날의 참정 벼슬이라는 것도 사군께서 신속히 사양하지 않으시면, 그것조차 다시 얻겠습니까? 대개 이 일의 이해를 말씀드리면, 그 일을 의리로써 헤아려 보고, 마음으로 그 일을 돌이켜보면, 사군의 마음속에 스스로 불안스런 것이 있을 겁니다. 대개 양심과 의리에 위배되는데도 실행하신다면 모두가 함께 하지 않을 것이며, 귀신도 가상하게 여기지 않을 것입니다. 질문을 주셨기에 감히 바르게 대답하지 않을 수 없습니다. 밝게 살펴 주십시오.

與安宣慰(3)[246]

戊辰

阿賈, 阿札[247]等畔宋氏[248], 爲地方患, 傳者謂使君使之. 此雖或出于妒婦之

---

246 『왕양명전집』권21, 외집3.

247 아가, 아찰(阿賈, 阿札): 수동(水東) 지역의 묘족(苗族)의 추장이다.

248 반송씨(畔宋氏): '반(畔)'은 반(叛)과 같은 뜻의 글자로 반란을 일으킨다는 뜻이다. '송씨(宋氏)'는 귀주선위동지(貴州宣尉同知)의 벼슬을 맡고 있던 송연(宋然)이다.

口, 然阿賈等自言使君嘗錫[249]之以氈[250]刀, 遺[251]之以弓弩. 雖無其心, 不幸乃有其跡矣. 始三堂兩司[252]得是說, 卽欲聞之于朝；旣而以使君平日忠實之故, 未必有是, 且信且疑, 姑令使君討賊；苟遂出軍剿撲, 則傳聞皆妄, 何可以濫及忠良；其或坐觀逗遛, 徐議可否, 亦未爲晩；故且隱忍其議, 所以待使君者甚厚. 旣而文移三至, 使君始出；衆論紛紛, 疑者將信. 喧騰之際, 適[253]會左右來獻阿麻[254]之首, 偏師[255]出解洪邊[256]之圍, 群公又復徐徐. 今又三月余矣. 使君稱疾歸臥, 諸軍以次潛回, 其間分屯寨堡者, 不聞擒斬以宣國威, 惟增剽掠以重民怨, 衆情愈益不平. 而使君之民罔所知識[257], 方揚言于人, 謂"宋氏之難當使宋氏自平, 安氏何與而反爲之役？我安氏連地千里, 擁衆四十八萬, 深坑絶坉[258], 飛鳥不能越, 猿猱不能攀. 縱遂高坐, 不爲宋氏出一卒, 人亦卒如我何[259]！"斯言已稍稍傳播, 不知三堂兩司已嘗聞之否？使君誠久臥不出, 安氏之禍必自斯言始矣.使君與宋氏同守士, 而使君爲之長. 地方變亂, 皆守士者之罪, 使君能獨委之宋氏乎？夫連地千里, 孰與中士之一大郡？擁衆四十八萬, 孰與中士之一都司[260]？深坑絶坉, 安

249 석(錫): 하사(下賜)하다.

250 전(氈): 담요.

251 유(遺): 증여하다.

252 삼당양사(三堂兩司): '삼당(三堂)'은 지방의 행정장관 즉 총독(總督)·순무(巡撫)·순안(巡按) 등의 직책을 말함이다. '양사(兩司)'는 민정관계를 맡는 승선포정사(丞宣布政司)와 사법관계를 맡는 제형안찰사(提刑按察使)를 말한다.

253 적(適): 때 마침.

254 아마(阿麻): 묘족(苗族)의 추장을 말한다.

255 편사(偏師): 옛날, 주력 부대의 좌우익. 여기서 안선위의 군대를 가리킨다.

256 홍변(洪邊): 중국 귀양(貴陽)의 서북에 있는 홍변(紅邊)이다.

257 망소지식(罔所知識): 사리에 어둡다.

258 심갱절둔(深坑絶坉): 깊은 구덩이와 높이 솟은 토성.

259 졸(卒): 마침내.

260 도사(都司): 관직 이름. 명대 지휘사사(指揮使司)이다.

氏有之, 然如安氏者, 環四面而居以百數也. 今播州[261]有楊愛, 愷黎[262]有楊友, 酉陽, 保靖[263]有彭世麒等諸人, 斯言苟聞于朝, 朝廷下片紙于楊愛諸人, 使各自爲戰, 共分安氏之所有, 蓋朝令而夕無安氏矣. 深坑絶埗, 何所用其險? 使君可無寒心乎! 且安氏之職, 四十八支更迭而爲, 今使君獨傳者三世, 而群支莫敢爭, 以朝廷之命也, 苟有可乘之釁, 孰不欲起而代之乎? 然則揚此言于外, 以速安氏之禍者, 殆漁人之計, 蕭墻[264]之憂, 未可測也. 使君宜速出軍, 平定反側, 破眾讒之口, 息多端之議, 弭[265]方興之變, 絶難測之禍, 補既往之愆, 要將來之福. 某非爲人作說客者, 使君幸熟思之!

안귀영 선위사에게 드리는 편지 (3)

무진(明 正德 3년, 1508년)

아가阿賈·아찰阿札 등이 송씨宋氏에게 반란을 일으키니 지방의 근심거리가 되었으며, 그 일을 전하는 자들은 사군이 그렇게 만들었다고 했습니다. 이 일은 비록 시샘하는 부녀자의 입에서 나온 것이기는 하지만 그러나 아가 등이 스스로 말하기를, 사군(즉 안선위사)께서 일찍이 양탄자와 칼, 활과 쇠뇌 등을 주셨다고 했습니다. 비록 [아가 등과] 함께 할 마음이 없으시지만 불행히도 그러한 자취가 남아 있습니다. 그 처음에는 삼당三堂과 양사兩司에서 이러한 말을 듣게 되자, 곧바로 조정에 알리고자 했습니다. [그런데] 평소에 사군께서 충성스럽고 상

---

261 파주(播州): 지금 중국 귀주성 준의(遵義)이다.

262 개려(愷黎): 즉 개리(凱里)이다. 중국 귀주성의 동남부에 위치하며 검동남 묘족동족(黔東南 苗族侗族) 자치주의 수도이다.

263 유양, 보정(酉陽, 保靖): 호남성 유수(酉水) 남쪽에 있다.

264 소장(蕭墻): 고대 밖에서 안을 들여다보지 못하도록 막아 놓은 작은 담. 내부에서 일어난 변란으로 인한 소란.

265 미(弭): 평정.

실했던 까닭에 반드시 이러하지 않을 것으로 여기고, 한편으로 믿으면서 한편으로 의심하여, 잠깐 사군으로 하여금 반란군을 토벌하게 했습니다. 가령 마침내 군대를 출동시켜 반란군을 토벌하게 되면, 곧 전해진 소문들이 모두 허망하게 될 것이니, 어찌 충성스러운 신하를 더럽힐 수 있겠습니까? 혹 적군의 동정을 살피면서 머뭇거리더라도 옳으니 그르니 하는 논의는 천천히 일어날 것이니, [그 때 행동해도] 또 늦지 않습니다. 그러므로 그러한 논의에도 은인자중하고 있으면 사군을 대우함이 더욱 두텁게 될 것입니다. 이미 공문이 세 번이나 이르고 난 뒤에야 사군께서 비로소 출동하셨습니다. 중론이 분분하겠지만, 의심하던 사람은 장차 믿게 될 것입니다. 논란이 한참 시끄러울 때, 때마침 [사군의] 측근들이 아마阿麻의 목을 바칠 수 있었고, [사군의] 군대가 홍변洪邊의 포위망을 풀어주었으므로 뭇 대신의 논의는 다시 천천히 이루어지게 되었습니다. 이제 다시 석 달여가 지났습니다. 사군께서 병을 칭탁하여 누워 계시고, 여러 부대는 차례대로 회군하면서 그 사이에 채寨·보堡 등에 나누어서 주둔하였습니다. 그런데 적군을 사로잡고 목 베거나 나라의 위엄을 떨쳤다는 말은 듣지 못했으며, 오직 주둔군의 약탈이 증가하여 백성들의 원망이 높아졌고 뭇 사람들의 불평이 높아지게 되니, 사군의 백성들은 어찌할 바를 모릅니다. 바야흐로 [사군의 백성들은] 사람들에게 큰소리치며 말합니다. "송연의 난리는 의당 송연이 스스로 평정하게 해야 하는데, 안씨(즉 안선위사)가 어째서 송연을 위해 전쟁을 해야 하는가? 우리 안씨의 당은 천리에 이어져 있고 무리가 48만이나 되니 구덩이를 깊이 파고 높은 토성을 만들면, 나는 새도 넘을 수가 없고, 날쌘 원숭이라도 기어오를 수 없을 것이다. 마음대로 높은 곳에 앉아 있으면 송씨의 군대가 병사 1명도 보낼 수 없을 것이다. 다른 사람들이 마침내 우리를 어쩌겠는가?" 이러한 말이 차차 전파되었으니 삼당과 양사가 이미 듣지 않았겠습니까? 사군께서 진실로 병이 들었음을 칭탁하고 출병하지 않으시면 안선위사님의 재앙은 반드시 이 일에서 시작될 것입니다.

사군은 송씨와 더불어 땅을 지키는 관리인데 사군께서 그의 우두머리라고 여기십니다. 지방에서 난리가 나면 모두 땅을 지키는 관리의 죄가 되거늘, 사군께서 [적군의 정벌을] 다만 송씨에게만 맡기실 것입니까? 대개 다스리는 땅이 천리에 이르지만 어찌 중국 땅의 큰 고을과 비기겠습니까? 병력이 48만이나 되지만 어찌 중국 땅의 한 지휘사사指揮使司와 비기겠습니까? 깊은 구덩이가 있고 높이 솟은 토성은 안씨에게도 그것이 있지만, 안씨와 같은 자가 그의 주위에 백명도 살고 있습니다. 이제 파주播州에는 양애楊愛가 있고, 개려愷黎에는 양우楊友가 있으며 유양酉陽·보정保靖에는 팽세기彭世麒 등의 여러 관리가 지키고 있습니다. 이러한 말이 조정에 들리게 되고, 조정에서 양애 등의 여러 사람에게 편지를 보내어 각 자가 힘껏 싸워 안씨가 가진 땅을 나누어서 가지라고 한다면, 대대로 아침에 명령을 내리면 저녁이면 안씨의 땅이 없을 것입니다. 깊게 판 구덩이와 높게 쌓은 토성이 있다고 한들, 어찌 그 험준함을 쓸 수 있겠습니까? 사군께서 보시면 한심하지 않겠습니까? 또 안씨의 직책은 48개의 부족장을 돌아가며 바꿀 수 있는데 이제 유독 사군이 [선위사를] 삼대나 전해 받고 있는데 여러 부족들이 감히 다투지 못하는 것은 조정의 명령 때문입니다. 만약 틈을 탈 수 있는 기회가 있다면, 누가 흥기하여 그 사람을 대신하고 싶지 않겠습니까? 그렇다면 이러한 사실을 바깥에서 떠벌이는 것은 신속하게 안씨의 화근이 될 것이니 어부의 계책이건 담장 안의 근심이건 예측할 수 없습니다. 사군께서는 의당 신속하게 출병하여 반란군을 평정한다면, 뭇 참소하는 말들을 깨뜨릴 것이고, 복잡다기한 논의들은 없어질 것이며, 막 일어나려는 변고를 없애고, 예측하기 힘든 재앙을 끊을 것이니, 기왕의 허물을 보완해두어야 장래에 복이 될 것입니다. 저는 다른 사람을 위해 세객이 되려는 것이 아니니, 사군께서는 심사숙고해 주십시오.

答毛憲副[266]

戊辰

昨承遣人喩[267]以禍福利害, 且令勉[268]赴太府[269]請謝, 此非道誼深情, 決不至此, 感激之至, 言無所容！但差人至龍場陵侮, 此自差人挾勢擅威[270], 非太府使之也. 龍場諸夷與之爭斗, 此自諸夷憤慍[271]不平, 亦非某使之也. 然則太府固未嘗辱某, 某亦未嘗傲太府, 何所得罪而遽請謝[272]乎？跪拜之禮, 亦小官常分, 不足以爲辱, 然亦不當無故而行之. 不當行而行, 與當行而不行, 其爲取辱一也. 廢逐[273]小臣, 所守待死者, 忠信禮義而已, 又棄此而不守, 禍莫大焉！

凡禍福利害之說, 某亦嘗講之. 君子以忠信爲利, 禮義爲福. 苟忠信禮義之不存, 雖祿之萬鐘[274], 爵以侯王之貴, 君子猶謂之禍與害；如其忠信禮義之

---

266 『왕양명전집』권21, 외집3.
267 유(喩): 깨우치다.
268 면(勉): 힘껏.
269 태부(太府): 관청의 이름.
270 협세천위(挾勢擅威): 권세에 의지하고 제멋대로 거드름을 피운다.
271 분온(憤慍): 분노하다.
272 사(謝): 사죄하다.
273 폐족(廢逐): 파면하다. 쫓겨나다.
274 만중(萬鐘): 아주 많은 봉록(俸祿)을 가리킨다. '중(鍾)'은 고대 분량을 재는 단위이다.

所在, 雖剖心碎首, 君子利而行之, 自以爲福也, 況于流離竄逐之微乎？某之居此, 蓋瘴癘[275]蠱毒[276]之與處, 魑魅魍魎[277]之與游, 日有三死焉；然而居之泰然, 未嘗以動其中者, 誠知生死之有命, 不以一朝之患而忘其終身之憂也. 太府苟欲加害, 而在我誠有以取之, 則不可謂無憾；使吾無有以取之而橫罹[278]焉, 則亦瘴癘而已爾, 蠱毒而已爾, 魑魅魍魎而已爾, 吾豈以是而動吾心哉！執事[279]之喩, 雖有所不敢承[280], 然因是而益知所以自勵, 不敢苟有所隳墮[281], 則某也受敎多矣, 敢不頓首以謝！

답모헌부

무진(明 正德 3년, 1508년)

어제 사람을 보내시어 화복禍福의 이해利害를 깨우쳐 주시고, 또 태부太府에게 가서 사과하라고 힘껏 권러 저를 모욕한 일은 저 아전이 스스로 윗사람의 권세를 업고 제멋대로 위세를 부리는 것이니 태부 유하시니 이러한 것은 깊은 우정과 호의가 아니라면 결코 이렇게 할 수 없을 것이니 지극히 감격함을 이루 다 말로 표현할 수 없습니다. 그러나 하급의 아전이 용장역龍場驛에 이르러서 그에게 시킨 것은 아닙니다. 용장역의 지위 낮은 오랑캐들이 그(하급 아전)와 다툰 일은 그들의 분노와 불평에서 유래된 것으로 제가 그들에게 시킨 것은 아닙니다. 그렇다면 태부께서 일찍이 저를 욕되게 하지 않았고 저 역시 태

---

275 장려(瘴癘): 풍토병.

276 고독(蠱毒): 뱀, 지네, 두꺼비 등의 독. 또는 독을 인해 생긴 병. 무술의 한 종류도 한다.

277 리매망량(魑魅魍魎): 온갖 잡귀신.

278 횡리(橫罹): 뜻밖에 재앙을 당하는 것.

279 집사(執事): 주인 옆에 있는 시종. 편집에서 상대방을 높여 이르는 말.

280 승(承): 받아들이다.

281 휴타(隳墮): 태만하고 타락하다. 나쁜 구덩이에 빠진다.

부를 무시하지 않았는데 무슨 죄를 지었길래 갑자기 사과를 하라고 하시는지요? 무릎 꿇고 절하는 예의는 또한 소관의 평소 직분이니 욕을 당했다고 하기에는 부족한 일입니다. 그러므로 아무 이유 없이 사과하라 하심은 의당하지 않습니다. 하지 않아야 할 사과를 하라 하심이나 의당 해야 될 일을 하지 말라 하심이나 욕을 당하는 일임에는 매 한가지입니다. 쫓겨난 신하가 죽음을 기다리며 지켜야 할 바는 충신예의忠信禮義일뿐입니다. 다시 이것을 버리고 지키지 않는다면 이 보다 재앙이 더 클 수가 없을 것입니다.

대개 화복禍福과 이해利害의 설은 저 또한 일찍이 설명한 적이 있습니다. 군자는 충신忠信으로 이로움을 삼고, 예의禮義로서 복을 삼습니다. [군자에게] 만약 충신과 예의가 없다면 비록 녹봉이 만종을 주고, 작위가 후왕처럼 귀하다 해도 군자는 도리어 그것을 재앙과 해로움이라 합니다. 만약 충신과 예의가 있는 곳이면 [군자는] 비록 심장을 가르고 머리가 깨어지는 일이라 해도 이롭게 여기고 그 일을 실천하면서 스스로 복이라고 여깁니다. 하물며 유배되거나 조정에서 쫓겨나는 작은 일이겠습니까? 저는 이곳에 살면서 대개 독한 기운과 독벌레 등과 함께 지내고 잡귀신과 교유하니 하루에도 여러 번 죽는 것 같습니다. 그러나 이곳에 거처하며 태연하게 지내고 일찍이 마음으로 동요한 일이 없습니다. 진실로 살고 죽음에는 천명이 있어 하루아침의 근심으로 평생의 근심을 잊을 수 없다는 것을 알기 때문입니다. 태부께서 해를 끼치려했고 내가 진실로 그 일을 당했다면 아무 유감이 없다고 말할 수는 없습니다. 설사 내가 그 일을 당했지 않아도 횡액을 당하면 독벌레 일 따름이고, 도깨비 일 뿐입니다. 내가 어찌 이러한 것으로 내 마음을 움직이겠습니까! 집사를 통해 보내주신 깨우침은 비록 감히 받아들일 수 없으나 이로 인해 더욱 스스로 격려해야 할 바를 알게 되었으며, 감히 잠시도 나쁜 구덩이에 빠질 수 없습니다. 제가 많은 가르침을 받게 되어 어찌 감히 머리를 조아려 감사하지 않겠습니까!

答人問神仙[282]

戊辰年

詢及神仙有無, 兼請其事, 三至而不答, 非不欲答也, 無可答耳. 昨令弟來, 必欲得之.仆誠生八歲而卽好其說, 今已余三十年矣, 齒漸搖動, 發已有一二莖變化成白, 目光僅盈尺, 聲聞函丈[283]之外, 又常經月臥病不出, 藥量驟進, 此殆其效也. 而相知者猶妄謂之能得其道, 足下[284]又妄聽之而以見詢. 不得已, 姑爲足下妄言之. 古有至人[285], 淳德凝道[286], 和于陰陽, 調于四時, 去世離俗, 積精全神；游行天地之間, 視聽八遠[287]之外, 若廣成子[288]之千五百歲而不衰, 李伯陽[289]歷商, 周之代, 西度函谷[290], 亦嘗有之. 若是而謂

---

282 『왕양명전집』권21, 외집3.

283 함장(函丈): 스승과 제자의 자리를 1장(丈, 10자) 간격으로 떼어놓는 일. 스승을 달리 이르는 말. 『예기(禮記)』「곡례(曲禮)」에 "자리 사이가 함장이다."[席間函丈]이란 말이 보인다.

284 족하(足下): 친구 혹은 동료에 대한 존칭.

285 지인(至人): 노장 철학에서 도덕을 지극에 이른 사람을 가리킨다.

286 순덕응도(淳德凝道): 덕을 순박하게 하고, 도를 이루다. '순덕(淳德)'은 '덕을 순박하게 하다', '응도(凝道)'는 '도를 이루다.'

287 팔원(八遠): 매우 먼 팔방을 가리킨다.

288 광성자(廣成子): 황제(黃帝) 시대의 신선이다. 공동산(崆峒山)에서 도를 닦으면서 살았다. 나이가 1,200세가 되었는데도 몸이 변하지 않았다고 하며 황제(黃帝)도 광성자에게 가서 도를 물었다고 전한다.(『장자(莊子)』「재유(在宥)」)

289 이백양(李伯陽): 노자를 가리킨다. 노자의 이름은 이이(李耳)이고, 자는 백양(伯陽)이다. 왕양명은 『사기(史記)』의 기록에 따르고 있다.

290 서도함곡(西度函谷): 함곡관(函谷關)을 지나 서쪽으로 가다. 함곡(函谷)은 함곡관(函谷關)을 말한다.

之曰無, 疑于欺子矣.然則呼吸動靜, 與道爲體, 精骨完久, 稟于受氣之始, 此殆天之所成, 非人力可彊也.

若後世拔宅飛升, 點化投奪[291]之類, 譎怪奇駭[292], 是乃秘術曲技, 尹文子所謂“幻”, 釋氏謂之“外道”者也.若是謂之曰有, 亦疑于欺子矣, 夫有無之間, 非言語可況.存久而明, 養深而自得之 ; 未至而彊喩, 信亦未必能及也. 蓋吾儒亦自有神仙之道, 顔子三十二而卒, 至今未亡也.足下能信之乎 ? 後世上陽子[293]之流, 蓋方外[294]技術之士, 未可以爲道. 若達磨, 慧能[295]之徒, 則庶幾[296]近之矣, 然而未易言也. 足下欲聞其說, 須退處山林三十年, 全耳目, 一心志, 胸中灑灑不掛一塵, 而後可以言此 ; 今去仙道尙遠也. 妄言不罪.

답인문신선

무진(明 正德 3년, 1508년)

신선이 있는지 없는지 또 겸하여 신선의 일에 대해 묻는 편지가 세 번에 이르렀으나 답장을 하지 않았는데 답장을 하고 싶지 않아서가 아니라 답장할 수 없기 때문입니다. 어제는 동생이 되는 분이 오셔서 반드시 대답을 얻고자 했습니다. 저는 실로 8세에는 신선의 학

---

291 점화투탈(點化投奪): 수련을 통해 인간의 몸에서 신선의 몸으로 바꾸어가는 과정을 점화(點化)라고 한다면, 신선이 되어 인간의 몸을 완전히 버리는 것은 투탈(投奪)이다.

292 휼괴기해(譎怪奇駭): 변화가 괴이하고, 사람들이 그 변화에 놀라움을 금치 못한다는 뜻.

293 상양자(上陽子): 원나라 때 도사 진치허(陳致虛)의 도호(道號)이다. 진치허는 40세의 나이로 조우흠(趙友欽)을 만나 신선수련의 비결을 배웠다고 하며, 『주역참동계분장주(周易參同契分章注)』·『금단대요(金丹大要)』등의 저술을 남겼다.

294 방외(方外): 세상 밖. 출세간의 의미. 또는 세상 밖에서 노니는 출세간의 도사.

295 달마, 혜능(達磨, 慧能): 달마(達磨. ?~528 추정)는 중국 선종의 초조(初祖)이고, 혜능(慧能. 638~713)은 중국 선종 6조이다.

296 서기(庶幾): 바라다.

설을 좋아 했습니다. 이제 나는 [그때로부터] 이미 30년이 지나서 치아는 점점 흔들리고 머리카락은 이미 한 두 가닥 흰머리가 나고 있으며, 눈 빛은 겨우 한 자 거리나 비출 뿐이고 말하고 듣는 것은 일장 밖을 감당할 정도입니다. 또 늘 한 달 넘게 앓게 되면 외출도 할 수 없고 약을 바로 복용해야하니, 이런 일들은 아마 나이 먹었기 때문에 나타난 효과일 것입니다. 그러나 점쟁이는 도리어 망녕되게 제가 도를 얻었다고 하니, 그대께서도 또 망녕되게 그런 이야기를 듣고 신선을 물으셨습니다. 부득이 잠깐 그대를 위해 망령되게 그것을 말해보겠습니다. 옛날에는 지인至人이 있었는데 덕을 순박하게 하고, 도를 이루어 음양을 조화롭게 하였으며 4계절을 고르게 하였고, 세속을 떠나 정신을 쌓고 기르며, 천지 사이를 노닐고 다니면서 팔방의 밖을 보고 들을 수 있었다고 합니다. 광성자廣成子는 1,500살을 살아도 늙지 않았다고 하고, 이백양李伯陽은 상나라와 주나라시대를 살다가 함곡관函谷關을 지나 서쪽으로 갔다고 합니다. 또한 일찍이 그런 사람들이 있었던 것입니다. 만약 이러한 일들에 대해 그런 일은 없다고 한다면, 사람을 속이는 일이라 의심할 것입니다. 그러하다면 호흡과 동정을 통해 도道와 함께 하여 타고난 정골精骨을 온전하게 되고 영원할 것입니다. 이것은 기운을 처음으로 받을 때(즉 탄생할 때) 하늘에게 부여받은 것으로, 아마 하늘이 내려주는 것이며 사람의 힘으로 억지로 얻는 것이 아닙니다.

예컨대 후세에 온 집안이 신선이 되어 하늘로 날아갔다거나 수련으로 점차 변화해서 인간의 몸을 벗어났다거나 따위의 이야기는 기괴해서 사람들은 놀라게 하는데, 이러한 비밀한 술수와 괴이한 기교들은 윤문자尹文子는 '환幻'이라고 말하였고, 석가모니는 '외도外道'라고 하였습니다. 만약 이러한 것을 가지고 신선의 일은 있다고 하면 또 사람을 속이는 일이라 의심할 것입니다. 대개 신선이 있느니 없느니 하는 것은 말로써 설명되지 않습니다. 오랫동안 수련해서 밝게 깨닫고 깊이 수양하여 스스로 얻는 것입니다. 신선의 경지에 이르지도 못했는데 억지로 설명해보아야 신선에 대한 믿음이 반드시 미칠 수 없을 것입니다. 대개 우리 유가儒家에도 스스로 신선의 도가 있는데, [공자의 제자] 안회는 32세에 세상을 떠났으나 아직도 죽지 않았습니다. 그대는 그 일을 믿으실는지요? 후세 상양자上陽子 같은 사람은 대개 세속 밖에의 도사 혹은 기술을 익힌 술사일 뿐이니 말할 것도 없습니다. 달마대사나 혜능대사 같은 이들은 아마 신선에 가깝다고 할 것이나 쉽게 말할 수 없습니다. 그대가 만약 그런 설을 알고자 하신다면 반드시 세상에서 물러나 산림에서 30년의 세월을 보내며 귀와 눈을 보전하고, 한 마음으로 뜻을 두고서 마음속에 먼지 하나라도 걸림 없이 탁 트인 다음에야 여기에 대해 말할 수 있을 것입니다. 지금 저는 신선의 도道와는 아직 멀어 망녕된 말을 올렸다고 나무라지는 않기를 바랍니다.

鎭遠[297]旅邸[298]書劄[299]

別時不勝凄惘, 夢寐中尙在西麓, 醒來卻在數百裏外也. 相見未期, 努力進修, 以俟後會. 卽日已抵鎭遠, 須臾舟行矣. 相去益遠, 言之慘然. 書院中諸友不能一一書謝, 更俟後便相見, 望出此問致千萬意. 守仁頓首. 高鳴鳳,何廷遠,陳壽寧勞遠餞, 別爲致謝, 千萬千萬！行時聞范希夷有恙, 不及一問,

---

297 진원(鎭遠): 지금 귀주성(貴州省) 진원현(鎭遠縣). 『왕양명전집』권39, 복록1.
298 여저(旅邸):객지에서 임시로 머물러 사는 집.
299 서차(書劄): 서신. 서찰.

諸友皆不及相別. 出城時遇二三人於道傍, 亦匆匆不暇詳細, 皆可爲致情也. 所買錫, 可令王祥打大碗四個, 每個重二斤, 須要厚實大樸些方可, 其餘以爲蔬碟. 粗瓷碗買十餘, 水銀擺錫等買一二把. 觀上內房門, 亦須爲之寄去鹽四斤半, 用爲醬料. 朱氏昆季[300]亦爲道意. 閻眞士甚憐, 其客方臥病, 今遣馬去迎他, 可勉彊來此調理. 梨木板可收拾, 勿令散失, 區區欲刻一小書故也, 千萬千萬! 文實, 近仁, 良丞, 伯元諸友均此見意, 不盡別寄也. 仁白. 惟善秋元賢友[301]. 汪原銘合枳術丸[302]乃可, 千萬千萬! 張時裕, 向子佩, 越文實, 鄒近仁, 範希夷, 郝升之, 汪原銘, 陳良丞, 湯伯元, 陳宗魯, 葉子蒼, 易輔之, 詹良丞, 王世丞, 袁邦彦, 李良丞列位秋元賢友, 不能盡列, 幸意亮之!

진원鎭遠의 임시거처[旅邸]에서 보고하는 글[書劄]

이별할 때의 쓸쓸한 마음 감당할 길 없습니다. 꿈속에서도 내 마음은 아직 서쪽에 산록에 있다가 깨고 보면 문득여기는 수 백리 떨어진 곳이군요. 서로 다시 만날 것을 기약하지는 못하겠으나 서로 애써 인격을 도약하여 후일에 다시 만날 날을 기다립시다. 당일 이미 진원鎭遠에 도착했습니다. 잠시 배를 타고 와야만 했군요. 서로 더욱 멀리 떨어지게 되니 말하자면 마음이 쓸쓸할 뿐입니다. 서원의 여러 벗들에 대해서는 일일이 편지로 인사하지 못하고 다시 뒷날 서로 만나기를 기다릴 뿐. 나의 간곡한 뜻을 이편지로 전합니다. 수인은 머리를 조아립니다. 고명봉高鳴鳳, 하정원何廷遠, 진수녕陳壽寧이 나의 먼 길의 노

300 곤계(昆季): 형제.

301 추원현우(秋元賢友):명, 청대의 과거제도 중 가을에 치는 향시(鄕試)에 급제하는 친구.

302 지술환(枳術丸): 약이름. 소화, 거담(祛痰), 건비(健脾), 거습(去濕) 등 효과가 있다.

고에 대해 보내준 전별금에 대해서는 별도로 감사를 드립니다. 지극히 감사하고 감사하다는 말씀을. 떠날 때 범희이范希夷가 아프다는 소식을 들었으나 한차례 위문도 못하였군요. 여러 벗들과 이별의 인사도 못하였습니다. 성을 나올 때 길가에서 두 세 사람을 만났으나 또한 걸음이 너무도 바빠 상세한 이야기도 못하였습니다. 모두 지극한 정을 보여주셨습니다. 산 석錫은 왕상王祥에게 각 무게가 2근이 된 큰 사발 4개를 만들고, 그 물건은 튼튼하고 소박해야 됩니다. 그 나머지는 나물접시를 만들면 됩니다. 사기 사발도 10여 개 사고 은銀 젓가락도 한두 움큼 사세요. 관상내방문觀上內房門에도 또한 소금 4근반을 부쳐주세요. 장 담는데 쓸 수 있게. 주씨의 형제는 도에 뜻을 두고 있군요. 염씨는 진정한 선비로 매우 훌륭하나 여행 중에 현재 앓고 있습니다. 지금 말을 보내 그를 맞으러갔습니다. 힘써 병을 조리하게하세요. 배 나무판은 수습하여 흩어지지 않게 하세요. 구구하니 작은 책자를 판각하려는 것이니 꼭 명심해주세요. 문실文實, 근인近仁, 양승良丞, 백원伯元등 여러 벗들에 모두 이 뜻을 전해주세요. 모두 별도로 기별치 않겠습니다. 왕수인 드림.

향시에 급제한 친구인 이유선李惟善께 왕원명汪原銘은 지술환枳術丸을 쓰면 합당한 것 같습니다. 명심해주세요. 장지유張時裕, 상자패向子佩, 월문실越文實, 추근인鄒近仁, 범희이范希夷, 혁승지郝升之. 왕원명汪原銘, 진량승陳良丞, 탕백원湯伯元, 진종로陳宗魯, 섭자팡葉子蒼, 역보지易輔之, 첨량승詹良丞, 왕세승王世丞, 원방언袁邦彥, 이량승李良丞, 여러 향시에 급제한 친구들은 다 나열치 않으렵니다. 바라건대 살펴주시기를.

6. 제문류(祭文類)

祭劉仁徵[303]主事[304]

維正德三年歲次戊辰十一月十八日[305], 友生[306]王某謹以淸酌庶羞, 致莫於亡友劉君.

嗚呼！仁者必壽, 吾敢謂斯言之予欺乎？作善而降殃, 吾竊於君而有疑乎？蹠·蹺[307]之得志, 在往昔而旣有, 夷·平[308]之餒以稱也, 亦寧獨無於今之時乎？人謂君之死, 瘴癘[309]爲之.

噫嘻！彼封豕長蛇[310], 膏人之髓, 肉人之肌者[311], 何啻[312]千百, 曾不彼厄, 而惟君是罹！斯言也, 吾初不以爲是.人又謂瘴癘蓋不正之氣, 其與人相遭於幽昧邅難[313]之區也, 在險邪[314]爲同類, 而君子爲非宜.則斯言也, 吾又安得而盡非之乎？

於乎！[315]死也者, 人之所不免.名也者, 人之所不可期[316].雖修短枯榮, 變態

---

303 『왕양명전집』권 28, 속편 3, 잡적. 유인징(劉仁徵): 유천기(劉天麒)이다.

304 주사(主事):명나라의 관직명.

305 정덕삼년세차무진(正德三年歲次戊辰): 1508년을 말함.

306 우생(友生): 친구.

307 척·교(蹠·蹺): 즉 도척(盜蹠)과 장교(壯蹺)이다. 두 사람은 모두 춘추전국시대의 대도(大盜)이다.

308 이·평(夷·平):백이(伯夷)와 굴평(屈平)이다.

309 장려(瘴癘): 열대성 학질. 기후가 덥고 습한 지방에서 생기는 유행성 열병이나 학질. 주로 아열대의 습지대에서 발생하는 악성 말라리아 따위의 전염병.

310 봉시장사(封豕長蛇): 큰 돼지와 긴뱀. 탐욕스럽고 잔인한 사람을 이르는 말.

311 고인지수(膏人之髓): 사람의 골수로 기름을 만들고 사람의 살로 음식을 마든다.

312 하시(何啻): 어찌……뿐이랴.

313 전난(邅難): 역경에 처하다.

314 험사(險邪):교활하고 바르지 않다.

315 어호(於乎): 오호라!

316 기(期): 예정하다.

萬狀, 而終必歸於一盡.君子亦曰："朝聞道, 夕死可矣."[317]視若夜旦.

其生也, 奚以喜？其死也, 奚以悲乎？其視不義之物, 若將浼己, 又肯從而奔趨之乎？而彼認爲己有, 變而弗能舍, 因以沉酗於其間者, 近不出三四年, 或八九年, 遠及一二十年, 固已化爲塵埃, 蕩爲沙泥[318]矣.而君子之獨存者, 乃彌久而益輝.

嗚呼！彼龜鶴之長年, 蜉蝣[319]亦何自而知之乎？屬[320]有足疾, 弗能走哭, 寄奠一觴, 有淚盈掬.復何言哉！復何言哉！嗚呼尙饗[321].

유인징 주사에게 드리는 제문

정덕 3년, 세차로는 무진년 11월 18일에 친구인 나 왕양명은 삼가 맑은 술과 여러 가지 제수祭需를 차려 이미 세상을 떠난 막역한 친구 유군劉君에게 올린다. 오호라! 인자仁者는 반드시 장수한다고 했는데, 나는 감히 이 말이 나를 속이는 것이라 해야겠는가? 선을 행해도 재앙이 내렸으니, 내가 몰래 그대에게 그렇게 했다고 해도 의심할 수 있겠는가? 도척과 장교가 뜻을 얻었다는 말이 옛날에 이미 있었고, 백이와 굴원은 지조를 지키다가 굶어 죽어 명성을 얻었으니, 다시 오늘날에 유독 이러한 일이 없겠는가?

세상 사람들은 그대의 죽음에 대해 말하기를, 풍토병이 그렇게 하였다고 한다. 아아! 저 멧돼지나 긴 뱀은 사람의 골수를 짜 내고 사람의 살을 먹기도 하나, 백·천 명의 사람들은 저 액운을 당하지 않았거

---

317 조문도 , 석사가의(朝聞道 , 夕死可矣): 『논어(論語)』「이인(里人)」에 "공자가 말했다. "아침에 도를 들으면, 저녁에 죽어도 좋다."라고 있다.

318 사니(沙泥): 모래와 진흙.

319 부유(蜉蝣): 하루살이.

320 속(屬):마침.……인 때를 맞다.

321 상향(尙饗): '적지만 흠향하옵소서''의 뜻으로, 축문(祝文)의 맨 끝에 쓰는 말.

늘 어찌하여 그대에게 이런 재앙이 있었는가? 이러한 말에 대해, 나는 애초에는 이렇게 된 것이 아니라고 여겼다. 사람들은 또 말하기를, 열병이나 학질은 올바르지 못한 기운이며, 그러한 기운이 사람과 함께 하는 것은 어둡고 우매한 지역에서 위난을 만난 격이니, 음험하고 사악한 사람과 마찬가지의 부류로 군자에게는 적절하지 않다고 하였다. 이러한 말들에 대해, 내 어찌 모두 그른 것이라고 하겠는가? 오호라! 죽음이란 사람이 피할 수 없는 것이다. 명성이라는 것은 사람이 기약할 수 없는 것이다.

비록 사람은 오래 살거나 일찍 죽거나 가난하거나 영화롭거나 온갖 변화와 천태만상이 있지만 끝내 반드시 죽음으로 되돌아가는 것이다. 공자께서도 "아침에 도를 듣는다면 저녁에 죽어도 좋으리라."고 하셨다. 이것은 생사生死 보기를 아침과 저녁처럼 여기는 것이다. 그대가 태어난 것은 어째서 기쁜 것인가? 그대가 태어난 것은 어째서 슬픈 것인가? 그대가 의롭지 못한 것을 보고, 마치 자신을 더럽히는 것처럼 여겼다면, 다시 그것을 쫓아 달려갔겠는가? 그러나 저것이 자신에게 있는 것으로 여겨, 마음을 바꾸어 버릴 수 없어 이리하여 그 사이에 푹 빠져 있어 근 3-4년, 혹 8-9년, 멀리는 10-20년, 그곳에서 나올 수 없었으면 진실로 이미 먼지가 되었거나 마멸되어 모래나 진흙이 되었을 것이다. 그러나 군자로 홀로 남아 있었으므로 세월이 지나면 지날수록 더욱 빛날 것이다. 오호라, 저 거북과 학의 장수를 하루살이가 어찌 그것을 알겠는가? 때마침 나는 발병이 있어 그대의 장례에 가서 곡을 할 수 없었으므로 이곳에서 술잔을 한 잔 올리오니, 눈물이 가득하구나. 다시 무슨 말을 하겠는가! 다시 무슨 말하겠는가! 아아, 신령께서는 흠향하소서.

瘞旅文[322]

維正德四年秋月三日, 有吏目[323]云自京來者, 不知其名氏, 攜一子一僕, 將之任[324], 過龍場, 投宿土苗家. 予從籬落[325]間望見之, 陰雨昏黑, 欲就問訊北來事, 不果. 明早, 遣人覘之, 已行矣.

薄[326]午, 有人自蜈蚣坡[327]來, 云 : "一老人死坡下, 傍兩人哭之哀." 予曰 : "此必吏目死矣. 傷哉!" 薄暮, 復有人來, 云 : "坡下死者二人, 傍一人坐哭." 詢其狀, 則其子又死矣.明日, 復有人來, 云 : "見坡下積屍三焉." 則其僕又死矣. 嗚呼傷哉!

念其暴骨無主, 將二童子持畚, 鍤往瘞之, 二童子有難色然. 予曰 : "噫! 吾與爾猶彼也!" 二童閔然涕下, 請往. 就其傍山麓爲三坎[328], 埋之. 又以只雞, 飯三盂, 嗟吁涕洟[329]而告之, 曰 : "嗚呼傷哉! 繄何人? 繄何人? 吾龍場驛丞[330]餘姚王守仁也. 吾與爾皆中土之產[331], 吾不知爾郡邑, 爾烏爲乎來爲茲山之鬼乎? 古者重[332]去其鄉, 遊宦[333]不逾千里. 吾以竄逐而來此, 宜也. 爾亦何辜乎? 聞爾官吏目耳, 俸不能五斗, 爾率妻子躬耕可有也. 烏爲乎以五斗而易爾七尺之軀? 又不足, 而益以爾子與僕乎? 嗚呼傷哉!

---

322 『왕양명전집』권 25, 외집7. 예(瘞): 묻다. 매장하다.

323 이목(吏目): 관직 이름. 명나라 각 주에 보좌관을 두었는데, 문서 등 일을 관리했다.

324 지임(之任): 부임지로 간다.

325 리락(籬落): 울타리.

326 박(薄): 가까워지다.

327 오공파(蜈蚣坡): 산 이름이다. 지금 수문현(脩文縣) 서쪽에 있다.

328 감(坎): 묘혈(墓穴). 무덤구덩이. 무덤.

329 차우체이(嗟吁涕洟): 탄식하며 눈물을 흘리다.

330 역승(驛丞): 옛날, 역참을 관리하던 관리(官吏).

331 중토지산(中土之產): 중원에서 생장했다.

332 중(重): 어렵다. 쉬운 것 아니다.

333 유환(遊宦): 타향에서 벼슬을 하다.

爾誠戀玆五斗而來, 則宜欣然就道, 胡爲乎吾昨望見爾容蹙然, 蓋不任[334]其憂者？夫衝冒霜露, 扳援崖壁, 行萬峯之頂, 飢渴勞頓, 筋骨疲憊, 而又瘴癘侵其外, 憂鬱攻其中, 其能以無死乎？吾固知爾之必死, 然不謂若是其速, 又不謂爾子爾僕亦遽然奄忽[335]也! 皆爾自取, 謂之何哉! 吾念爾三骨之無依而來瘞爾, 乃使吾有無窮之愴也.

嗚呼傷哉! 縱不爾瘞, 幽崖之狐成羣, 陰壑之虺如車輪, 亦必能葬爾於腹, 不致久暴露爾. 爾旣已無知, 然吾何能違心乎? 自吾去父母鄕國而來此, 三年矣, 歷瘴毒[336]而苟能自全, 以吾未嘗一日之慼慼也. 今悲傷若此, 是吾爲爾者重, 而自爲者輕也. 吾不宜復爲爾悲矣. 吾爲爾歌, 爾聽之.

歌曰：連峯際天兮, 飛鳥不通. 遊子懷鄕兮, 莫知西東.莫知西東兮, 維天則同. 異域殊方兮, 環海之中. 達觀隨寓兮, 奚必予宮. 魂兮魂兮, 無悲以恫. 又歌以慰之曰：與爾皆鄕土之離兮, 蠻之人言語不相知兮. 性命不可期, 吾苟死於玆兮, 率爾子僕, 來從予兮. 吾與爾遨以嬉兮, 驂紫彪而乘文螭兮[337], 登望故鄕而噓唏兮. 吾苟獲生歸兮, 爾子爾僕, 尙爾隨兮, 無以無侶爲悲兮! 道旁之冢累累兮, 多中土之流離兮, 相與呼嘯而徘徊兮. 餐風飮露, 無爾飢兮. 朝友麋鹿, 暮猿與棲兮. 爾安爾居兮, 無爲厲於玆墟兮[338]!

예려문

[나그네를 장사지낸 것에 대한 글]

---

334 불임(不任): 참지 못하다.

335 거연엄홀(遽然奄忽): 갑자기 홀연히 죽었다.

336 장독(瘴毒): 장려(瘴癘). 열대성 학질.

337 참자표이승문리혜(驂紫彪而乘文螭兮): 자줏빛 범과 문채가 있는 용을 타고 올라다. 참(驂)은 동사로 '몰다'는 뜻. 표(彪)는 작은 호랑이, 리(螭)는 옛날 전설 중의 뿔이 없는 용을 말한다.

338 무위려어자허혜(無爲厲於玆墟兮): 이 마을 사람에게 재앙을 남기지 마소서. 려(厲)는 '재앙. 좋지 않은 일'을, 허(墟)는'마을'을 뜻한다.

정덕正德 4년(1509) 가을 3일에 어떤 이목吏目이 수도에서 왔는데, 그 이름은 모르겠지만, 아들 하나와 종 하나를 데리고 부임지로 가려고 하는데, 용장龍場을 지나가며 토착 묘족苗族 집에 투숙하였다. 내가 울타리 사이로 그들을 바라보고 음산하게 비가 내리고 날이 어두컴컴하여 북쪽에서 온 사연을 가서 물어보려고 했으나 하지 않았다. 그 다음날 아침에 사람을 보내 그들을 엿보게 하니, 이미 떠나버렸다. 그의 점심 가까이에 오공파蜈蚣坡 산에서 어떤 사람이 와서 전하기를 "어떤 노인이 언덕 아래에서 죽었으며, 곁에 두 사람이 슬프게 울고 있다."라고 하였다.

내가 "이것은 필시 그 사목(吏目)이 죽은 것이로다."하였다.

황혼 무렵에 또한 어떤 사람이 와서 "언덕 아래에 죽은 사람이 두 명인데, 곁에 있는 한 사람이 앉아 탄식하고 있다."고 전했다.

그 상황을 물어보니 곧 그의 아들이 또 죽었던 것이다. 다음날 또 어떤 사람이 와서 전하기를, 언덕 아래에 시체 세 구가 쌓여 있다고 하였다. 곧이어 그 종이 다시 죽은 것이었다. 내가 들에서 죽어 주인 없는 시체가 야외에 드러나는 것은 불쌍히 여겨 두 하인에게 삼태기와 삽을 들고 가서 그들을 묻어 주어라고 하니, 두 하인이 난색을 표하자 내가 말하였다. "나와 너희가 저들과 같다고 생각이 드는구나."

두 하인이 불쌍하여 눈물을 흘리고 가겠다고 청하여 그 옆 산기슭에 가서 구덩이 셋을 파 그들을 묻어주고, 또 닭 한 마리 밥 세 그릇으로 제사를 올리고 눈물을 흘리며 나는 다음과 같이 고하였다.

"아아, 슬프도다! 아! 누구인가 아 누구인가? 나는 용장龍場 역승驛丞인 여요餘姚의 왕수인王守仁이오. 나와 그대는 모두 중원에서 온 사람들이라. 나는 그대의 고향을 모르거니와 어찌하여 와서 이 산의 귀신이 되었는가? 옛날에 사람들이 고향을 떠나는 것을 쉽게 생각하지 않고 전전하는 벼슬살이는 고향에서 천리를 넘지 않았소. 내가 귀양 여기까지 온 것은 마땅하지만, 그대는 또한 무슨 죄인고? 듣자니 그대는 관직이 이목吏目이라고 하니, 봉급은 다섯 말도 되지 않을 것이네. 그대는 처자들을 거느리고 몸소 농사지으면 될 터인데, 어찌하여 다섯 말 때문에 그대 칠 척의 몸을 바꾸었는가? 또 그것도 부족하여 아들과 종을 더하였는가?

아아, 슬프도다! 그대는 진실로 이 다섯 말에 연연하여 왔다면 마땅히 기뻐하며 길을 갔을 것인데, 어찌하여 나는 어제 그대가 얼굴을 찡그리고 대개 부임하고 싶지 않은 근심어린 것을 바라보았는가?

서리와 이슬을 맞아가며 언덕과 절벽을 기어올라 수많은 봉우리를 넘었으니, 배고프고 목이 마르고 지치고, 몸은 피곤하고 고달팠던 것이다. 그리고 또 장려(瘴癘. 열대성 학질)가 밖에서 침입하고, 우울함이 속을 공격하니, 그가 죽지 않을 수 있는가? 나는 정말 그대가 반드시 죽을 것이라는 것을 알고 있었소. 그러나 이처럼 빠를 줄은 몰랐소. 또 그대 아들과 종이 또 갑자기 홀연히 죽을 줄은 몰랐소. 모두가 그대가 자초한 것이니 무슨 말을 하리오? 나는 그대 셋 주검이 의탁할 사람이 없는 것을 생각하여, 와서 그대를 묻어주려 하는데, 나는 끝없는 슬픔을 느낀다오. 아 슬프도다! 만약 그대를 묻지 않으면, 깊은 벼랑의 여우들과 음침한 계곡에 수레바퀴 같은 살무사는 또한 반드시 그 시체를 삼킬 것이니, 오래 들판에 드러나지 않을 것이다. 그대는 지각이 없지만 나는 어찌 마음에 꺼리지 않겠는가?

내가 부모의 고향을 떠나서 이곳에 온지 2년이라. 독한 장려瘴癘를 겪고서도 겨우 스스로 온전하게 살아남을 수 있는 것은 내가 일찍이 하루도 슬퍼하지 않았기 때문이오. 지금 이같이 슬퍼하니, 이것은 내가 그대를 위한 것은 중히 여기고 나를 위한 것은 가벼이 여기기 때문이오. 내가 더 이상 그대를 위하여 슬퍼함이 마땅하지 않겠소. 나는 그대를 위하여 노래하노니, 그대를 들어보시오."

"이어진 봉우리 하늘에 맞닿고, 날아가는 새도 넘지 못하네. 떠도는 나그네 고향 그리며, 동서를 알지 못하네. 동서를 알지 못하지만 오직 하늘은 같도다. 이역異域 타향이라도, 모두 바다 속에 둘러싸여 있네. 달관하여 아무데나 머물러도 어찌 반드시 내 집이 아니리오. 혼이여! 혼이여! 슬퍼 상심하지 말지어다."

또 노래를 불러 그들을 위로하였다.

"그대와 같이 모두 고향을 떠난 나그네이오, 오랑캐 말을 알지 못하네. 생명을 기약할 수 없으니, 나는 진실로 여기에서 죽으면, 그대 자식과 종 거느리고 나를 따라오세, 나는 그대와 함께 놀아서 즐거움이여 자줏빛 범과 문채가 있는 용을 타고 올라가 고향을 바라보며 흐느껴 탄식하리. 만일 내가 진실로 살아서 고향에 돌아간다 하더라도, 그대 아들과 종은 또한 그대를 따르니, 짝이 없다 슬퍼하지 말지어다. 길가의 무덤이 쌓이고 쌓여 있는데, 거의 중원에서 쫓겨난 사람들이요, 서로 휘파람 부르며 배회하세요. 산바람을 먹고 이슬을 마셔도 그대 굶주리지는 않을 것이오. 아침에는 사슴과 벗하고, 저녁에는 원숭이와 함께 깃들 것이다. 편하게 머물며, 이 마을 사람에게 재앙을 남기지 마소서."

陽朔知縣楊君墓志銘[339]

---

339 『왕양명전집』권 27, 속편 3, 잡적. * 작성년도가 없음. 양명 용장 시기에 지은 것으로 추정. 양삭지현양군묘지명(陽朔知縣楊君墓志銘): 양삭(陽朔)은 현재의 광서성(廣西省) 계림(桂林)의 양삭현(陽朔縣)이라고 한다. 양군(楊君)은 이곳의 지현(知

陽明子謫居貴陽，有齊衰[340]而杖者，因[341]鄉進士鄭鑾氏[342]而來請曰："陽朔[343]令楊尙文卒，其孤侄[344]卿來謂鑾曰：'先伯父[345]死無嗣[346]，子[347]所知，我後人[348]又不競[349]，非得當世名賢勖[350]一言於墓，將先德[351]其泯廢無日．子辱[352]於伯父久，亦宜所甚憫[353]，其若之何？' 敢遂以卿奉其先人之遺幣[354][355]．再拜階下以請." 陽明子曰："嘻！予擯人[356]，懼戮辱[357]之弗遑，奚取以銘人

縣) 즉 지현사(知縣使)(지사(知事), 현령(縣令))를 지낸 양상문(楊尙文)을 말한다.

340 자최(齊衰): 상례(喪禮)에서 규정한 오복제(五服制) 중의 하나. 거친 생마포로 아랫단을 접어서 지은 상복, 곧 자최복(齊衰服).

341 인(因): 따르다 좇다. 부탁하다.

342 정난씨(鄭鑾氏): 정란(鄭鑾)은 귀주선위사(貴州宣尉使) 아래의 관리이다. 그는 홍치(弘治) 8년(1495년)에 진사가 되었다고 하며, 직례성(直隷省) 보정부통판(保定府通判)을 역임했었다고 한다.
글의 내용을 보면, 양상문의 조카 양경(楊卿)의 권유로 정란(鄭鑾)이 그와 함께 왕양명에게 양상문의 묘지명을 써 달라고 부탁하였다.

343 양삭(陽朔): 지명. 지금은 중국 광서장족자치구(廣西壯族自治區) 계림(桂林)에 있다.

344 고질(孤姪): 외롭고 의지할 데 없는 조카라는 뜻으로, 돌아가신 아버지 형제들의 조카를 말함.

345 선백부(先伯父): 돌아가신 큰 아버지.

346 사(嗣): 대를 이을(잇는) 자식. 후사(後嗣).

347 자(子): 그대. 여기서 정란씨를 가리킨다.

348 아후인(我後人): 저 같은 후손.

349 경(競): 기운이나 세력, 재력이 성하다. 여기서는 가문의 능력을 말한다.

350 욱(勖): 힘쓰다. 여기서는 (한 말씀)을 '적어주다, 보태주다.'로 풀이한다.

351 선덕(先德): 선백부(先伯父) 즉 돌아가신 큰아버지의 덕망, 덕행.

352 욕(辱): 욕보이다. 힘 들게 하다. 여기서는 '친구로 지내다, 대해주다, 여겨주다.'의 뜻이다.

353 민(憫): 불쌍히 여기다. 가엾게 생각하다.

354 유폐(遺幣): 행장(行狀), 유묵(遺墨) 등의 남긴 업적.

355 감수이경봉기선인지유폐(敢遂以卿奉其先人之遺幣): 감히 양경(楊卿)이 그의 돌아가신 큰 아버지의 업적을 받듦을 완수하도록.

356 빈인(擯人): 좇겨난 사람. 좌천된 사람.

357 육욕(戮辱): 큰 치욕.

之墓爲其改圖[358] [359]諸？” 卿伏階下, 泣弗興. 鄭爲之請益固. 則登其狀與幣於席, 而揖使歸曰：“吾徐思之.” 明日, 卿來伏階下泣. 又明日復來, 曰：“不得命, 無以卽喪次.[360]”館下之士多爲之請, 且言尙文之爲人曰：“尙文敦信狷直[361], 其居鄕不苟與[362], 所交必名士臣人, 視儕輩之弗臧者若浼焉. 嘗召其友飮, 狂士[363]有因其友願納歡[364]者, 與偕往. 尙文拒弗受曰：‘吾焉某, 不爲若.’ 其峻絶[365]如是.”陽明子曰：“其然, 斯亦難得矣. 今之人, 惟同汙逐垢, 弗自振立, 故風俗靡靡[366]至此. 若斯人, 又易得耶？”

因取其狀視之, 多若館下士之言焉, 乃許爲之志[367]：維楊氏之先, 居揚[368]之泰州, 祖廉, 爲監察禦史, 擢參議貴陽, 卒座遂家焉[369]. 考祥[370], 終昭化縣尹[371]. 生三子：伯敎；仲敞, 卽尙文；季敬, 宰荊門[372]之建陽驛. 尙文始從

---

358 개도(改圖): 계획을 바꾸다(변경하다).

359 이명인지묘위기개도(以銘人之墓爲其改圖): 남의 묘에 명을 지어 좌천된 신세를 바꾸다.

360 무이즉상차(無以卽喪次): 장례를 치르러 갈 수 없다.

361 돈신견직(敦信狷直): 성실하고 믿음직하며, 꿋꿋하고 강직하다. ‘돈신(敦信)’은 ‘성실하고 믿음직하다’이며, ‘견직(狷直)’은 ‘꿋꿋하고 강직하다’이다.

362 구여(苟與): 함부로 교제한다.

363 광사(狂士): 예의 없는 선비(사람).

364 납환(納歡): 남의 환심을 사다.

365 준절(峻絶): 매우 준절한 성품.

366 미미(靡靡): 퇴폐적이다.

367 지(志): ‘묘지명(墓誌銘)’ 혹은 그것을 쓰려는 뜻.

368 양(揚): 중국 강소성 양주(揚州)이다. 태주(泰州)는 그에 속한다.

369 졸좌수가언(卒座遂家焉): 돌아가신 후에 가족들이 드디어 그곳에서 살림을 하게 되다.

370 고상(考祥): 부친[考] 양상(楊祥).

371 소화현윤(昭化縣尹): 소화의 현지사. 소화(昭化)는 현 이름이다. 중국 사천성(四川省) 보녕부(保寧府)에 속한다. 현윤(縣尹)은 옛날 현지사이다.

372 형문(荊門): 지금 중국 호북성(湖北省)에 형문(荊門)시이다.

同郡都憲徐公[373]授『易』. 尋擧鄕薦, 中進士乙榜, 三爲司訓[374]廬江, 溧陽, 平樂[375], 總試事於蜀. 末用大臣薦, 擢尹桂林陽朔縣. 瑤頑, 弗卽工[376]者累年, 尙文諭以威德, 皆相率來受約束, 供賦稅. 流移[377]聞之, 歸復業者以千數. 部使者以聞, 將加擢用, 而尙文死矣. 得年僅五十有五. 又無嗣.天於善人何哉！然尙文所歷, 三庠之士思其敎, 陽朔之民懷其惠, 鄕之後進高其行, 其與身沒而名踣[378]. 又[379]爲人所穢鄙[380]者, 雖有子若孫何如哉？娶同郡阮氏瑞, 新昌主簿[381]君女. 尙文雖無子, 有卿存焉, 猶子也.

銘曰：獅山[382]之麓, 有封[383]若斧. 左岡右砠[384], 栩栩其樹. 爰有周行[385], 於封之下. 鄕人過者, 來視其處, 曰："嗚乎！斯楊尹之墓耶？"

양삭현陽朔縣 지현知縣 양상문楊尙文의 묘지명

양명 선생이 귀양貴陽에 유배되어 지낼 때, 상복을 입고 지팡이를

---

373 도헌서공(都憲徐公): 즉 서도헌(徐都憲)이다. 「서도헌동유남안차운(徐都憲同遊南庵次韻)」시를 참고 하시기를 바람.

374 사훈(司訓): 훈도(訓導)와 같은 직책으로 학당에서 학생들을 가르치는 교수의 역할을 한다.

375 여강(廬江): 군 이름이다. 지금 중국의 안휘성(安徽省)에 있다. 여강(廬江): 현 이름이다. 중국 강소성 (江蘇省)에 있다. 평락(平樂): 부府이름인데 광서성(廣西省) 능운현(陵雲縣) 동쪽에 있다.

376 즉공(卽工): 농사일에 종사하다.

377 유이(流移): 밖에서 유랑하는 사람.

378 신몰이명북(身沒而名踣): 사람은 죽어서 명성도 없어진다.

379 기여(其與)~우(又): ~뿐만 아니라 게다가 또~.

380 예비(穢鄙): 더러운 일. 수모를 당하는 일.

381 신창주부(新昌主簿): 신창의 주부. 신창은 옛날 현 이름이다. 지금 중국 강소성에 있다. 주부(主簿)는 관서의 문서와 부적(符籍)을 주관하던 관직이다.

382 사산(獅山): 즉 사자산(獅子山)이다. 귀양(貴陽)에 두 개 있는데 하나는 성의 서쪽에 있고, 하나는 성의 동쪽에 있다.

383 봉(封): 무덤.

384 저(砠): 돌산.

385 주행(周行): 큰 길.

든 어떤 사람이 있었는데, 향진사鄕進士 정난씨鄭鑾氏를 따라 와서 요청하여 말하였다. "양삭지현 양상문楊尙文이 세상을 떠났습니다. 그의 조카 양경楊卿이 와서 나(=정난(鄭鑾))에게, "큰아버지가 작고하셨는데 후사後嗣가 없습니다. 선생께서도 아시겠지만 저 같은 후손도 별로 힘이 없습니다. 당대의 이름난 선비가 묘비에 한 말씀하여 빛내주지 않는다면 장차 돌아가신 큰아버님의 사적은 거의 없어질 것입니다. 선생께서는 큰아버님과 알고 지낸지 오래되었는데, 의당 매우 불쌍하게 여기실텐데, 어떻게 하면 되겠습니까?"라고 하였습니다. 감히 양경楊卿이 그의 돌아가신 큰 아버지의 업적을 받듦을 완수하도록 계단 아래에서 재배하며 청합니다."

양명 선생이 대답했다. "아! 나는 쫓겨난 사람이라 큰 욕됨을 감당할 겨를조차 없는 것을 두려워하는데, 어찌 남의 묘에 명을 지어 좌천된 처지를 바꿀 수가 있겠습니까? "

양경楊卿이 계단 아래에서 엎드리고 울면서 일어나지 않았다. 정난이 양명에게 요청하는 것도 점점 완고해졌다. 이어 양경楊卿이 올라와서 그의 돌아가신 큰아버지 양상문의 행장과 유목을 자리에다 내려놓았다. 그래서 나는 돌아가는 손님에게 인사[揖]를 하며 말했다. "제가 천천히 한번 생각해 보겠습니다." 다음 날, 양경楊卿이 다시 와서 계단에 엎드리고 읍소泣訴하였다.

다시 그 다음 날에 와서 말했다. "[묘지명을] 써 주시지 않는다면 장례를 치르러 갈 수 없습니다." 관청에 있는 여러 선비도 그를 위하서 청하는 사람이 많았다. 또 양상문의 사람됨에 대해서도 말했다. "양상문은 성실하고 믿음직하며 성격이 꿋꿋하고 강직하니, 그가 고을에 있을 때 함부로 교제하지 않으며 교제하는 분도 반드시 이름난 선비와 관리였고 동료 중에서 착하지 않은 자를 보게 되면 마치 더러운 것을 보듯이 여겼습니다. 일찍이 그의 벗들을 불러 술을 마시려 했는데, 무례한 선비狂士가 그의 벗을 따라 그의 환심을 사려고 그 곳으로 갔다. 양상문은 무례한 선비를 거절하고 받아들이지 않으며 말했습니다. '나는 아무개를 위해 즐기려는 것이지 당신을 위한 자리가 아닙니다.' 양상문의 매우 준절한 성품은 이와 같았습니다."

양명 선생이 말했다. "그가 그러한 경우였더라면, 이런 (양상문 같은) 사람을 또 얻기 어려웠을 것입니다. 요즈음 사람들은 함께 허물을 좇고 함께 더러워지고자 하고, 스스로 떨쳐 일어설 줄을 모르니, 그 때문에 풍속이 퇴폐적인 지경에 이르렀습니다. 만약 이러한 사람이라면, 어찌 다시 쉽게 얻을 수 있겠습니까?"

이렇게 해서, 그(양상문)의 행장을 얻어 살펴보았더니 관청에 있는 여러 선비의 말과 같아서, 이에 (사람들의 뜻을 받들어) 다음과 같이 묘지명을 쓸 것을 수락하였다:

"양씨楊氏의 조상은 양주揚州에 속하는 태주泰州에 거주하였으며, 조부 양렴楊廉은 감찰어사가 되었다가 귀양貴陽에서 참의參議로 발탁되었고, 돌아가신 후에 가족들이 드디어 그곳에서 살림을 하게 되었다. 부친 양상楊祥은 소화현윤昭化縣尹으로 벼슬을 마쳤다. 그는 세 명의 아들을 두었는데, 맏아들은 양효楊斅, 둘째 아들은 양창楊敞인데, 즉 양상문楊尙文이다. 막내아들은 양경楊敬인데, 형문荊門 지방의 건양역建陽驛에서 관리를 지냈다.

양상문은 처음에는 한 고을에 살았던 서도헌徐都憲에게 『역경易經』을 배웠는데, 얼마 후 향鄕에서 관리로 천거됨을 거쳐, 진사進士 을방乙榜에 합격하였고, 여강廬江·율양溧陽·평락平樂에서 세 번이나 통판通判을 지냈고, 촉蜀지방에서 총시總試의 업무를 보았다. 말년에는 대신의 추천을 받아, 계림桂林 지방 양삭현령陽朔縣令으로 발탁되었다. 요족猺族은 어리석어서 농사일에 종사하지 않은 것이 몇 년이나 되었다. 양상문은 위엄과 덕으로 그들을 타일러서, 모두 데려와서 부세賦稅를 지원해 주겠다고 약속했다. 요족의 유이민流移民들은 그 소식을 듣고 고향으로 되돌아와 다시 농사짓는 자가 천 명이나 되었다. 부사部使가 그러한 이야기를 듣고 장차 양공을 발탁하려 하였다. 그러나 공이 별세하였다. 그때 나이 겨우 55세였다. 또 후사가 없었다. 하늘이 착한 사람에게 어찌 이렇게 했을까. 그러나 양공이 역임했던 세 곳 학교의 선비들은 그의 가르침을 그리워하였으며, 양삭현의 백성들도 그의 은혜를 가슴속에 묻어 두었고 고을의 후배들도 그의 덕행을 고상하게 여겼다. 그런데 죽고 나면 그의 명성도 없어질 뿐더러, 게다가 사람들에게 수모를 당하는 일까지 생긴다면, 비록 아들과 손자가 있다 해도 어찌할 것인가? 공은 한 고을에 살았던 완서阮瑞와 결혼했는데, 신창현新昌縣 주부主簿를 지낸 분의 따님이셨다. 양상문은 비록 자식을 두지 못했지만 조카 양경楊卿이 살아 있으니 마치 자식과도 같다."

묘지명에서 또한 이렇게 말했다:

"사자산獅子山의 기슭에 도끼모양의 무덤을 만들었네. 왼쪽에는 언덕이 있고 오른쪽에는 울퉁불퉁한 돌산이 있다네. 그곳에는 나무들이 생기 넘치게 심겨져 있네. 이에 큰 길이 있는데 무덤의 아래쪽이라네. 이곳을 지나가는 고을 사람은 그곳을 보고 말할 것이네. '아아, 여기가 양삭지현의 묘소로구나!'"

4장

거이시居易詩

●청평위[1]즉사清平衛即事 **청평위에서 바로 짓다**

積雨山途喜乍晴,	오래 비 내리던 산길이 잠깐 개어 기쁜데,
晚雲浮動水花明.	저녁 구름 떠 갈 때 물가의 꽃이 예쁘구나.
故園日與青春遠,	고향의 동산은 날마다 청춘과 함께 멀어져 가고,
敝緼[2]凉思白苧輕.	해진 옷을 입은 나는, 점점 추워지는 가을에, 흰모시옷의 따뜻함을 그리워하네.
煙際卉衣[3]窺絶棧[4],	안개 속, 풀로 만든 옷 입은 오랑캐들이 험준한 잔도棧道를 엿보고,
峰頭戍角隱孤城.	봉 머리 병사들이 외로운 성에 숨네.
華夷節制[5]嚴冠履,	중원과 오랑캐에 예절이 만들어져 관冠과 신발이 엄격히 다른 데,
漫說殊方[6]列省卿[7].	함부로 먼 지방[=귀주] 역소役所의 장관 설치를 이야기 하네.

1 청평위(清平衛): 지명. 『귀주통지(貴州通志)』: 홍무22年 6월에 설치했다. 즉 지금 귀주(貴州)의 개리시(凱里市)다.

2 폐온(敝緼): 폐(敝): 해어지다, 닳아서 떨어지다. 온(緼): 헌솜. 헌솜으로 만든 해어진 솜옷을 입다. 『논어』「자한(子罕)」: 공가가 말씀하시기를 "여우나 오소리의 모피로 만든 옷을 입은 사람과 함께서다.(子曰: 衣敝緼袍, 與衣狐貉者立, 而不恥者, 其由也與!)"라고 하였다. 백저(白苎): 염색하지 않은 삼배 혹은 저포.

3 훼의(卉衣): 풀로 만든 옷, 도롱이 등 거친 옷을 가리킨다. 남방민족 전통복장.

4 절잔(絶棧): 험준한 잔도. *원주: 時土苗方讐殺.

5 절제(節制): 예절(예법)이 만들어지다.

6 수방(殊方): 중원과는 다른 지방이다. 여기서는 귀주(貴州)를 가리킨다.

7 성경(省卿): 역소(役所)의 장관.

●초지룡장[8]무소지결초암거初至龍場無所止結草庵居之

처음 용장에 이르러 머물 곳이 없어 초막을 지어 거처했다

草庵不及肩,	초막이 높이가 어깨보다 낮으나,
旅倦體方適.	나그네의 지친 몸 바야흐로 쉬겠네.
開棘自成籬,	가시덤불을 열어 헤치니 절로 울타리가 되고,
土階漫無級.	흙 계단은 편편하여 높낮이도 없네.
迎風亦蕭疏,	바람이 불어와도 가릴 수 없고,
漏雨易補緝.	비가 새어든들 막기가 쉬울 손가.
靈瀨[9]響朝湍[10],	아름다운 여울 소리는 아침을 휘감아 돌고,
深林凝暮色.	깊은 수풀에선 저녁 빛이 짙어오네.
群獠[11]環聚訊,	마을 사람들이 몰려와 나랑 둘러앉아 안부 묻는데,
語龐意頗質.	말은 억세고 뜻도 자못 질박하네.
鹿豕且同游[12],	사슴과 돼지도 또한 함께 노니니,
茲類猶人屬.	이런 무리들도 오히려 사람과 같을 손가.
汙樽映瓦豆[13],	땅을 파서 만든 술독이 술 퍼마시는 두 손을 비추는데,

8 용장(龍場): 지금의 수문현(修文縣)이다. 왕양명이 좌천된 곳이다. 명나라 때는 귀양(貴陽)을 속하고 역참을 설치했다.

9 뢰(瀨): 여울.

10 단(湍): 소용돌이 치다. 휘감다.

11 료(獠): 고대 중국 서남 지역의 소수민족을 가리킨다.

12 녹시차동유(鹿豕且同游): 『맹자』「진심(孟子·盡心)」에 “순임금이 깊은 산중에 거쳐하실 적에 목석과 함께 거처하시고, 사습과 멧돼지와 함께 노시니, 깊은 산 속의 야인과 다른 것이 별로 없으셨다.[舜之居深山之中與木石居與鹿豕遊其所以異於深山之野人者幾希]”라는 구절이 있다.

13 와두(瓦豆) : 도자기로 만든 식기 혹은 굽 달린 그릇. 고대의 예기(禮器)로 하늘에 제사할 때 썼다.

盡醉不知夕. 종일토록 취하여 해지는 줄 모르네.
緬懷黃唐[14]化, 아득히 황제와 요임금의 교화를 생각해보니,
略稱茅茨[15]跡. 아마도 띳집 흔적 비슷했겠네.

●시득동동[16]수개위양명소동천 삼수始得東洞遂改爲陽明小洞天三首
처음으로 동동東洞**을 얻어 그것을 양명소동천**陽明小洞天**으로 고치고 지은 세 수**

其一 제1수
古洞閟[17]荒僻[18], 옛 동굴은 버려져 으슥한 구석을 숨기고,
虛設疑相待. 그 텅 곳이 마치 누구를 기다리는 듯 하네.
披萊[19]歷風磴[20], 명아주에 뒤덮힌 채 바람 맞는 돌 비탈길로,
移居快幽塏[21]. 시원하고 조용한, 언덕진 땅으로 옮겨 가.
營炊就岩竇, 바위 구멍에다 불 지펴 밥하고,
放榻[22]依石壘. 평상 차림은 쌓인 돌무더기에 의지했네.

---

14 황당(黃唐): 황제(黃帝)와 당요(唐堯).
15 모자(茅茨) :『사기(史記)』「태사공자서(太史公自序)」에, 요(堯) 임금과 순(舜) 임금은 "흙으로 섬돌을 세 칸 올렸고, 띠풀로 지붕을 얹으면서 가지런하게 자르지도 않았다.(土階三等茅茨不剪)"는 묵자(墨子)의 평가가 나온다.
16 동동(東洞): 중국 귀양 수문(修文)현에서 동쪽으로 1.5km 떨어진 곳에 있다. 양명소동천(陽明小洞天): 즉 지금의 양명동이다. 여요(餘姚)는 원래 양명동이 있기 때문에 만력년간 운남(雲南) 참정(參政) 나여방(羅汝芳)이 비석을 세워 "양명별동(陽明別洞)"이라고 칭했다.
17 비(閟): 닫다. 숨기다. 깊다. 으슥하다.
18 황벽(荒僻): '황'은 '버리다, 폐기하다. '벽'은 '아주 구석지고 으슥하다'는 뜻이다.
19 피래(披萊): '명아주[萊]'에/를 '덮다/덮히다, 입다, 걸치다[披]'는 뜻이다.
20 등(磴):돌 비탈길.
21 개(塏): 높은 땅. 언덕빼기. 언덕진 땅.
22 방탑(放榻): 평상을 놓다.

穹窒旋薰塞[23],	벽 구멍 막고 두루 연기로 쥐 쫓고,
夷坎仍灑掃.	구덩이를 메우고 물 뿌리고 쓴다.
卷帙漫堆列,	책은 멋대로 쌓아 두었거늘,
樽壺動光彩.	술동이와 그릇이 광채를 내네.
夷居信何陋[24],	여기 오랑캐 땅에 사니 참으로 누추하나
恬淡意方在.	오직 담박한 뜻은 바로 여기에 있다네.
豈不桑梓[25]懷?	어찌 고향이 그립지 않을까마는
素位[26]聊無悔.	지금의 자리도 그럭저럭 후회는 없다.

其二	제2수
童僕自相語,	종들은 저들끼리 떠들어대며,
洞居頗不惡.	동굴에 사는 것도 그리 나쁘지 않다 하네.
人力免結構,	사람의 힘으로 얽고 짜기를 면해주고,

---

23 궁질선훈새(穹窒旋薰塞) : 『시경』「빈풍·칠월(豳風·七月)」에 "구멍을 틀어막고 연기 피워 쥐를 쫓고, 북창에 문풍지 하고 지게문에 흙 바르자(穹窒熏鼠 塞向墐戶)"라는 구절이 있다. 집을 두루 수리한다는 뜻이다.

24 하루(何陋): 『논어』「자한편(子罕)」에 "子欲居九夷，或曰：'陋，如之何？'子曰'君子居之，何陋之有？'"라는 구절에서 나왔다. 군자는 어디에 처하여도 누추하지 않다는 뜻이다.

25 상재(桑梓): 『시경』「소아·소변(小雅·小弁)」에 "뽕나무와 가래나무에도 반드시 공경심이 일어난다.(維桑與梓必恭敬止)"하였다. 『오대사(五代史)』에서 왕건립(王建立)이 말하기를 "뽕나무는 삶을 기르고, 가래나무는 죽은 이를 보낸다. 이것이 뽕나무와 가래나무가 꼭 공경 받는 이유"라고 하였다. 뽕나무는 누에를 걸러 길쌈을 하게 하고, 가래나무로는 관(棺)을 만들기 때문이다. 선인들이 이 소중한 나무를 심었기 때문에 뒤의 자손들이 선인들을 생각하면 이 뽕나무와 가래나무에 대해 공경하는 마음이 일어난다는 것. 그래서 이후 상재는 고향 마을을 뜻하게 되었다.

26 소위(素位) : 현재의 위치. 『중용(中庸)』에 "현재 오랑캐 당에 있다면 오랑개의 풍속대로 행할 뿐이다. [素夷狄，行乎夷狄]"라는 구절이 있다. 군자는 그 처한 바에 따라 최선을 다할 뿐이라는 말이다.

天巧謝雕鑿.	하늘의 기교는 끌로 새기고 파는 일을 사양하네.
淸泉傍廚落,	맑은 샘물은 부엌 곁으로 떨어지고,
翠霧還成幕.	푸른 안개는 집을 둘러 장막이 되네.
我輩日嬉偃,	종들이 날마다 딩굴딩굴 놀고,
主人自愉樂.	주인은 스스로 즐거워하네.
雖無棨戟[27]榮,	비록 창 들고 앞을 호위하는 영화는 없으나,
且遠塵囂聒.	무엇보다 사람 많고 시끄러움에서 멀어질 수 있네.
但恐霜雪凝,	다만 두려운 것은, 서리와 눈이 쌓일 때,
雲深[28]衣絮薄.	찬 기운이 깊이 파고드는데 옷의 솜이 엷다는 것.

其三	제3수
我聞莞爾笑,	내 듣고서 빙그레 웃고,
周慮愧爾言.	두루 염려한 것 말하기 부끄럽네.
上古處巢窟,	상고시대엔 나무 위나 굴속에 거처하였고,
抔飮皆汙樽[29].	땅을 파서 술을 담아놓고 손으로 떠먹었네.
沍極陽內伏,	지극한 추위에 양 기운이 숨어 있다,
古穴多冬暄.	오래된 동굴은 겨울철엔 참으로 따뜻하기도 하지.

27 계극(棨戟): 고대 의장대에 사용하는 병기.
28 운심(雲深): '습기(=찬 기운)가 많다, 습기가 깊이 파고든다.'는 뜻이다.
29 부음개오존(抔飮皆汙樽): 즉『예기(禮記)』「예운편(禮運篇)」의 "오존부음(汙樽抔飮)"에 나온다. '땅을 파서 술을 담아놓고 손으로 떠먹었네.'라는 뜻이다.

豹隱[30]文始澤,	표범은 숨어 있을 때 문채가 비로소 윤택해지고,
龍蟄[31]身乃存.	용은 칩거해 있는 게 도리어 몸 보존하는 일일세.
豈無數尺榱[32],	어찌 몇 자 되는 서까래 저택이 없겠는가.
輕裘[33]吾不溫.	가벼운 갖옷이라 해도 나는 따뜻해 하지 않으리.
邈矣簞瓢子,	아득하구나, 단식표음簞食瓢飮한 안자顔子여,
此心期與論.	이 마음을 언제 함께 논할 수 있을까.

●적거절량청학우농장전남산영언기회謫居絶糧請學于農將田南山永言[34]寄懷

귀양지에서 양식이 떨어져 농사일을 배우기를 청하고 남산에서 밭을 일구며 품은 생각을 말해보다.

謫居屢在陳[35],	좌천지에서 자주 양식이 떨어지니
從者有慍見.	시종이 언짢아하는 얼굴을 보이네.

---

30 표은(豹隱): 표범은 안개비가 내릴 때 털빛을 상할까봐 밖으로 나오지 않는다. 그래서 삼림에 숨어 사는 것을 비유한 말.

31 용치(龍蟄): 은신하다.

32 수척최(數尺榱) : 몇 자나 되는 서까래 머리로 지은 저택. 즉『맹자』「진심하(盡心下)」에 나오는 "당고수인, 최제수척[堂高數仞, 榱題數尺]"(=집 높이[堂高]가 여러 길[數仞]이 되고, 서까래 머리[榱題]가 여러 자[數尺]나 된다)의 '덩그렇게 좋은 집'을 뜻한다.

33 경구(輕裘): 가벼운 가죽옷. 좋은 옷을 말한다.

34 영언(永言):『서』「순전(舜典)」에서는 "시는 생각을 말한 것이고 노래는 말을 길게 읊은 것이다[詩言志, 歌詠言]"라고 하였다. '영(永)'은 바로 '詠(영)'이다.

35 루재진(屢在陳) : 공자와 그 문도들이 진(陳), 채(蔡)의 사이에서 7일을 고립되어 양식이 떨어진 채 지냈다. 고로 공자가 진나라에 있는 것(在陳)은 양식이 떨어진다는 것을 가리킨다.

山荒聊可田,	거친 산비탈도 밭을 만들 수 있고,
錢鎛[36]還易辦.	가래와 호미를 쓰니 가꾸기가 쉽네.
夷俗多火耕,	오랑캐의 풍속엔 화전법이 많아,
仿習[37]亦頗便.	배워 익히기 자못 편하니.
及玆春未深,	봄이 다가지 않는 이때쯤에,
數畝猶足佃.	몇 마지기 땅 마련에 만족하네.
豈徒實口腹?	어찌 다만 먹고 사는 일 만이겠는가?
且以理荒宴[38].	장차 지나친 쾌락일랑 다스려야 하리.
遺穗及鳥雀,	떨어진 이삭들은 새들 몫이고
貧寡發餘羨[39].	남은 곡식은 가난한 이에게 베풀리.
出耒在明晨.	내일 아침에는 가래질을 해야 하리.
山寒易霜霰[40].	산간에 추위 시작되면 서리와 싸락눈 금새 닥치리니.

●관가觀稼[41]	**농사 일 하는 것을 보다**
下田既宜稌[42],	아래 쪽 밭은 벼 심기에 알맞고,
高田亦宜稷.	높은 쪽 밭은 메기장 심기에 알맞네.
種蔬須土疏[43],	채소 심으려면 땅이 푸슬푸슬해야 하고,

36 전박(錢鎛): 가래와 호미. 『시경』「주송·신공(周頌·臣工)」에서 "가래와 호미를 갖추게 하시니(庤乃錢鎛)"라는 구절이 있다.

37 방습(仿習): 배워 익히다.

38 황안(荒宴) : 지나치게 연락(宴樂)에 빠지는 일.

39 여선(餘羨): '여'도 '선'도 '남는 것, 여분'의 의미.

40 상산(霜霰): 서리와 싸라기눈.

41 가(稼): 심다.

42 도(稌):찰벼.

43 소(疏): 성글다. 찰지지 않다. 푸슬푸슬하다.

種蕷須土濕[44]. 산 감자 심는 데는 땅이 촉촉해야 한다.
寒多不實秀[45], 추위가 심하면 이삭이 패지 못하고,
暑多有螟螣. 더위가 심하면 나방과 풀무치가 기승하네.
去草不厭頻[46], (밭의) 잡초 자주 뽑아주는 일 싫다 않고,
耘禾不厭密[47]. 벼논에 꼼꼼히 김매는 일 번거롭다 않네.
物理既可玩, 만물의 이치 이미 즐기고 있으니,
化機還默識. 변화의 기미 묵묵히 알아가네.
即是參贊功[48], 바로 천지의 일에 참여하는 일이니,
毋爲輕稼穡[49]! 심고 거두는 농사 일 가벼이 여기지 말라!

●채궐採蕨 **고사리를 캐세**

採蕨[50]西山下[51], 서산 아래에서 고사리를 캐다가,

44 습(濕): 습하다. 촉촉하다.

45 실수(實秀) : 이삭이 패다(여물다). 『詩經(시경)』 「大雅·生民(대아·생민)」에 "이삭 패어 여물어(實發實秀)" 라는 말이 나온다.

46 빈(頻): 자주.

47 밀(密): 매매, 세세히. 촘촘히.

48 참찬공(參贊功): 우주의 질서에 참여하고(參天地) 그 천지의 화육을 돕는(贊化育) 일(功)의 뜻이다. 『중용장구』 제22장의 "만물의 본성을 다하면 천지의 화육을 도울 것이요, 천지의 화육을 도우면 천지와 더불어 참여하게 될 것이다.[能盡物之性, 則可以贊天地之化育,可以贊天地之化育, 則可以與 天地參矣]"에 나온다.

49 가색(稼穡): 심고 거두다. 곡식 농사를 말함.

50 궐(蕨): 고사리.

51 서산(西山): 수양산을 말한다. 『사기』 「백이열전(伯夷列傳)」의 "저 서산(=수양산)에 올라서 고사리를 캤도다. [登彼西山兮 , 采其薇矣]"라는 구절이 나온다. 따라서 "서산 아래에서 고사리를 캐다가…"라는 표현은 백이, 숙제처럼 은자로서 살아가고 있음을 은유한다.

攀援[52]陟[53]崔嵬[54].	저 돌산 꼭대기를 부여잡으며 오르네.
遊子[55]望鄉國[56],	나그네가 고향을 바라보니
淚下心[57]如摧[58].	눈물이 흘러내려 가슴을 찢을 듯하네.
浮雲塞[59]長空[60],	뜬 구름은 높고 먼 하늘을 덮고,
頹陽[61]不可回.	떨어지는 해는 되돌릴 수가 없네.
南歸斷舟楫[62],	남으로 돌아가려해도 배의 노는 끊어졌고,
北望多風埃[63].	멀리 북쪽을 바라보니 풍진으로 가득하네.
已矣供[64]子職[65].	그만두었는가, 자식으로서 부모 받드는 직분을.
勿更貽[66]親哀!	다시 어버이에게 슬픔을 남기지 말아야하리.

●서원西園　　서쪽 동산

52 반원(攀援): '반'은 '더위잡다, 달라붙다, 무엇을 붙잡고 오르다, 당기다', '원'은 '당기다, 잡다, 매달리다'는 뜻. 따라서 반원은 무언가를 '부여잡고 오르다'는 뜻이다.

53 척(陟):오르다.

54 최외(崔嵬): 산이 오뚝하고 험하다. 『시경』「국풍·주남·권이(國風·周南·卷耳)」에 "저 높은 산에 올라 가려니, 내 말은 지쳐있네[陟彼崔嵬, 我馬虺隤]"라고 나온다.

55 유자(遊子): 나그네.

56 향국(鄉國): 고향. 국은 '고향, 지방'의 뜻이다.

57 심(心): 마음, 심장=가슴.

58 최(摧): 꺾이다, 부러지다, 무너지다. 여기서는 '찢다/찢어지다'로 번역하였다.

59 색(塞): 덮다, 가리다.

60 장공(長空): 높고 먼 하늘.

61 퇴양(頹陽): 기우는(떨어지는) 해(태양).

62 주즙(舟楫): 배의 노. 배를 은유한다.

63 풍애(風埃): 바람과 먼지. 풍진.

64 공(供):받들다.

65 자직(子職): 부모를 섬기는 '자식의 직분'을 말한다. 『맹자』「만장·하(萬章·下)」에 "자식의 직분을 다했을 뿐이다.[共爲子職而已矣]"라는 구절이 보인다.

66 이(貽): 남기다. 주다.

方園不盈[67]畝[68],	네모난 동산이 한 뙈기도 안 되는데,
蔬卉[69]頗成列[70].	채소와 꽃이 제법 이랑을 이루었네.
分溪[71]免甕灌[72],	시내 물을 끌어오니 동이 들고 물 길어 나르는 일면하고,
補籬[73]防豕蹢[74].	울타리 수리하여 멧돼지의 출입을 막는다.
蕪草[75]稍[76]焚薙[77],	우거진 풀은 바야흐로 태우고 베고,
淸雨夜來[78]歇[79].	맑은 비가 밤이 그치니
濯濯[80]新葉敷[81],	산뜻하게 새 잎 돋아나고,
熒熒[82]夜花發.	반짝반짝 밤꽃이 피네.
放鋤[83]息重陰,	호미 내려놓고 짙은 그늘에서 쉬고,
舊書漫披閱[84].	옛 책을 맘대로 펼쳐 본다.

67 영(盈): 차다, 채우다, 미치다.
68 무(畝): 이랑.
69 소훼(蔬卉): 채소와 꽃.
70 열(列): 고랑. 이랑.
71 분계(分溪): 시내를 끌어와서 물을 주는 것을 말한다. 따라서 동이 들고 물을 운반할 필요가 없다.
72 옹관(甕灌): '옹기'로 물을 길어 날라 '물주는' 것을 말한다.
73 보리(補籬): 울타리를 수리하다.
74 시적(豕蹢): 산돼지=멧돼지의 굽. 멧돼지의 출입을 말한다.
75 무초(蕪草): 우거진(무성한) 풀.
76 초(稍): 바야흐로, 드디어, 마침내.
77 분치(焚薙): 태우고 베다.
78 야래(夜來): 야간. 밤.
79 헐(歇): 쉬다. 그치다.
80 탁탁(濯濯): 밝고 깨끗하며, 밝게 빛나는 모양.
81 부(敷): 펴다, 퍼지다, 피다.
82 형형(熒熒): 빛나다, 번쩍이다.
83 방서(放鋤): 호미를 내려놓다.
84 만피열(漫披閱): 맘대로(멋대로) 펼쳐서(펴서) 보다.

倦[85]枕[86]竹下石,	대나무 아래 돌을 게을리 베개 삼아 베고 누워
醒[87]望松間月.	또렷이 소나무 사이 달을 쳐다본다.
起來步閑謠,	아침에는 일어나서 한가로이 노래하며 거닐고,
晩酌簷下[88]設.	저녁에는 처마 아래에다 술자리를 마련한다.
盡醉即草鋪[89],	잔뜩 취하면 풀을 이불삼아 눕고
忘與鄰翁別.	이웃 노인에게 잘 가란 인사말도 까먹는다.

●**무매 이수**無寐二首	**잠이 오지 않아. 두수**
其一	제1수
煙燈曖[90]無寐,	연등은 희미한데 잠을 못 이뤄
憂思坐長往[91].	근심스런 생각, 먼 곳으로 내달리는 채로 지새네.
寒風振喬林,	찬바람은 교목 숲을 울리고,
葉落聞窗響.	잎이 떨어져 창문을 부딪는 소리 들리네.
起窺庭月光,	일어나 뜰의 달빛을 엿보니,
山空游罔象[92].	산은 텅 비고 허깨비들이 놀고 있네.

---

85 권(倦): 게으르게.
86 침(枕): (베개를 삼아) 베다, 드러눕다, 잠자다.
87 성(醒): 또렷한 정신으로.
88 첨하 (簷下): 처마 아래.
89 초포(草鋪):풀을 깔개(담요)로 한다. 즉 풀에 드러눕는 것을 말한다.
90 애(曖): 희미하다, 흐리다, 어둡다.
91 좌장주(坐長往): 먼 곳으로 내달리는 채로 지새네. '좌'는 어떤 상태를 '지키다, 머무르다'의 뜻.
92 망상(罔象): 허깨비. 낯이 푸르고 몸과 털이 붉은 물귀신 혹은 목석(木石)의 귀신.

懷人阻積雪.	사람을 그리우나 쌓인 눈이 가로막네.
崖冰[93]幾千丈.	벼랑의 얼음은 몇 천 길인가.
其二	제2수
窮崖[94]多雜樹,	외진 벼랑엔 잡목들이 많고
上與青冥[95]連.	위로는 푸른 하늘이 이어지네.
穿雲下飛瀑[96].	구름을 뚫고 나는 듯이 세찬 폭포가 떨어지네.
誰能識其源?	누가 능히 그 근원을 알까?
但聞清猿[97]嘯[98],	다만 맑은 소리 내는 원숭이 울음을 듣고,
時見皓鶴[99]翻[100].	때맞춰 흰 학이 나는 것을 본다.
中有避世士,	이 가운데 세상을 피한 선비 있어,
冥寂[101]棲其巔[102].	어둑하고 고요히 그 산꼭대기에 살고 있다.
繄[103]予亦同調,	아아, 나 또한 그 선비에 동조하나
路絶難攀緣[104].	길이 끊어져 부여잡고 오르기 어렵네.

『국어(國語)』「노어(魯語)」에 "망상은 물속에 귀신이다.[水之怪龍, 罔象]"라고 있다.

93 애빙(崖冰): 벼랑(낭떠러지)의 얼음. 혹은 벼랑처럼 깎아지른 듯 얼어붙은 모양.

94 궁애(窮崖): 외진 벼랑.

95 청명(青冥): 푸른 하늘. '명'은 하늘.

96 비폭(飛瀑): (아주 높은 곳에서 쏟아지는) 나는 듯이 세찬 폭포.

97 청원(清猿): 맑은 소리 내는 원숭이. 처량하고 애절한 소리를 내는 원숭이로 번역하는 수도 있다.

98 소(嘯): 울부짖음.

99 호학(皓鶴): 흰 학.

100 번(翻): 날다.

101 명적(冥寂): 어둑하고(아둔하고) 고요히.

102 령(巔): 산꼭대기. 산마루.

103 예(繄): 탄식의 어조사. 아!

104 반연(攀緣): 부여잡고 기어오르다.

●앵무화호[105]운鸚鵡和胡韻 앵무새_ 호소참胡少參이 지은 시의 운자를 써서 답시를 지음

鸚鵡[106]生隴西[107],	앵무새는 농서에서 나는 새인 것을,
群飛恣鳴游.	무리지어 날고 멋대로 울고 노니니.
何意虞羅及[108]?	어찌 알았으랴? 주나라 사냥 관리 우인虞人의 그물이 몸에 떨어질 줄을.
充[109]貢來中州[110],	공물에 들어 수도에 이르러
金絛[111]縻[112]華屋[113],	금줄로 짠 호화스러운 황금 새장에 묶여
雲泉謝[114]林丘.	구름 덮힌 샘물에 숲 속의 언덕과 결별했네.
能言實階[115]禍,	말 잘하는 것이 실로 재앙을 초래하니
呑聲亦何求?	소리를 삼키고서 또 무엇에 힘 쏟을까?
主人有隱寇,	주인에게 숨은 도적이 있어
竊發聞其謀.	가만히 움직여서 그들의 모의를 들었네.
感君惠養德,	임금께서 길러주신 은덕에 감격하여,
一語思所酬.	한 마디 말로 은혜에 보답할 걸 생각하였네.

---

105 호(胡): 즉 호소참(胡少參)이다. 성이 호(胡), 이름이 홍(洪), 소참(少參)은 관직명이다. 명나라 정덕(正德)년 초에 귀주(貴州)의 참정이 되었다.

106 앵무(鸚鵡): 사람의 말을 잘 흉내 내는, 열대지방에 사는 새 이름.

107 농서(隴西): 농산(隴山)의 서쪽. 지금의 감숙성[甘肅省] 서쪽, 황하 동쪽 지역에 해당함.

108 우라(虞羅): 우인(虞人)의 그물. 우인은 주나라에서 삼림과 천택(川澤)의 짐승과 사냥에 관한 일을 맡았던 관리.

109 충(充): 갖추다, 채우다. (품목에) 들다.

110 중주(中州): 지금의 하남성(河南省). 여기서는 중원(中原) 혹은 수도를 가리킨다.

111 금조(金絛): 금줄.

112 미(縻): 얽어매다. 묶다.

113 화옥(華屋): 번화하게 꾸민 집. 화려한 집.

114 사(謝): 사양하다. 물러나다, 그만두다.

115 계(階): 인도하다. 이끌다.

懼君不見察,	그러나 임금이 살펴보지 않으시고,
殺身反爲尤.	도리어 목숨을 잃는 재앙을 초래할까 두렵네.

●채신 이수采薪二首	**땔나무를 하다. 두수**
其一	제1수
朝采山上荊,	아침엔 산 위의 가시나무를 베고
暮采谷中栗.	저녁엔 골짜기의 밤나무를 벤다.
深谷多淒[116]風,	깊은 골짜기엔 찬바람이 많이 불어
霜露沾[117]衣濕.	서리와 이슬 내려 촉촉이 옷이 젖는다.
采薪勿辭辛[118].	나무하면서 고달프다 말하지 말라.
昨來[119]斷薪拾.	근래에는 땔나무를 잘라서 주워 모으네.
晚歸陰壑底[120],	저녁이면 그늘진 골짜기 아래로 돌아와
抱甕還[121]自汲.	동이 안고 또 손수 물을 긷는다.
薪水良[122]獨勞,	땔나무 하고 물 긷는 일을 참으로 홀로 수고롭지만
不愧吾食力!	내가 힘들여서 먹고 사는 일이 부끄럽지 않노라.

其二	제2수

116 처(淒): 차다, 싸늘하다.
117 점(沾): 물이 배어 축축하게 되다. 젖다. 적시다. 여기서는 '촉촉이'로 읽었다.
118 신(辛): 괴롭다, 고생하다, 고달프다.
119 작래(昨來): 근래.
120 음학저(陰壑底): 그늘진 골짜기 아래.
121 환(還): 다시, 또.
122 량(良): 참으로, 진실로.

倚擔[123]青岩際, 푸른 바위 가에 걸터앉아
歷[124]斧崖下石[125]. 물기슭 아래 돌에다 도끼를 간다.
持斧起環顧[126], 도끼를 쥐고 일어나 빙 둘러보니
長松[127]百餘尺[128]. 장송은 크기가 백여 척이나 되네.
徘徊不忍揮, 배회하며 차마 휘두르지 못하고
俯略[129]澗邊棘. 엎드려 냇가의 가시나무를 자른다.
同行笑吾餒[130], 같이 간 사람이 나의 졸렬함을 비웃으며 말한다.
爾斧安用歷? "너의 도끼는 어디다 쓰려고 갈았는가?
快意[131]豈不能? 유쾌하게 어디 한번 잘 해보지도 않고?"
物材各有適. 물건은 각각 알맞은 자리 있다네.
可以相天子, 천자를 도울만한 재능을
衆稚詎足識! 여러 유치한 이들이 어찌 알리오!

●용강만홍[132] 오수[133]龍岡漫興五首 용강만홍 다섯수

---

123 의담(倚擔):의지하다. 기대다. 걸터앉다.
124 력(歷): 여기서는 '갈다'로 해석했다. 뜻이 잘 통하지 않는다.
125 애하석(崖下石): 물기슭 아래 돌.
126 환고(環顧): 빙 둘러보다.
127 장송(長松): 헌출하게 자란 큰 소나무.
128 척(尺): 발의 길이 만큼인 23~30cm 정도의 길이.
129 략(略): 다스리다. 치다. 자르다.
130 뇌(餒): 여기서는 '쪼그라들다. 졸렬하다'의 뜻.
131 쾌의(快意): 시원스러운 마음. 유쾌한 뜻.
132 만흥(漫興): 저절로 일어나는 흥취.
133 『왕양명전집』 19권 「용강신구(龍岡新構)」 용장(龍場)은 워낙 음습한 지역이라, 토굴 속에 살 수 없어 벌목하여 인빈당(寅賓堂), 하루헌(何陋軒), 군자정(君子亭), 완역와(玩易窩)와 작은 집을 지었다. 여러 학생들이 이 소식을 듣고 이곳에 모여 용강서원(龍岡書院)이라 부르기를 요청하여 서원이 탄생하게 되었다.(諸夷以予穴居

其一	제1수
投荒[134]萬里入炎州[135],	멀리 내던져져 만리 밖 뜨거운 지방에 들어와
卻喜官卑得自由.	도리어 관직이 낮아져 자유를 얻게 됨을 기뻐하네.
心在夷居何有陋[136]?	오랑캐 땅에 사는 것이 마음에 무슨 어려움이 있으랴?
身雖吏隱[137]未忘憂.	몸이 비록 낮은 벼슬 은자처럼 살지만 나라 걱정잊지 못하네.
春山卉服[138]時相問,	봄 산에는 자주 거친 옷차림으로 수시로 서로 문안하고
雪寨[139]藍輿[140]每獨游.	눈 내린 나무 울타리 안에서는 대나무 가마를 타고 언제나 홀로 노니네.
擬把犁鋤[141]從許子[142],	쟁기와 호미를 잡고 허유許由를 좇아 닮아

頗陰濕, 請構小廬. 欣然趨事, 不月而成. 諸生聞之, 亦皆來集, 請名龍岡書院)"

134 투황(投荒):멀리 변방지역(荒)으로 내던져지다(투(投): 유배/좌천되다).

135 염주(炎州): 화남(華南)의 뜨거운 지방.

136 하유누(何有陋): 공자가 동이족(東夷族)의 지역에서 살고 싶다고 하자[居九夷], 어떤 사람이 누추한 곳이라고 걱정을 하니, "군자가 살고 있다면 어찌 누추하겠는가.[君子居之 何陋之有]"라고 대답했던 고사가 있다. (『논어』「자한(子罕)」)

137 이은(吏隱): 낮은 관직에 몸담고 은자처럼 사는 것을 말한다.

138 훼복(卉服): 풀로 만든 옷. 오랑캐(蠻夷)의 풍속을 상징한다.

139 설채(雪寨): 눈 내린 나무 울타리(목책).

140 난여(藍輿): 대나무 가마. 뚜껑이 없는 의자 비슷한 작은 가마로 앞뒤 각각 두 사람이 어깨에 메게되어 있음.

141 려서(犁鋤): 쟁기와 호미. 농기구.

142 허자(許子) : 허유(許由)을 말한다. 전국시대 초나라 사람이다. 농본주의를 주장했다. 『맹자(孟子)』「등문공·상(滕文公·上)」에 보이는 인물로, 신농씨(神農氏)의 말대로 몸소 경작하며 밥을 지어 먹었   다고 한다.

	볼까 해봐도
謾將弦誦[143]止言游[144].	멋대로 거문고 타고 시 읊기로 자유子游 흉내 내기에 그칠 뿐이네.

其二	제2수
旅況蕭條[145]寄草堂[146],	객지에서 지내는 모양새 쓸쓸하게 초당에 사는데
虛簷[147]落日自生涼.	빈 처마 아래에 해 떨어지자 저절로 서늘하구나.
芳春[148]已共煙花[149]盡,	아름다운 봄은 이미 아련히 꽃 풍경과 함께 끝나고

143 현송(弦誦): 금슬을 타며 낭송하는 것으로 학업의 일종. 현송의 소리가 이어지는 곳이란 예교(禮敎)가 펼쳐진 유향(儒鄕)이라는 뜻이다. 주로 학교 교육을 가리킨다.

144 언유(言游): 공자 제자, 본명은 언언(言偃). 오(吳)나라 사람. 성이 언(言), 자는 자유(子游)이다. 공자가 무성에 이르렀을 때 거문고를 연주하면서 노래를 부르는 소리를 듣게 되었다. 공자는 웃으면서 말하였다. "닭 잡는 데에 어찌하여 소 잡는 칼을 쓰는 것인가?" 자유가 대답하였다. "이전에 저는 스승님께서 '군자가 예악을 배우면 사람을 사랑하고, 소인이 예악을 배우면 남을 부리기가 쉬워진다.'라고 말씀하시는 것을 들었습니다." 이를 듣고 공자가 대답하였다. "제자들아, 자유의 말이 옳다. 내가 방급한 말은 농담일 뿐이었느니라."[子之武城, 聞弦歌之聲, 夫子莞爾而笑曰:"割鷄焉用牛刀?" 子遊對曰:"昔者偃也聞諸夫子曰:'君子學道則愛人, 小人學道則易使也'." 子曰:"二三者! 偃之言是也. 前言戲之耳."]『논어(論語)』「양화편(陽貨篇)」

145 려황소조(旅況蕭條): 나그네로 객지에서 지내는 형편(旅況)이 매우 쓸슬하고 조용함(蕭條).

146 여(旅): 원본에는 '사(斯)'자로 되고 있는데 여기에서 고본에 따라 여(旅)자로 바꿨다.

147 허첨(虛簷): 빈 처마.

148 방춘(芳春): 꽃이 한창 핀 아름다운 봄. 꽃다운 나이.

149 연화(煙花):봄철의 경치. 춘경(春景). 여기서는 '아련한 꽃 풍경'으로 풀이했다. '연'은 연기나 안개낀 듯 아련한 모습을 말한다.

孟夏俄驚草木長.	초여름은 어느새 닥쳐, 길게 자란 초목에 놀라도다.
絶壁千尋[150]淩[151]杳靄[152],	천길 절벽은 둘러싼 짙은 안개 속을 솟아오르고
深岩六月宿冰霜.	깊은 바위 구멍엔 유월이지만 얼음서리 맺히네.
人間不有宣尼叟[153],	인간 세상에 공자가 없었더라면,
誰信申棖[154]未是剛?	누가 신장申棖이 강한 자 아니라는 걸 믿을까?

其三	제3수
路僻官卑病益閑[155],	길이 외지고 관직이 낮아, 그 병에 대해선 관심이 적어지고
空林惟聽鳥間關[156].	빈 숲 속에선 그저 새들 우짖는 소리만 들리네.

---

150 천심(千尋): 매우 높은 것을 말한다. 심(尋)은 두 팔을 벌린 길이. 7자[尺] 또는 8자.

151 릉(淩): 솟아오르다.

152 묘애(杳靄): 짙은 안개.

153 선니수(宣尼叟): 공자를 가리킨다. 공자의 이름은 구(丘), 자는 중니(仲尼)이다. 한(漢)의 평제(平帝) 가 공자에게 포성선니공(褒成宣尼公)이라는 시호(諡號)를 내린 뒤로 공자를 선니(宣尼), 선니공, 선 니수라 한다. 수는 늙은이, 노인.

154 신장(申棖): 공자의 제자다. 공자께서 "나는 아직 강직한 사람을 보지 못했다"라고 하시자 어떤 사람이 "신장입니다"라고 대답했다. 공자께서 말씀하셨다. "장은 탐욕스러운데 어떻게 강직할 수 있겠는가?"[子曰: "吾未見剛者." 或對曰: "申棖." 子曰: "棖也慾, 焉得剛?] (『논어』「공야장(公冶長)」) 고본에서는 장(棖)을 한(韓)으로 했는데 잘못이다.

155 한(閑): 관심이 적어지다. 신경 쓸 겨를이 없다.

156 간관(間關): 새 우는 소리를 말한다. 백거이(白居易) 『비파행(琵琶行)』의 "또르르 꾀꼬리 소리 꽃 아래 매끄럽고[間關鶯語花底滑]"에 보인다.

地無醫藥憑書卷,	이곳엔 의원도 약도 없어 오직 책에만 기대네.
身處蠻夷亦故山[157].	몸은 오랑캐 지역에 있지만 고향 같기만 하네.
用世謾懷伊尹恥[158],	세상에 등용된다면 함부로 이윤의 부끄러움을 마음에 품기로 했거늘
思家獨切老萊斑[159].	고향집 생각하니 노래자의 효심만 유독 절절하네.
夢魂[160]兼[161]喜無餘事,	꿈속에서도 마찬가지 아무 일 없음을 기뻐함은,
只在耶溪舜水[162]灣[163].	단지 약야산若耶山 아래 계곡과 요강姚江의 물결치는 내 고향이리.

其四	제4수

157 고산(故山): 고향(故鄕). 고향 산천.

158 이윤치(伊尹恥): 상나라 대신 이윤이 부끄러워하던 것. 즉 탕왕을 도와 상나라(은나라)를 세운 재상 이윤은 천하의 백성들 가운데 요임금·순임금의 혜택을 입지 못하는 자가 있으면, 마치 자기가 그들을 구렁텅이 속으로 밀어 넣은 것처럼 부끄럽게 생각했다.

159 노래반(老萊斑): 즉 노래자다. 춘추시대 초나라 사람인데, 지극한 효도로 유명했다. 그는 나이 70세가 되어도 자주 색동옷 입고 부모를 기쁘게 해드렸다. 그래서 사람들이 그를 노래반으로 불렀다.

160 몽혼(夢魂): 꿈속의 넋.

161 겸(兼): 아울러, 함께, 마찬가지.

162 야계순수(耶溪舜水): 왕양명의 고향에 있다. 바로 지금 절강성(浙江省) 여요현(餘姚縣) 내에 있는 약야산(若耶山) 아래의 계곡과 요강(姚江)이다.

163 만(灣): 여기서는 '만'을 (약야산(若耶山) 아래 계곡과 요강(姚江)의) '물결치는 내 고향'으로 의역했다.

臥龍一去忘消息[164],	고향 와룡은 한 번 가니 소식도 없고
千古龍岡漫有名.	천고의 용강은 부질없이 이름만 났구려.
草屋何人方[165]管樂[166],	초가집에서 누가 자신을 재상 관중管仲과 장군 악의樂毅에 비겼나?
桑間[167]無耳聽咸英[168].	시골에선 옛 음악 함영咸英을 듣는 사람이 없네.
江沙漠漠[169]遺[170],	강의 모래톱엔 쓸쓸하게 구름과 새를 잃어 버렸고,

164 와룡(臥龍) : 절강(浙江) 항현(杭縣) 남쪽의 용산(龍山)의 한 명칭. 양명의 고향.

165 방(方): 견주다. 비기다.

166 관악(管樂): 춘추시대 때 제나라의 재상 관중(管仲)과 전국시대 때의 연나라의 장군 악의(樂毅)를 병칭한 말. 두 사람 다 역사상 이름난 군략가(軍略家)이다. 제갈량이 젊어서 남양의 초가에서 살 때 스스로를 관악에 비했다.

167 상간(桑間) : 시골을 말한다. 지명으로 보기도 하고, 『시경』 편명으로 보기도 한다. 『예기(禮記)』「악기(樂記)」의 주에서 정현(鄭玄)은 "복수(濮水) 가에 상간이라는 지역이 있다."라고 하여 두 지명으로 보았고, 『시경(詩經)』「상중(桑中)」의 주에서 주자는 "'상간'은 바로 이 '상중(桑中)'이다."라고 하여 두 편의 시로 보았다. 상간은 망국의 음악을 의미하기도 한다. 『사기정의(史記正義)』에 인용된 정현(鄭玄)의 주장을 보면, 복수(濮水) 남쪽에 상간(桑間)이라는 땅이 있었다. 옛날 은나라 주왕(紂王)이 태사(太師) 사연(師延)을 시켜 음란한 내용의 미미지락(靡靡之樂)이라는 음악을 짓게 하여 밤을 지새우며 즐기다가 이로써 은나라는 망하게 되었다. 무왕이 주왕을 토벌할 때 사연은 악기를 품고 복수(濮水)에 몸을 던져 죽었다. 후에 위(衛)나라의 태사 사연(師涓)이 당시 패권국 진(晉)나라에 조현(朝見)을 드리기 위해 들어가는 영공(靈公)을 수행하여 복수를 건너다가 수중에서 들려오는 노래를 듣고 배우게 되었다. 사연(師涓)이 진나라 평공(平公)을 알현하는 자리에서 이 노래를 연주하자 진나라의 태사 사광(師曠)이 제지하여 말했다. "이 노래는 망국의 노래입니다. 틀림없이 상간이라는 곳에서 복수를 건너다가 들었을 것입니다. 은나라의 주왕이 나라를 잃게 된 것은 이 노래로 인한 것입니다." 하였다.

168 함영(咸英): 옛 음악의 이름이다. 황제(黃帝)의 음악인 함지(咸池)와 제곡(帝嚳)의 음악인 육영(六英)을 가리킨다.

169 막막(漠漠): 고요하고 쓸쓸함.

170 유(遺): 잃다.

草木蕭蕭[171]動甲兵[172].	초목은 으스스하게 군사를 움직이는 듯하네.
好共鹿門龐處士[173],	좋다! 양양襄陽의 녹문산鹿門山에 은거한 방처사龐處士와 함께
相期采藥入靑冥[174].	약초 캐러 저 높은 산에 들어가기로 서로 약속하네.

其五	제5수
歸與吾道在滄浪[175],	돌아가리라, 나의 도는 한수漢水의 하류 창랑滄浪에 있으니
顔氏[176]何曾擊柝忙[177]?	안회顔回가 어찌 딱따기를 치는데 바빠한 적이 있었는가?
枉尺[178]已非賢者事,	한 자를 굽히는 것은 이미 현자의 일 아니네.

171 소소(蕭蕭): (바람이) 불다. 으스스하고 쓸쓸하다.

172 갑병(甲兵): 군사. 군대.

173 녹문방처사(鹿門龐處士): 방덕공(龐德公)을 가리킨다. 방덕공은 중국 후한(後漢) 때의 처사(處士)이다. 유표(劉表)가 벼슬하기를 청하였으나 사절하고 양양(襄陽)의 녹문산(鹿門山)에 은거하였다.

174 청명(靑冥): 높은 하늘 위의 선경과 같은 제왕의 궁정(宮廷)을 말한다. (『초사(楚辭)』「구장·비회풍(九章·悲回風)」)

175 창랑(滄浪): 한수(漢水)의 하류 지역. 굴원(屈原)의 『어부사(漁父辭)』 "창랑의 물이 맑으면내 갓끈을 씻고, 창랑의 물이 흐리면 내발을 씻으리라.[滄浪之水淸兮, 可以濯吾纓, 滄浪之水濁兮, 可以濯吾足]. 세상 모든 일은 자연에 맡기고 이세상과 거슬리지 않음이 좋다는 뜻이 담겨 있음.

176 안씨(顔氏): 공자의 제자 안회(顔回).

177 격탁(擊柝): 야경(夜警)을 돌 때 딱따기를 치는 것. 즉 낮은 직업을 상징한다. 안회는 안빈낙도의 상징인 것처럼 가난에 편안하게 진리를 추구하는 배움에 몰두하였다는 것을 부각하기 위해서 이 대목을 말한 것이다.

178 왕척(枉尺): 한 자를 굽힌다. 즉 양보한다. 『맹자』「등문공하(滕文公下)」의 "또 옛 기록에도 한자를 굽히고 8자를 곧게 펴라했으니 그렇게 함이 좋을듯합니다[且志曰 枉尺而直尋 宜若可爲也]."

斲輪徒有古人方[179].	바퀴를 깎는 일은 다만 옛 사람의 방법이 있다네.
白雲晩憶歸岩洞[180],	흰 구름 뜬 저녁나절이면 바위 동굴에 돌아갈 일을 생각하네.
蒼蘚春應遍[181]石床[182].	푸른 이끼 끼는 봄날에는 응당 돌 마루를 두루 깔아야 하리.
寄語峰頭雙白鶴,	산봉우리의 저 두 백학에게 한 말씀 부치노니
野夫[183]終不久龍場.	나는 끝내 이 용장龍場에 오래는 머물지는 않으리라.

●각무卻巫	**무당 의사를 거절하다**
臥病空山無藥石,	병으로 누었으나 빈산엔 약석藥石이 없고
相傳土俗[184]事神巫[185].	이 지방 풍습으로 신무神巫를 섬긴다는 것을 전해 들었네.

179 착륜((斲輪): 바퀴를 깎는 일. 경험이 많은 사람을 비유한다. 『장자(莊子)』「천도편(天道篇)」의 "이렇게 제[=윤편(輪扁)] 나이가 70이 되도록 늘그막까지 수레바퀴를 깎고 있습니다(是以行年七十而老斲輪). " 윤편(輪扁)은 중국 춘추시대의 제(齊) 나라의 장인(匠人). 수레바퀴를 잘 만드는 사람으로, 제환공(齊桓公)에게 기술의 미묘한 점은 자식에게도 가르칠 수 없다고 말한 일화로 유명하다.

180 암동(岩洞): 용장의 바위 동굴인 양명동을 가리킨다.

181 편(遍): 두루 하다. 여기서는 석상(石床)과 연결하여 '두루 깔다'로 읽었다.

182 석상(石床): 여기서는 양명동 속이 습해서 이끼가 끼기 시작 하므로, 돌로 된 바닥을 마련하면 좋겠다는 뜻으로 읽어야 할 듯하다. 일반적으로 석상이라 하면 혼유석(魂遊石)의 원말이다. 혼유석이란 상석의 뒤와 무덤의 앞에 놓는 긴네모꼴의 돌. 능원(陵園)의 봉분(封墳) 앞에 놓는 긴 네모꼴의 돌. 넋이 놀게 하는 뜻으로 둔다.

183 야부(野夫): 시골의 농부, 시골 아저씨. 양명 자신을 낮춰서 하는 말. '나'로 읽는다.

184 토속(土俗): 지방의 특유한 습관이나 풍속.

185 신무(神巫): 무당, 무녀.

吾行久矣將焉禱[186],	나는 그런 것에 기도한 지가 이미 오래 되었는데,
衆議紛然[187]反見迂[188].	사람들의 논의는 분분하여 도리어 내가 잘못됐다고 하네.
積習片言容[189]未解,	쌓인 습관이라 한 마디 말로 쉽게 해결하진 못하지만
輿情[190]三月或應孚[191].	세상 사람들의 저 생각을 석 달이면 혹여 잘못되었음을 믿게 할 수 있을는지.
也知伯有[192]能爲厲[193],	또한 탐욕 많던 백우伯友가 여귀厲鬼가 된 줄을 안다.
自笑孫僑[194]非丈夫[195].	(여귀가 된 백우의 등을 어루만지던) 손교孫僑는 대장부가 아니라고 스스로 비웃노라.

186 오행구이장언도(吾行久矣將焉禱): 『논어(論語)』「술기편(述而篇)」에 "공자가 말하길, '나의 기도는 이미 오래 되었느니라!'[子曰: "丘之禱久矣."]라는 구절이 있다.

187 분연(紛然): 뒤섞여 어지러운 모양. 의견이 분분한 모양.

188 우(迂): 옳지 않다, 비뚤다, 잘못하다, 세상 물정이 어둡다.

189 용(容): 쉽다, 손쉽다. 쉽게, 용이하게.

190 여정(輿情): 세상사람들 일반(대중)의 생각.

191 부(孚): 미쁘다, 믿음성이 있다.

192 백우(伯友) : 춘추시대 정나라의 대부. 탐욕이 많아서 죽은 뒤에 여귀(厲鬼)가 되었다 한다.

193 려(厲): 여귀(厲鬼). 려(厲)는 한센병 환자[=나환자(癩患者)].

194 손교(孫僑) : 춘추시대 정나라의 대부. 자는 자산(子産)이다. 백우가 여귀가 되자 사람이 모두 그를 두려워했으나 오직 손교(孫僑)만이 그의 등을 어루만지며 교제를 이어갔다고 한다.

195 비장부(非丈夫): 귀신과 교제하던 손교(孫僑)의 방식이 삶의 세계를 벗어나 죽어서 귀신이 된 자와 통하고 있음이 잘못되었음을 꼬집고 있다.

●남제운사[196]南霽雲祠 　　남제운의 사당

死矣中丞[197]莫謾疑,	죽은 장순張巡에 대해 함부로 의심치 말라.
孤城援絶久知危.	외로운 성은 원조가 끊어진 채 오랫동안 위급했음을 아노라.
賀蘭[198]未滅空遺恨,	하란賀蘭이 반군을 멸해주지 않은 것이 허무하게 한을 남겼으나
南八[199]如生定有爲.	남제운이 만일 살았더라면 반드시 공을 세움이 있었으리라.

---

196 남제운사(南霽雲祠) : 남제운(南霽雲)은 돈구(頓丘) 사람이다. 당 나라 때의 충신으로, 남제운의 사당은 귀주에 있는 흑신묘(黑神廟)다. 당(唐)나라 현종(玄宗) 때 안녹산(安祿山)이 반란을 일으키자, 장순(張巡)과 허원(許遠)은 수양성(睢陽城)을 지켰는데, 포위된 채 몇 달이 지나자 성 안의 식량은 바닥났고 굶주림에 지친 병사들은 그물을 쳐 참새를 잡고 굴을 파 쥐를 잡아먹으며 허기를 달랬다. 안타까운 마음에 장순은 자신의 애첩을 죽여 죽을 끓여 먹이기까지 했다. 하지만 상황이 점점 악화돼 끝내 부하인 남제운(南霽雲), 뇌만춘(雷萬春) 등과 함께 장렬하게 죽고 반란군에게 성을 내주고 말았다.(『구당서(舊唐書)』권187, 「충의렬전하(忠義列傳下)」 참조).

197 중승(中丞): 관직명. 어사중승(御史中丞). 중국 당(唐) 나라 때의 사람 장순(張巡. 709~757)을 가리킨다.

198 하란(賀蘭) : 하란진명(賀蘭進明). 당 숙종 때 하남절도사(河南節度使). 당(唐)나라 현종(玄宗) 말기 안녹산(安祿山)이 반란을 일으켰을 때 장순(張巡)이 3만의 군사로 휴양성(睢陽城)을 지키게 되었다. 그는 안녹산의 부장인 윤자기(尹子琦)가 이끄는 10만 대군과 죽음을 무릅쓰고 맞서 싸웠으나 역부족이었다. 다급해진 장순은 임회태수 하란진명(賀蘭進明)에게 위급함을 알렸으나, 평소 장순을 시기하던 그는 원병을 보내지 않아 포위된 채 몇 달이 지나 굶주림에 지쳤다가 죽고 말았다.
한편 안녹산(安祿山)의 난을 일으켜 하간(河間)과 신도(信都) 등 5군(郡)을 함락시켰을 때 북해군 태수(北海郡太守) 하란진명(賀蘭進明)이 안녹산을 토벌하지 못하자 현종이 사자에게 칼을 싸서 보내면서 땅을 수복하지 못하면 진명의 머리를 대신 베라고 명한 이야기가 전한다(『구당서(舊唐書)』권 123, 「제오기열전(第五琦列傳)」).

199 남팔(南八): 남제운을 가리킨다. 남제운은 집에서 여덟째라서 '남팔'이라고도 불렀다.

風雨長廊[200]嘶鐵馬[201],	풍우 드센 줄행랑엔 풍경이 울고
松杉陰霧[202]捲[203]靈旗[204].	소나무 삼나무를 감싼 짙은 안개 속 영기는 돌돌 감겨 있네.
英魂千載知何處?	영걸의 혼령들 천년토록 어느 곳에 있는지 아는가.
歲歲邊人賽[205]旅祠[206].	세세연년 변방의 사람들이 사당에다 제사를 지내네.

●설야雪夜	**눈 오는 밤**
天涯[207]久客[208]歲侵尋[209],	먼 타향 오래 떠도는 나그네의 세월이 잘도 지나가고
茆[210]屋新開楓樹林.	단풍나무 숲 속에 띠 집을 새로 여네.
漸慣省言因病齒,	치아를 앓는 탓에 차츰 말을 줄이는 게 습관이 되고

---

200 장랑(長廊):줄행랑(行廊). 대문의 좌우로 죽 벌여 있는 종의 방(房).

201 철마(鐵馬): 첨마(檐馬). 궁중·사찰 등 처마의 풍경(風磬).

202 음무(陰霧): 짙은 안개.

203 권(捲): 말다, 돌돌 감아 말다. 휘날리지 않고 돌돌 감겨 있다는 뜻이다.

204 영기(靈旗):『한서(漢書)』「예악지(禮樂志)」에 나오는 "초요령기 구이빈장[招搖靈旗 九夷賓將]"의 주에 "정벌을 하기 때문에 초요성(招搖星)을 기(旗)에 그려서 영기(靈旗)라 했다. 초요성(招搖星)은 북두칠성 자루 아래쪽에 있는 별이다."라고 되어 있다. 여기에서 '영기'는 옛날에 남제운의 사원에 세우던 기를 가리킨다.

205 새(賽): 굿하다. 제사지내다.

206 여사(旅祠): 나그네를 위해 세우는 사당.

207 천애(天涯): 늘 끝, 먼 변방, 아득히 떨어진 타향. 반대말은 지척(咫尺).

208 구객(久客): 오랫동안 객지에 떠도는 나그네.

209 침심(侵尋): 점점 앞으로 나아가다. 여기서 점점 지나가다는 뜻이다.

210 모(茆): 띠. 모(茅)와 통한다.

屢經[211]多難解[212]安心. 자주 겪은 많은 난관 탓에 능히 마음을 편안케 하게 되네.

猶憐未繫[213]蒼生望[214], 아직껏 창생의 바람을 이어갈 수 없는 처지를 가엾어 하네.

且得閒[215]爲白石吟[216]. 다만 잠시 백석白石을 삶아먹는 신선 노래만을 부르고만 있네.

乘興最堪[217]風雪夜[218], 풍설의 이 밤이 흥을 타며 즐기기에는 제격이네.

---

211 누경(屢經): 자주 겪다.

212 해(解): 통달하다, 능란하게. 잘.

213 계(繫): 잇다. 이어매다.

214 창생망(蒼生望): 백성들이 바라는 것(『진서(晉書)』「사안전(謝安傳)」에 보임). 창생은 인민, 백성. 따라서 '계창생망(繫蒼生望)'이란 백성들의 편안한 삶의 바람을 이어받아 훌륭한 정치를 베푸는 것을 말한다.

215 간(閒): 잠시. 잠깐 동안.

216 백석음(白石吟) : 백석(白石)의 노래. 백석은 백석(白石)을 삶아먹는 신선을 가리킨다. 즉 『예문류취(藝文類聚)』94권에서 춘추 시대 영척(甯戚)이 수레 아래에서 소를 먹이다가 제환공(齊桓公)이 나오기를 기다려 쇠뿔을 두드리며 노래했다는 상가(商歌)를 가리킨다. 그 노래를 일명 반우가(飯牛歌)라 하는데, 그 가사에 "남산에 깨끗한 돌이여, 흰 돌이 다 닳도록 요순 같은 임금을 만나지 못하였으니 짧은 베 홑옷은 정강이도 못 가리네. 어둑한 새벽부터 깊은 밤까지 소를 먹이노니 긴긴 밤은 어느 때나 밝아 올고.[南山矸 白石爛 生不遭堯與舜禪 短布單衣不掩骭 從昏飯牛薄夜半 長夜漫漫何時旦]" 라 하였다. 제환공이 이 노래를 듣고 영척을 불러 이야기해 보고 좋아하여 그를 재상으로 기용하였다.

217 감(堪): 즐기다.

218 승흥최감풍설야(乘興最堪風雪夜)와 아래 구절:『세설신어(世說新語)』「임탄任誕」에서 기록한 진(晉)나라 때 사람 왕휘지(王徽之)의 고사이다. 산음(山陰)에 살던 왕휘지가 어느 겨울 밤에 눈이 펄펄 내리자, 흥에 겨운 나머지 멀리 섬계(剡溪)에 살고 있는 친구 대규(戴逵)가 보고 싶어 밤새 배를 저어 그의 집 문 앞까지 찾아갔다. 그런데 정작 집 안으로 들어가지 않고 다시 발길을 돌려 되돌아왔다. 누가 그 이유를 묻자 "내 본디 흥이 나서 갔다가 흥이 다하여 돌아온 것이다.[吾本乘興而行 興盡而返]"라고 하였다 했다. 산음(山陰)은 바로 절강성 회계(會稽)이다. 왕양명의 고향을 가리킨다.

小舟何日返山陰?	작은 배 타고 언제쯤 내 고향 산음山陰으로 돌아가려나?

●원석 이수元夕二首 **정월 대보름 밤 두수**

其一	제1수
故園[219]今夕是元宵[220],	고향에선 오늘 밤이 정월 대보름인 것을
獨向蠻村[221]坐寂寥.	나 홀로 이 오랑캐 마을을 향해 적막하게 앉아있네.
賴[222]有遺經[223]堪作伴[224],	다행히 성인의 경전이 있어 벗 삼음에 견딜만하여
喜無車馬過相邀[225].	거마가 지나다니며 서로 마주칠 일 없음을 기뻐하네.
春還草閣[226]梅先動[227],	봄이 돌아오니 초가에 매화가 먼저 피고
月滿虛庭雪未消.	달빛 가득한 빈 뜰엔 눈이 아직 안 녹았네.
堂上花燈諸弟[228]集,	마루 위 등불 아래에선 형제자매들이 모였겠으나

219 고원(故園): 옛 동산. 전에 살던 곳 즉 고향.

220 원소(元宵): 음력 정월 보름날 밤. 같은 말은 원야(元夜). 중국에서는 음력 1월 15일 원소절(元宵節)에 먹는 음식을 원소(元宵) 또는 탕원(湯圓)이라고 한다.

221 만촌(蠻村): 근무처였던 용장 역에서 바라보이는 근처의 마을.

222 뢰(賴): 마침, 다행히.

223 유경(遺經): 전해지는 경서. 성인의 말씀을 전하는 경전.

224 반(伴): 짝, 반려, 동무, 동반자, 벗.

225 요(邀): 맞다, 맞이하다, 만나다, 마주치다.

226 초각(草閣): 풀로 이은 집. 초당(草堂), 초옥(草屋).

227 동(動): 피다.

228 제제(諸弟): 형제자매들, 자제(子弟)들.

重闈[229]應念一身遙[230].	부모님은 응당 멀리 떨어진 이 한몸을 생각하시리.
其二	제2수
去年今日臥燕台[231],	지난해 오늘, 화려한 연대에 누웠을 때
銅鼓[232]中宵[233]隱[234]地雷[235].	동고銅鼓가 한밤중에 은은히 우레 같았지.
月傍[236]苑樓[237]燈彩[238]淡[239],	달은 동산의 누각 곁에 등불의 빛처럼 어렴풋한데
風傳閣道[240]馬蹄[241]回.	바람이 복도에 전해주는, 길 떠났다 되돌아오는 말발굽 소리.
炎荒[242]萬里頻回首,	더운 땅 만리 귀주에서 자주 머리를 돌려

229 중위(重闈): 여러 겹으로 된 문, 깊고 그윽한 궁중(宮中), 부모의 거처지를 가리키는데, 후에는 부모 혹은 조부모를 가리킨다. 여기서는 조모 잠씨(岑氏)을 가리키는 듯.

230 요(遙): 멀다, 아득하다.

231 연대(燕台): 전국시대 연소왕(燕昭王)이 현인을 초빙하고 등용하기위해서 만든 황금대이다.

232 동고(銅鼓): 중국 귀주성의 묘족(苗族)은 동고라고 불리는 징을 신성시 한다. 징의 앞면에 묘족의 상징인 태양 문양이 새겨져 있다. 한 사람이 징을 치면 다른 한 사람이 나무통으로 징 뒤를 막았다 열었다 하면서 소리를 조절한다고 한다.

233 중소(中宵): 한밤중.

234 은(隱): 은은히. 은은(殷殷)과 같다.

235 지뢰(地雷): 북소리가 너무 커서 우림이 마치 우레와 같음을 말한다.

236 방(傍): 곁.

237 원루(苑樓): 동산의 누각.

238 등채(燈彩): 등의 불빛.

239 염(淡): 어렴풋하다. 희미한 모양.

240 각도(閣道): 복도(複道). 여기서는 용장 역의 역도(驛道)를 가리키는 듯하다.

241 마제(馬蹄): 말굽. 말을 가리킨다.

242 염황(炎荒): 더운 지방, 귀주(貴州)를 가리킨다.

羌笛[243]三更[244]謾[245]自哀.	한 밤중에 들리는 오랑캐 피리 소리에 남몰래 절로 슬퍼지네.
尙憶先朝多樂事,	여전히 앞선 임금 시기에 즐거운 일 많았음을 생각하거늘
孝皇[246]曾爲兩宮[247]開.	효종황제는 일찍이 사람들을 위해 양궁을 열었지.

●가동[248]작지등[249]家僮作紙燈 종 아이가 지등을 만들다.

寥落[250]荒村[251]燈事賖[252],	적막한 산간벽지에 등불 보는 일도 드문 일.
蠻奴[253]試巧剪[254]春紗[255].	현지의 종 아이가 시험 삼아 비단을 잘라 등을 만들었네.
花枝綽約[256]含輕霧,	꽃가지 간들간들 가벼이 안개를 머금었고

243 강적(羌笛): 오랑캐의 피리.

244 삼경(三更): 하룻밤을 다섯으로 나눈 셋째 부분. 즉 밤 11시부터 새벽 1시까지의 동안. 깊은 밤. 한밤중.

245 만(謾): 남모르게, 뜬금없이 정도로 읽으면 된다.

246 효황(孝皇) : 명나라 효종(孝宗) 홍치황제(弘治皇帝).

247 양궁(兩宮): 동서의 양궁을 가리키는 것인지 분명치 않다.

248 가동(家僮): 왕양명이 데리고 있는 시종. 심부름을 맡아 하는 아이.

249 지등(紙燈): 겉을 종이로 발라 만든 등. 길을 다닐 때에 가지고 다니는 행등(行燈)인 듯.

250 요락(寥落): 황폐하여 쓸쓸한 혹은 썰렁하고 적막한 모양.

251 황촌(荒村): 황폐하여 몹시 쓸쓸한 마을. 외딴 마을. 산간벽지.

252 사(賖): 아득하다, 멀다. 여기서는 '드물다'로 읽는다.

253 만노(蠻奴): 현지의 심부름 하는 종 아이.

254 전(剪):자르다, 끊다, 베다.

255 춘사(春紗): 비단의 종류. 여름에 입는 얇은 옷감.

256 작약(綽約):가냘프고 아리따움. 간들간들함.

月色玲瓏映綺霞[257]. 달빛은 영롱하니 비단 노을에 비치네.

取辦[258]不徒酬[259]令節[260], 이런 축제 준비는 한갓 상원절上元節 손님 응대뿐 아니라

賞心[261]兼是惜年華[262], 감상하는 마음과 아울러 가는 세월을 아쉬워하는 것이네.

如何京國[263]王侯第[264], 어떻게 해서 수도의 왕공 제후의 저택에 걸리게 되면,

一盞[265]中人產[266]十家! 이 등불 하나가 보통 사람의 재산 열 집 분은 될 걸세.

●**야숙왕씨원[267]**夜宿汪氏園 **밤에 왕씨의 별장에서 묵다.**

小閣[268]藏身[269]一斗方[270]. 별장의 다락방에 몸을 들여놓으니 하나의

---

257 기하(綺霞): 비단 같은 노을.

258 취판(取辦): 손에 잡고서 준비하다. 잔치나 축제를 준비하는 것을 말한다.

259 수(酬): 응대하다, 접대하다.

260 영절(令節): 가절(佳節). 여기서는 원소절(元宵節)을 말하낟. 원소절은 음력 1월 15일. 우리의 정월 대보름에 해당한다. 이 날 저녁에는 오색찬란한 등롱[燈籠. 대오리나 쇠로 살을 만들고, 겉에 종이나 헝겊을 덮어 씌워 그 속에 촛불을 켬. 걸어놓기도 하고 들고 다니기도 함]이 장관을 이루기에 등롱절[=燈節]이라고도 한다. 새해 첫 보름달이 떠오르는 날이라 상원절(上元節)이라고도 한다.

261 상심(賞心): 경치를 즐기는 감상하는 마음.

262 연화(年華): 지나가는 날이나 달이나 해. 가는 세월.

263 경국(京國): 경성(京城). 서울, 수도.

264 제(第): 집, 저택.

265 잔(盞): 잔, 등잔. 등불.

266 산(產): 재산. 자산.

267 원(園): 동산, 별장.

268 소각(小閣): 누각(樓閣)으로 지은 작은 다락집.

269 장신(藏身): 몸을 숨기다, 의탁하다. 거처하다. 묶다. 여기서는 '몸을 누이다'로 풀이하였다.

270 두방(斗方): 마름모꼴의 서화 책. 화첩.

	화첩같네.
夜深虛白自生光[271].	밤 깊으니 텅 비운 마음에 저절로 빛이 생겨나네.
梁間[272]來下徐生榻[273],	대들보에 매달았던 서생徐生의 의자를 풀어 내려주는데
座上慚無荀令香[274].	앉았던 자리에 순령荀令의 향기가 없음을 부끄러워하네.
驛樹雨聲翻[275]屋瓦[276],	역사驛舍의 나무소리는 빗줄기 소리인양 기와장에 나부끼고
龍池[277]月色浸書床.	못의 달빛은 책상에까지 스며드네.
他年貴竹[278]傳遺事[279],	어느 해인가, 귀양에 전해오는 일을 전하

---

271 허백(虛白): 『장자(莊子)』 「인간세(人間世)」에 "텅 비운 방(=마음)에 빛이 들어와 환하다(虛室生白)"라고 있는데 따른 것이다. 즉 무념무상(無念無想)의 경지에 이르면 저절로 진리에 도달할 수 있음을 비유한 말.

272 양간(梁間): 대들보의 길이. 대들보.

273 허생타(徐生榻): 서생(徐生)의 의자. 서생은 중국 후한 환제(桓帝) 때의 고사(高士) 서치(徐穉)이다. 예장 태수(豫章太守) 진번(陳蕃)이 빈객을 접대하는 일이 없었으나, 오직 그를 위해 하나의 의자를 마련하여 대들보에 걸어놓고는 그가 오면 내려서 내어놓고, 그가 떠난 후에는 다시 걸어두었다는 고사로 유명하다(『후한서(後漢書)』 「서치열전(徐穉列傳)」).

274 순령향(荀令香): 순령(荀令)의 향기. 순령은 중국 삼국시대 위나라의 순욱(荀彧)을 말한다. 그는 상서령(尙書令)을 지냈는데, 몸에서 기이한 향기가 나서 그가 앉았던 곳에서는 3일간 그 냄새가 남아 있었다고 전한다.

275 번(翻): 날다, 나부끼다.

276 옥와(屋瓦): 지붕을 이는 기와.

277 용지(龍池): 못. 용이 하늘로 올라갔다는 연못. 훌륭한 연못이라는 것을 은유한 것이다.

278 귀죽(貴竹): 귀주성(貴州省)의 귀양(貴陽)의 용장(龍場). 참고로 귀주성에는 귀축(貴筑. 지금 귀양현(貴陽縣)의 일부)이 있다. 명나라 초기에 이곳에 귀축장관사(貴筑長官司)를 두었다.

279 유사(遺事): 유전(遺傳)하여 오는 사적. 예로부터 전해 내려오는 일.

	려면
應說陽明舊草堂.	응당 양명의 옛 초당을 말해야 하리.

●관괴뢰[280]차운觀傀儡次韻	**꼭두각시놀이를 보다가 운韻을 써서 시를 짓다.**
處處相逢是戲場,	인간이 곳곳마다 극장이요,
何須傀儡夜登堂[281]?	어째서 꼭 꼭두각시놀이는 밤에 등장하나?
繁華過眼三更促,	부귀영화는 눈앞을 스쳐지나가고 삼경을 재촉하네.
名利牽[282]人一線長.	명리는 사람을 묶어 끄는 하나의 긴 실타래
稚子自應爭詫說[283],	아이들은 절로 응당 앞 다투어 기이하다는 듯 쪼잘대어야 하리.
矮人[284]亦複浪[285]悲傷[286].	난장이는 또 일부러 더 슬프고 아프게 연기하네.
本來面目還誰識?	본래 면목은 또 누가 알랴?
且向樽前學楚狂[287].	잠시 술동이 앞에서 옛날 초나라 은자인

---

280 괴뢰(傀儡): 꼭두각시 놀이. 또한 인형극의 괴뢰.

281 등당(登堂): 당에 오르다. 등장하다.

282 견(牽): 끌다.

283 타설(詫說): 놀랍다, 괴이(怪異)하다고 이야기 하다. 여기서는 '기이하다는 듯 쪼잘대다'라고 풀이하였다.

284 왜인(矮人): 난쟁이. 기형적으로 키가 작은 사람.

285 랑(浪): 함부로, 마구, 일부러.

286 비상(悲傷): 마음이 슬프고 쓰라림.

287 초광(楚狂): 초나라의 은자(隱者), 육통(陸通)을 가리킨다. 육통의 자는 접여(接輿)다. 접여는 세속에 구애받지 않았으므로 사람들은 초광(楚狂)이라 불렀다. 공자를 보고 세상을 피하라는 암시의 노래를 부르자 공자가 그를 만나보려고 했으나 만나

광인 접여接輿의 정신을 배우네.

●재용전운부앵무再用前韻賦鸚鵡 다시 이전에 쓴 시의 운을 빌어 앵무 시를 짓다

低垂猶憶隴西[288]飛, 낮게 드리운 날개는 농서의 하늘을 날던 때를 아직 기억하는가?

金鎖長羈[289]念力微. 자물쇠로 잠근 굴레에 오래 갇혀 생각도 힘도 약해졌구나.

只爲能言離土遠, 다만 말 잘하는 재주로 하여 고향 땅을 멀리 떠나왔으니

可憐折翼[290]歎群稀. 가련하네, 날개 부러진 신세, 무리와 같이 날지 못해 스스로 탄식하네.

春林羞比[291]黃鸝[292]巧, 봄날의 수풀에서는 꾀꼬리의 기교와 겨루는 것을 부끄러워하고

晴渚[293]思忘白鳥[294]機[295]. 갠 날의 물가에서는 갈매기가 기심機心을

지 못한 내용이 『논어(論語)』「미자(微子)」에 나온다.

288 농서(隴西) : 앵무새는 농서(隴西) 지방에 많이 난다고 한다.

289 기(羈): 굴레. 여기서는 새장. 통을 말한다.

290 절익(折翼): 진(晉) 나라 도간(陶侃)이 병권을 장악하였으나 불궤를 도모하다가 날개가 잘린 꿈을 꾸고는 벼슬을 그만 두었다고 한다. 『진사(晉史)』에 나온다. 날개가 부러졌다는 것은 포부가 좌절된 것을 의미한다.

291 비(比): 비교하다, 재다, 겨루다.

292 황리(黃鸝): 꾀꼬리.

293 청저(晴渚): 개인(맑은) 날의 물가.

294 백조(白鳥): 백구(白鷗) 즉 갈매기를 말한다.

295 기(機):기심(機心)을 말함. 기회를 엿보아 상대방을 해치려는 마음을 이른다. 『열자(列子)』「황제(黃帝)」에, "어떤 사람이 바닷가에 이르러 무심히 앉아 있자, 백로와 백구들이 무수히 날아와 함께 놀았는데, 다음날 기회를 엿보아 잡으려는 마음을 품자, 그 백구들이 눈치를 채고는 일체 가까이 오지 않았다."고 한다.

잊은 것을 부러워하네.

千古正平[296]名正賦, 오랜 옛날 이형祢衡은「앵무부」를 지었지만 죽임을 당했으니

風塵誰與惜毛衣[297]? 이 풍진 세상, 누가 함께 비싼 갖옷을 아쉬워하리오?

●용강신구 이수[298]龍岡新構二首 용강에서 새로 집 짓고 두수

※ 여러 오랑캐 사람들이 내가 살고 있는 토굴은 자못 음습해서 작은 움막 짓기를 청한다. 기쁘게 이를 추진하여 한 달이 못되어 이루었다. 여러 학생[諸生]들이 이 소식을 듣고서 모두 와서 모여 '용강서원龍岡書院'이라 이름 하기를 청하고, 그 집을 '하루'(何陋. '어찌 누추하리오.'의 뜻)[299]라고 하였다.(諸夷以予穴居頗陰濕, 請構小廬. 欣然趨事, 不月而成. 諸生聞之, 亦皆來集, 請名龍岡書院, 其軒日何陋.)

其一 제1수

謫居[300]聊[301]假息[302], 좌천지에서 좀 잠시 쉬고

---

296 정평(正平): 이형(祢衡)의 자(字)이다. 조조(曹操) 앞에서「앵무부(鸚鵡賦)」를 지어 사람들의 경탄을 받았으나 뒤에 조조에게 죽임을 당했다.

297 모의(毛衣): 털가죽으로 안을 대어 지은 옷. 갖옷. 좋은 비싼 옷. 즉 좋은 벼슬자리를 은유하며, 정치권력계의 허무함을 표현한 것이다.

298 용강(龍岡): 즉 용강서원이다. 가정년(嘉靖年)간에 다시 재건하여 양명사라고 하였다.

299 하루(何陋):『논어』「자한편」에 "'군자는 어디에 처하여도 누추하지 않다[子欲居九夷，或曰：'陋，如之何？'子曰'君子居之，何陋之有？]"라는 구절에서 나왔다. 는 뜻이다.

300 적거(謫居)：좌천지.

301 료(聊): 애오라지. 겨우. 조금.

302 가식(假息): 잠시 쉬다.

荒穢[303]亦須治[304].	거칠고 더러운 곳이라 할지라도 가꿀만하네.
鑿巘[305]薙林條[306],	산꼭대기로 가는 길을 내고, 숲의 나무 가지들 베어낸다.
小搆[307]自成趣.	자그마한 집의 운치가 절로 생겨나네.
開牕[308]入遠峰,	창을 열어 먼 봉우리가 들어오게 하고
架扉[309]出[310]深樹[311].	사립을 만들어 깊숙이 우거진 나무를 나가게 했네.
墟寨[312]俯逶迤[313],	언덕배기에 얽은 집은 굽어보면 꾸부렁꾸부렁
竹木[314]互蒙翳[315].	대나무와 나무는 서로 어울려 있네.

---

303 황예(荒穢): 거칠고 더럽다.

304 치(治): 다스리다. 가꾸다.

305 착헌(鑿巘): '헌'은 '산봉우리. 산꼭대기', '착'은 '뚫다, 파다'. 착헌은 '산꼭대기로 가는 길을 뚫다(내다)는 뜻.'

306 체임조(薙林條): '체'는 '깎다', '임조'는 '숲의 나무 가지들[條]'.

307 소구(小搆): '구'는 '얽다, 집을 짓다, 이루다.' 소구는 '작은 집'.

308 창(牕): 창.

309 가비(架扉): '가'는 '가설하다, 얽어 매다', '비'는 '문짝, 사립문', '가비'는 '사립문을 만들다'.

310 출(出): '나가다, 내놓다, 내어주다.'

311 심수(深樹): 깊숙이 우거져 있는 수목.

312 허채(墟寨): '허'는 '터, 언덕, 구렁', '채'는 '대나무나 나뭇가지 등으로 조잡하게 얽은 울타리(우리)'. '허채'는 '언덕배기에 나무로 얽은 집'을 의미.

313 위이(逶迤): 구불구불, 꾸부렁꾸부렁함.

314 죽목(竹木): 대나무와 나무.

315 몽예(蒙翳): 수목으로 뒤덮여 있음(어울려 있음).

畦蔬[316]稍[317]漑鋤[318],	밭두렁의 나물밭에 비로소 물대고 호미질하여
花藥頗[319]雜蒔[320].	꽃과 약초를 꽤나 섞어 심었네.
宴適[321]豈專予,	편안히 쉬고 즐김이 어찌 오로지 나만을 위함이겠는가.
來者得同憩[322].	오는 자 같이 쉬리라.
輪奐[323]非致美,	집이 크고 넓으며 아름다움은 최고로 아름다운 것은 아니나
毋令易傾敝[324].	쉬이 기울고 황폐해지게는 하지 말라.

其二	제2수
營茅[325]乘田隙[326],	띠집 짓기는 농한기를 틈타서 하는데

316 휴소(畦蔬): '규'는 '밭두렁(밭이랑)', '소'는 나물. 여기서는 나물 밭을 의미. '휴소'는 '밭두렁의 나물 밭'.

317 초(稍): 이미, 바야흐로, 점차, 약간.

318 개서(漑鋤): 물대고, 호미질하다.

319 파(頗): 꽤, 많이.

320 잡시(雜蒔): 섞어서 심다.

321 연적(宴適): '연'은 '즐기다, 편안하다, 편안히 쉬다, 안정되다', '적'은 '즐기다'. '연적'은 '편안히 쉬고 즐김'.

322 게(憩): 쉬다, 휴식하다.

323 윤환(輪奐): 집이 크고 넓으며 아름다움. 『예기』「단궁하(檀弓下)」에서 "진나라의 헌문자(獻文子)가 새집의 완성되자 이에 진나라 대부들이 모두 축하의 예물[發]을 보냈는데, 장로(張老)가 '얼마나 아름답고도 웅장한가! 얼마나 아름답고도 눈이 부신가!'라고 말했다."[晉獻文子成室, 晉大夫發焉. 張老曰''美哉輪焉, 美哉奐矣]라는 데서 유래함.

324 경폐(傾敝): 기울고 황폐해지다.

325 영모(營茅): 띠집을 짓다.

326 전극(田隙): 농사일의 빈틈. 농한기.

洽旬[327]始苟[328]完.	만 열흘만에 겨우 완성했네.
初心待[329]風雨,	처음 지을 때는 바람과 비 피할 정도의 생각이었으나
落成還[330]美觀.	다 짓고 나니 도리어 외관이 볼만하네.
鋤荒既開徑,	호미로 풀을 매어 길을 열었고
拓樊亦理[331]園.	울타리를 개간하고 정원을 만들었네.
低簷[332]避松偃[333],	낮은 처마로 소나무 쓰러짐을 피하고
疏土[334]行[335]竹根.	성긴 흙은 대나무 뿌리를 뻗게 하네.
勿剪牆下棘,	담 아래 가시나무를 자르지 말게나.
束列[336]因可藩.	줄 세워서 동여매어 울타리 삼아도 되리.
莫擷[337]林間蘿[338],	숲속의 담쟁이덩굴은 캐지 말게나.
蒙蘢[339]覆[340]雲軒[341].	하루헌을 무성하게 뒤덮으리라.

327 흡순(洽旬): 흡은 '흡족하다, 넉넉하게 하다', '순'은 열흘. 꼭 열흘.

328 구(苟): 겨우, 간신히.

329 대(待): 막다, 방비하다, 피하다.

330 환(還): 도리어.

331 리(理): 다스리다, 다듬다, 만들다.

332 첨(簷): 처마.

333 송언(松偃): 소나무가 쓰러지다(눕다).

334 소토(疏土): 성긴 흙. 알갱이 사이가 많이 뜨는 모래 성질의 흙.

335 행(行): 늘다, 뻗다.

336 속열(束列): 줄짓게 하여서 묶다. 줄 세워서 동여매다.

337 힐(擷): 캐다, 손으로 뽑다.

338 라(蘿): 담쟁이덩굴.

339 몽롱(蒙蘢): 초목이 무성히 우거진 모양.

340 복(覆): 덮다. 뒤덮다.

341 운헌(雲軒): 운거(雲車), 누거(樓車). 높은 망루(望樓)가 있는 수레로 올라가서 적정(敵情)을 살피는 데 쓰임. 또는 선인(仙人)이 수레처럼 타고 다니는 구름. 여기서는 용강산에 있는 하루헌(何陋軒)을 은유적으로 말한 것으로 보임.

素[342]缺農圃學[343],	본디 농사짓는 배움을 익히지 못했는데,
因茲得深論[344].	이런 밭 가꾸는 일들로 하여 깊은 농사이론을 얻게됐네.
毋爲輕鄙事,	누추한 일들 가벼이 여기지 말게나.
吾道固斯存.	나의 도는 본디 여기에 있노라.

●제생래諸生來	**제생이 와서**
蕑滯[345]動[346]罹咎[347],	태만하고 막힘이 바뀌어서 재앙에 걸려들고
廢幽[348]得幸免.	(감옥에) 갇혔다가 좌천되었으나 요행으로 (죽음을) 면할 수 있었네.
夷居雖異俗,	오랑캐 땅은 비록 풍속을 달리한다 해도
野朴[349]意所眷[350].	꾸밈없고 순박함은 마음에 끌리게 하는 바 있네.
思親獨疚[351]心,	어버이를 생각하며 홀로 마음 아파하고

342 소(素): 본디.

343 농포학(農圃學): 농작물(農作物) 또는 밭을 가꾸는 학문.

344 론(論): 앞의 '농포학' 즉 농사 관련 이론.

345 간체(蕑滯): '간'은 '簡(간)' 자와 통하여, '소홀히 하다, 게으름피우다, 태만하다.'한다. '간체'는 '게으르고, 막히다'의 뜻.

346 동(動): 변하다, 바뀌다.

347 이(罹): (병통, 재앙, 허물에) 걸리다.

348 폐유(廢幽): '폐'는 '버리다. 무너지다', '유'는 '갇히다'. '유폐'는 '폐유'와 같으며, '(감옥에) 갇히고 (먼 곳으로) 내버려지다(좌천되다)'. 왕양명이 조정에서 40대의 장형(杖刑)을 받은 후에 용장에 유배되었다는 일을 가리킨다.

349 야박(野朴): 꾸밈없고 순박함.

350 권(眷): 돌아보다, 끌리다.

351 구(疚):근심하다. 아파하다, 애 태우다.

疾憂庸[352]自遣[353].	병과 근심엔 항상 스스로 마음을 달래네.
門生頗[354]群集,	문하생들은 자못 무리지어 모여들고
樽斝[355]亦時展[356].	술잔을 때맞춰 편다.
講習性所樂,	배우고 익히는 것 천성이 좋아하는 바이지만
記問[357]複懷靦.	(바깥의 것을)외우고 물었던 것이 거듭 부끄럽구나.
林行或沿澗,	숲 속을 걸어 다니고 때로 개울가로 따라 걸으며
洞游還陟巘[358].	골짜기에 노닐다가 다시 산을 오른다.
月榭[359]坐鳴琴,	달맞이 정자에서 앉아 거문고를 타고
雲窗臥披卷.	구름 비치는 창가에서 누워 책을 편다.
澹泊[360]生[361]道眞[362],	담박한 생활이 도리의 진수를 자아낸다.
曠達[363]匪[364]荒宴[365].	'탁 트여서 사방에 통함'이란 '주연酒宴에

352 용(庸): 항상.

353 자견(自遣): 자기 스스로의 마음을 위로하다(달래다).

354 파(頗): 자못, 꽤, 매우.

355 준가(樽斝): 고대의 술잔.

356 전(展): 펴다, 벌이다.

357 기문(記問): 단순히 책을 외기만하고 제대로 이해하지 못한 학문. 『禮記』「學記」에 "받아 적고 묻기만 하는 학문으로는 남의 스승이 될 수 없다(記問之學, 不足以爲師矣)"라고 있다.

358 척헌(陟巘): 작은 산을 오름.

359 월사(月榭): 달을 구경하는 정자(亭子).

360 담박(澹泊): 담박. 담백.

361 생(生): 낳다, 자아내다.

362 도진(道眞): 도의의 진수. 학문 도덕의 진수.

363 광달(曠達): 활달(豁達)과 같음. 탁 트여서 사방에 통함. 마음가는대로 구속 없이 유유자적함.

364 비(匪): 아니다.

365 황연(荒宴): 주연(酒宴)에 빠짐.

	빠짐'이 아니다.
豈必鹿門棲[366],	어찌 반드시 은거지[鹿門]에서만 살아야 하리.
自得乃高踐[367].	자득하면 그게 곧 고상한 삶의 자취인 것을.

●제생야좌諸生夜坐

	제생들과 밤에 앉아
謫居澹虛寂,	좌천지의 생활은 맑고 텅 비고 고요한데
眇然[368]懷同游.	아득히 지난날 같이 놀던 일이 그립노라.
日入山氣夕,	해 지자 산 공기는 식어 저녁이 되네
孤亭俯平疇[369].	외롭게 서 있는 정자(=君子亭)에서 평평한 들판을 굽어본다.
草際見數騎,	풀밭 가로 몇 몇 기병騎兵이 보이는데
取徑[370]如相求.	어느 길로 갈지 서로 묻는 듯하네.
漸近識顏面,	점점 가까이 오니 얼굴을 알겠네.
隔樹停鳴騶[371].	나무 사이를 떼어서 말 울림소리를 멈추고서
投轡[372]雁鶩[373]進,	말고삐를 던지며 맛있는 음식을 권하네.
攜榼[374]各有羞[375].	가지고 온 식합에는 여러 술과 안주가 있다.

---

366 녹문(鹿門): 후한 때 방덕공(龐德公)이 녹문산(鹿門山)에 은거하였다. 그 뒤로 은거지를 지칭하는 말이 되었다.

367 고천(高踐): 고상한 행위(실천).

368 묘연(眇然): 아득히 먼 모양.

369 고정(孤亭): 군자정(君子亭)을 가르킨다. 하루헌(何陋軒)의 앞에 있다.

370 취경(取徑): 어느 길로 갈지 (길을) 선택함.

371 명추(鳴騶): 귀인의 행차를 알리기 위해 시중드는 사람들이 말을 울리는 것.

372 비(轡): 고삐.

373 안목(雁鶩): '안'은 '기러기', '목'은 '오리'. 즉 맛있는 음식.

374 합(榼): 음식을 담는 합. 식합(食盒).

375 수(羞): 음식, 음식을 올리다.

分席夜堂坐,	자리를 나눠 밤중에 당에 앉으니,
絳蠟[376]淸樽浮.	붉은 촛불 빛은 맑은 술 잔에 비친다.
鳴琴複散帙[377],	거문고를 타고 또한 책장을 넘겨가며,
壺矢[378]交觥籌[379].	투호 게임을 하며 화살로 서로서로 (벌주로 마신) 술잔수를 헤아린다.
夜弄溪上月,	밤엔 시냇가에서 달을 쳐다보며 즐기고
曉陟林間丘.	새벽에는 수풀 사이 언덕에 오른다.
村翁或招飮,	시골 노인을 간혹 불러서 술을 마시고
洞客[380]偕探幽.	(양명)동굴로 온 손님과 함께 굴 깊은 곳을 살펴보네.
講習有眞樂,	공부하는 일 참된 즐거움 있으니
談笑無俗流.	담소함에 속된 무리가 없다.
緬懷[381]風沂興[382],	예전의 공자가 느낀 기수의 흥취를 생각노니,

376 강랍(絳蠟): 붉게 물들인 초나 촛불.

377 산질(散帙): 서질(書帙. 책)을 풀어 책장을 넘긴다.

378 호시(壺矢): 투호(投壺. 활을 단지에 던져 넣어 승자가 패자에게 벌주를 마시게 하는 게임)에 사용되는 화살. 연회 자리에서 즉흥으로 행하는 게임을 의미한다.

379 굉주(觥籌): '굉'은 '잔', '주'는 '남보다 누가 많이 따는지를 겨루기. 그런 놀이를 말한다.' 따라서 '굉주'는 누가 벌주를 많이 마셨는지 잔의 수를 헤아리는 것을 말한다. 그만큼 연회가 떠들썩하게 무르익어 가고 있음을 잘 보여준다.

380 동객(洞客): 동굴의 나그네. 동굴은 용강(龍岡)의 석굴, 즉 양명동(陽明洞)을 말한다.

381 면회(緬懷): 지난(먼 과거) 일을 생각함.

382 풍기흥(風沂興): 『논어』「선지(先進)」에, 공자가 제자들에게 뜻을 펼칠 수 있는 기회가 오면 어떻게 하겠냐고 물으니 제자들은 '나라를 부강하게 만들겠습니다.' '인민이 예악(禮樂) 아는 나라를 만들겠습니다.' 등등 각자의 포부를 말한다. 마지막으로 증석(曾晳)에게 그 뜻을 묻자 이렇게 대답했다: "이른 봄에 봄 옷이 완성되거든 어른 5, 6명과 어린 아이 6, 7명을 데리고 기수(沂水)에서 목욕하고 무대(舞雩臺)에서 바람 쐬고 노래 읊조리며 돌아오겠습니다[莫春者, 春服旣成. 冠者五六人, 童子六七人, 浴乎沂, 風乎舞雩, 詠而歸.]" 그러자 공자는 증석의 흥(풍류)에 감동하

千載相爲謀.	천년토록 서로 그 도道를 도모해보세.

●제생諸生

	제생
人生多離別,	인생살이 이별도 많거니
佳會[383]難再遇.	좋은 만남은 다시 만나기 어려워라.
如何百里來,	어떻게 백리 길을 와서
三宿便辭去?	사흘 밤 자고 곧 떠나가야 하나?
有琴不肯彈,	거문고 있어도 연주하려 하지 않고
有酒不肯禦.	술 있어도 마시려 들지 않네.
遠陟見深情,	멀리 험한 길 가는 데서 깊은 정을 보나니
甯予有弗顧?	도리어 내가 세심히 살펴주지 못한 것인가?
洞雲還自棲,	양명동에 낀 구름은 다시 스스로 머무는데
溪月誰同步?	시냇가의 달은 누가 함께 걸으려나?
不念南寺時[384],	남쪽 지역의 절[南寺]에 있던 시절에
寒江雪將暮?	찬 강에 눈 내리던 저문 날을 기억하지 못하는가?
不記西園日,	서쪽 동산[西園]에 있던 시절에
桃花夾川路?	복숭아꽃이 시냇가 길을 끼고 피었던 것이 생각나지 않는가?
相去倏[385]幾月,	서로 떨어진 것이 어느덧 그 얼마인가?
秋風落高樹.	가을바람에 높은 나무에선 낙엽지네.

며 칭찬했다. '풍기흥'은 여기서 유래한 것이다.

383 가회(佳會): 즐거운 모임.

384 이 이하 네 구절은 귀월(歸越) 시기의 회상이라 생각된다.

385 숙倏): 문득, 갑자기. 어느덧.

富貴猶塵沙,	부귀란 모래 먼지와 같은 것,
浮名亦飛絮[386].	뜬 이름은 흩날리는 버들 솜 같은 것.
嗟我二三子,	아아, 그대들이여,
吾道有眞趣.	우리의 도는 참된 정취가 있노라.
胡不攜書來,	어디 한번 책 가지고 와서
茆堂[387]好同住.	이 띠 집에 잘 머물러봄이 어떠랴?

●답모졸암[388]견초서원[389]答毛拙庵見招書院　서원에 초청됨에 모졸암에게 답하다.

野夫[390]病臥成疏懶[391],	은거하는 나는 병 져 누워 게으름뱅이
書卷長抛舊學荒.	책 읽는 것도 오래 포기하여 예전의 배움도 황폐해졌네.
豈有威儀堪[392]法象[393]?	어찌 위의(威儀)가 따르는 모범을 감당할 수 있으랴.
實慚文檄[394]過稱揚[395].	참으로 부끄럽네, 초청의 편지에 칭찬이 지나침이.

---

386 비서(飛絮): 바람에 날리어 떠다니는 버들개지. 그만큼 가볍고도 부질없는 것, 즉 추구할 가치가 없는 것임을 말한다.

387 묘당(茆堂): 띠 집. 묘헌(茆軒), 묘옥(茆屋), 묘첨(茆檐)과 같다.

388 모졸암(毛拙庵): 이름은 과(科)이고, 자는 응규(應奎)이다. 졸암은 호.

389 서원(書院): 귀양서원(貴陽書院)을 가리킨다.

390 야부(野夫): 시골 사람(촌사람). 은자(隱者). 양명 자신을 겸칭하는 말.

391 소라(疏懶): 현실에서 멀어져 나태함. 귀찮아함. 게으름뱅이.

392 감(堪): 감당하다. 해내다.

393 법상(法象): 모범. 범도.

394 문격(文檄): 초청의 편지.

395 칭양(稱揚): 칭찬.

移居正擬投[396]醫肆[397], 거처를 옮기자 곧바로 의원에 보내지는 건 아닌지 걱정되네.

虛席[398]仍[399]煩避講堂. 자리를 비워 일부러 번거롭게 서원의 강당을 피해주시건만,

範我定應無所獲, 나를 모범으로 삼았다간 반드시 얻는 게 없을 테니

空令多士笑王良[400]. 헛되이 많은 유사儒士들로 하여금 왕량을 비웃게 하겠도다.

●시제생유작試諸生有作 제생을 시험하며 또 짓다.

醉後相看眼倍明, 취한 뒤 서로 보니 눈이 배나 맑은 데

絶憐[401]詩骨[402]逼[403]人淸. 더없이 빼어난 시의 품격이 사람을 맑은 곳으로 몰아가네.

菁莪[404]見辱眞慚我, 젊은 인재들의 실력 뛰어나니 참으로 내가

---

396 의투(擬投): '의'는 '헤아리다, 의심하다, 걱정하다'. '투'는 '보내다'. '의투'는 '보내버리는지 의심하다→보내버리는 것은 아닐지 생각하네.'

397 의사(醫肆): 의원. 의사.

398 허석(虛席): 자리를 비우다. 자리에서 일어나다. 피석(避席)=피좌(避座) 즉 웃어른에게 공경을 표시하기 위해 모시던 자리에서 일어나는 예의를 말함. 이 구절은 모졸암이 예의로 양명을 대함을 말한다.

399 잉(仍): 오히려. 일부러.

400 왕량(王良) : 『맹자』「등문공·하」에, 수레를 잘 모는 왕량(王良)이 해사(奚斯)와 같이 사냥하러 갔는데, 한 마리도 잡지 못하였다. 다음 날에 다시 가서는 하루아침에 열 마리나 잡았다. 왕량이 말하기를, "법도대로 말을 달리니 한 마리도 못 잡고, 짐승을 속여서 만나게 하니 하루아침에 짐승 열마리를 잡았다."고 하였다.

401 절린(絶憐): 더 없이 예쁘다(빼어나다).

402 시골(詩骨): 시의 골격이나 품격.

403 핍(逼): 좁다. 몰아넣다(몰입하다).

404 청아(菁莪): '청아'는 무성하게 돋은 쑥으로 인재를 비유한 말이다. 『시경』「小雅」

	스승되는 게 부끄럽게 만드네.
膠漆[405]常存底用盟[406].	끈끈한 관계는 혈맹을 맺는데 항상 존재하리니
滄海浮雲悲絶域[407],	푸른 바다의 뜬 구름 쳐다보며 그대들과 멀리 떨어져 있는 것을 슬퍼하네.
碧山秋月動新情[408].	푸른 산의 가을 달은 새로 맺은 정을 움직이네.
憂時謾作[409]中宵[410]坐,	근심스러울 땐 한밤중에 일어나 앉아 천천히 시나 지으며
共聽蕭蕭[411]落木聲[412].	함께 우수수 낙엽 지는 소리 듣기로 하세.

●재시제생再試諸生 다시 제생을 시험하다

의 「菁菁者莪(청청자아)」에 "무성하고 무성한 쑥이, 저 구릉 가운데 있도다. 이미 군자를 만나고 보니, 나에게 백붕을 준 것 같도다[菁菁者莪 在彼中陵 旣見君子 錫我百朋]"라고 하였다.

405 교칠(膠漆): 부레풀과 옻나무의 칠처럼 '끈끈한 관계(=뗄 수 없는 인간관계)를 맺게 되는 것'을 비유한 말이다. 보통 '교분이 두터운 우정'을 가리킬 때 긍정적으로 쓰는 표현이지만, 사적인 이익을 위해서 '서로 유착하는 불미스러운 관계'라는 뜻으로도 쓰인다. 후한의 진중(陳重)과 뇌의(雷義)가 돈독한 우정을 발휘하자 사람들이 "교칠이 굳다고 하지만 진중과 뇌의의 우정만은 못하다[膠漆自謂堅 不如雷與陳]"라고 칭찬했던 고사가 전한다. (『후한서』권81 「獨行列傳」.)

406 용맹(用盟): 맹약를 하다. 혈맹을 맺다.

407 절역(絶域): 아주 멀리 떨어져 있는 지역. 양명과 제자들이 헤어져 떨어져 있음을 말함.

408 신정(新情): 새로 맺은(사귄) 정.

409 만작(謾作): 게을리(천천히) 짓다.

410 중소(中宵): 한밤중.

411 소소(蕭蕭): 우수수. 낙엽이 지는 소리를 말함.

412 낙목성(落木聲): 나무의 이파리(낙엽)가 떨어지는 소리.

草堂深酌[413]坐更寒[414], 초당에서 술잔 가득 기울이며 앉았으니 밤 깊어 다시 싸늘해지네.

蠟炬煙[415]消落[416]絳英[417]. 촛불 연기, 시들어가는 붉은 꽃잎 같은 촛농

旅況[418]最憐[419]文作會, 나그네 형편에 글 짓는 모임을 가장 애틋하게 생각노니,

客心[420]聊[421]喜困[422]還亨[423]. 나그네 마음은 그럭저럭 어려움에서 다시 희망을 즐거워하네.

春回馬帳[424]慚桃李[425], 봄이 스승의 자리[馬帳]에 돌아오니 제자들[桃李]에 부끄럽고

花滿田家[426]憶紫荊[427]. 꽃이 촌집에 가득하니 형제간의 우애[紫

---

413 심작(深酌): 술잔을 가득(그득) 채우다. 술잔 가득 기울이며 취해 감을 말함.

414 갱한(更寒): 다시 추워지다(싸늘해지다). * 참고로 '좌경(坐更)'은 불침번[夜警]을 서다. 숙직을 하는 것을 말함. '갱한'이 아니라 좌경으로 끊어서 읽을 수도 있다.

415 납거연(蠟炬煙): 촛불의 연기.

416 소락(消落): 시들어지다.

417 강영(絳英): 붉은 색의 꽃(꽃잎). 떨어지는 촛농을 붉은 꽃잎 즉 눈물로서 은유한다.

418 여황(旅況): 객황(客況). 객지에서 지내는 형편.

419 최련(最憐): 가장 사랑스럽다(애뜻하다).

420 객심(客心): 객지에서 느끼는 마음. 나그네 마음. 여정(旅情); 여심(旅心). 또는 딴마음.

421 료(聊): 잠시, 약간, 그럭저럭.

422 곤(困): 곤궁, 곤란, 역경.

423 형(亨): 형통. 난관이 극복되는 희망을 의미함.

424 마장(馬帳): 사석(師席)을 뜻한다. 후한의 마융(馬融)이 항상 붉은 휘장을 드리우고 앞을 가린 채 학생들을 가르친 고사에서 유래한다[『후한서』권60·상, 「마융열전(馬融列傳)」 참조]

425 도리(桃李) : 복숭아와 자두, 또는 그 꽃이나 열매로서, 남들이 천거한 좋은 인재를 비유한다. 제자, 문하생.

426 전가(田家): 농부(農夫. 농사꾼)의 집. 시골집=촌가.

427 자형(紫荊): 자형수(紫荊樹)로, 박태기나무라고도 하며, 주로 '형제간의 우애'를 의미한다. 남조(南朝)시기 양(梁)의 오균(吳均)이 지은『속제해기(續齊諧記)』에, "전진

荊]를 생각하네.

世事浮雲堪[428]一笑, 세상사는 뜬 구름과 같아 한 번 웃고 마는 것

百年持[429]此竟何成? 백년을 이렇게 산들 끝내 무엇을 이룰 건가?

●재시제생용당운[430]再試諸生用唐韻 다시 제생에게 당운唐韻을 쓰게 하여 시험하다

天涯猶未隔年[431]回, 하늘 끝 같은 이 먼 곳에서 해를 지나도 아직 돌아가지 못하네.

何處嚴光有釣臺[432]. 어느 곳에 엄광嚴光이 낚시하던 조어대釣魚臺가 있는가?

樽[433]酒可憐人獨遠, 술잔을 들고 홀로 멀어진 사람을 가련해하거늘

(田眞)의 삼 형제가 재산을 분배하면서, 집 앞에 있는 자형나무까지 3등분하여 나누어 갖기로 했더니, 그 나무가 갑자기 말라 죽었다. 이것을 본 전진이 뉘우치면서, 사람이 나무만도 못한 짓을 하였다고 흐느꼈고, 형제들이 서로 감동하여 재산을 분배하지 않기로 하자, 그 나무가 다시 살아났다."라는 이야기가 있다.

428 감(堪): 견디다, 참다, 맡다, 싣다. 뒤의 일소(一笑)를 연결하면, 한바탕 웃음을 견딜 만한 정도, 한번 웃고 마는 것이라는 의미.

429 지(持): 지키다, 버티다, 견디다.

430 당운(唐韻): 당시(唐詩)의 운.

431 격년(隔年): '해를 지내어 오래 됨', '일 년 씩 거름(해거리)'. 여기서는 서로 한 해 이상 떨어져, 해를 지나도 만나지 못한 것을 말함.

432 하처엄광유조대(何處嚴光有釣臺): 엄광은 동한(東漢) 사람으로, 자는 자릉(子陵). 젊어서 광무제와 친구였으나 광무가 즉위하자 은거하여 부춘산(富春山)에 돌아가 밭 갈며 낚시질하고 살았다. 그 낚시질하 던 대(臺)가 엄광대(嚴光臺)이다. 칠리탄(七里灘)에 있다.

433 준(樽): 고대의 술 그릇. 술을 담는 통(단지). 여기서는 동사로 쓰여서 '(술잔을) 들다, 잡다'의 뜻.

封書空有雁飛來. 편지 한통 없이 기러기만 돌아오누나.

漸驚雪色頭顱[434]改, 점점 눈 색으로 변해가는 머리에 놀라네만,

莫漫風情[435]笑口開. 안쓰러운 모양새에 입 열고 함부로 웃지들 말게나.

遙想陽明舊詩石[436], 아득히 생각노니, 양명에서의 옛날 시 새긴 돌엔

春來自應長莓苔. 봄이 오면 저절로 이끼로 덮이리라는 것을.

●춘일화간우[437]집시문생春日花間偶集示門生 **봄날 꽃 사이에 마침 모였기에 제자들에게 보이다**

閒來聊[438]與二三子[439], 한가로이 와서 그대들과 즐기네만,

單夾[440]初成行暮春[441]. 홑옷이 처음 이루어져 늦은 봄을 걷노라

改課講題[442]非我事, 과제를 고치고 글 제목을 평가하는 것은 나의 일이 아니오

---

434 두로(頭顱): 머리.

435 풍정(風情): 보기 안쓰러운 모양새=기색(氣色).

436 양명구시석(陽明舊詩石): 절강성 여요(餘姚) 양명동에 영명이 쓴 시를 새긴 돌이다.

437 우(偶): 때 마침.

438 료(聊): 즐기다.

439 이삼자(二三子): 제위(諸位), 여러분, 그대들, 너희들.

440 단협(單夾): 홑 옷과 겹 옷. 얇은 옷. 봄과 여름 사이에 입은 옷.

441 행모춘(行暮春): 늦은 봄을 걷다. 『논어』「서진(先進)」에 "늦은 봄날 봄옷이 이루어지자 청년 대여섯. 아이들 예닐곱과 기수에 가서 목욕하고 무우에 가서 바람 쐬고 시를 읊으며 돌아오리라"[暮春者, 春服旣成, 冠子五六人 童子六七人, 浴乎沂, 風于舞雩, 詠而歸]에서 유래한 구절. 暮春者, 春服旣成」라고 있는 것을 생각하여 읊은 것이다. 왕양명은 자주 이 증점(曾點)의 고사를 인용한다.

442 제(題): 품평. 글을 적다(쓰다), 값을 매기다.

研幾悟道是何人?	사물의 기미를 연구하여 도를 깨닫는 자는 누구인가?
階前細草雨還碧,	뜨락 앞의 가느다란 풀은 비 오자 다시 푸르고
簷下[443]小桃晴更新.	처마 아래 작은 복숭아나무는 비 개자 다시 새롭네.
坐起詠歌俱實學[444],	앉고 일어나고, 노래 부르는 일이 모두 실제의 공부이니
毫釐[445]須遣[446]認教眞.	털끝하나라도 우리에게 참됨을 가르치는 것임을 알아야 하리.

●**하일유양명소동천희제생해집우용당운**夏日游陽明小洞天喜諸生偕集偶用唐韻

여름날 양명소동천에서 제생들과 함께모여 마침 당운으로 시를 짓다.

古洞[447]閑來日日游,	옛날의 양명소동천에 한가로이 와서 나날이 노니느니,
山中宰相[448]勝封侯.	산중재상이 조정의 봉후 벼슬보다 낫도다.
絶糧每日嗟尼父[449],	양식이 떨어지면 언제나 공자님의 진나라

443 첨하(簷下): 처마 아래.
444 실학(實學): 일상생활에 쓰임새 있는 학문. 실제의 학문.
445 호리(毫釐):조금. 털끝만큼.
446 견(遣):~하도록 하다. 사역동사.
447 고동(古洞): 옛날의 양명(陽明) 소동천(小洞天) 즉 양명동을 말함.
448 산중재상(山中宰相): 남조 양(梁)나라 도홍경(陶弘景)이 모산(茅山)에 은거하여, 임금이 여러 번 불러도 나오지 않았다. 나라에 일이 있을 때마다 임금이 그에게 자문하였으므로 사람들이 그를 두고 산중재상(山中宰相)이라 칭했다.
449 절량매일차니부(絶糧每日嗟尼父): 공자[尼父]께서 도를 펴기 위해 천하를 주류할

	때를 한탄해보고
慍見還時有仲由[450].	언짢은 듯 돌아올 때는 중유가 생각나네.
雲裡高崖微入暑,	구름 덮인 높은 벼랑은 조금씩 더위 속으로 들어서나
石間寒溜已含秋.	돌 사이의 썰렁한 물은 벌써 가을을 머금었네.
他年故國[451]懷諸友,	어느 때 고향 땅의 여러 벗들 그리워하니
魂夢[452]還[453]須到水頭.	꿈속에서라도 어서 이 물가에 오려무나.

●**대제우불지**待諸友不至	**여러 벗을 기다려도 이르지 않아**
花間望眼[454]欲崇朝[455],	꽃 사이에서 한 아침나절이나 기다리네.
何事諸君跡[456]尚遙[457].	무슨 일로 그대들 자취가 이리도 어른어른 눈에 밟히나.

적에 진나라와 채(蔡)나라의 들판에서 이들 나라의 대부(大夫)들에게 포위되어 식량이 끊기는 곤액을 당하였다. 『논어』「위령공(衛靈公)」에 "공자께서 진나라에 계시면서 식량이 떨어지니, 수행하던 자가 병들어 일어나지 못하였다[在陳絶糧 從者病 莫能興]"라고 보이며, 『사기』「공자세가(孔子世家)」에도 자세히 기술되어 있다.

450 온견환시유중유(慍見還時有仲由): 공자가 진나라에서 곤액을 당할 때 제자인 중유[仲由. 자가 子路]가 성난 빛으로 "군자도 이런 곤액을 당합니까?"하고 공자에게 대들 듯이 물은 적이 있다.

451 고국(故國): 옛 나라. 고향 땅을 말한다.

452 혼몽(魂夢): 꿈. 꿈속에서 혼이 교류함.

453 환(還): 어서.

454 망안(望眼): 멀리 바라보는 눈. 오기를 눈 빠지게 기다린다는 뜻.

455 욕숭조(欲崇朝): 아침나절을 채우려(마치려) 하다. 즉 '한 아침나절'.

456 적(跡): 그림자. 모습.

457 요(遙): 떠오르다. 어른대다. 눈에 밟히다.

自處[458]豈宜同俗駕[459],	혼자 지내니 어찌 속인의 수레마냥 쏘다니기야 하겠나?
相期不獨醉春瓢[460].	봄 술 혼자 마시지 않기로 서로 약속하였네.
忘形而我雖多缺,	나에겐 모자람이 많은데도 잊으려 하나
義重師生[461]可待招.	사제간의 의리가 무거운 터라 부름을 기다리노라
自是淸游須秉燭[462],	이로부터 고요히 놀려면 모름지기 촛불을 켜야 하리
莫將風雨負良霄[463].	부디 비바람 쳐서 이 좋은 밤 저버리지 말았으면.

●장귀여제생별우성남채씨루將歸與諸生別于城南蔡氏樓

제생과 채씨루에서 이별하며

天際城樓樹杪[464]開,	하늘가 성루가 나무 가지 끝에 열렸으니
夕陽下見鳥飛回.	석양에 저 아래로 새 날아 돌아오는 것 본다.
城隅碧水光連座,	성 모퉁이 푸른 물빛이 이어지고
檻外靑山翠作堆.	난간 밖 푸른 산은 파란 빛 더미일세.

---

458 자처(自處): 혼자 지냄.

459 속가(俗駕): 세속사람들의 수레. 이곳저곳을 마음대로 쏘다니는 것을 말한다.

460 춘표春瓢): 당나라 때부터 '술'을 춘(春)이라고 했다. 춘표는 술 바가지(술구기)를 가리킨다.

461 사생(師生): 사제(師弟).

462 병촉(秉燭): 촛불을 들고 밤까지 놂. 『문선(文選)』「고시십구수(古詩十九首)」에 "낮 짧고 밤 길면 괴로운데, 어째서 촛불 잡아 놀지 못하는가[晝短苦夜長, 何不秉燭遊]"라는 구절이 나옴.

463 양소(良霄): 좋은 밤.

464 수초(樹杪): 나무 꼭대기(끝) 혹은 나무 가지 끝.

頗恨眼前離別近,	자못 한스러운 것은 눈앞에 이별이 다가오는 것.
惟余他日夢魂[465]來.	오직 나에겐 다른 날 꿈속에서나 다가와
新詩好記同游處,	새로 시 지어내듯 놀던 곳을 잘도 기억하리니
長掃溪南舊釣台.	계남溪南의 조어대釣魚臺를 늘 잘 쓸어놓으시게.

●제문인송지룡리[466]도중 이수諸門人送至龍里道中二首

여러 문인들을 전송하며 용리龍里**에 이르는 도중에서 두수**

其一	제1수
蹊路[467]高低[468]入亂山[469],	좁은 길이 오르락내리락 어지러이 산으로 드는데
諸賢相送[470]愧間關[471].	여러분들을 배웅하면서 길 험한 걸 부끄러네.
溪雲[472]壓帽兼愁重,	산골짜기에 낀 구름이 내 모자를 누르니 아울러 수심도 무겁고,

465 몽혼(夢魂): 꿈속의 넋. 꿈 속.

466 용리(龍里): 지금 귀주성(貴州省) 용리(龍里縣)이다.

467 혜로(蹊路): 좁은 길.

468 고저(高低): 오르락내리락.

469 난산(亂山): 산줄기를 이루지 않고 높낮이가 고르지 아니하게 여기저기 어지러이 솟은 산.

470 상송(相送): 배웅하다. 전송하다. 피차간(彼此間)에 서로 보냄.

471 간관(間關): 길이 울퉁불퉁하여 걷기 곤란한 상태.

472 계운(溪雲): 산골짜기에 낀 구름.

風雪吹衣著鬢斑[473]. 풍설이 옷에 들이치니 수염이 아롱지네.

花燭夜堂還[474]共語, 꽃 촛불 켜고 밤늦도록 집에서 다시 함께 이야기 나누세.

桂枝[475]秋殿[476]聽蹐攀[477]. 가을 전시에 급제하여 높은 벼슬에 올랐다는 소식을 듣고자 하네.

相思不作勤書禮, 서로 그립더라도 부지런히 편지 쓰는 예는 차리지 말게나.

別後吾言在訂頑[478]. 이별 뒤 나의 말을 [장재張載가 서쪽자리에 붙였던 잠언] '정완(어리석음을 바로잡음)'으로 써 두게나.

其二 제2수

雪滿山城入暮關, 눈 쌓은 산성으로 저문 날 관문에 드니

歸心別意兩茫然. 돌아가는 마음과 이별하는 뜻은 둘 다 아득하네.

及門[479]眞愧從陳日[480], 내 문하생들이 (공자가 고생했던) 진나라에서 따르던 날 같아 참으로 부끄럽고,

---

473 빈반(鬢斑): 수염이 아롱지다.

474 환(還): 다시. 또.

475 계지(桂枝): 계수나무의 가지. 절계지(折桂枝)를 줄인 말로 여기서는 과거 급제를 은유한다. 과거에 급제한 것을 '계수 가지를 꺾는다'[折桂]고 함.

476 추전(秋殿): 가을에 거행하는 전시(殿試).

477 제반(蹐攀): 높은 곳을 기어 올라감.

478 정완(訂頑): 횡거(橫渠) 장재(張載)가 서쪽(오른쪽) 자리에 써 붙인 잠언의 글[西銘]로서 '정완(訂頑. 어리석음을 바로잡음)'을 써둔 것을 말함. 참고로, 장재가 동쪽(왼쪽)자리에 써 붙인 잠언의 글[東銘]은 '폄우(砭愚.어리석음을 경계함)'이다.

479 급문(及門): 문하생, 제자를 가리킨다.

480 종진일(從陳日): 공자께서 진나라에 계시면서 식량이 떨어지는 고사를 가리킨다.

微服[481]還思過宋年.	남루한 복장으로 공자가 송나라를 지나가던 해를 다시금 생각노라.
樽酒[482]無因同歲晩[483],	술동이의 술은 이유 없이 저무는 한 해와 같이 익어간다.
緘書[484]有雁寄春前.	편지는 저 기러기 편으로 봄 오기 전에 부치리.
莫辭秉燭[485]通霄[486]坐,	촛불 켜고서 밤새워 자리 지켜 공부함을 사양치 말게나.
明日相思隔隴煙[487].	내일이면 서로 언덕의 안개처럼 떨어져서 그리워하세.

●증진종로[488]贈陳宗魯	**진종로에게 주다**
學文須學古,	학문은 모름지기 옛 성인의 글을 배워야지.
脫俗去陳言[489].	탈속하니 진부한 말도 버리세.

481 미복(微服): 지위가 높은 사람이 어떤 목적으로 남의 눈에 잘 나타나지 않도록 신분을 숨기기 위하여 입는 남루한 옷. 이 문장은 뒤의 '과송(過宋)'과 함께 『맹자』 「만장·상(萬章·上)」에 "공자가 노나라와 위 나라에 있는 것이 마땅하지 않아 다른 나라로 가는 도중에 송나라 환사마(이름은 퇴(魋))가 길목에서 죽이려고 하는 것을 당하여 변복을 하고 송나라를 지나갔다(孔子不悅於魯衛，遭宋桓司馬，將要而殺之，微服而過宋)"에 근거한다.

482 준주(樽酒): 통술. 통에다 넣어 빚은 술. 술동이의 술.

483 세만(歲晩): 세밑. 한 해가 끝날 무렵.

484 함서(緘書): 봉한 편지.

485 병촉(秉燭): 촛불을 손에 쥠(잡음). 곧 촛불을 켬.

486 통소(通霄): 밤세워. 철야.

487 농연(隴煙): 산이나 언덕의 안개.

488 진종로(陳宗魯): 진문학(陳文學)이다. 종로는 그의 자(字). 용장에서 왕양명에게 학문을 배워본 적이 있다.

489 진언(陳言): 낡아빠지고 케케묵은 언사(말, 사상, 학문).

譬若千丈木,	비유하자면 천길 되는 나무란
勿爲藤蔓纏[490].	등나무 덩굴에 칭칭 감기지 말아야 하리.
又如昆侖派[491],	또한 곤륜산의 물줄기 마냥
一瀉成大川.	한 번 쏟아지면 큰 내를 이루어야지.
人言古今異,	사람의 말 고금이 다르면
此語皆虛傳.	이런 말들이란 다 헛되이 전해진 것.
吾苟[492]得其意,	내가 만약 그 의미 얻었다면
今古何異焉.	지금과 옛이 어찌 다르리.
子才良可進,	그대의 재주 참으로 나아갈만하니
望汝師聖賢.	자네는 성현을 스승으로 삼기를 바라노라.
學文乃餘事[493],	학문은 곧 실천하고 남은 힘이 있을 때 할 일이라.
聊[494]云子所偏[495].	잠시 그대가 치우칠까봐 한 말일세.

●**흥륭위[496]서벽**興隆衛書壁	**흥륭위에서의 서재**
山城高下見樓臺,	높은 산성 아래 누대가 보이고

490 만전(蔓纏): 덩굴(풀)로 칭칭 감다.

491 곤륜파(昆侖派): 파는 흐르는 물[流水], 대하의 지류.

492 구(苟) : 만일, 만약.

493 여사(餘事) : 여력이 있으면 하는 일. 『논어』「학이」에 "실천하고 남음이 있으면, 학문을 한다(行有餘力, 則以學文)"에 근거함.

494 료(聊): 잠시. 우선.

495 편(偏): 치우치다, 쏠리다, 기울다, 편향(편중)되다.

496 흥륭위(興隆衛): 지명. 즉 지금의 귀주(貴州) 황평현(黃平縣)이다.

野戍[497]參差[498]暮角[499]催. 둘쑥날쑥한 초소의 저녁 뿔피리 소리는 사람을 재촉하네.

貴竹路[500]從峰頂[501]入, 대나무 길은 산봉우리에서 맨 꼭대기로 들어가고

夜郎[502]人自日邊[503]來. 좌천지 귀주에 있는 나(=양명)는 일출의 변방까지 왔네.

鶯花[504]夾道[505]驚春老, 꾀꼬리와 꽃이 길을 끼고서 봄날이 저물어감에 놀라네.

雉堞[506]連雲向晩開. 성가퀴에 이어진 구름은 저녁때에 열린다.

尺素[507]屢題還屢擲[508], 편지는 여러 번 썼다가 버리고 또 썼다가 버리곤 하네.

衡南[509]那有雁飛回[510]? 형산 남쪽 어디에서 기러기가 다시 돌아오나?

---

497 야수(野戍): 인가를 벗어난 들판에 있는 초소. 변방의 주둔지. 수(戍)는 변방을 지키는 일 즉 수자리. 둔영(屯營)이나 병사(兵舍)를 말함.

498 참치(參差): 참치부제(參差不齊)의 준말. 길고 짧고 들쭉날쭉하여 가지런하지 아니함.

499 모각(暮角): 저녁에 부는 뿔피리 소리.

500 귀죽로(貴竹路): 귀죽(대나무의 한 가지)이 있는 길.

501 봉정(峯頂): 산봉우리[峰]의 맨 꼭대기[頂].

502 야랑(夜郎): 일반적으로 당나라 때 이백이 귀양 간 곳이라고 한다. 여기서는 귀주(貴州)를 가리킨다.

503 일변(日邊): 일출의 변방. 서쪽.

504 앵화(鶯花): 꾀꼬리와 꽃.

505 협도(夾道): 길을 끼다. 길 양쪽으로.

506 치첩(雉堞): 성가퀴. 성 위에 낮게 쌓은 담. 여기에 몸을 숨기고 적을 감시하거나 공격하거나 한다.

507 척소(尺素): 척독(尺牘). 편지.

508 누제환루척(屢題還屢擲): 여러 번 썼다가 버리고 또 썼다가 버리곤 하다.

509 형남(衡南): 형양(衡陽) 형산(衡山)의 남쪽.

510 형남나유안비회(衡南那有雁飛回) : 소식[音信]의 격절(隔絶)을 의미. 형양(衡陽)에 회안봉(回鴈峯)이 있는데, 기러기가 언제나 북에서 남으로 가다가 이 산봉우리에

●칠반[511]七盤	칠반
鳥道[512]縈紆[513]下七盤[514],	험한 산 길 돌고 돌아 칠반산을 내려서네.
古藤蒼木峽聲寒[515].	오래된 등의 푸른 나무 골짜기 물흐르는 소리는 차갑도다.
境多奇絶非吾土,	경계가 너무나도 절묘하니 내 살던 고향과는 다르고,
時可淹留[516]是謫官[517].	이때 (이런 산속에) 오래 머물 수 있다면 좌천이지만,
猶記邊峰傳羽檄[518],	여전히 변방의 산봉우리에서 긴급 군사문서[우격]를 기억하네.
近聞苗俗[519]化衣冠[520].	근래에 듣건대, 묘족의 풍속은 많이 교화되었도다.

이르러서는 봉이 너무 높아 더 이 상넘어가지 못하고 봄이 되면 다시 돌아온다고 한다.

511 칠반(七盤): 지금 귀주성 복천현(福泉縣) 동남쪽에 있다.

512 조도(鳥島): 나는 새도 넘기 어려울 만큼 험한 길. 산속의 좁고 험한 길을 말함. 조로(鳥路). 조경(鳥逕).

513 영우(縈紆): 빙 돌아 얽힘. 빙 둘러쌈.

514 조도(鳥道): 나는 새도 넘기 어려울 만큼 험한 길.

515 성한(聲寒): 깊은 골짜기에 흐르는 물소리가 차갑다는 뜻.

516 엄류(淹留): 오래 머무름. 선향엄류(仙鄕淹留)(선향(仙鄕)에 오래 머물러 있는다는 뜻)라는 말이 있음.

517 적관(謫官): 벼슬아치가 잘못을 저질러 좌천됨. 자리를 옮기거나 전근함.

518 우격(羽檄): 고대의 군사 문서. 그 문서에 급하다는 뜻으로 새 깃을 꽂았음으로 이루어진 말이다. “여전히 변방의 산봉우리에서 긴급 군사문서[우격]를 기억하네.” 라는 구절은 아직도 여전히 직업의식이 발동하여 정부 관료로서의 임무를 잊고 있지 않다는 뜻.

519 묘속(苗俗): 묘족의 풍습.

520 화의관(化衣冠): 귀주성 귀양지역 사람들의 옷차림과 등 문명(文明)을 교화했다는 뜻.

投簪[521]實有居夷志,	벼슬을 던져버리고 정말 여기 오랑캐 땅에 살고 싶은 뜻 있어도
垂白[522]難承菽水歡[523].	늙음에 이르러 가난한 생활의 기쁨을 누리기 어렵다네.

●의의[524]猗猗	**아름다워라**
猗猗澗邊竹,	아름다워라, 물가의 대나무여.
青青巖畔松.	푸르디 푸르구나, 바위 가의 소나무여.
直幹歷冰雪,	곧게 자란 이 나무는 얼음과 서리를 겪었으리.
密葉留淸風.	빽빽한 이파리엔 맑은 바람이 머무는 데
自期永相托,	오래오래 서로 부탁한다며 스스로 기약하고
雲壑無違蹤[525].	구름 깊은 골짜기도 우리를 떨어지게 하지 못하리라.
如何兩分植,	어떻게 둘을 나뉘어 심을 것인가?
憔悴歎西東.	초췌하게 동쪽과 서쪽에서 탄식하네.
人事多翻覆,	인간사엔 뒤집히는 일 많거니
有如道上蓬[526].	길 위에 자라는 다북쑥 같아라.

---

521 투잠(投簪): 관을 꽂은 비녀를 던져버린다는 말은 '벼슬을 버린다'는 뜻이다.

522 수백(垂白): 흰머리 드리우다. 늙음이 이르렀다는 뜻이다.

523 숙수환(菽水歡): 콩과 물 즉 변변하지 못한 검소한 음식. 따라서 극히 가난한 생활 속에서 누리는 기쁨을 말한다.

524 의의(猗猗): 아름답게 우거진 모양. 『시경』「위풍·기욱(衛風·淇奧)」에 "저 기수(淇水) 물굽이를 보니, 푸른 대가 곱게 우거졌구나[瞻彼淇奧綠竹猗猗]"라고 하였다.

525 위종(違蹤): 좇음을 달리하다. '떨어진다. 헤어진다'는 뜻. 이하 구절은 소나무와 대나무는 서로 짝을 이루고 싶어도 떨어지게 된다는 것이다.

526 봉(蓬): 국화과의 여러해살이풀이다. 『埤雅(비아)』에 봉은 뿌리보다 잎이 더 크고

惟應歲寒意[527],	오직 세한의 뜻을 품고
隨處還當同.	어디든지 또한 똑같아야 한다오.

●남명[528]南溟	**남쪽 바다**
南溟有瑞鳥,	남쪽 바다에 상서로운 새가 있고
東海有靈禽.	동해에 신령한 새가 있네.
飛游集上苑[529],	상원에 날아돌며 모이더니만
結侶珍[530]樹林.	서로 짝이 되어 나무숲을 진귀하게 여기도다.
顧言飾羽儀[531],	회고하여 말 하건데, 새 깃으로 장식한 모습 갖추고
共舞簫韶音[532].	함께 순임금 때의 음악 소소에 맞춰 춤추나.
風雲忽中變,	풍운이 홀연한 사이에 변하고
一失[533]難相尋.	한 번 과오를 범하게 되면 서로 찾기 어렵다오.
瑞鳥旣遭縻[534],	서조는 이미 그물에 붙잡혔고

바람이 불면 바로 모여 나라간다. 여기서는 '세상 일'을 비유한다.

527 세한(歲寒): 한해 중의 추운 때, 겨울. 『논어』「자한(子罕)」에 공자가 말했다: "날씨가 추워진 뒤에야 소나무와 잣나무가 다른 나무보다 나중에 시듦을 안다. [子曰: "歲寒, 然後知松栢之後彫也]"

528 남명(南溟): 남쪽 아득히 먼 곳에 있는 큰 바다.

529 상원(上苑): 천자의 정원.

530 진(珍): 진귀하게 여기다. 소중히 여기다.

531 우의(羽儀): 깃털 장식. 주자 『본의』에서 "의는 깃털로 정독(旌纛)의 장식한 것이다.[儀, 羽旄旌纛 之飾也]"라고 해석했다.

532 소소(簫韶): 순임금 때의 음악.

533 일실(一失): 한 번 과오를 범하게 되면~.

534 조미(遭縻): 그물에 얽힘(잡힘, 붙들림)을 당하다. 법망에 걸려 투옥된다는 뜻.

靈禽投荒岑[535].	신령한 새는 거친 변방으로 버려졌도다.
天衢[536]雨雪[537]積,	하늘로 가는 길엔 진눈깨비 쌓였고
江漢[538]虞羅侵[539].	물길[양자강揚子江과 한수강漢水江]에는 그물 쳐짐이 우려스럽네.
哀哀鳴索侶,	슬프고 슬프도다, 짝을 찾는 울음이여,
病翼飛未任.	날개 병들어 날지도 못하는데
群鳥亦千百,	뭇 새들 천이요 백이로다.
誰當會其心?	누가 그 마음 이해할까.
南嶽有竹實,	남악에 대나무 열매 있고
丹溜[540]青松陰.	불로장생의 단사丹沙의 물 곁 푸른 소나무 그늘에서
何時共棲息?	어느 때나 같이 쉬어 볼까나?
永托雲泉深.	길이 흰 구름 맑은 샘 깊은 곳에 맡기리라.

●계수溪水	**시냇물**
溪石[541]何落落[542],	시냇물 속의 돌들은 어찌나 썰렁하며,
溪水何冷冷.	시냇물은 어찌나 차가운지.

---

535 황잠(荒岑): 거친 낭떠러지(벼랑)나 물가. 양명이 좌천된 용장 같이 문명의 미개지인 변방을 말함.

536 천구(天衢): 하늘의 막힘없는 길 또는 수도의 큰 거리나 수도.

537 우설(雨雪): 비와 눈. 눈비. 진눈깨비.

538 강한(江漢): 양자강(揚子江)과 한수강(漢水江)이 합류하는 곳이나 양자강과 한수강을 아울러 이르는 말.

539 우라침(虞羅侵): 그물 침을 우려하다.

540 단류(丹溜): (불로장생을 가져오는)단사(丹沙)의 물.

541 계석(溪石): 시냇물 속의 돌.

542 낙락(落落): 썰렁한(외로운) 모습.

坐石弄溪水,	돌에 앉아 시냇물에 장난질하다
欣然[543]濯我纓[544].	기꺼이 내 갓끈을 씻고 싶어라.
溪水淸見底,	시냇물 맑아 밑바닥이 보이고
照我白髮生.	나의 백발이 늘어남도 다 비춰주네.
年華[545]若流水,	세월은 흐르는 물 같은 것
一去無回停.	한 번 가고나면 돌아와 멈춰 주질 않네.
悠悠[546]百年內,	오랜 뒤 백년 안에는
吾道終何成.	나의 도를 끝내 이루어야 하리라.

●수빈동[547]水濱洞	수빈동
送遠憩岨谷[548],	멀리 벗을 전송하고서 험한 계곡에서 쉬다가
濯纓俯淸流.	갓끈을 씻고 맑은 물 흐르는 곳을 굽어보네.
沿溪涉危石[549],	시내를 따라 삐죽한 바위를 건너는데
曲洞藏深幽[550].	굽이굽이 골짜기는 깊고 고요함을 간직했네.
花靜馥[551]常閟[552],	꽃은 고요하고 향기는 늘 갇혀 있는 듯.

543 흔연(欣然): 기꺼이.
544 탁아영(濯我纓): 굴원(屈原)의 「어부사(漁父辭)」에 "창랑의 물이 맑으면 내 갓끈을 씻고..."라는 구절이 나옴.
545 연화(年華): 지나가는 날이나 달이나 해 즉 시간. 광음, 세월을 뜻하는 연광(年光)과 같다.
546 유유(悠悠): 유구하다. 장구하다. 요원(遙遠)하다.
547 수빈동(水濱洞): 물가의 계곡. 산천으로 둘러싸여 경치 좋은 곳을 동천(洞天)이라 함.
548 저곡(岨谷): 험준한 계곡.
549 위석(危石): 거대한 바위. 높고 가파른 바위, 기암괴석.
550 심유(深幽): 유심하다. 깊숙하고 고요하다.
551 복(馥): 향기, 향기롭다.
552 비(閟): 문을 닫다. 갇히다.

溜暗[553]光亦浮.	동굴 속에 깔려 빛 또한 떠 있다.
平生泉石好,	평생에 자연을 좋아했거니
所遇成淹留[554].	만나는 데마다 오래 머무르네.
好鳥忽雙下,	아름다운 새는 홀연히 쌍으로 내려오고
鯈魚[555]亦群游.	피라미 떼는 또 무리지어 노네.
坐久塵慮[556]息,	오래 앉았으니 속세의 근심도 잠잠
澹然[557]與道謀.	깨끗한 마음으로 도를 생각하네.

●산석山石

산석

山石猶有理[558],	산의 돌에는 결이 있고
山木猶有枝.	산의 나무에는 가지가 있다.
人生非木石,	인생이 목석이 아니니
別久寧無思!	이별한지 오래여도 어찌 생각이 없으랴?
愁來步前庭,	근심이 찾아들면 앞뜰을 걷고
仰視行雲馳[559].	우러러서 구름 떠가는 것을 본다.
行雲[560]隨長風[561],	지나는 구름은 멀리서 부는 바람 따라 오는데

553 유암(溜暗): 동굴에서 저류(低流)함.
554 엄류(淹留): 오래 머물다.
555 조어(鯈魚): 피라미 떼.
556 진려(塵慮): 속된 생각. 세속의 생각[속념].
557 담연(澹然): 깨끗한(맑은) 모양.
558 리(理): 결.
559 운치(雲馳): 이리저리 구름이 떠가다.
560 행운(行雲) : 지나가는 구름.
561 장풍(長風): 멀리서 불어오는 바람. 또는 씩씩하고 기운찬 모양.

飄飄[562]去何之?	산들산들 어디로 가느냐?
行雲有時定,	지나는 구름은 정해진 때가 있거늘
遊子[563]無還期.	나그네는 돌아올 기약 없네.
高梁始歸燕,	높은 대들보에 비로소 제비 돌아오니
題鳺[564]已先悲.	두견새는 벌써 먼저 슬퍼하네.
有生豈不苦,	살아감에 어찌 괴로움 없으랴.
逝者長若斯[565]!	가는 것은 언제나 이와 같은 것,
已矣複[566]何事?	그만두자, 다시금 무슨 일을 하리?
商山[567]行采芝.	상산노인처럼 영지靈芝나 캐러 가자.

●유래선동[568]조발도중游來僊洞早發道中

내선동에 놀다가 아침에 길을 나서다.

霜風淸[569]木葉,	서리 바람이 나뭇잎에 차니,
秋意[570]生蕭疏[571].	가을 맛이 소슬히 생겨나네.

---

562 표표(飄飄): 산들산들 부는 모양.

563 유자(遊子): 나그네.

564 제부(題鳺): 두견새.

565 서자장야사(逝者長若斯): 가는 것이 언제나 이와 같다. 『논어』「자한」에 "공자가 냇가에서 말했다. '가는 것이 이와 같구나. 밤낮을 그치지 않는구나.'[子在川上曰逝者如斯夫不舍晝夜]"라고 있다.

566 복(複): 거듭. 다시금.

567 상산(商山): 지금 섬서성(陜西省) 상현(商縣) 동남쪽에 있다. 진말 한초(秦末漢初)에 네 노인[皓]이 상산(商山)에 은거하였다. 이를 상산사호(商山四皓)라고 한다. 그리고 상산사호는 한고조(漢高祖)가 부름에 응하지 않고「채지가(採芝歌)」를 만들었다.

568 래선동(來僊洞): 서하산(栖霞山)의 동굴이다. 이금 선인동(仙人洞)이라고 한다.

569 청(淸): 차갑다. 차다. 한랭하다.

570 추의(秋意): 가을다운 맛. 가을다운 기분.

571 소소(蕭疏): 소슬하다. 쓸쓸하다.

沖星[572]策[573]曉騎,	새벽별이 뜨자 말을 깨워 채찍질하니
幽事[574]將有徂[575].	어둑했던 일들이 막 지나가자
股蟲[576]亂飛擲[577],	떼 지은 벌레들이 어지러이 날아오르고
道狹草露濡.	길이 좁아 풀에 맺힌 이슬이 바지를 적시네.
傾暑[578]特晨發,	날씨가 더워질까 봐 일부러 새벽에 출발하려는데
征夫[579]已先途.	출정出征하는 군사들은 벌써 먼저 길을 나섰네.
淅米[580]石間溜,	산골의 흐르는 물에다 쌀을 일어서
炊火岩中廬.	바위 가운데 움막에서 불 때어 밥을 하네.
煙峰[581]上初日[582],	안개 낀 봉우리에 첫 해가 올라오고
林鳥相嚶呼[583].	수풀의 새는 서로 불러대네.
意欣物情適[584],	마음이 기쁘니 만물의 모양들이 흡족하고
戰勝癯色[585]腴[586].	전쟁에 이기니 비로소 여윈 얼굴에 화색이

572 충성(沖星): (새벽)별이 뜨다(솟다).
573 책(策) : 채찍질 하여 말을 달리다.
574 유사(幽事) : 어둑했던 일.
575 조(徂): 가다[往].
576 고충(股蟲): 줄지은(떼를 이룬) 작은 벌레들.
577 척(擲): 마구 날아오르다.
578 경서(傾暑) : 날씨가 더워지다.
579 정부(征夫): 출정(出征)하는 군사들. 또는 먼 길을 가는 사람.
580 석미(淅米) : 쌀을 일다(씻다).
581 연봉(烟峰) : 산봉우리의 안개가 연기 같은 모양.
582 초일(初日) : 첫 해(태양)가 올라오다.
583 영호(嚶呼): 새가 울다.
584 물정적(物情適): 사물에 대한 느낌이 흡족하다.
585 구(癯): 여윈 얼굴(볼)의 모습. 여윈 안색.
586 유(腴): 살찌다. 초췌하던 얼굴에 화색이 돌아 통통해지는 듯 한 것을 말한다.

	돈다.
行樂信宇宙[587],	잘 놀고 즐겁게 지내는 것은 인간 세상의 이치에 맡기네.
富貴非吾圖.	부하고 귀한 것은 내가 도모할 바 아닐세.

●하일등역씨만권루용당운[588]夏日登易氏萬卷樓用唐韻

여름에 역귀易貴가 만든 만권루萬卷樓에 올라 당운으로 짓다.

高樓六月自生寒,	높은 (만권루의) 누각에는 유월에도 추위를 느끼네.
遝嶂峰[589]回擁碧闌.	올망졸망 겹친 산봉우리들이 푸른 난간을

---

587 우주(宇宙) : 인간세상의 이치를 가리킨다.

588 역씨만권루(易氏萬卷樓): 명나라 귀양(貴陽)의 역귀(易貴)가 만든 장서각(藏書閣)이다. 지금 찾을 수가 없다. 용당운(用唐韻): 당시(唐詩)의 운을 사용함. 예를 들면, 당나라 잠참(岑參)의 「화가치사인조조대명궁(和賈至舍人早朝大明宮)」이라는 시에서는 바로 한(寒), 난(闌), 관(官), 간(幹), 난(難)으로운을 했다.

589 답장봉(遝嶂峰): 산봉우리들이 올망졸망 겹치다.

	에워쌌다.
久客已忘非故土,	오래 타향을 떠돈 나그네 이곳이 고향 아니란 생각조차 없건만
此身兼喜是閑官.	이 몸 차라리 한가로운 관직인 게 참으로 기쁘구나.
幽花傍晚煙初瞑,	안개 속에의 고요한 꽃은 밤과 같이 어두워지고
深樹新晴雨未幹.	저쪽 깊은 수풀엔 방금 날이 갰지만 비 아직 마르지 않았네.
極目[590]海天家萬里[591],	가없이 저 바다와 하늘을 넘어 만 리 밖의 고향을 쳐다보려하나
風塵關塞[592]欲歸難.	고향 길에 풍진이 일어 돌아가기도 어렵겠네.

●**태자교**太子橋	**태자교**
乍寒乍暖早春天,	추웠다 따뜻했다 하는 이른 봄
隨意尋芳到水邊.	무심코 꽃 찾으러 물가에 왔네.
樹裡茅亭藏小景,	수불 속 띠 지붕의 정자는 아름다운 풍경을 감추고
竹間石溜引清泉.	대나무 사이 돌 틈 물줄기가 맑은 샘을 만들고,
汀花[593]照日猶含雨,	물가의 꽃들은 햇살 아래서도 오히려 빗물

590 극목(極目): 시력을 먼 데까지 다함. 눈으로 볼 수 있는 한계까지 한없이 봄.
591 가만리(家萬里): 만리 밖의 고향.
592 관새(關塞): 나라의 국경. 관문 또는 요새. 여기서는 '길'을 말한다.
593 정화(汀花): 물가의 꽃.

을 머금은듯 .

岸柳垂蔭漸滿川.	언덕의 버들은 드리운 그늘이 점점 냇가에 가득해 가네.
欲把橋名尋野老,	다리의 내력을 알고파서 마을 노인을 찾았으나
淒涼空說建文年[594].	처량하게 건문제 그 해의 이야기만 부질없이 해대네.

●서하산[595]棲霞山	서하산
宛宛[596]南明水[597],	꾸불꾸불 남명강은
迴旋[598]報[599]此山[600].	서하산에 치붙어 선회하고 있네.
解鞍彝曲[601]蹬[602],	안장을 풀고 평평하고 굽은 돌계단을 걸어올라
策杖[603]到禪關[604].	지팡이를 짚고 절에 이르렀네.
薄霧[605]侵衣濕,	엷은 안개는 옷에 스며들어 촉촉하네

594 건문(建文): 명나라 혜제(惠帝) 때의 연호. 1399년부터 1402년까지.

595 서하산(栖霞山): 섭산(摄山), 산산(伞山)이라고도 한다. 지금의 강소성(江蘇省) 남경시(南京市) 동북쪽에 위치하고 있다. 또한 지금 귀양의 동산이라는 설도 있다.

596 완완(宛宛): 굽은 모양. 구불구불한 모양.

597 남명수(南明水): 즉 귀양시내의 남명하(南明河)이다.

598 회선(迴旋): 선회하다.

599 보(報): 치붙다.

600 차산(此山): 서하산(栖霞山)을 말한다.

601 이곡(彝曲): 평평하다가 굽은.

602 등(蹬): 밟고 오르다

603 책장(策杖): 지팡이를 짚다.

604 선관(禪關): 선(禪)을 수행하는 관문. 절(사찰)을 말한다.

605 박무(薄霧): 엷은 안개.

孤雲入座閑.	외로운 구름은 앉아 있는 한가로움 때를 비집고 드네.
少留心已寂,	잠깐 머물러도 마음은 벌써 고요해지네.
不信在烏蠻[606].	여기가 오만의 땅인 것이 믿기지 않네.

●추야秋夜	가을 밤
樹暝棲翼喧[607],	숲이 어두워지자 깃들어 사는 새들이 시끄럽게 지저귀고
螢飛夜堂靜.	반딧불들 반짝대며 날아다니는 밤에 당(堂)은 조용하네.
遙穹[608]出晴月,	먼 하늘에선 청명한 달이 뜨고
低檐[609]入峰影.	낮은 처마가 산봉우리 그림자로 들어가네.
窅然[610]坐幽獨,	멍하게 조용히 홀로 앉았으나
怵[611]爾抱深警.	놀란 듯 깊이 경계하는 마음을 가져보네.
年徂[612]道無聞,	한 해가 다 지나가는데 도를 들음이 없고

---

606 오만(烏蠻): 『양익기(梁益記)』에서 "준주(雋州)의 준산(雋山)은 만(蠻)과 접경(接境)을 이룬다. 오만(烏蠻)과 백만(白蠻) 등이 있다."라고 하였다. 일반적으로 투지아족(土家族)은 고대 귀주(貴州)로부터 호남의 서부지역으로 이동해간 파인(巴人)의 후예로서, 오만(烏蠻)으로 불렸던 민족이다.

607 서익(棲翼): 서식하는(깃들어 사는) 새.

608 요궁(遙穹): 먼 하늘.

609 첨(檐): 처마.

610 요연(窅然): 정신이 멍함. 또는 그런 모양. 이백의 『산중문답(山中問答)』에 나온 구절이다. '멀리 가 버린, 아련하다'는 해석도 있다.

611 출(怵):두려워 놀라는 모양. 여기서는 '놀란 듯'로 한다.

612 조(徂): 가다, 나아가다.

心違跡[613]未屏[614].	마음의 어긋난 길은 감추질 못하네.
蕭瑟中林[615]秋,	소슬한 숲속의 가을
雲凝[616]松桂冷[617].	구름이 엉겨서 소나무와 계수나무가 싸늘해지네.
山泉豈無適.	산 중의 샘이 어찌 흘러 갈 곳이 없으리오?
離人懷故境.	사람들과 헤어진 뒤 고향을 그리워하네.
安得駕云鴻[618],	어찌하면 구름 탄 기러기를 얻어
高飛越南景[619].	높이 날아 이 남쪽 나라 고향으로 넘어 갈 수 있을까?

● 노회老檜 **늙은 전나무**

老檜[620]斜生古驛傍,	낡은 파발 한쪽에 비스듬히 서 있는 늙은 전나무
客來[621]系馬解衣裳.	오가는 손, 말 매고 옷 벗어 걸어두고
託根非所還[622]憐汝,	못 설 곳에 뿌리 내린 네가 오히려 가엾으나
直幹[623]不撓[624]終異常.	꼿꼿한 가지 휘지 않는 건 끝내 보통과 다

613 심위적(心違跡): 마음의 어긋난 길.
614 병(屏): 감추다, 숨겨두다.
615 중림(中林): 숲 속.
616 운응(雲凝): 구름이 엉기다.
617 냉(冷): 차가워지다. 싸늘해지다.
618 가운홍(駕云鴻):구름을 탄 기러기. 유유히 구름 흐르듯 날아가는 모습을 나타낸다.
619 남경(南景): 남쪽의 경치. 여기서는 두고 온 남쪽 나라 즉 소흥의 고향을 말한다.
620 노회(老檜): 늙은 전나무.
621 객래(客來): 손님의 왕래. 왕래하는(오고가는) 손님.
622 환(還): 오히려. 어찌나.
623 직간(直幹): 곧은 줄기. 여기서는 그냥 '꼿꼿이'로 읽는다.
624 불요(不撓): 휘다, 굽다(굽히다), 흔들리다.

르구나.

風雪凜然[625]存節概[626], 풍설 속에서도 늠름히 절개를 간직하고
刮摩[627]聊[628]爾見文章[629]. 깎고 다듬을 적 제 멋을 드러내네.
何當[630]移植山林下[631], 언제 산 숲 속에 옮겨 심어
偃蹇[632]從渠[633]拂漢蒼[634]. 높이 우뚝 솟아 푸른 하늘을 쓸게 할까.

●과천생교[635]過天生橋 **천생교를 지나다**

水光[636]如練[637]落長松[638], 물빛엔 키 큰 소나무 가지가 축축 늘어져 누인 명주같은데
雲際[639]天橋隱白虹[640]. 구름 끝 천생교는 흰 무지개를 숨긴네.

---

625 늠연(凜然): 늠름하다.
626 절개(節概): 질도와 기개.
627 괄마(刮摩): 깎고 문지르다(다듬다).
628 료(聊): 그에 따라서. 이에. 다만. 여기서는 '~때는(적에는)' 정도로 새긴다.
629 현문장(見文章): 무늬(문채. 생각 또는 가락, 멋)를 드러내다.
630 당(當): 마땅히~하다. 뒷 구절까지 걸린다.
631 산림하(山林下): 산 숲 속에.
632 언건(偃蹇): 높은(성대한) 모양. 거드름을 피우며 거만함.
633 종거(從渠): '종'은 '높고 큰 모양', '거'는 '깊고 넓은 모양'이다. 따라서 '종거'는 높고 큰, 높이 솟은 모양을 말한다. 참고로 '무엇이 어쨌든 간에. 여하튼'의 뜻으로 새길 때도 있다.
634 한창(拂漢蒼): '불'은 '쓸다(비질하다, 먼지를 떨어내다)', '한창'은 '푸른 하늘'이다. 따라서 '푸른 하늘을 을 쓸다'의 뜻이다.
635 천생교(天生橋): 귀주(貴州) 안순현(安順縣) 동북쪽에 있는 용담동 앞의 큰 바위이다.
636 수광(水光): 물빛.
637 련(練):누인 명주(明紬. 명주실로 무늬 없이 짠 피륙).
638 낙장송(落長松): 가지가 길게 축축 늘어진 키 큰 소나무. 혹은 키 큰 소나무 가지가 길게 축축 늘어진 모양.
639 운제(雲際): 구름 끝.
640 백홍(白虹): 흰 무지개. 흰 무지개는 병란(兵亂)의 전조라고 한다.

遼鶴不來華表[641]爛[642 643],	요동의 학이 오지 않아 화표주만 부스러졌다.
仙人一去石橋空[644].	신선이 한 번 떠나 돌아오지 않아 빈 돌 다리만 남았네.
徒聞鵲駕[645]橫秋夕,	단지 오작교만 가을밤에 가로 질렀다고 듣고,
謾說秦鞭到海東[646].	부질없이 진시황의 채찍만 바다 동쪽까지 날아갔다 하네.
移放長江還濟險,	만약 천생교를 장강에 옮겨다 놓았더라면 사람들을 위험에 서구했을 텐데
可憐虛卻[647]萬山中[648].	안타깝구나, 이 첩첩산중에 헛되어 쉬는 모습이.

●춘정春晴　　밝은 봄

641 화표(華表): 화표주(華表柱)를 말한다. '화표주'란 무덤 앞 양쪽에 세우는 한 쌍의 돌기둥. 돌 받침 위에 여덟 개의 모난 기둥을 세우고, 맨 위에 둥근 머리가 얹혀 있음.

642 란(爛): 부스러지다. 무너지다.

643 료학불래화표란(遼鶴不來華表爛) : 한나라 때 요동 사람 정영위(丁令威)가 죽은 지 천 년이 지난 뒤에 학으로 변한 것을 가리킨다. 정영위가 영허산(靈虛山)에서 도를 닦아 신선이 되었다고 한다. 그 뒤 천 년이 뒤에 학이 되어 요동에 돌아와 화표주(華表柱)에 앉아 시를 지었는데, 그 시에, "새여 새여 정영위여, 집 떠난 지 천 년 만에 오늘에야 돌아왔네. 성곽은 의구한데 사람들은 아니로세. 어찌 신선 아니 배워 무덤이 총총하뇨."라고 하였다.(『수신기(搜神記)』)

644 선인(仙人)… : 전설에 따르면 천생교가 신선(神仙)에 의해 만들었다고 한다. 그 신선은 이미 떠나고 다리만 남았다는 것을 읊고 있음.

645 작가(鵲駕): 까치의 수레.

646 진변(秦鞭) : 채찍으로 돌을 때려 옮겼다는 진시황(秦始皇)의 고사. 진시황이 석교(石橋)를 놓아 바다에 나가 해가 뜨는 것을 보려했다. 그러자 신인(神人)이 돌을 굴려 바다를 메우는데, 돌이 빨리 구르지 않자 채찍으로 돌을 때리니 돌에서 피가 났다 한다.

647 허각(虛卻): 헛되이 쉬다.

648 만산중(萬山中): 첩첩산중에.

林下春晴風漸和,	숲속에 봄 날씨 개니 봄바람은 점점 화창해지고
高巖殘雪已無多.	높은 산에 남은 눈이 거의 다 녹아가네.
游絲冉冉花枝靜[649],	공중에 걸린 거미줄은 하늘하늘 꽃가지는 조용조용,
青壁[650]迢迢[651]白鳥過.	푸른 구슬 빛 하늘은 까마득한데 흰 새가 지나가네.
忽向山中懷舊侶[652],	문득 산중을 바라보며 옛 친구를 그리네,
幾從洞口夢煙蘿[653].	몇 번이나 양명동 입구에 담쟁이 무성히 우거진 것을 꿈꾸었던가.
客衣塵土終須換,	나그네 옷은 흙먼지라 마침내 갈아입고서는
好與[654]湖邊長[655]芰荷[656].	좋구나, 호숫가에서 오래 마름과 연을 키우세.

●**륙광[657]효발**陸廣曉發　　**새벽에 육광현을 떠나다**

初日曈曈[658]似曉霞[659],	해 뜰 무렵은 아침놀일세.

649 유사염염(游絲冉冉): 하늘에 걸린 거미줄. '염염'은 부드럽게 드리운 모양.
650 청벽(青壁): 푸른 구슬.
651 초초(迢迢): 까마득히 멀다.
652 구려(舊侶): 옛 친구.
653 연라(烟蘿): 안개가 뒤덮고 있는 것처럼 무성한 담쟁이, 동구(洞口)…연라(煙蘿)는 유거(幽居) 즉 진리를 찾아 수양하는 은둔처, 즉 양명동을 말한다.
654 호여(好與): 좋다.
655 장(長): 자라다. 키우다.
656 기하(芰荷): 마름과 연꽃.
657 육광(陸廣): 즉 귀양 수문현(修文縣) 육광진(陸廣鎭)이다.
658 동동(曈曈): 동이 트는 모양. 동이 트면서 훤해지는 모양.
659 효하(曉霞): 새벽(아침) 놀.

雨痕新霽[660]渡頭[661]沙.	비 내린 흔적 남은 막 개인 나루터의 모래사장
溪深幾曲云藏峽,	계곡은 깊어 몇 굽이 인지, 구름이 골짜기를 감추었네.
樹老千年雪作花.	나무는 늙어 천년이나 된 듯, 눈이 꽃으로 피었네.
白鳥去邊[662]回驛路[663],	흰 새가 모퉁이의 역로驛路를 돌아 떠나는데,
青崖[664]缺處[665]見人家。	시퍼런 벼랑 후미진 곳에 인가가 보이네.
遍行[666]奇勝才經此,	두루 기이한 명승지를 다니다 이제 겨우 이곳을 거치네.
江上無勞[667]羨九華[668].	강가에 서니 구화산의 절경을 부러워할 필요 없네.

●백운당[669]白雲堂	**백운당**
白雲僧舍市橋[670]東,	백운이란 이름의 절집은 시장의 동쪽에 있고,

---

660 신제(新霽): 막 비가 개다(긋다, 그치다). 갓 개다.
661 도두(渡頭): 나루. 나루터.
662 변(邊): 모퉁이. 주변.
663 역로(驛路): 역참(驛站. 파발(擺撥))으로 통하는 길.
664 청애(青崖): 시퍼런 벼랑.
665 결처(缺處): 후미진 곳.
666 편행(遍行): 두루 다니다.
667 무로(無勞): 힘들일(수고할) 필요 없다. 구화산의 절경을 부러워할 필요가 없이 아름답다는 뜻이다.
668 구화(九華): 즉 안휘성(安徽省)에 있는 구화산(九華山)이다. 왕양명은 일찍이 여기서 공부해본 적이 있다.
669 백운당(白雲堂): 승사(僧舍. 승려가 불상을 모셔 놓고 불도를 닦으며 교법을 펴는 곳) 즉 절 집의 이름.
670 시교(市橋): 시장의 동쪽.

別院回廊小徑[671]通.	별원과 회랑은 샛길로 통하네.
歲古檐[672]松存獨幹,	오래된 처마 곁의 소나무는 외로이 줄기를 곧게 세웠네.
春還庭竹發新叢[673].	봄이 돌아오니 뜰의 대나무는 새로 떨기를 이루고,
晴窗暗映[674]群峰雪,	갠 날의 창으로는 은은히 뭇 봉우리의 눈이 비쳐들고
淸梵[675]長飄[676]高閣風.	불경 읽는 소리 멀리까지 퍼지게 하는 높은 전각의 바람.
遷客[677]從來[678]甘寂寞,	좌천된 나그네는 이제껏 적막에 달콤했네.
靑鞋[679]時過月明中.	짚신 신고 때때로 달 밝은 밤을 떠돌았네.

●내선[680]동[681]來僊洞	내선동
古洞春寒客到稀,	오래된 동굴의 봄 날씨는 쌀쌀하고 찾는 손님도 드문드문

---

671 소경(小徑): 작은 길. 오솔길. 샛길.

672 첨(檐): 처마.

673 신총(新叢): 새로이 떨기(한 뿌리에서 여러 개의 줄기가 나와 더부룩하게 된 무더기)를 이루다.

674 암영(暗映): 은은히 비쳐들다.

675 청범(淸梵): 불경을 읽는(낭송) 소리.

676 장표(長飄): 멀리 퍼져나가다.

677 천객(遷客): 죄를 지어 멀리 좌천된 나그네. 왕양명 자신을 말함.

678 종래(從來): 지금까지. 여태껏. 이제까지.

679 청혜(靑鞋): 짚신. 미투리. 양명이 남루한(초라한) 모습으로 떠도는 것을 은유한다.

680 내선(來僊): 신선(神仙)이 찾은 계곡이란 뜻.

681 내선동(來僊洞): 승려가 사는 동굴 즉 '암자'의 이름인 듯하나 분명치 않다. '내선'은 신선(神仙)이 찾다 뜻.

綠苔[682]荒徑[683]草霏霏[684].	푸른 이끼 낀 거친 길엔 풀만 무성하네.
書懸絶壁留[685]僧偈[686],	글씨가 절벽에 걸렸는데, 승려의 게송을 적어놓은 걸세.
花發層蘿[687]繡佛衣.	꽃은 층층 계단의 담쟁이덩굴에서 피어 부처의 가사를 수놓았네.
壺榼[688]遠從童冠[689]集,	술통지고 멀리서 따라나선 동자와 청년들이 모였네.
杖藜[690]隨處[691]宦情[692]微.	명아주 지팡이 짚고 이곳저곳 다닐 뿐 벼슬 바라는 뜻은 적네.
石門[693]遙鎖[694]陽明鶴[695],	돌문으로 멀리 (회계산의) 양명동에 학을 가둬 버렸네.
應笑山人久不歸.	산인山人[696]이 되어 오래 돌아오지 가지 못

682 녹태(綠苔): 푸른 이끼.
683 황경(荒徑): 버려진 거친 길.
684 비비(霏霏): 무성한 모양.
685 류(留): 앞의 서(書) 자와 호응하여 '서류(書留)' 즉 글씨를 써 둔(적어 놓은) 것을 말함.
686 승게(僧偈) : 승려의 게송.
687 층라(層蘿): 계단의 담쟁이덩굴.
688 호합(壺榼): 주준(酒樽). 술 단지(통).
689 동관(童冠): 동자와 청년.
690 장려(杖藜): 명아주로 만든 지팡이, 명아주 지팡이를 짚다,
691 수처(隨處): 이곳저곳. 가는 곳마다.
692 환정(宦情): 벼슬하고 싶다는 뜻.
693 석문(石門): (회계산 양명동의) 돌문. 지금 이곳에 좌천되어 갇혀 있음을 돌문으로 암시함.
694 쇄(鎖): 가두다. 잠그다.
695 양명학(陽明鶴): 고향의 양명동에 갇힌 학을 가리킨다. 양명 자신이 학인데, 날지 못하고 갇혀버렸다는 것을 내선동에서 상상하고 있음.
696 산인(山人): 내선동의 스님. 이를 보면서 용장 산 속에서 야인이 된 양명 자신을 드러내고 있음.

함을 마땅히 비웃노라.

●목각도중설[697]木閣道中雪	목각창 가는 도중에 눈 내리다.
瘦馬支離[698]緣絶壁,	여윈 말이 흐트러진 걸음으로 절벽을 따라 가고
連峰窅窕[699]入層雲.	이어지는 봉우리는 아득히 층층 구름 속으로 들었네.
山村樹暝驚鴉陣[700],	산촌에 숲이 어두컴컴한데 검은 까마귀 떼에 놀라네.
澗道[701]雪深[702]逢鹿群.	시냇가 길에 눈이 수북한데 사슴 무리를 만나네.
凍合[703]衡茅[704]炊火斷,	얼어붙은 오두막엔 밥 짓는 연기 끊기고,
望迷[705]孤戍[706]暮笳[707]聞.	멀리서 바라보니 외로운 수자리는 희미한데 저녁 피리 소리 들리네.

697 목각(木閣): 즉 귀주성 수문현(修文縣) 목각창(木閣箐)이다. 역도(驛道)가 여기를 지나간다.

698 지리(支離): 원래는 같은 상태가 너무 오래 계속돼 넌더리가 나고 따분하다는 뜻. 뿔뿔이(갈래갈래) 흩어지는 마음이나 발걸음. 여기서는 걸음걸이가 흐트러진(어지러워진), 불안스레 걷는 것을 말함.

699 요조(窅窕): 멀고 깊숙한 모양. 여기서는 '아득히'로 읽는다.

700 아진(鴉陣): 까마귀(갈까마귀, 큰부리까마귀) 떼.

701 간도(澗道): 계곡을 흐르는 물을 따라 나 있는 길을 가리킨다.

702 설심(雪深): 눈이 수북이 쌓여있는 것을 말함.

703 동합(凍合): (물이) 얼어 붙다.

704 형모(衡茅): 횡목(橫木)을 대문으로 삼고 띠 풀로 지붕을 이은 누추한 집. 초라한 오두막집. 은자의 누추한 주거지를 말함.

705 망미(望迷): 멀리 보니 희미하다.

706 고수(孤戍): 외로운 수자리.

707 모가(暮笳): 저녁 피리소리.

正思講席諸賢在,	바로 생각나노니, 강의 자리엔 제현(諸賢)들 있고,
絳蠟[708]淸醅[709]坐夜分.	촛불 붉게 타오르는데 술잔 기울이며 깊은 밤까지 함께 자리했었지.

●원석[710]설용소운 이수[711]元夕雪用蘇韻 二首

정월 보름에 눈 내려 소운蘇韻으로 두 수를 짓다

其一	첫 번째
林間暮雪定歸鴉,	숲 속에 저녁 눈 내려 돌아온 까마귀를 쉬게 하고,
山外鈴聲報使車[712].	산 밖의 방울소리가 사신의 행차를 알려주네.
玉盞春光傳柏葉[713],	옥잔의 봄빛을 백엽주로 전해주고,
夜堂銀燭[714]亂檐花[715].	밤 사랑채의 밝은 등불 타오를 적 처마 끝엔 펄펄 어지러운 눈 꽃.
蕭條音信[716]愁邊雁[717],	쓸쓸한 소식 전하네, 근심스레 쳐다보는 곳의 저 기러기는.

---

708 강랍(絳蠟): 붉게 타는 촛불을 가리킨다.
709 청배(淸醅): 술. '청'은 '청주', '배'는 탁주를 말함.
710 원석(元夕): 음력 정월 보름날 밤.
711 용소운(用蘇韻): 소동파(蘇東坡)가 지은 「설후서북태벽 이수(雪後書北台壁 二首)」라는 시를 말한다. 두 수 각각에 차운한 것임.
712 사차(使車): 사신의 수레(행차).
713 백엽(柏葉): 백엽주(柏葉酒)를 말함. 잣나무 잎을 담가서 우려낸 술. 정월에 백엽주로 삿된 기운[액]을 몰아낸다.
714 은촉(銀燭): 아름답게 비치는 촛불. 밝은 빛을 내는 등불.
715 첨화(檐花): 처마 끝에 펄펄 내리는 눈이 꽃처럼 예쁘게 보이는 것을 말한다.
716 소조음신(蕭條音信): 쓸쓸한 소식.
717 수변안(愁邊雁): 근심스럽게 바라보는 저쪽에서 날아오는 기러기.

迢遞[718]關河[719]夢裏家.	멀고 먼 변경의 강가에서 꿈속에나마 그리는 고향집.
何日扁舟[720]還舊隱[721],	어느 날 일엽편주 저어 옛 집으로 돌아가
一蓑[722]江上把魚叉[723].	도롱이 걸치고 강가에서 고기잡이를 할까나.

其二	두 번째
寒威[724]入夜益廉纖[725],	동장군이 밤에 드니 조금씩 빗방울이 눈발로 날리기 시작하네.
酒甕[726]爐床[727]亦戒嚴[728].	술독과 화로 평상도 얼지 않게 경계를 엄중히 하네.
久客[729]漸憐衣有結 ,	오랜 객지 생활, 옷엔 꿰맨 자국만 점점 늘어가니 가엾어지고,
蠻居長嘆食無鹽.	오랑캐 땅에서 음식에 소금기 없음을 길게 탄식하네.

---

718 초체(迢遞): 초초(迢迢)와 같음. 아득히(까마득히) 멀다. 멀고 먼.
719 관하(關河): 국경과 접해있는 강. 변경의 강. 멀리 떨어진 곳을 의미함.
720 편주(扁舟): 조각배. 작은 배. 일엽편주(一葉片舟).
721 구은(舊隱): 옛날에 살던 집. 옛 은거지.
722 일사(一簑): 한 벌의 도롱이. 여기서는 '도롱이를 걸치다'.
723 파어차(把魚叉): 작살을 쥐다. 고기잡이를 하다는 뜻.
724 한위(寒威): 기세(氣勢)를 떨치는 심한 추위. 한기. 한랭한 기세. 동장군.
725 염섬(廉纖): 가늘고 작은 모양. 가랑비(가 내리는 모양). 여기서는 '가는 빗방울이 차츰 눈이 되어 내리다'는 뜻.
726 주옹(酒甕): (큰) 술독. 술 항아리.
727 노상(爐牀): 화로가 있는 평상.
728 계엄(戒嚴): 경계를 엄중히 하다. 추위에 얼까봐 잘 간수함을 말한다.
729 구객(久客): 오랜 객지(생활). 오랜 나그네(생활).

饑豺正[730]爾[731]群當路,	주린 승냥이들은 마침 여기로 떼 지어와 길을 막아서고
凍雀[732]從渠[733]自宿簷[734].	언 참새들은 어찌되었든 간에 스스로 처마로 찾아드니,
陰極陽回知不遠,	음이 지극하면 양이 돌아옴을 멀지 않았음을 알겠노라.
蘭芽行[735]見發春尖[736].	난초의 싹에서 끝내 봄의 단서가 열리는 것을 보리라.

●효제[737]용전운서회 이수曉霽用前韻書懷 二首

새벽에 비가 개 길래 앞의 운을 써서 감회를 적어 두 수를 짓다.

其一	제1수
雙闕[738]鐘聲起萬鴉,	양 쪽 문 위 두 누각에서 종소리 울리니 일만 마리 까마귀 날아오르네.
禁城[739]月色滿朝車[740],	궁궐의 달빛은 새벽에 조회 가는 수레에 가득하여라.

730 정(正): 바로, 막, 때마침.
731 이(爾): 이. 이리로(여기로).
732 동작(凍雀): 언 참새.
733 종거(從渠): 무엇이 어쨌든 간에. 여하튼.
734 숙첨(宿簷): 처마에 찾아들다(깃들다).
735 행(行): 장래(언젠가)는; 끝내는. 가는 도중. 가면서.
736 춘첨(春尖): 봄에 돋는 새싹의 촉. 봄의 단서.
737 효제(曉霽): 비 개인 새벽. 새벽에 비가 개다.
738 쌍궐(雙闕): 문 위 양측에 누각을 세운 건물.
739 금성(禁城): 임금이 거처하는 궁성(宮城). 궁궐.
740 조차(朝車): 아침에 대신들이 조회를 하러 갈 때 타는 차이다.

竟誰詩詠東曹檜[741] 끝내 누가 동조東曹에서 싫어한 '영회시詠檜詩'를 읊을 것인가?

正憶梅開西寺花. 마침 서쪽 절에 핀 매화만 생각하니,

此日天涯傷逐客[742], 오늘 하늘가로 쫓겨난 나그네를 아파하노라.

何年江上卻[743]還家？ 어느 해 이 강가에서 도로 고향으로 돌아갈까?

曾無一字堪驅使[744], 일찍이 한 글자도 쓸 만 한 곳 없는데

謾有虛名擬八叉[745]. 쓸데없이 시인 온정균溫庭筠의 시 팔차를 모방하여 허명만 얻고 있구나.

其二 제2수

澗草巖花欲鬪纖[746], 시냇가에서 풀과 바위 위의 꽃들이 고움을 다투고

---

741 시영동조회(詩詠東曹檜): '동조'는 2천석(二千石 : 관질이 2천석에 해당하는 고위관리 군(郡)의 태수), 장리(長吏)의 천제(遷除, 승진임용) 및 군리(軍吏, 군대의 관리)를 주관한다. 송나라 섭몽득(葉夢得)의 『석림시화(石林詩話)』에 기록한 소식(蘇軾)의 「영회시」 사건을 가리킨다. 원풍(元豊) 연간 동조(東曹. 관직명. 양명의 시에서는 관공서)에서는 소식의 「영회시」 중의 "뿌리가 구천에 이르도록 구부러진 곳이 없다고 했으니, 서리고 구부러진 것이 아니다."[宋葉夢, 『석림시화(石林詩話)』·卷上, "元豐間, 東坡繫大理獄, 有詠檜詩: 根到九泉無曲處 , 世間惟有蟄龍知"]라는 구절은 반란의 뜻이 있다는 이유로 그를 대리(大理)에 가두었다.

742 상축객(傷逐客): 쫓겨난 나그네를 아파하다(애태우다, 근심하다).

743 각(却): 도리어, 반대로.

744 감구사(堪驅使): 구사할 수 있다(해낼 수 있다).

745 팔차(八叉): 당대 시인 온정균(溫庭筠)은 시재가 뛰어나 여덟 번 두 손을 맞잡을 동안 여덟 구의 운을 완성했다고 하여 온팔차(溫八叉), 혹은 팔차수(八叉手)의 칭호를 얻었다.

746 섬(纖): 곱다.

溪風林雪故[747]爭嚴.	시내위의 바람과 숲에 얹힌 눈은 본디 위엄을 다투는 법.
連歧[748]盡說還宜麥,	잇닿은 갈림길마다 다시 보리였으면 하고 모두 말하나
煮海[749]何曾見作鹽.	이 눈바다를 끓여 어찌 일찍이 소금 만드는 것을 보겠다 하리오?
路斷暫憐無過客,	길이 끊어져 한동안 길손들이 오지 못하여 아쉬우나
病餘[750]兼[751]喜曝晴簷[752].	병 앓던 틈을 타서 갠 처마 아래에서 햇살 쪼는 것이 기쁘다.
謫居亦自多淸絶[753],	좌천 생활은 또한 본래 그지없이 맑은 일들 많아,
門外群峰玉笋[754]尖.	문 밖의 눈을 인 여러 산봉우리들이 죽순처럼 솟아났네.

●원석[755]목각산화元夕木閣山火　　정월 대보름 밤의 목각산의 불

747 고(故): 본디. 예부터. 원래부터. 일부러, 짐짓,

748 연기(連歧): 잇닿은 갈림길.

749 자해(煮海): 바닷물을 끓여 소금을 만들다. 여기서는 바다같이 너른 땅 위에 내린 눈을 바다를 끓여 만든 소금으로 은유한 것이다.

750 병여(病餘):병 앓던 틈(여가).

751 겸(兼): 겸하다. 아울러, 함께. 여기서는 '~를 틈타서'로 읽는다.

752 청첨(晴簷): 맑게 갠 처마.

753 청절(淸絶): 그지없이 맑다.

754 옥순(玉笋): 옥순(玉筍). 흰(빛나는) 죽순. 눈을 이고 희끗희끗 빛나는 수려한 뭇 산봉우리를 말한다.

755 원석(元夕): 정월 대보름 밤.

荒村[756]燈夕[757]偶逢晴,	인적 드문 마을에 대보름을 지낼 때 모처럼 맑게 갠 밤을 만났네.
野燒[758]峰頭處處明.	들에서 시작한 불은 산봉우리 꼭대기까지 태우며 곳곳이 훤하네.
內苑[759]但知鰲作嶺[760],	내원에선 단지 등불이 오산鰲山과 같이 둘러싸였음을 알겠네만,
九門[761]空說火爲城[762].	궁궐에선 등불이 성을 이루고 있다고 헛되이 말을 하네.
天應爲我開奇觀[763],	하늘이 마땅히 우리를 위해 기이한 광경을 열었을 것이라서
地有茲山不世情.	땅에 있는 이 산불은 세상의 마음[俗情]이 아니건만,
卻恐炎威被松柏,	오히려 불꽃의 기세가 소나무 잣나무에게까지 미쳐

756 황촌(荒村): 황폐하여 쓸쓸한 마을. 인가(人家)가 드문 마을.

757 등석(燈夕): 음력 정월 15일 대보름날 밤(元宵). 화절(花節),

758 야소(野燒): 들에 난 불. 대보름에 피우는 들불.

759 내원(內苑): 공전내의 정원.

760 오작령(鰲作嶺): 오(鰲)는 오(鼇)의 속자. 상상의 큰 바다거북. 령(嶺)은 연속한 산. 즉 대보름날밤, 내원의 오산(鼇山)에 등을 연결하여 산처럼 만들어 경축함. 오(鰲): 는 상상 중의 자라. 대보름에 내원 내의 등불은 오산과 같이 둘러 싸였다는 뜻이다.

761 구문(九門): 궁전의 구중문(九重門)이다. 여기서는 궁전을 가리킨다.

762 화위성(火爲城): 즉 화성(火城). 당 이조(李肇)의 『국사보(國史補)』에서 "정월 초하룻날과 동지에 의장(儀仗)할 때 관료들이 모두 '가산(珂傘)'을 갖추고 촛불 500~600개 정도를 차리는 것을 화성이라고 한다(元日冬至立仗, 大官皆備珂傘, 列燭有五六百炬, 謂之火城.)" 고 했다. 여기서는 그 궁궐의 대단한 촛불 의장보다 일어난 바깥의 들에서 산봉우리까 번진 불의 기세가 더 대단하다는 뜻.

763 기관(奇觀): 기이한 광경.

休教玉石遂同赬[764]!	옥과 돌이 끝내 함께 불게 타 버리지 않도록 해야함이 두렵네.

●춘행春行 　　**봄에 길을 가다.**

冬盡西歸滿山雪，	겨울이 끝났어도 서쪽으로 돌아가면 산에 눈이 가득했는데,
春初[765]復來花滿山.	봄의 첫 무렵 다시 돌아오니 꽃이 온 산을 뒤덮네.
白鷗[766]亂浴[767]清溪上,	흰 물새가 맑은 시내에서 멋대로 목욕하고
黃鳥[768]雙飛[769]綠樹間.	꾀꼬리가 짙푸른 나무 사이에서 짝지어 나란히 날고 있네.
物色[770]變遷隨轉眼，	모양들이 눈 한 번 돌리는 사이마다 바뀌는 데
人生豈得長朱顏[771].	인생인들 어찌 길이 불그스레한 청춘의 얼굴을 지니랴?
好將吾道從吾黨，	좋을시고, 나의 도를 가지고서 우리 무리

764 휴교옥석수동정(休教玉石遂同赬): (옥도 돌도 모두 한꺼번에 태워)'버리지 않도록 해야 한다는 것'. 옥석구분(玉石俱焚) 즉 옥과 돌이 함께 불타 버린다는 뜻으로, 착한 사람이나 악(惡)한 사람이 함께 망(亡)함을 이르는 말을 염두에 둔 것이다. 정(赬): 붉다, 붉은 빛(색).

765 춘초(春初): 봄의 초기(첫 무렵).

766 백구(白鷗): 흰 갈매기. 여기서는 흰 물새.

767 난욕(亂浴): 어지러이(멋대로, 함부로) 목욕하다.

768 황조(黃鳥): 꾀꼬리. 크기가 참새만 하고 꾀꼴꾀꼴 아름다운 소리로 우는 여름 새로, 온몸이 노랗고 정수리에 검은 띠가 있으며 꼬리와 날개 끝이 검음.

769 쌍비(雙飛): 한 쌍의 새가 짝지어 나란히 날다.

770 물색(物色): 모습. 모양. 풍물.

771 주안(朱顏): 불그스레한 얼굴. 혈기 왕성한 젊음을 상징함.

	를 따라
歸把漁竿[772]東海灣.	낚싯대 메고 동해만으로 돌아 갈까나.

●촌남村南 **마을 남쪽**

花事[773]紛紛[774]春欲酣[775],	꽃들이 만발하여 봄엔 즐기고파
杖藜[776]隨步過村南.	지팡이 짚고 발길 따라 마을 남쪽을 지나는데,
田翁開野敎新犢[777],	늙은 농부가 땅을 갈며 새끼 송아지를 길들이고
溪女分流浴種蠶[778].	시냇가에 여인들은 나눠 앉아 누에씨를 고르고 있네.
稚犬[779]吠人依密槿[780],	강아지는 무궁화 울타리에 기대어 사람을 향해 짖고
閑鳧照影立晴潭.	한가로이 노니는 물오리는 그림자를 비추며 갠 날의 못에 서있네.
偶逢江客傳鄉信,	우연히 만난 강가의 나그네가 고향의 소식을 전해주니

772 어간(魚竿): 낚싯대.

773 화사(花事): 봄에 꽃을 감상하는 일. 또는 꽃이 피는 상황.

774 분분(紛紛): 꽃구경. 또는 꽃이 어지러이 만발한 모양.

775 감(酣): 즐기다. (술에) 취하다.

776 장려(杖藜): 지팡이를 짚다.

777 신두(新犢): 어린(새끼) 송아지.

778 욕종잠(浴種蠶): 누에씨를 가리는 일. 즉 누에씨를 물에 넣어 약한 것을 버리고 실한 것을 고르는 일.

779 치견(稚犬): 강아지.

780 밀근(密槿): 무궁화나무를 빽빽하게 심어서 울타리로 삼았다.

歸臥楓堂[781]夢石龕[782].	돌아가 단풍나무 마루에 누워 고향의 돌 감실(=양명동)을 꿈꾸네.

●백운白雲	흰 구름
白雲冉冉[783]出晴峰,	흰 구름 뭉게뭉게, 활짝 갠 봉우리에서 솟아나니
客路無心處處逢.	나그네 길에 무심히 가는 곳마다 만나네.
已逐肩輿[784]度青壁,	이미 가마 따라 푸른 벽을 넘었다가
還隨孤鶴下蒼松.	다시 외로운 학 따라 푸른 소나무 아래로 내려선다.
此身愧[785]爾[786]長多系[787],	이 몸은 저 흰 구름에 부끄럽구나! 얽힌 일들이 오래 많아서.
他日從龍[788]謾托踪[789].	다른 날엔 저 구름 따라서 멋대로 걸음을

781 풍당(楓堂): 단풍나무로 지은(만든) 집이나 마루.

782 석감(石龕): 조상의 위패를 모시는 돌로 된 감실(龕室). 여기서 고향 또는 고향의 회계의 석굴 양명동을 가리키는 듯하다.

783 염염(冉冉): 뭉게뭉게. 느릿느릿 피어오르는 모양.

784 견여(肩輿): 평여(平輿)라고도 한다. 채를 어깨로 메는 가마. 좁은 길 같은 데를 지날 때 잠시 쓰는 간단한 것.

785 괴(愧): 부끄럽다. 懷(회)자로 된 판본도 있다.

786 이(爾): 자네. 그대. 흰구름을 가리킨다.

787 장다계(長多系): 오랫동안 많이 묶이다.

788 종룡(從龍): '용' 즉 '구름'(천지에 흘러 다니는 꿈틀대는 기운)을 따라. 『주역(周易)』 건괘(乾卦)에 "구름은 용을 따르고 바람은 범을 따르니, 성인이 일어나자 만물이 우러러 본다.[雲從龍, 風從虎, 聖人作, 而萬物覩]"고 되어 있다. 이는 명철한 임금과 현명한 신하가 서로의기 투합한 것을 비유한 말이지만, 여기서는 "구름 가는 데 용 따르듯" 큰 흐름을 따라 나그네 신세를 벗어나서 새로운 좋은 시기를 꿈꾸는 듯한 은유이다.

789 탁종(托踪): (발)자취를 맡기다. 발걸음을 맡기다.

	맡기리라.
斷鶩[790]殘鴉[791]飛欲盡，	짝 잃은 오리와 상처입고 버려진 갈 까마귀는 훨훨 날고 싶어서.
故山回首意重重[792].	고향의 산으로 머리 돌려 생각만 깊어가네.

●남암[793]차운 2수南庵次韻 二首　　남암 차운 두수

其一	제1수
隔水樵漁[794]亦幾家？	물 건너 나무하고 고기 잡는 집은 얼마인가?
緣岡[795]石路入溪斜.	언덕 따라 돌길이 개울로 접어들며 비스듬한데,
松林晚映[796]千峰雨[797],	저물녘, 솔숲에 스며드는 일천 봉우리의 가랑비,
楓葉秋連萬樹霞.	가을녘, 단풍잎에 이어진 일만의 나무의 붉은 노을.
漸覺形骸逃物外[798],	점점 이 몸이 이승 밖으로 달아남을 깨닫고,

790 단목(斷鶩): 짝 잃은 오리. 양명 자신의 처지를 말함.
791 잔아(殘鴉): 상처 입고 버려진 갈 까마귀. 양명 자신의 처지를 말함.
792 중중(重重): 겹치는 모양. 생각이 깊은 모양.
793 남암(南庵): 즉 무후사(武侯寺)다. 귀양시(貴陽) 남문(南門) 동고산(銅鼓山) 하갑수루(下甲秀樓)에 위치하고 있다.
794 초어(樵漁): 땔나무를 하는 일과 물고기를 잡는 일. 어초(漁樵)라고도 함.
795 연강(緣岡): 언덕 따라.
796 만영(晚映): 저물녘(무렵)에 비치다 혹은 덮다. 여기서는 뒤의 '비[雨]'와 호응하여 '저물녘에 내리다, 스며들다.'로 풀이하였다.
797 천봉우(天峯雨): 일천 봉우리의 가랑비. '봉우리, 비, 솔잎' 모두 직선이거나 뾰족한 이미지를 보여주며 호응한다.
798 물외(物外): 세상 일을 떠난 장소. 속세의 바깥.

未妨游樂在天涯[799].	아직껏 천하의 가에서 노닐고 즐기니 거리낄 것 없소.
頻來不用勞[800]僧榻[801],	자주 오더라도 스님의 침상을 번거롭게 하지는 않을 테요.
已僭[802]汀鷗[803]一席沙.	이미 물가의 갈매기한테 모래밭 한 자리를 빌렸으니까요.

799 천애(天涯): 하늘 가. 멀리 떨어진 낯선 곳. 여기서는 멀고먼 용장에 좌천된 처지를 말한다.

800 로(勞): 수고롭다. 번거롭다. 힘들이다. 힘들게 하다. 하룻밤을 묵게 된다든지 하여, 스님의 침상을 좀 빌려 달라는 둥 힘들게 하는 것을 말한다.

801 승탑(僧榻): 스님의 침상.

802 잠(僭): 실례하다. 주제넘다. 외람되다. 당돌하다. 여기서는 '빌리다. 얻다. 마련하다' 정도로 풀이하다.

803 정구(汀鷗): 물가의 갈매기.

其二	제2수
斜日江波動客衣,	해는 기울고 강의 파도는 나그네 옷자락을 흔드는데,
水南深竹見巖扉.	물의 남쪽 깊은 대숲 속의 바위 문을 쳐다보네.
漁人收網舟初集,	어부는 그물을 거두고 배는 처음의 그 자리로 모이는데,
野老忘機[804]坐未歸.	늙은 농부는 세상 근심을 잊고 앉아 돌아갈 줄 모르네.
漸覺雲間棲翼[805]亂,	점점 구름 사이 새들의 보금자리가 어지러워짐을 깨닫네.
愁看天北暮雲飛.	근심스레 하늘 북쪽으로 저문 구름 나는 걸 보면
年年歲晚長爲客,	해 마다 나이는 자꾸 많아지거늘, 오래도록 나그네 신세여라.
閒殺[806]西湖[807]舊釣磯[808].	너무 등한시해 왔네, 서호의 그 옛날 낚시터 자리를.

●야한夜寒 밤 추위

804 망기(忘機) : 세간의 번뇌를 잊다.
805 서익(棲翼): 보금자리(자기 집)에 있는 혹은 날아 돌아오는 새.
806 간살(閒殺): 아주(죄다, 깡그리) 무시하다, 등한시 하다.
807 서호(西湖): 양명은 홍치15년에 서호에 이사했다.
808 구조기(舊釣磯): 옛날에 낚시할 때 앉았던 불쑥 솟은(돌출한) 돌(낚시 터). (金)왕적(王寂)이 지은 시「자고천예보(鷓鴣天豫報)」에, “시냇가 남쪽의 낚시터가 황량해졌다[荒却溪南舊釣磯]”라는 구절이 있다.

簷際[809]重陰[810]覆夜寒,	처마 가에 서린 찬 기운에 밤 추위에 휩싸여,
石爐松火坐更殘[811].	돌화로의 소나무 불 곁에 새벽녘까지 앉았네.
窮荒[812]正訝[813]鄉書[814]絶,	궁벽하고 황량한 이곳으로 마침 고향 편지 오는 게 끊김을 의아해하는 참인데.
險路仍愁歸夢[815]難 ,	험한 길 또한 근심스럽네. 고향으로 돌아가는 꿈마저 어렵다는 것을.
僊侶[816]春風懷越嶠[817],	신선 같은 동반자인 봄바람은 월나라 산을 생각하게 하고
釣船明月負嚴灘[818].	낚시 배의 밝은 달은 엄광이 낚시하던 곳[嚴灘]을 등져 버렸네.

809 첨제(簷際): 처마 가.

810 중음(重陰): 짙은 음기(陰氣)나 그늘. 서려 있는 찬 기운.

811 경잔(更殘): 잔경(殘更). 날이 새 무렵. 초경에서 사경까지 다 지나고 '남은 시간'이라는 뜻으로, '오경(五更)'을 이르는 말. 곧 새벽 4시경인 날이 샐 무렵을 말한다.

812 궁황(窮荒): 나라의 끝자락(변경). 황량한 변경.

813 아(訝): 놀라다. 의심하다. 의아해 하다. 이상하게 여기다.

814 향서(鄉書): 고향에서 오는 편지.

815 귀몽(歸夢): 고향으로 돌아가는 꿈. 혹은 그런 꿈을 꿈.

816 선려(僊侶): 동행자나 함께 노는 사람을 칭찬하는 말. 신선 같이 좋은 동반자. 선려(仙侶).

817 월교(越嶠): 월(越. 절강성 지방을 가리킴) 땅의 높은 산. 여기서는 왕양명의 고향 소흥의 사명산(四明山)을 가리키는 듯. 백거이(白居易)의 시에 "월나라의 높은 산과 오나라 강의 물 구비[越嶠吳江湄]" 라는 구절이 있다.

818 엄탄(嚴灘): 엄광(嚴光)이 낚시 하던 곳을 말한다. 후한 광무제(光武帝)와 동학(同學)한 인연으로 어려서부터 절친한 사이였던 엄광은 광무제가 제위에 오르자 성명(姓名)을 바꾸고 자취를 감추었는데, 뒤에 간의대부(諫議大夫)로 불렀으나 나가지 않고 부춘산 칠리탄(七里灘)에서 낚시질하며 생을 마쳤다고 한다. 엄광의 자(字)가 자릉(子陵)이므로 엄릉뢰(嚴陵瀨) 또는 엄탄(嚴灘), 군자탄(君子灘)이라고도 부르며, 그가 낚시하던 대는 자릉대(子陵臺) 또는 엄광대(嚴光臺)라고 한다. (『후한서(後漢書)』권83, 「일민열전(逸民列傳)·엄광(嚴光)」)

未因謫宦[819]傷[820]憔悴， 좌천된 벼슬아치 신세로 하여 초췌함을 마음 상해하는 게 아니고

客鬢[821]還羞[822]鏡裏看. 나그네의 세어버린 귀밑머리가 거울 속에 비치는게 부끄럽소.

●동지冬至 동지

客牀[823]無寐聽潛雷[824], 객지의 잠자리에서 잠 못 이루고, 실낱같은 봄소식을 듣노라.

珍重[825]初陽夜半回. 진중해야 하노라. 첫 양陽 기운이 밤중에 돌아오니.

天地未嘗生意息， 천지의 생의生意는 애당초 쉬지 않고

冰霜[826]不耐鬢毛[827]催. 얼음 서리가 귀밑머리털 세도록 재촉함에 견딜 길없네.

春添袞線[828]誰能補？ 봄이라 곤룡포 깁는 실을 보태니 누가 잘

---

819 적환(謫宦): 좌천된 벼슬아치(관리).

820 상(傷): 애태우다. 근심하다(속을 태우거나 우울해하다). 마음 상하다.

821 빈(鬢): 귀밑머리. 살쩍. 관자놀이와 귀 사이에 난 머리털.

822 환수(還羞): 원수(遠羞)로 되어 있는 책도 있음.

823 상(牀): 침대. 베드(bed). 잠자리를 말함. 원래는 중국 옛날의 좌탑(坐榻)이나 호상(胡牀)을 가리킴.

824 잠뢰(潛雷): 미미한 우레 소리. 여기서는 실낱같은 봄소식으로 풀이한다. 『주역』의 지뢰복(地雷復) 괘는 음력 11월을 의미하는 괘로, 다섯 음효 아래에 있는 맨 밑의 양효는 미미하지만 양기의 발동을 의미하며 봄의 시작을 뜻한다.

825 진중(珍重): 진기하게 여기고 소중히 하다. 진중하다. 보중(保重)하다.

826 추상(冰霜): 얼음과 서리. 인고간난(忍苦艱難)의 비유.

827 빈모(鬢毛): 귀밑머리 털.

828 곤선(袞線): 곤룡포 깁는 실. 너비가 좁고 기다랗고 가느다란 선, 끈, 띠, 테두리 같은 이미지로 봄이 겨우 얼굴을 내미는 것을 은유함. 봄을 한 벌의 옷(곤룡포)으로 보고 있음,

	꿰맬 수 있으랴.
歲晩心丹[829]自動灰[830].	한 해가 저무는데, 마음속에 묻은 생기는 율관律管의 재가 절로 움직이는 듯.
料得[831]重闈[832]强健在,	조모는 아직도 강건하게 계심을 헤아려서 알겠네.
早看消息報牕梅.	일찍이 이 소식을 창가에 핀 매화꽃이 알려줌을 보네.

●설중도 차운雪中桃次韻	**눈 속의 복숭아꽃을 차운함**
雪裏桃花强自春,	눈 속의 복숭아꽃은 애써 스스로 봄을 말하네만
蕭疏[833]終覺損[834]精神.	쓸쓸히 끝내 정신을 잃고 있음을 느끼네.
卻慚幽竹[835]節逾勁 ,	오히려 부끄럽구나. 그윽한 대나무들의 절개는 더욱 더 강해나니.
始信寒梅骨自眞.	비로소 믿게 되노라, 추운 날의 저 매화는

---

829 심단(心丹): 타버리고 식은 재 같은 마음에 생기가 생겨나다.

830 자동회(自動灰): 후기지법(候氣之法. 일 년 열두 달의 절기에 따라 음률을 정한 방법)은 땅속에 갈대 속 청을 태운 재를 채운 율관(律管)을 묻고 동지(冬至)로부터 차례로 그 율관의 재가 터지는 것을 보고 절기(節氣)를 관측할 수 있다는 것이다. (『한서(漢書)』「율력지(律曆志)」 세만(歲晩)): 한 해가 저무는 것. 즉 음력 설 무렵에 추위가 풀리는 것을 뜻함.

831 요득(料得): 헤아려 얻다. 상상하여 알다.

832 중위(重闈): 여러 겹으로 된 문, 깊고 그윽한 궁중(宮中), 부모의 거처지를 가리키는데, 후에는 부모혹은 조부모를 가리킨다. 여기서는 조모 잠씨(岑氏)을 가리킨다. 이때 조모가 여전히 생존해 있었다.

833 소소(蕭疏): 소슬하다. 쓸쓸하다.

834 손(損): 줄이다. 잃다. 해치다. 상하게 하다.

835 유죽(幽竹): 깊고 고요한(=그윽한) 대나무 숲.

	뼛속까지 참이라는 것을.
遭際[836]本非甘[837]冷淡[838],	(군신 간 같은 정치적)의리 관계는 본시 냉담함에 만족해함이 아니니
飄零[839]須信委風塵.	정처 없이 떠돌아다님은 모름지기 풍진에 맡김에 의지하리.
從來此事還希闊[840],	예부터 (추운 날의 매와 같은) 이런 일들은 또한 드물고말고.
莫怪臨軒[841]賞更新.	이상하게 여기지 마라. 난간에서 임해서 복숭아꽃 감상함이 더욱 새로운 것을.

●평계관[842]차왕문제[843]운平溪館次王文濟韻

평계관에서 왕문제의 운에 차운하다.

山城寥落[844]閉黃昏,	산성은 적막하게 황혼에 닫혔는데
燈火人家隔水村.	등불 보이는 인가는 어촌과 떨어져 있네.
淸世獨便吾職易,	맑은 세상에는 홀로 편하니 나의 일이 쉬우나

836 조제(遭際): 경우, 처지. 군신(君臣)의 우연히 만남(해후). 군신 간의 정치적 의리 관계.

837 감(甘): 달게 여기다. 만족하다.

838 냉담(冷淡): 태도나 마음이 쌀쌀함. 차가움.

839 표령(飄零): (나무 잎 같은 것이)흩날려 떨어짐. 처지가 딱하게 되어 안착하지 못하고 이리저리 떠돌아다님.

840 희활(希闊): 드물다.

841 임헌(臨軒) : 난간에 임하다. 본래 이 말은 임금이 정전에 앉아 있지 않고 정자에 난간(베란다)에 임하는 것을 의미한다.

842 평계관(平溪館): 명나라 귀주 옥병현(玉屛縣) 평계위(平溪衛)에 위치해 있다.

843 왕문제(王文濟): 관직이 소참(少參)이라서 왕소참이라고도 불렀다.

844 요락(寥落): 적막하고 쓸쓸하다.

窮途還賴此心存.	궁한 길에는 도리어 이 마음에 의지하여 스스로를 보존해야하리.
蠻煙瘴霧[845]承相往,	오랑캐 땅의 안개와 더운 곳의 독 있는 안개는 서로 잇대고
翠壁丹崖[846]好共論.	푸른 절벽 붉은 언덕도 함께 논의할만 하네.
畎畝[847]投閑終有日,	산간벽지에서 한가로이 지내는 것도 끝내 정한 날이 있을 터.
小臣何以答君恩?	하찮은 신하는 (이 좋은 곳에 보내주신) 임금의 은혜에 무엇으로 보답할고?

●답류미지견기차운答劉美之見寄次韻

유미지에게서 부쳐온 차운 시에 답하여

休[848]疑遷客跡全貧[849],	좌천된 나그네의 자취는 모두 가난 할 뿐임을 의심치 말라.
猶有沙鷗日見親.	오히려 저 모래펄의 갈매기와는 나날이 친해지는걸.
勛業[850]已辭滄海夢[851],	공훈을 세우는 일 이미 창해의 꿈으로 사양했다네.

845 만연장무(蠻煙瘴霧): 중국 남방(운남) 습윤한 산간에 서린 독이 있는 안개(瘴氣霧).
846 취벽단애(翠壁丹崖): 푸른 빛깔로 뒤덮인 절벽과 붉은 흙으로 덮인 언덕.
847 견묘[무](畎畝): 밭의 고랑과 이랑을 아울러 이르는 말. 여기서는 산골(시골), 산간벽지의 의미.
848 휴(休): 그만두다. 그치다. 멈추다. 중지하다. 말다, 금지하다.
849 적전빈(跡全貧): 지나온 자취(옛날의 생활)은 완전히 가난하다.
850 훈업(勛業): 공업(功業). 공적. 공훈.
851 창해(滄海): 넓고 큰 바다. 대해(大海). 푸른 바다.

煙花[852]多負故園[853]春. 아름다운 고향의 봄엔 많이 빚지며 살아왔네.

百年長恐終無補, 백년의 삶, 기나긴 날 동안 세상에 보탬이 못 될까 두렵네.

萬里寧期尙得身. 만리타향 어찌 여전히 내 몸 보존을 기대할까.

念我不勞傷[854]鬢雪, (이런저런 번민으로) 내 귀밑머리 털이 눈처럼 세어감에 애태움을 생각노니,

知君亦欲拂衣塵[855]. 그대 또한 세상살이 툭 털고 은거하고 팠던 뜻을 알겠네.

●애초차호소참운[856]艾草次胡少參韻

풀을 깎으며 호소참의 운을 차운하여 짓다

艾草莫艾蘭, 풀을 깎아야지 난초를 깎지는 말게나

蘭有芬芳姿. 난초에는 향기와 자태가 있다네.

況生幽谷[857]底, 하물며 그윽한 골짜기에서 자라는 것이라

不礙君稻畦. 그대 벼논에 방해되지도 않을 것을.

艾之亦何益. 난초를 깎아버리면 무슨 이익 있는가?

---

852 연화(煙花): 연기와 꽃. 봄철의 경치(景致). 춘경(春景)의 아름다움을 말한다. '연'은 '아리땁다'는 뜻.

853 고원(故園): 고향.

854 노상(勞傷): 고생하여 마음을 상함.

855 불의진(拂衣塵): 옷의 먼지를 떨어버린다. 세상을 벗어나고 고향으로 돌아가 은거하는 것을 비유한다.

856 호소참(胡少參): 이름은 홍(洪)이고, 소참은 관직이다. 호홍은 명 정덕(正德)초에 귀주 참정을 맡았다. (애艾): 깎다. 예(刈)와 통한다.

857 유곡(幽谷): 『시경』「소아(小雅)」에, "깊은 골짜기서 나와, 높은 나무에 큰 나무로 옮겨 가네[出自幽谷、遷于喬木)]"라는 구절이 있다.

徒令香氣衰.	헛되이 향기만 사라질 텐데.
荊棘生滿道,	가시나무는 길에 가득하고
出刺傷人肌.	돋은 가시들 사람의 피부를 찌르리라.
持刀忌觸手,	칼 가지고도 손대기 꺼려지네.
睨視[858]不敢揮.	곁눈질만 할 뿐 감히 칼을 휘두르지는 못하네.
艾草須艾棘,	풀을 깎으려거든 모름지기 가시를 깎을 일이지
勿爲棘所欺[859].	저 놈의 가시에게는 속지 말지어다.

●봉추차운답호소참鳳雛次韻答胡少參

봉황의 새끼(봉추) 시로 호소참에게 차운하여 답시를 쓰다

鳳雛生高巖[860],	봉황의 새끼는 높은 바위에서 태어나
風雨摧其翼.	풍우에 날개가 꺾이어
養疴深林中 ,	깊은 숲속에서 치료하고 있으니
百鳥驚辟易[861].	뭇 새들 놀라서 달아나네.
虞人[862]視爲妖 ,	사냥꾼은 봉황의 새끼를 보고 요물이라 하고
舉網爭彈弋.	그물을 던지고 주살을 다투네.

---

858 예시(睨視): 곁눈질해서 보다.

859 극(棘): 이 시에서 난초는 초야에 숨은 군자를, 가시는 간특한 간신을 말함인 듯.

860 봉추(鳳雛): 봉황의 새끼. 여기서 현명한 군자 즉 왕양명 자신을 가리킨다.

861 벽역(辟易): 놀라서 달아나. 벽(辟)은 (피避)와 통한다. 역(易)은 역(埸)과 통하고 변경이라는 뜻이다. 『순자』「부국(富國)」에서 "나라가 잘 다스려지고 있는 가, 어지러운 가, 정치가 잘 되는가 잘못되고 있는가는 그 나라의 국경 안으로 들어가 보기만 하기도 그 단서를 이미 드러난다[觀國之治亂臧否,至於疆易而端已見矣]."라고 했다.

862 우인(虞人): 경험 많아 숙달된 사냥꾼.

此本王者瑞， 이 새는 본시 왕자의 서조瑞兆인 것을.
惜哉誰能識. 애석하도다! 누가 그를 알아볼 수 있을까?
吾方哀其窮, 나는 바야흐로 그 새의 곤궁한 처지를 슬퍼하노니,
胡忍復相亟[863]. 어찌 차마 다시 서로에게 박절하게 굴 수 있으리오?
鴟梟[864]據叢林[865]， 올빼미는 빽빽한 숲속에 살면서
驅鳥恣搏食[866]. 새를 몰아 멋대로 잡아서 먹네.
嗟爾獨何心？ 아아, 저것(올빼미)은 홀로 어떤 마음인가?
梟鳳如白黑. 올빼미와 봉황은 흑과 백 같다네.

●별우別友 **벗과 이별하며**

幽尋意方結, 그윽하게 찾아 뜻이 바야흐로 맺어졌거늘
奈此世累[867]牽[868]. 어찌 이것이 세속의 얽힘에 연계되리오.
淩晨[869]驅馬別， 꼭두새벽에 말달려 헤어진다 하니
持盃且爲傳. 잔 들고서 또한 전하려하네.
相求苦[870]非遠[871], 서로 찾음에 그리 먼 길은 아니리오만,

---

863 극(亟): 절박하다.
864 치효(鴟梟): 올빼미. 포악하게 빼앗는 성질이 있는 사람.
865 총림(叢林): 촘촘이 나 무성한 수풀. 잡목(雜木)이 우거진 숲. 밀림.
866 자박식(恣搏食): 멋대로 붙들어서(잡아서) 먹다.
867 세루(世累): 세상 일(세상살이)의 번거로움. 세상사. 속사(俗事).
868 견(牽): 매이다. 관련되다. 연계되다.
869 능신(淩晨): 새벽을 침범한다는 뜻으로, 방금 접어든 이른 새벽, 즉 꼭두새벽. 이른 새벽. 새벽녘. 동틀 무렵.
870 고(苦): 심히. 심하게.
871 상구고비원(相求苦非遠): 이 구절은 『논어』 「자한(子罕)」에, "(『시경』에) '산아가위 꽃피어 펄펄 날리는구나. 어찌 너를 생각하지 않으리오. 집이 멀어 그렇지.'[이 시

山路多風煙.	산길에 바람과 안개 많도다.
所貴明哲[872]士,	귀하게 여기는 바는 현명하고 밝은 사람[士]
秉道非苟全[873].	도를 잡는 것일 뿐 구차히 목숨부지하려는 것은 아닐세.
去矣崇令德[874],	가자꾸나! 아름다운 덕 높이려.
吾亦行歸田[875].	나 또한 가서, 고향에서 살고 싶네.

●증황태수주[876]贈黃太守澍　황태수 주에게 줌

歲宴[877]鄉思切,	해가 저물 때 고향 생각 절절한데
客久親舊[878]疏.	나그네 생활 오래니 친척과 옛 벗도 소원해지네.
臥痾閉空院[879] ,	병으로 누웠으니 안뜰의 빈터도 닫혔는데
忽來故人車[880].	갑자기 오는 고향 친구의 수레.

는『시경』에는 없다]라고 있는데 대해, 공자가 말했다. "생각하지 않음이다. 대저 어찌 먼 것이 있겠는가?[唐棣之華, 偏其反而, 豈不爾思, 室是遠而. 子曰, 未之思也, 夫何遠之有.]"라고 있는 것을 염두에 둔 것일지도 모른다.

872 명철(明哲): 세태나 사리에 밝음. 혹은 그런 사람(賢智). '명철'은『시경』「대아(大雅)·증민(烝民)편」에 보임.

873 구전(苟全): 아무 것도 하는 일 없이 그럭저럭 목숨만을 부지하다(→구전성명(苟全性命)).

874 영덕(令德): 아름다운 덕. 미덕. 덕행.

875 귀전(歸田): 사직하고 고향으로 돌아가다. 귀경(歸耕).

876 화태수주(黃太守澍): 지부사(知府事)의 태수(太守) 황주(黃澍).

877 세연(歲宴): 연말. 세모(歲暮).

878 친구(親舊): 친구. 오래 두고 가깝게 사귄 벗. 여기서는 친척(親戚)과 구우(舊友)의 줄인 말로 푼다.

879 공원(空院): 안뜰의 빈터.

880 고인(故人): 고향 친구. 여기서 황주(黃주)를 가리킨다.

入門辯眉宇[881],	문에 드니 얼굴을 먼저 알아보네.
喜定還驚吁[882].	기쁨이 안정되자 다시 놀라고 탄식하네.
遠行亦安適,	멀리 간다더니 또 어디론가 가는데,
符竹[883]膺新除[884].	수령이라는 새 벼슬을 받네.
荒郡號[885]難理,	황량한 군郡이라 무척 다스리기 어렵다던데
況茲征索餘[886],	하물며 여기다 세금을 징수한 뒤에는.
君才素通敏[887],	그대의 재주는 본디 지혜에 통달한 사람이라
窘劇[888]宜有紆[889].	곤궁하고 고생스러움은 마땅히 풀릴 것이네.
蠻鄉雖瘴毒[890],	오랑캐 땅에 비록 습한 땅의 독한 기운이 있어도
逐客[891]猶安居.	귀양간 나그네 오히려 마음 편히 사네.
經濟[892]非復事,	경세제민은 다시 해야 할 일이 아니요.
時還理[893]殘書.	때 되면 다시 남은 책을 읽을 수 있다오.

881 미우(眉宇): 이마의 눈썹 근처. 여기서는 얼굴을 말한다. '입문변미우'는 문에 들어서는 것을 보자마자 누구인지를 금방 알아보는 모양.

882 경우(驚吁): 놀라고 탄식하다.

883 부죽(符竹): 벼슬 길[官途]로 나아감을 말한다. 여기서는 태수(太守) 자리로 가는 것.

884 신제(新除): 새로운 관직을 받는 것. 제(除)는 서(敍. 차례를 정하다. 서열이 매겨지다.)와 같다.

885 호(號): 매우.

886 정색여(征索餘): 세금을 징수한 뒤(나머지).

887 통민(通敏): 지혜[敏]에 통달하다[通].

888 군극(窘劇): 곤궁하게 고생하다. 고생스럽고 번민하다.

889 우(紆): 풀리다.

890 장독(瘴毒): 습한 땅에서 나오는 독한 기운.

891 축객(逐客): 쫓겨난 손님(나그네) 신세. 축신(逐臣). 양명 자신을 말한다.

892 경제(經濟): 경세제민(經世濟民). 정치를 말함.

893 리(理): 다스리다. 여기서는 '읽다'로 읽는다.

山泉足游憩[894],	산천은 노닐며 쉬기에 족하고
鹿麋能友予.	사슴 노루는 나와 벗하기에 딱 좋네.
澹然穹壤內[895],	담담하게 이 천지지간에
容膝皆吾廬.	무릎 펼 곳이면 모두 다 나의 살 집이라오.
惟營垂白[896]念,	다만 백발을 드리운 이 마음을 경영하며
旦夕懷歸圖[897].	아침저녁으로 고향에 돌아갈 의향을 품네.
君行勉三事[898],	그대는 가거든 세 가지 일 힘쓰시게나.
吾計終五湖[899].	나도 오호五湖에서와 같은 한가한 삶으로 나의 생을 마치리라.

●기우용운寄友用韻	운을 써서, 벗에게 부치다
懷人坐沈夜[900],	사람을 그리워하며 밤 깊도록 앉았네.
帷燈[901]曖[902]幽光[903].	휘장의 등은 어두운 빛을 가리고.

---

894 유게(游憩):노닐며 쉬다.

895 궁양내(穹壤內): 대공(大空)과 대지(大地)의 사이. 하늘과 땅 사이(天地之間).

896 수백(垂白): 백발을 드리우다.

897 귀도(歸圖): 돌아갈 방책, 궁리.

898 삼사(三事): 『서경(書經)』 「대우모(大禹謨)」에 나오는 정덕(正德), 이용(利用), 후생(厚生)을 말한다.

899 오계종오호(吾計終五湖): 월(越)의 대부 범려(范蠡)는 성공한 다음 공명을 피하여 고소대에 있던 서시와 함께 오호(五湖)에 배를 띄우고 스스로 치이자피(鴟夷子皮)라고 성명을 고친 다음, 월나라를 떠나 한가하게 살았다.(『사기(史記)』 「월왕구천세가(越王句踐世家)」)

900 침야(沈夜): 심야(深夜). 깊은 밤.

901 유등(帷燈): 휘장에 쌓인 등불. '유'는 '휘장'(揮帳: 피륙을 여러 폭으로 이어서 빙 둘러치는 장막).

902 애(曖): 가리다. 가리워지다.

903 유광(幽光): 어두운 빛.

耿耿[904]積煩緒[905].	눈동자는 깜빡깜빡 잠 못 이루는데 번잡한 마음만 쌓여가네.
忽忽[906]如有忘.	멍하게 무엇인가를 잊어버린 듯한데,
玄景[907]逝不處，	시간은 흘러가 머물지 않네.
朱炎[908]化微涼[909].	날씨는 조금 싸늘함으로 바뀌었네.
相[910]彼谷中葛,	저 골짜기의 칡을 보게나.
重陰[911]殞[912]衰黃[913].	짙은 음기 속 누렇게 시들어서 떨어지네.
感此游客子[914]，	이 나그네 같음을 느끼는구나.
經年未還鄉.	해를 지나도 여태 고향으로 돌아가지 못하는구나.
伊人不在目,	그대들은 눈앞에 없고
絲竹[915]徒滿堂，	거문고와 피리의 소리만 부질없이 당에 가득.
天深雁書[916]杳[917]，	하늘이 깊어 기러기가 주는 편지는 아득하고
夢短關塞[918]長.	꿈은 짧아도 변방 생활은 기네.

904 경경(耿耿): 눈동자가 깜빡깜빡 잠 못 이루는 모양.
905 번서(煩緖): 번뇌의 실마리(마음, 일).
906 홀홀(忽忽): 멍하게.
907 현영(玄景): 검은 그림자. 여기서는 밤과 낮 즉 시간의 경과를 말함.
908 주염(朱炎): 햇살(빛). 여기서는 날씨로 풀이한다.
909 미량(微涼): 조금씩 서늘해지다.
910 상(相): 보다. 생각하다.
911 중음(重陰): 짙은 음기(陰氣).
912 운(殞): 떨어지다. 죽다.
913 쇠황(衰黃): 누렇게 시들어버리다.
914 유객자(游客子): 나그네. 양명 자신을 말함.
915 사죽(絲竹): 거문고 같은 현악기[絲]와 피리 같은 관악기[竹].
916 안서(雁書): 먼 곳에서 소식을 전하는 편지.
917 묘(杳): 아득하다.
918 관새(關塞): 국경에 설치한 관문 또는 요새. 양명이 좌천된 귀주성 용장(龍場)을 말

情好[919]矢[920]無斁[921],	그대와의 정의 도타우니 맹세하며 싫증내지 않고,
願言[922]覬終償.	원컨대 끝내 그 정성에 보답하고만 싶어라.
惠我金石編[923],	나에게 좋은 시문詩文을 주고
徽音[924]激宮商[925].	아름다운 음악의 운율로 격려해주도다.
馳輝[926]不可即[927],	쏜살같은 세월은 따라잡을 수 없어,
式[928]爾增予傷	아아, 너(세월)는 나의 아픔만 더해주누나.
馨香[929]襲肝膂[930],	그대의 애틋한 마음이 간과 등골에 스며나니
聊[931]用心中藏.	그럭저럭 그것을 내 마음 속에 간직하리라.

●기서장교[932]寄徐掌教　　서장교에게 부친다.

함.

919 정호(情好): 서로 정의(情誼)가 좋은 친구의 사이. 의가 두터운 사이.

920 시(矢): 맹세하다. 서(誓)와 같다.

921 역(斁): 싫어하다. 싫증나다.

922 원언(願言): 바라건대, 원컨대. 부디. 다른 판본에는 고관(顧觀)으로 된 곳도 있다.

923 금석편(金石編): '금석'은 쇠와 돌로 된 악기를 뜻하기도 하나, 여기서는 금석(金石) 문자의 준말. '편'은 '책'을 말함. 따라서 금석편은 좋은 시문(詩文)을 말한다.

924 휘음(徽音): 좋은(아름다운, 우아한) 음악.

925 궁상(宮商): 오음(궁, 상, 각, 지. 치, 우) 중의 앞의 두 개 음이다. 여기서는 음악의 운율. 리듬, 박자를 말한다.

926 치휘(馳輝): 치휘(馳暉)와 같다. 해. 빛. 여기서는 가는 시간, 금방 지나가는 세월을 말한다.

927 즉(即): 따르다. 좇다.

928 식(式): 발어사. 아아.

929 형향(馨香): 꽃다운 향기. 향내. 친구가 보낸 방정(芳情. 芳心) 즉 애틋한 꽃다운 마음을 말한다.

930 간려(肝膂): 간장과 등골 뼈(척추). 간장과 등골.

931 료(聊): 잠시. 조금. 그럭저럭.

932 장교(掌教): 서원의 주강(主講). 선생. 교사.

徐穉[933]今安在, (후한의) 서치는 지금 어디 있는가?
空梁榻久懸[934]. 빈 대들보에 의자만이 오래 매달려 있구나.
北門[935]傾蓋日[936], 북문에서 일산日傘을 기울이는 날이요,
東魯[937]校文年. 동로東魯에서 문장을 교감하던 해로다.
歲月成超忽[938], 세월은 참으로 빨리도 지나가고
風雲易變遷. 풍운은 쉬이도 바뀌는 것
新詩勞寄我, 새로 지은 시를 내게 부쳐서 위로해 주니
不愧鳥鳴[939]篇. 저 '조명鳥鳴'의 시구詩句에 부끄럽지 않아요.

●송장헌장[940]좌천전남대참[941]차운送張憲長左遷滇南大參次韻

---

933 서치(徐穉): 자는 유자(孺子)이고 후한(後漢) 남창(南昌) 사람으로, 고상한 품행으로 유명했다. 가난하지만 조정의 초빙을 받지 않았다. 여기서는 서장교를 서치에 비유하고 있다. 보통 '허생타(徐生榻)'즉 서생(徐生)의 의자로 잘 알려져 있다.

934 공량탑구현(空梁榻久懸): 앞의 시 「야숙왕씨원(夜宿汪氏園)」(밤에 왕씨의 별장에서 묵다) 가운데서, "양간래하서생탑(梁間來下徐生榻)(대들보에 매달았던 서생(徐生)의 의자를 풀어 내려주는데)" 부분의 각주를 참조 바람.

935 북문(北門): 『시경』「북풍(邶風)·북문(北門)」에서 "북문에서 나오니 근심스런 마음 한이 없다[出自北門, 憂心殷殷. 終窶且貧莫知我艱]"라고 했다.

936 경개일(傾蓋日): 일산을 기울이는 날. 본문의 경개(傾蓋)란 '길을 가다가 서로 만나 수레의 일산(日傘)을 기울이고 그 아래에서 이야기를 나눈다'는 말로, 잠깐 동안 이야기해 보고서도 마음이 통함을『공자가어(孔子家語)』「치사(致思)」에 "공자가 담(郯)에 가다가 길에서 정본(程本)을 만나고는 경개(傾蓋)하고 종일토록 이야기하며 몹시 친밀해졌다."라고 한 데서 온 말이다. 그래서 '경개'는 한번 만나고서 서로 친해진다는 뜻.

937 동로(東魯) : 중국 춘추 시대 노나라, 즉 지금의 산동성(山東省)을 가리킨다. 공자는 노나라 동쪽산 (태산)에 올라 노나라를 작게 여긴 적이 있었다. 왕양명이 홍치(弘治) 17년에 산동성의 향시를 감독했다.

938 초홀(超忽): 갑자기. 돌연히.

939 조명(鳥鳴): 『시경』「소아(小雅)·벌목(伐木)」에 "도끼 소리 쿵쿵, 새소리 꾀꼴꾀꼴(伐木丁丁, 鳴嚶嚶)"이라는 구절이 있다.

940 장헌장(張憲長): '憲長'은 관직명. 어사중승(御史中丞)을 말한다.

941 전남대참(滇南大參): '전남'은 운남(雲南)의 지역. '대참'은 '참정(參政)'을 말한다.

장헌장이 좌천되어 운남의 참정[滇南大參]으로 가는 것을 전송하며, 차운하다.

世味[942]知公最飽諳[943],	세상의 맛, 공公만큼 물리도록 아는 이 없음을 아노라.
百年淸德亦何慚.	백년의 맑은 덕, 또한 무엇이 부끄러우랴.
柏臺藩省[944]官非左[945],	어사대의 참정이란 관직은 낮지 않으나,
江漢滇池[946]道益南[947].	강한의 곤명 가는 길이 더 아득한 남쪽이네 그려.
絶域[948]煙花憐我遠,	이 산간벽지의 아련한 봄 경치는 내가 멀리서 온 것을 가엾어 하는데,
今宵風月好誰談.	오늘 저녁 풍월은 누구랑 읊으랴.
交游若問居夷[949]事,	나와 같이 노니는 자가 만일 오랑캐 땅에 사는 일이 어떠냐고 묻는다면
爲說山泉頗自堪[950].	나는 그를 위해 말하리라. 산 속의 샘물은 자못 스스로 즐겁다고.

942 세미(世味): 세상살이의 맛. 세태인정.

943 포암(飽諳): 질리도록(물리도록) 알다(깨닫다).

944 백대번성(柏臺藩省) : '백대'는 어사대(御史臺)의 별칭이다. 한(漢)나라의 어사부(御史府)에 측백나무를 많이 심었기에 '백대'라고 불렀다. 여기서는 관직을 가리킨다. '번성'은 '참정'을 말한다.

945 좌(左): 관직이 낮은 것을 말한다.

946 강한전지(江漢滇池) : 강한은 장강(長江)과 한수(漢水)를 의미하며 원문의 전지(滇池)는 운남성(雲南省) 곤명시(昆明市) 소재 곤명지(昆明池)를 가리킨다.

947 익남(益南): 관직은 낮지 않으나 가는 곳이 먼 곳이라는 뜻.

948 절역(絶域): 중앙에서 아주 멀리 떨어져 있는 지역. 산간벽지.

949 거이(居夷): 오랑캐 땅. 귀주성 용장을 말한다.

950 자감(自堪): 스스로 즐기다. 스스로 견디다(혹은 견딜만하다).

●서도헌[951]동유남암[952]차운徐都憲同游南庵次韻

서도헌과 함께 남암에서 놀며, 차운하다.

巖寺[953]藏春長不夏,	바위 산 위에 세워진 절은 봄을 간직하고서 오래 여름이 오지 않을 듯.
江花映日艶于桃.	강변의 꽃은 햇살에 쪼여서 복숭아꽃보다 더 곱네.
山陰[954]入戶川光[955]暮,	산그늘이 창문에 내리고 강물의 햇살도 저물어가네,
林影浮空暑氣高.	수풀 그림자가 공중에 떠오르고 더운 기운도 높아 가누나.
樹老豈能知歲月,	나무가 늙는다고 어찌 세월을 알 수 있으랴.
溪淸眞可鑑秋毫[956].	시내 맑으니 참으로 가는 털 한 올도 비추네.
但逢佳景須行樂[957],	다만 좋은 경치 만나거든 모름지기 잘 놀고 즐기게.
莫遣風霜[958]著鬢毛[959].	바람과 서리가 귀밑머리에 붙도록 하지는 말게나.

---

951 서도헌(徐都憲): 도어사(都御使) 서문화(徐文華)를 말한다. '도헌'은 6부 전체의 올바름과 그릇됨[정사]·억울한 누명을 덮어쓴 것[원왕]을 규명하는 관직.

952 남안(南庵): 지명.

953 암사(巖寺): 바위 산 위에 세워진 절.

954 산음(山陰): 산그늘. 산의 그림자.

955 천광(川光): 강물에 비치는 햇살.

956 감추호(鑑秋毫): 가는 털 끝 하나라도 비춘다. 그만 큼 물이 맑다는 말,

957 행락(行樂): 잘 놀고 즐겁게 지냄.

958 풍상(風霜): 바람과 서리.

959 착빈모(著鬢毛): 번뇌가 많아 귀밑머리에 바람서리가 붙어 세어버리다는 뜻.

●즉석차왕문제소참[960]운이수即席次王文濟少參韻二首

즉석에서 왕문제 소참의 운에 차운하다. 2수.

搖落[961]休敎感[962]客途,	낙엽 떨어져 나그네 가는 길을 원통하게 하지는 말게나.
南來秋興未全孤.	남에서 온 가을의 흥이 아직 전부 외롭지만은 않다네.
肝腸已自成金石,	간장肝腸은 이미 저절로 쇠나 돌처럼 강하게 됐으니,
齒髮從渠[963]變柳蒲[964].	치아와 머리털은 여하튼 쉬이 떨어지는 냇버들처럼 변하니
傾倒酒懷[965]金谷罰[966],	기울이는 술잔의 심정은 (시를 못 지으면 벌주 3말의)금곡의 벌칙으로,
逼眞[967]詞格輞川圖[968],	모범으로 삼은 시의 격률은 왕유의 망천도

960 왕문제소참왕(王文濟少參): 왕양명은 앞서 「평계관(평계관)에서 왕문제의 운을 차운하다(평계관차왕문제운(平溪館次王文濟韻)」는 시를 쓴 바 있다. 평계관은 명나라 귀주 옥빙현(玉屛縣) 평계위(平溪衛)에 위치해 있다. 왕문제는 관직이 소참(少參)이라서 왕소참이라고도 불렀다.

961 요락(搖落): 초목의 이파리가 뚝뚝 떨어지다.

962 휴교감(休敎感): '한스럽게(원통하게) 하지(만들지)는 말게나.'의 뜻. '휴'는 말라. '교'는 사역동사.

963 종거(從渠): 무엇이 어쨌든 간에. 어찌되었든 간에. 여하튼.

964 유포(柳蒲): 냇버들. 이 버들 이파리는 일찍 떨어지기에 신체가 일찍 쇠약해지는 것에 비유하여 썼다.

965 주회(酒懷): 술 마시는 심정(마음, 기분).

966 금곡벌(金谷罰): 금곡(金谷)의 벌주(罰酒) 법칙. 서진(西晉)의 부호 석숭(石崇, 249~300)의 별장 금곡원(金谷園)이 하남성(河南省) 낙양(洛陽) 서북 금곡에 있었다. 석숭은 문사들과 연회를 하며 시를 짓지 못하면 벌주로 3말을 마시게 했다(「금곡시(金谷詩序)」 참조)

967 핍진(逼眞): 실물과 아주 비슷하게. (사정이나 표현이) 진실하여 거짓이 없이.

968 망천도(輞川圖) : 망천(輞川)은 당나라 시인 왕유(王維)의 별장이다. 왕유는 그림에

	로 하네.
謫鄕[969]莫道[970]貧消骨,	좌천지는 가난이 뼛골을 녹인다고 말하지 말라
猶有新詩了舊逋[971].	오히려 (옛날의 세금 체납 같이)뒤로 미루었던 시짓기를 마치고서 새로운 시를 짓는다네.
此身未擬泣窮途[972],	이 몸은 "막힌 길에서 운다."는 구절에는 비기지 않으나,
隨處翻飛[973]野鶴[974]孤.	이곳저곳 날아갔다 왔다 하는 야생의 학鶴은 외롭구나.
霜冷幾枝存晩菊,	서리 차가운데 몇 가지에 늦은 국화가 남았으랴.
溪春兩度見新蒲.	시냇가에는 봄이 두 번 찾아와 새로 돋는 갯버들을 보네.

도 뛰어나 소식(蘇軾)이 왕유의 「남전연우도(藍田煙雨圖)」에 "마힐의 시를 음미해 보면 시 속에 그림이 있고, 마힐의 그림을 관찰해 보면 그림 속에 시가 있다.〔味摩詰之詩 詩中有畫 觀摩詰之畫 畫中有詩〕"라고 써서 극찬하였다. 왕유가 자신의 별장을 그린 「망천도(輞川圖)」가 전한다.

969 적향(謫鄕): 좌천지. 용장의 귀양을 말함.

970 막도(莫道): 말하지 말라.

971 구포(舊逋): 예전에, 조세를 체납하는 뜻인데, 여기서는 (옛날의 세금 체납 같이)뒤로 미루었던 시짓기를 가리킨다.

972 읍궁도(泣窮途): 막힌 길(길이 끝난데)에서 운다. 진나라 완적의 고사에서 유래하는 말이다. 진(晉)나라 완적(阮籍)은 천성이 방달불기(放達不羈)하여 때로는 마음 내키는 대로 수레를 타고 아무 곳으로나 가다가 더 이상 갈 수 없이 길이 막히면 통곡하고 돌아왔다 한다(『진서(晉書)』권49 「완적열전 (阮籍列傳)」)

973 번비(翻飛): 새가 오르내리며 날아갔다 날아왔다 하다.

974 야학(野鶴): 야생의 학. 은사(隱士). 양명 자신을 말함.

荊西[975]寇盜紆[976]籌策[977],	형주 서쪽[荊西]의 도적을 잡을 계책 마련은 답답하고,
湘北[978]流移[979]入畫圖[980].	상강 북쪽의 유적流賊에 대한 대책 마련에 들어가네.
莫怪當筵倍凄切,	잔치 자리에서 점점 더 처절한 것을 이상하게 여기지는 말게나.
誅求[981]滿地促官逋[982].	가렴주구는 세상에 가득하고 세금 탈루를 재촉하네.

●증류시어이수[983]贈劉侍御二首　　유시어劉侍御에게 주다. 두수

곤궁할 때 몸을 돌이키고 고난에 처할 때 (만족하고 도를 즐기며) 뜻을 이룬다. 오늘의 환난은 바로 각하께서 수용해야 할 바입니다. 그 사실을 안다면 이에 처하는 데도 스스로 남보다 특별하여야 합니다. 나의 결점 많은 글이 충분히 그에 미칠 수가 없군요. 그러나 나머지는 더

---

975 형서(荊西):초나라(湖北)의 서쪽 지방.

976 우(紆): 얽히다. 울적하다. 답답하다.

977 주책(籌策): 계획. 전략. 정책.

978 상북(湘北): 상수(湘水)의 북쪽. 호남성의 북측 지방.

979 유이(流移): 유민(流民). 유적(流賊).

980 화도(畫圖): 지도를 그림. 설계를 함. 계획. 기획.

981 주구(誅求): 가렴주구(苛斂誅求). 가혹하게 세금을 거두거나 백성의 재물을 억지로 빼앗음.

982 관포(官逋) : 관직자의 세금 착복이나 탈루. 관가(官家)의 물건을 빌려서 없이 하거나 숨기고서 돌려주지 않는 행위나 국가의 조세(租稅)를 납부하지 않는 것, 혹은 이러한 미납으로 인한 결손액을 포흠(逋欠)이라고 하며, 관리가 포흠하는 것을 관포(官逋)라 한다. 연이은 흉년 등으로 백성들이 조세를 제대로 납부할 수 없게 되면 때때로 이전에 포흠된 것을 탕감하여 주는 조치를 취하기도 하였다.

983 유시어(劉侍御): 귀주 순안감찰관(巡按監察御使) 유우생(劉寓生) 이다. '시어'는 감찰관.

말할 필요도 없는 것이겠죠. 우선 차운한 시 보냅니다. 시어 유계장 대인께 제가 머리를 조아립니다. (蹇以反身，困以遂志[984]. 今日患難，正閣下[985]受用處也. 知之, 則處此當自別. 病筆[986]不能多及，然其餘亦無足言者. 聊次韻. 某頓首劉侍御大人契長[987].)

其一	제1수
相送溪橋未隔年,	시냇가 다리목에서 서로 이별한 게 해를 거르지 않았거니
相逢又過小春[988]天.	서로 만나서 다시 소춘의 시간을 보냅니다.
憂時敢負君臣義?	시절을 근심하노니, 어찌 감히 군신의 의를 저버리리오.
念別羞爲兒女憐.	이별을 생각하니 아녀자 같은 슬픔을 보이고 말아 부끄럽소.

---

984 건이반신, 곤이수지(蹇以反身，困以遂志): 『주역』의 건괘(蹇卦)와 곤괘(困卦)를 가리킨다. 건괘의 상황(험한 처지)에서 멈출 줄 알고, 곤괘의 상황(곤궁한 처지)에서 뜻을 굳게 지킨다.
참고로, '건괘'는 험난한 산[艮]과 위험한 대하(大河)[坎]의 상(象)으로 험난한 산 위에 격류가 흐르는 것을 뜻한다. 이 괘는 앞뒤에 위험이 가득하여 사방이 막혀 나아가지 못하고 물러서지도 못하는 상태이다. 이 괘를 보고 군주는 곤란에 직면하면 먼저 자기를 반성하고 덕을 닦아야 하는 것으로 생각하였다. 이어서 '곤괘'는 괘상을 보면 연못 아래에 물이 있는데, 이것은 밑으로 물이 새서 연못이 고갈되어 매우 곤궁한 모습이다. '곤(困)'은 '목(木)'이 '口'안에 갇혀서 더 이상 성장하기 어려운 상황을 그린 문자로서 '곤궁(困窮)'을 뜻한다.

985 각하(閣下): 신분이 높은 사람을 높여 이르는 말. 고위 공무원에 대한 경칭.

986 병필(病筆): 서예의 용어로, 심미 가치도 없고 예술효과가 떨어지는 잘못이 있는 점과 획들을 가리킨다. 즉 결점이 많은 글(글씨).

987 계장(契長): 존칭. 마음이 잘 맞는 선배. 또는 해당 관직의 일을 맡아서 처리하는 책임자를 말할 수도 있다.

988 소춘(小春) : 음력 10월의 이칭(異稱).

其二　　제2수

道自升沈寧有定，　　도에는 저절로 오르고 내림이 정녕 정해져 있으니.

心存氣節[989]不無偏.　　마음에 기개와 절조를 가지고 있으면 편벽됨도 없지 않을 터이나,

知君已得虛舟意[990]　　그대는 이미 빈 배의 의미를 얻었으니, 잘 알겠지요.

隨處風波只宴然.　　곳곳마다 있는 풍파에도 다만 마음 편히 여기는 구료.

●차운륙첨헌[991]원일희청次韻陸僉憲元日喜晴

육첨헌의 '새해 날씨가 개어 기뻐함' 시를 차운하다

城裏夕陽城外雪,　　성안에는 석양, 성 밖은 눈인데

相將十里異陰晴[992].　　십리를 보니 흐림과 맑음을 달리하네.

也知造物曾何意.　　그러니 또 조물주의 뜻을 어찌 알리오.

底事[993]人心苦未平.　　무슨 일로 인심의 고난은 아직도 평온해

지지 않는　　지요.

---

989 기절(氣節): 기개(氣概)와 절조(節操).

990 허주(虛舟) : 빈 배. 강물에 배를 띄웠을 적에 빈 배가 흘러와서 자기 배에 부딪칠 경우에는 아무리 마음이 좁고 성질이 급한 사람이라도 화를 내는 법이 없다는 이야기가 『장자(莊子)』「산목(山木)」편에 보인다. '마음이 넓음' 혹은 '자유'를 비유한 말이다.

991 육첨헌(陸僉憲): 이름은 건(健)이고 자는 문순(文順)이다. 명 정덕(正德) 초에 귀주의 첨사(僉事)를 지낸다. '헌(憲)'은 존칭.

992 음청(陰晴): 흐린 날과 갠 날. 흐림과 갬(맑음).

993 저사(底事): 무슨 일. 이 일.

柏府[994]樓臺銜倒景， 어사부御史府의 누대는 물속에 거꾸로 비치고
茆茨[995]松竹瀉寒聲. 초가의 소나무와 대나무는 바람 속에 차가운 소리를 흘려보내나,
布衾[996]莫謾愁僵臥[997]， 무명이불 아래 뻣뻣이 몸이 얼어붙을까 함부로 근심은 말게나.
積素[998]還多達曙明[999]. 흰 눈은 새벽녘까지 쌓이고 쌓이네.

●차운륙첨헌[1000]병기견기次韻陸僉憲病起見寄

육첨헌陸僉憲이 병에서 일어나 부친 시에 차운하다

一賦歸來不願餘[1001], 한 번「귀거래사」를 지었으니 다른 것은 원치 않노라.
文園[1002]多病滯相如. 사마상여司馬相如는 병이 많아도 문원령文園令으로 오래 머물러 있었지.

---

994 백대(柏臺) : 어사대(御史臺)의 별칭이다. 한(漢)나라의 어사부(御史府)에 측백나무를 많이 심었기에 '백대'라고 불렀다. 여기서는 관직을 가리킨다.

995 묘자(茆茨): 띠지붕. 띠집. 초가. 묘당(茆堂)과 같다.

996 포금(布衾): 배로 만든 침구 또는 무명 이불. 변변치 않은 이부자리를 이르는 말.

997 강와(僵臥): 얼어붙은 듯이 뻣뻣(빳빳)하게 눕다. 드러누워 일어나지 못하다.

998 적소(積素): 소는 여기서 흰 눈을 가리킨다.

999 서명(曙明): 새벽(아침)이 밝아옴. 새벽.

1000 차운륙첨헌원일희청(次韻陸僉憲元日喜晴)을 참고.

1001 일부귀래(一賦歸來): 동진(東晋) 송(宋)의 시인인 도연명(陶淵明)이 『귀거래사(歸去來辭)』라는 부를 지었다. 이것은 도연명의 대표작인데, 그가 41세 때 최후의 관직인 팽택현(彭澤縣) 지사(知事) 자리를그만 두고서, 시골의 고향으로 돌아가는 심경을 읊은 시이자 세속과의 결별을 읊은 일종의 선언문이기도 하다. 이후에 사람들이 관직을 그만두는 것을 '일부귀래(一賦歸來: 한 번 「귀거래사」를 짓다)'로 표현했다.

1002 문원(文園) : 한무제(漢武帝) 때의 묘원(墓園). 문인 사마상여(司馬相如)는 일찍이 효문원령(孝文園令)으로 오래 있었다. 육문순(陸文順)을 사마상여에 비유하였다.

籬邊竹筍青應滿,	울타리 가의 죽순은 푸른빛으로 가득하고
洞口桃花紅自舒[1003].	동네 입구의 복사꽃은 붉은 빛을 절로 뿜어대네.
荷蕢有心還擊磬[1004],	삼태기 지고 가던 노인의 유심한 경쇠 소리에 귀를 기울이고
周公無夢[1005]欲刪書[1006].	꿈에 주공이 안 보이자『서경書經』을 산삭하려 하였네.
雲間[1007]憲伯[1008]能相慰,	운간雲間에서 전해온 육첨헌陸僉憲의 편지는 서로를 위로 하는데
尺素[1009]長題問謫居.	편지의 긴 구절구절이 좌천지의 형편을 묻네.

●차운륙문순첨헌次韻陸文順僉憲 육문순 첨헌의 시에 차운하다

春王正月十七日[1010],	우리 임금 치세의 정월 십칠 일

1003 자서(自舒): 저절로 활짝 피어나다[=난만(爛漫)하다].

1004 하괴유심환격경(荷蕢有心還擊磬): 삼태기 지고 가던 노인의, 유심한(=마음을 두고 있는) 경쇠 소리에 또한 귀를 기울이다.『논어· 헌문(憲問)』에 "공자가 경쇠를 치고 있었는데, 삼태기를 지고 가던 노인이 "경쇠 소리여, 유심(有心) 하도다."라고 하였다."고 한 것에 근거를 두고 있다.

1005 주공무몽(周公無夢): 공자의 꿈에 주공이 안 보이지 않기 시작한 것을 말한다. 이것은,『논어』「술이(述而)」에, "공자가 "내가 늙었도다. 꿈에 주공을 못 본지 오래 되었구나!"라고 탄식하였다."는데 근거한다.

1006 욕산서(欲刪書): 공자가『서경(書經)』을 간추려 120편으로 산정(刪訂)하고자 한 것을 말한다.

1007 운간(雲間): 지명. 강소성(江蘇省) 송강현(松江縣) 지방을 말한다.

1008 헌백(憲伯): 육첨헌을 말한다.

1009 척소(尺素): 척독(尺牘). 편지.

1010 춘왕정월(春王正月): '어느 해 봄 주(周)나라 왕이 쓰는 달력으로 정월'이라는 뜻으로『춘추』에 통용된 연대표기 방식이다.
옛날 중국의 역법(曆法)에 있어서 세 가지 정월(正月). 곧 하(夏)에서는 건인(建寅), 은(殷)에서는 건축(建丑), 주(周)에서는 건자(建子)의 달을 정월로 하였다. 주

薄暮甚雨雷電風.	어스름 저녁, 심한 비에다 천둥과 번개와 바람이 동반하네.
卷我茅堂[1011]豈足念[1012],	나의 초가집을 말아 버릴까 어찌 염려할 손가.
傷茲歲事難爲功.	올해의 농사 결실 얻기 어려울까가 마음 아플 뿐이오.
金滕秋日亦已異[1013],	『서경』의 「금등」편에 기록한 가을날의 풍우와는 이미 달라졌고,
魯史冬日將無同.	노나라 역사에서는 겨울 해나 여름 해나 그게 그거지.

희는 상(商)나라가 월(月)을 개정하지 않은 것에 의거하여, 주(周)나라도 개정하지 않은 증거로 삼으려 하였다. 이에 대해 왕양명(王陽明)은 『춘추』의 경문에 의거하여 다음과 같이 판단하고 있다: "상나라가 월을 개정했다면 「이훈(伊訓)」에서 분명히 '원사 12월'이라고 쓰지 않았을 것이고, 진나라가 시를 개정했다면 『사기』에서 분명히 '원년 겨울 10월'이라고 쓰지 않았을 것이고, 주나라가 월과 시를 개정하지 않았다면 『춘추』에서 또한 분명히 '춘왕정월'이라고 쓰지 않았을 것이다. 따라서 『춘추』에서 춘왕정월이라고 썼다면, 주나라가 월과 시를 바꾼 것을 의심할 것이 뭐가 있겠는가.〔夫商而改月 則伊訓必不書曰元 祀十有二月 秦而改時 則史記必不書曰元年冬十月 周不改月與時也 則春秋亦必不書曰春王正月 春秋而書曰春王正月 則其改月與時 已何疑焉〕"(『양명전서』권24 「논원원춘왕정월(論元年春王正月)」)라고 하는 등 구체적으로 논거를 제시하며 명쾌하게 해명하였다.

1011 권아모당기족념(卷我茅堂豈足念): 두보의 시에 「모옥위추풍소파가(茅屋爲秋風所破歌: 가을바람에 초가집이 망가진 것을 노래하다)」라는 것이 있다.

1012 족념(足念): 염려할만하다.

1013 금등추일(金滕秋日) : '금등'은 『서경』「주서(周書)」의 편명(篇名)이다. 「금등」편에 "가을에 크게 곡식이 여물었는데, 거둬들이기 전에 하늘에 크게 벼락과 번개가 치며 바람이 불어, 곡식이 모두 넘어지고 나무가 뽑혔다. 성왕이 놀라 점을 치기 위해 금등의 궤를 열어보다가, 옛날 주공이 무왕을 위해 자신을 대신 죽게 해 달라는 기도문을 발견하고는 드디어 주공에게 의심을 풀었다."(『서경』「주서(周書) · 금등(金滕) · 채종지명(蔡仲之命)」) 라고 있다.

老臣正憂元氣[1014]泄,	노신老臣은 원기가 새어나갈까 근심하며,
中夜起坐心忡忡[1015].	한 밤중에 일어나 앉으니 마음이 편치 않네.

●차운송륙문순첨헌次韻送陸文順僉憲 차운하여 육문순 첨헌을 전송하다

貴陽東望楚山平,	귀주 남쪽의 동향東向을 바라보니 초산이 평평한데,
無奈天涯又送行[1016].	어쩔 수 없이 땅 끝자락으로 또 전송을 하네.
杯酒[1017]豫期傾蓋[1018]日,	술잔을 기울이고, 기약했던 담소(談笑)의 날에는
封書[1019]煩慰倚門情[1020].	편지를 전해주며 번거롭게 고향집 문에 기대서 기다리는 어버이의 마음을 위로했네.
心馳魏闕[1021]星辰逈[1022],	마음은 대궐로 달리지만 별처럼 아득히 멀고
路繞[1023]鄉山草木榮.	길은 고향의 산을 두르고 초목은 무성하리라.
京國[1024]交游零落盡 ,	수도에서 교류하던 사람은 다 떨어져나가고

1014 원기(元氣): 천지만물을 낳는 근원적 물질 혹은 상스러운 기를 가리킨다.
1015 중중(忡忡): 마음이 편치 않다. 어정쩡하다. 찜찜하다.
1016 송행(送行): 먼 길 떠나는 사람을 배웅하다. 전송하다.
1017 배주(杯酒): 잔에 부은 술. 술을 잔에 붓다.
1018 경개(傾蓋): 친밀하게 담소하다. 즉, 마침 길에서 만나 타고 가던 수레를 멈추고 깁 양산을 기울여 이야기 한다는 뜻으로 친구가 서로 만나 친밀하게 담소함을 비유한다. 또는 처음 만난(사귄) 친구.
1019 봉서(封書): (봉투에 넣어 봉한) 편지. 임금이 가까운 신하에게 내린 사적인 편지를 말할 때도 있음.
1020 기문정(倚門情): 어머니가 시골집의 문에 기대서 자식이 돌아오기를 기다리는 것.
1021 위궐(魏闕): 궁궐의 정문. 궁중, 조정을 가리킨다.
1022 형(逈): 아득히 멀다.
1023 요(繞): 두르다. 둘러싸다. 감다.
1024 경국(京國): 수도. 서울.

空將秋月寄猿聲. 헛되이 가을 달을 원숭이 울음소리에나 부친다.

●차운호소참[1025]견과[1026]次韻胡少參見過

'호소참이 찾아오다'라는 시에 차운하다

旋[1027]營小酌[1028]典春裘[1029], 잠시나마 한잔 마실 자리를 펴서 봄 갖옷을 저당 잡혀두고

佳客眞慚竟日[1030]留. 좋은 손님을 종일토록 변변찮은 대접으로 머물게 하여 정말 부끄럽소.

長怪嶺雲迷[1031]楚望[1032], 오래 이상하게도 고개 위 구름 보며 초나라의 산천에 넋을 잃고

忽聞吳語[1033]破[1034]鄕愁. 문득 오 지방의 말소리 듣고 향수를 일깨우네.

1025 호소참(胡少參): 참의(參議)의 호씨(胡氏).

1026 견과(見過): 찾아오다. 방문하다.

1027 선(旋): 잠깐. 잠시. 빨리. 조금.

1028 소작(小酌): 간단히 한잔하다. 술을 조금 마시다. 조촐한 연회. 간단하게 차린 술잔치. 소연(小宴).

1029 전춘구(典春裘): 봄옷을 저당 잡히다. 옷을 저당 잡혀 두고서 술을 마시다. 두보(杜甫)의 「곡강이수(曲江二首)」에 "조회에서 돌아오면 날마다 봄옷을 저당 잡혀[朝回日日典春衣]라는 말이 있다. 典(전)은 입질(入質)하다. 즉 돈을 빌리기 위하여 물건을 담보로 맡기다(저당 잡히다)는 뜻.

1030 경일(竟日): 종일.

1031 미(迷): 헷갈리다. 갈피를 잡지 못하다. 판단력을 잃다. 빠지다. 심취하다.

1032 초망(楚望): 옛 초나라(현 호북성(湖北省) 서부) 땅의 산천을 가리킨다.

1033 오어(吳語): 오나라의 지방(즉 강남지방) 말. 오나라 방언.

1034 파(破): 깨뜨리다. 일깨우다.

鏡湖[1035]自昔堪歸老[1036],	경호의 물은 예부터 늙은 뒤 돌아가기에 딱 좋은 곳
杞國何人獨抱憂[1037]!	기나라 사람 누가 홀로 하늘 무너질까 걱정하였나?
莫訝[1038]臨花倍惆悵[1039],	꽃 앞에서 점점 더 쓸쓸해지는 게 이상할 것 없지.
賞心原不在枝頭.	감상하는 마음은 본래 나뭇가지 끄트머리에 있는게 아니지.

●여호소참소집[1040]與胡少參小集 호소참과 함께 작은 모임을 갖다.

細雨初晴蠛蠓[1041]飛,	가랑비 막 개이자 눈에놀이가 날고
小亭[1042]花竹晩涼微[1043].	군자정에는 꽃과 대나무엔 저녁이라 서늘함이 스며드네.

1035 경호(鏡湖): 감호(鑒湖)의 별칭. 절강성(浙江省) 소흥현(紹興縣) 남쪽에 있다. 이백의 「몽유천모음류별(夢游天姥吟留別)」에 "나는 이러함으로 오월을 꿈구어, 하룻밤에 경호의 달을 건너네[我欲因之夢吳越, 一夜飛渡鏡湖月]"라는 것이 있다.

1036 귀로(歸老): 벼슬을 그만두고 고향으로 돌아가 노후를 보냄. 노령으로 관직에서 물러나다. 귀은(歸隱).

1037 기국하인독포우(杞國何人獨抱憂) : 예전에 기국의 어떤 사람이 하늘이 무너지면 몸 붙일 곳이 없다고 근심하여 잠도 못 자고 음식도 못 먹었다는 이야기(『열자』 「천서(天瑞)」에 보임)가 있다.

1038 아(訝): 의심하다. 의아해 하다. 이상하게 여기다.

1039 배추창(倍惆悵): 점점 더 실망·낙담하다. 슬퍼하다.

1040 소집(小集): 작은 모임. 소집회. 소회(小會).

1041 멸맹(蠛蠓): 눈에놀이. 멸몽(蠛蠓). 진디등에. 여름 사람눈앞에 어지럽게 떼들 지어 나돌고 모기와 비슷한 곤충. 암컷은 동물피를 빨아먹는데, 독이 있다.

1042 소정(小亭): 군자정(君子亭)을 말한다.

1043 양미(涼微): 숨어들다.

後期[1044]客到停杯[1045]久,	손님이 오는 것은 뒷날을 기약하고, 술을 그만둔지 오래 되었네.
遠道[1046]春來得信稀.	멀고먼 길이라 봄이 왔다고 알리는 소식 듣기도 드물어
翰墨[1047]多憑[1048]消旅況[1049],	대부분의 시간을 문장 지으며 객고客苦를 삭이네.
道心無賴入禪機[1050].	도심道心이 선의 경지로 들어설 수는 없네.
何時喜遂風泉賞[1051],	어느 때나 기뻐하며, 마침내 바람과 샘 같은 산수나 감상하며
甘作山中一白衣[1052].	산중의 한 포의布衣 신세를 달게 여기리라.

●송객과이교[1053]送客過二橋　손님 전송하며 이교二橋에 들르다

下馬溪邊偶共行,	시냇가에서 말을 내려 마침 나란히 가노라니
好山當面正如屛.	아름다운 산을 대면하니 마치 병풍과 같네.
不緣送客何因到,	손님 전송하는 인연 아니었으면 어찌 여기

1044 후기(後期): 뒷날의 기약.

1045 정배(停杯): [거배(擧杯) 즉 잔을 들고서 잠시] 잔을 멈추다. 술 마심을 중지하다(끊다).

1046 원도(遠道): 먼 길. 양명이 좌천되어 온 멀고 먼 귀양의 용장을 가리킨다.

1047 한묵(翰墨): 시문. 문장서화(文章書畵).

1048 다빙(多憑): 대부분(보통, 늘상) 기대다.

1049 소여황(消旅況) : 객고(客苦)를 삭이다. 나그네가 고향을 떠나 타지에서 겪는 아픔과 슬픔을 녹이다(삭이다).

1050 무뢰입선기(無賴入禪機) : 선의 기틀(경지, 이치)에 의지함이 없다.

1051 풍천상(風泉賞): 상풍천(賞風泉). 풍천은 산수의 풍광.

1052 백의(白衣): 포의(布衣) 신세. 평민에 가까운 삶. 옛날에 벼슬에 나가지 않는 사람(일반 백성. 평민)은 흰 옷을 입기 때문에 백의라고 함. 후세에 공명이 없거나 관직을 그만 두는 사람도 백의라고 불렀다.

1053 이교(二橋): 귀양(貴陽)의 서북쪽에 있다.

에 왔으랴,

還喜門人伴獨醒[1054]. 더욱이 기쁜 것은 학생들이 홀로 술 깨어 있는 나를 동반함이라.

小洞[1055]巧容[1056]危膝[1057]坐, 작은 동굴은 다리를 모으고 무릎을 세운 자세로 앉으면 들어갈 수 있을 정도이네.

清泉不厭洗心聽. 맑은 샘물소리는 물리지 않고 마음을 씻으며 듣네.

經過轉眼俱成跡, 지나는 곳 눈 돌리니 다 자취가 되고

多少高崖漫勒銘[1058]. 여기저기 높은 절벽엔 멋대로 글을 새길 만하네.

●복용두운일수複用杜韻一首 **거듭 두자**杜字 **운을 사용하여 한 수를 짓다**

濯纓何處有清流, 갓끈을 씻을 만한 어느 곳에 맑은 시내가 있으리라.

三月尋幽[1059]始得幽. 삼월에 명승지를 찾으니 비로소 그윽함을 얻었구나.

送客正逢催驛騎, 손님을 전송할 때면 역의 기병을 만나서

1054 독성(獨醒): 홀로 깨어 있다. 굴원의 「어부(漁夫)」에, "온 세상이 모두 탁했으나 나 혼자만은 맑았으며, 세상 사람들은 모두 취했으나, 나 혼자만은 깨어 있었소, 그래서 세상 사람들이 나를 쫓아냈소.[擧世皆濁, 我獨淸, 衆人皆醉, 我獨醒, 是以見放]"라는 말이 있다.

1055 소동(小洞): 작은 동굴. 현재도 이교(二橋) 지역에 있다고 한다.

1056 교용(巧容): 솜씨 있게(요령있게)하여 (몸을) 집어넣다(몸이 들어가다).

1057 위슬(危膝) : 다리를 모으고 무릎을 세우다.

1058 늑명(勒銘): 금석(金石)이나 비석(碑石) 등에 문자를 새김.

1059 심유(尋幽): 경치 좋은 곳(명승지)를 살펴서 찾다. 학문의 심오한 이치를 깊이 연구하다.

재촉하고,

笑人且複[1060]任沙鷗. 사람을 웃게 하는 일은 또한 모래사장 갈매기에게 맡기네.

崖旁石偃[1061]門雙啓, 절벽 곁에 돌은 누웠는데 문은 쌍으로 열리고

洞口蘿垂箔[1062]半鉤[1063]. 동구엔 담쟁이 드리워지고 발은 반만 말아 올렸네.

淡我平生無一好, 무덤덤한 나의 일생 한 가지도 좋은 일 없더니만

獨于泉石尙多求. 오직 샘과 돌에서 많은 것을 얻노라.

●**선일여제우유교원지약시일인송객후기소시사회**先日與諸友有郊園之約是日因送客後期小詩寫懷

전날 여러 벗들과 교외에서 만날 것을 약속하였다. 그날 손님을 전송하기 때문에 늦었다. 시를 적어 마음을 표현해놓는다.

其一 제1수

郊園隔宿有幽期[1064], 교외의 동산에서 이틀 밤 밀회의 약속을 했네만.

送客三橋[1065]故故[1066]遲. 손님을 삼교까지 보내야 했기에 그래서 그

1060 차복(且複): 게다가. 또.
1061 언(偃): 둑. 방죽(물이 밀려들어 오는 것을 막기 위하여 쌓은 둑).
1062 박(箔): 발(대오리나 갈대 같은 것으로 엮어 만든 물건)
1063 반구(半鉤): (밖을 내다보기 위하여) 발을 반 정도 말아 올려 갈구리에 거는 것.
1064 유기(幽期): 밀회의 약속. 유회(幽會).
1065 삼교(三橋): 이교(二橋)처럼 지명.
1066 고고(故故): "송객삼교고(送客三橋故), 고지(故遲)"로 끊어서 "손님을 삼교까지 보내야 했기에, 그래서 그만 더뎌졌네."라고 풀었다.

	만 늦었네.
樽酒[1067]定應須我久,	동이 술로 응당 날 오래 기다렸구려.
諸君且莫向人疑.	여러분들은 부디 날 향해 (우정을) 의심하지는 말게나.
同游更憶春前日,	같이 놀며 이 봄날에 이전 시절을 다시 회상하면서
歸醉先拚[1068]日暮[1069]時.	술에 취해 돌아갈 때는 우선 해질 무렵을 물리쳐야 겠네.
卻笑相望才咫尺,	오히려 웃으며 서로 바라보는 것이 겨우 지척이라서,
無因走馬送新詩.	말 달려 갈 수는 없고 새로 지은 시를 보내네.

其二	제2수
自欲探幽肯後期,	스스로 밀회할 곳을 찾으려고 약속이 늦어 버렸네.
若爲塵事故能遲.	만일 세속의 번잡한 일 때문에 더뎌질 수 있을 것 같다면
緩歸[1070]已受山童[1071]促,	돌아오는 것을 늦추라고 이미 산동山童의 재촉을 받았네.
久坐翻令[1072]溪鳥疑.	오래 앉아있다가는 도리어 개울가의 새한

1067 준주(樽酒): 통술. 통에다 넣어 빚은 술. 술동이의 술.
1068 선병(先拚): 먼저 물리치다. 우선 저녁 무렵을 넘기다(지나다).
1069 일모(日暮): 해질 무렵(=傍晚).
1070 완귀(緩歸): 돌아오는 것을 늦추다.
1071 산동(山童): 산동. 두메 산골에서 자란 아이. 산 아이.
1072 번령(翻令): 반령(反令). 도리어.

테도 의심받겠네.

竹裡清醅[1073]應幾酌,	대나무 통 속의 여러 술들은 몇 잔이나 남을 건가.
水邊相候定多時.	물가에서 서로 기다리는 것은 반드시 많은 시간이 필요할 걸세.
臨風無限停雲[1074]思,	바람 부는 곳마다 끝없는 벗들에 대한 생각뿐.
回首空歌伐木詩[1075].	머리 돌려서 헛되이 우정을 노래한 벌목伐木시를 부르네.

其三	제3수
三橋客散赴前期,	삼교에서 손님과 헤이지고 나서 이전의 약속한 곳으로 달려가니
縱轡[1076]還嫌馬足遲.	고삐를 늦추려니 도리어 말의 걸음걸이가 더딘 것이 싫어라.
好鳥花間先報語,	아름다운 새는 꽃 사이에서 먼저 알려주고
浮雲山頂尙堪疑.	뜬 구름은 산정에서 여전히 의심을 라고 있는 듯.

1073 청배(清醅): 맑은 술과 거르지 않은 술. 여러 술들.

1074 정운(停雲): 머무는 구름. 친구를 그리워함. 도연명의 시 '정운편사수서(停雲篇四首序)'에 나온다. 이시는 친구를 그리워하며 쓴 것이다. "머무는 구름은 친구를 생각하게 하나니, 술통의 새 술은 흠치르르하고 동산의 늘어선 수목은 처음 푸르러진다[停雲思親友也, 樽酒新湛, 園列初榮]."

1075 벌무시(伐木詩) : 벌목(伐木)은 『시경』의 편명인데, 서로 벗을 찾는 새들의 울음소리로 흥을 일으켜 사람 사이의 우정을 노래하고 있다 .

1076 종비(縱轡): 고삐와 재갈을 늦추다.

曾傳江閣邀賓句[1077],	일찍이 전해오는 왕발王勃의 '강가 전각의 손님을 맞이했다'는 구절과
頗似籬邊送酒時[1078].	도연명陶淵明이 자못 '울타리 옆에서 이별주 할 때' 실컷 마신 것과 같구나.
便與諸公須痛飮,	곧 여러분들과 더불어 모름지기 실컷 마셔야 하리.
日斜潦倒[1079]更題詩.	해 기울어 지칠 때는 다시금 시를 짓도록 하세.

●취후가용연사정[1080]운醉後歌用燕思亭韻

취한 뒤에 '연사정燕思亭'의 운으로 노래하다

萬峰攢簇[1081]高連天,	일 만개의 봉우리 무리를 이뤄 높이 하늘에 이어졌나니,
貴陽久客經徂年[1082].	귀양貴陽의 오랜 나그네 지난 시절을 여기서 보낸다.

1077 강각요빈(江閣邀賓): 왕발(王勃)의 「추일등홍부등왕각전별서(秋日登洪府滕王閣餞別序)」에 "이 곳 등왕각에 모인 많은 빈객(賓客)과 주인은 동남의 훌륭한 인물들이다.(賓盡東南之美)", "훌륭한 벗들이 구름처럼 모여들었다.(勝友如雲)", "인품이 높은 친구들이 자리에 가득했다.(高朋滿座)" 데서 온 말이다.

1078 파사리변송주시(頗似籬邊送酒時): 도연명(陶淵明)은 9월 9일에 울타리 옆에서 국화를 채집하고 있는데 갑자기 흰 옷을 입는 사람은 그에게 술을 줬더니 도연명은 '술을 흠뻑 많이 마셨다[痛飮]'는 고사에서 왔다.

1079 요도(潦倒): 기운이 빠지다. 지치다.

1080 연사정(燕思亭): 마존(마존)이 지은 시. 이백(이백)이 죽은 뒤 그의 문장을 이을 사람이 없음을 한탄한 것이다.

1081 찬족(攢簇): 한 곳에 모이다. 모여서 무리를 이루다.

1082 조년(徂年): 왕년(往年). 지나간 해. 또는 지나간 시절.

思親謾想[1083]斑衣舞[1084], 어버이를 생각하며, 그 앞에서 색동옷 입고 재롱부리는 상상하네.

寄友空歌伐木篇[1085]. 공연히『시경』의 벌목편伐木篇을 노래하여 친구에게 부치네.

短鬢蕭疏夜中老, 짧아진 귀밑머리 쓸쓸하니 밤중에 늙어가고

急管哀絲爲誰好. 이 급한 피리와 슬픈 현악기 소리 누구를 즐겁게 하려는 것인가?

斂翼[1086]樊籠[1087]恨已遲[1088], 새장에서 날개 접고서 이미 오래된 세월을 한탄하나니,

奮翮[1089]雲霄[1090]苦[1091]不早. 날개 떨치고 하늘 높이 날아본대도 매우 일찍 지도 않네.

緬懷[1092]冥寂[1093]巖中人[1094], 그리워하노라, 어둡고 고요히 바위 속에 사는 사람을.

1083 만상(謾想): 거짓되게(헛되이) 생각하다. 상상하다.

1084 반의무(斑衣舞): 반의지희(斑衣之戲) 즉 늙은 어버이의 마음을 위로해 드리기 위해 색동저고리를 입고 엉금엉금 기어 보여드린다. 자손이 늙어서 까지 재롱부리며 효도한다는 뜻. 반의(斑衣)는 여러 가지 빛깔의 옷감을 모아서 지은 어린아이의 때때옷(색동옷).

1085 벌목편(伐木篇):『시경』「소아(小雅)」의 한 편명. 친구를 위하여 향연(饗宴)한 노래.

1086 렴익(斂翼) : 날개를 오므림(접음).

1087 번롱(樊籠): 새장. 새가 날개를 접고 새장에 갇혀 있듯이 양명이 자신을 비유함.

1088 지(遲): 더디다. 오래다. 기다리다.

1089 분핵(奮翮): 날개(죽지)를 떨치다.

1090 운소(雲霄): 구름 낀 하늘. 구름 속. 높은 하늘. 높은 지위를 비유함.

1091 고(苦): 참으로. 매우.

1092 면회(緬懷): 추억하다. (먼 데 있는 사람이나 장소를) 생각하다.

1093 명적(冥寂): 어둡고 고요하다.

1094 암중인(巖中人): 바위 속에 기거하는 도사. 선인. 수행자.

蘿衣茝[1095]佩芙蓉巾[1096].　그의 댕댕이 덩굴 옷, 백지 향낭香囊, 부용건….
黃精紫芝[1097]滿山谷[1098],　황정과 영지가 골짜기에 가득하고
採石[1099]不愁倉菌[1100]貧.　은거한 도사들이 버섯이 부족함을 근심하지 않는다.
淸溪常伴明月夜,　맑은 물의 시내는 항상 밝은 달밤과 짝하고
小洞自報梅花春.　작은 골짜기는 매화 핀 봄을 말해주네.
高閑豈說商山皓[1101],　이 한적한 곳에서 상산사호商山四皓를 말할까.
綽約眞如藐姑神[1102].　아리따운 막고야산의 신선과 같네.
封書遠寄貴陽客,　편지를 멀리 귀양의 나그네에게 부치노니
胡不來歸浪[1103]相憶?　어찌 돌아오지 않고 허망하게 서로 그리워

1095 채(茝): 백지(白芷) 같은 향초.

1096 나의(蘿衣)~: 굴원의 『초사(楚辭)』「구가(九歌) · 산괴(山鬼)」에서 "누군가 산모롱이에, 당굴 옷 입고 여라 띠 두르고 있네(若有人兮山之阿，被薜荔兮帶女蘿)"라고 했다. 왕일(王逸)은 "여라는 덩굴풀의 일종인 겨우살이(女蘿, 菟絲也)"라고 해석했다. 일반적으로 은자의 옷을 말하는데 고귀한 인격을 비유함.

1097 자지(紫芝): 자줏빛 영지로 신선이나 은자들이 먹는다는 약초이다.

1098 황정(黃精): 선가에서 복용하는 약초의 이름인데, 이것을 복용하면 장수를 누린다고 한다. 두보의 시 「장인산(丈人山)」에서 "백발을 물리칠 수 있는 황정이 있으니, 그대 후일 내 신선 같은 용모를 보게 될 걸세[掃除白髮黃精在, 君看他時氷雪容]"라고 하였다.

1099 채석(採石): 석(石)은 석균(石菌) 즉 영지이다. 채석은 도를 닦는 은자를 가리킨다.

1100 창균(倉菌): 곳집 창 버섯. 모두 도사들이 먹는 장생불로의 약이다.

1101 상산(商山): 지금 섬서성(陝西省) 상현(商縣) 동남쪽에 있다. 진말 한초(秦末漢初)에 네 노인[皓]이 상산(商山)에 은거하였다. 이를 상산사호(商山四皓)라고 한다. 그리고 상산사호는 한고조(漢高祖)가 부름에 응하지 않고 『채지가(採芝歌)』를 만들었다.

1102 막고(藐姑): 『장자』「소요유(逍遙遊)」에 "막고야산에 신인이 살고 있다. 살갗은 얼음이나 눈과 같고 몸은 부드러워 처녀와 같았다[藐姑射之山, 有神人居焉, 肌膚若氷雪, 綽約若處子]"라고 되어 있다.

1103 랑(浪): 함부로. 허망하게.

	만 하는가?
記取青松澗底枝,	푸른 소나무 시냇가의 가지를 기억하지
莫學楊花滿阡陌[1104].	부디 버들개지나 가득한 밭둑일랑 배우지 말게.

●제[1105]시총병[1106]소옹[1107]룡題施總兵所翁龍

시총병施總兵이 소장한 소옹所翁의 용 그림에 제題한다.

不見所翁所畫龍,	소옹이 용 그리는 것 보지 못했으나,
雖畫兩目不點瞳[1108].	비록 그림이지만 두 눈에 동자를 찍지 않았네.
曾聞弟子誤落筆,	일찍이 들으니 제자가 잘못 붓질한 탓에
即時雷雨飛騰空.	곧바로 용들이 뇌우雷雨 속을 날아 가버렸고,
運精入神奪元化[1109],	정기를 움직여 신묘한 경지에 들고서도 조

1104 천맥(阡陌): 밭 사이의 길. 경작지. 남북으로 난 것을 천(阡), 동서로 난 것을 맥(陌)이라 함.

1105 제(題): 글을 쓰다. 시를 쓰다.

1106 시총병(施總兵): 성은 시(시), 이름은 찬(찬). 통주(통주)사람이다. '총병'은 '군대를 통솔하다'는 뜻이나 '명청(명청) 시대, 군대를 통솔하고 한 지방을 지키는 벼슬'이다.

1107 소옹(所翁): 남송(南宋) 말기의 문인 · 화가인 진용(陳容). 그의 자는 공저(公儲), 호는 소옹(所翁). 장락(長樂, 복건(福建)) 사람. 수묵화로 용(龍)을 잘 그려, 보유(寶囿, 1253~1258) 연간에 널리 이름을 떨쳤다. 작품으로 「구룡도(九龍圖)」 등이 유명하다.

1108 수화량목부점동(雖畫兩目不點瞳): 양 무제(梁武帝)가 절을 꾸미려고 화공(畫工)인 장승요(張僧繇)에게 단청(丹青)을 하게 하였는데, 네 마리 용 가운데서 눈동자의 점을 찍은 두 마리는 곧바로 날아가 버리고, 눈동자를 찍지 않은 두 마리는 그대로 남아 있었다는 '화룡점정(畫龍點睛)'의 고사가 전한다. (『역대명화기(歷代名畫記)』「장승요(張僧繇)」)

1109 탈원화(奪元化): 조화를 잃다. '탈'은 '빼앗기다, 잃다, 없어지다.', '원화'는 '조화'.

	화를 잃어버렸네.
淺夫[1110]未識徒驚詫[1111].	천박한 사람은 아직 알지 못해 다만 놀라서 의아해할 뿐.
操蛇移山[1112]律回陽,	뱀을 잡은 산신은 산을 옮겨주고 율려를 양으로 돌려놓는 것
世間不獨所翁畫.	세간에선 유독 소옹의 그림만이 아니네.
高堂[1113]四壁生風雲,	높은 집 네 벽엔 풍운이 일고
黑雷紫電日晝[1114]昏.	검은 우레 보랏빛 번개 치니 대낮에도 어둡구나.
山崩谷陷屋瓦震,	산은 무너지고 골짜기는 푹 꺼지며 지붕의 기와도 진동하는 데
雨聲如瀉[1115]長平軍[1116].	쏟아지는 빗소리는 장평의 군대가 쓸리는 것 같네.
頭角崢嶸[1117]歲千丈,	높이 솟는 용머리의 뿔은 해마다 천길 씩

1110 천부(淺夫): 천한 사람. 천부(賤夫). 천장부(賤丈夫)

1111 경타(驚詫): 놀라며 의아하게 여기다.(=해괴(駭怪). 타이(詫異))

1112 조사이산(操蛇移山): 『열자(列子)』「탕문편(湯問篇)·우공이산(愚公移山)」에서 "뱀을 부리는 산신(山神)이 이 말을 듣고, 그 일이 그치지 않을 것을 두려워하여, 그것을 상제(上帝)에게 고하였다. 상제가 그의 정성에 감동이 되어, 과아씨(夸蛾氏)의 두 아들에게 명하여 두산을 업어다가, 하나는 삭방(朔方)의 동쪽으로 옮겨놓고, 하나는 옹주(雍州)의 남쪽으로 옮겨놓게 하였다.[操蛇之神聞之, 懼其不已也,告之於帝,帝感其誠,命夸蛾氏二子負二山.一厝朔東,一厝雍南]라고 했다.

1113 고당(高堂): 높다랗게 지은 집.

1114 일주(日晝): 대낮.

1115 사(瀉): 쏟다. 쏟아지다.

1116 장평군(長平軍) : 장평은 고 지명이다. B.C.260년 진(秦)나라 소왕(昭王) 때 장군 백기(白起)는 장평(長平)에서 조(趙)나라 군대를 격파하였다. 40만 명을 매장했다. 여기서는 성세가 크다는 뜻이다.

1117 쟁영(崢嶸): 산의 형세(形勢)가 가파르고 한껏 높은 모양.

	자라니
倏忽[1118]神靈露乾象[1119].	별안간 신령스레 용의 모습을 드러내네.
小臣正抱烏號思,	소신小臣은 오호嗚號의 활을 안고 생각하고 있으며
一墮胡髥不可上[1120].	한 번 용의 수염에 떨어지니 다시 오를 수 없어라.
視久眩定[1121]凝心神[1122],	오래 응시하여 어지러움이 안정되고 마음을 집중하고서
生綃[1123]漠漠[1124]開嶙峋[1125].	얇고 성긴 옷감인 듯한 자태는 아득히 겹겹 우뚝한 산을 열며 나는구나.
乃知所翁遺筆跡,	이에 알겠구나! 소옹이 남긴 필적은
當年爲寫蒼龍[1126]眞.	그 해 청룡의 참 모습을 그려내기 위한

1118 숙홀(倏忽): 훌훌(欻忽)의 원말. 매우 빠르게. 별안간. 돌연. 갑자기. 어느덧.

1119 건상(乾象): 즉 용모양이다. 『주역』의 건괘의 상이다. 건괘의 효사는 모두 용으로 했다.

1120 소신정포오호사(小臣正抱烏號思), (일타호염불가상一墮胡髥不可上) : 황제(黃帝)가 수산(首山)에 있는 구리를 채취하여 형산(荊山) 밑에서 정(鼎)을 만들었는데, 정이 완성되자 용 한 마리가 수염을 길게 늘어뜨리고 땅으로 내려와 황제를 맞이하였다. 황제가 용에 올라타자, 여러 신하들과 후궁 70여 명이 따라 올라탔다. 용이 하늘로 올라가자, 나머지 신하들이 용에 타지 못하고 모두 용의 수염을 붙잡으니, 용의 수염과 황제가 지니고 있던 활이 지상으로 떨어졌다. 백성들이 우러러 바라보니, 황제가 이미 하늘로 올라갔으므로 백성들이 그 활과 수염을 안고 통곡하였다. 이때문에 후세 사람들이 그곳을 '정호(鼎湖)'라고 이름하고, 그 활을 '오호(嗚號)'라고 이름을 하였다.

1121 현정(眩定): 어지러움이 안정되다.

1122 응심신(凝心神): 마음(과 정신)[=心神]을 집중(통일)시키다. 깊이 생각하다. 『장자』 「달생(達生)」에 "정신이 한곳에 모인다(凝於神)"라는 말이 나온다.

1123 생초(生綃): 생사(生絲)로 얇고 성기게 짠 옷감.

1124 막막(漠漠): (구름·연기·안개 등이) 짙게 낀 모양. 막막하다. 광활하여 아득하다.

1125 인순(嶙峋): (산의 바위 따위가) 겹겹이 우뚝하다. 산이 첩첩이 싸여 깊숙하다.

1126 창룡(蒼龍): 청룡(青龍). 푸른 용.

	것이었음을.
只今旱劇[1127]枯原野[1128],	단지 이제 가뭄이 지독하여 들판도 말라가니
萬國蒼生望沾麗[1129].	온 나라 백성들이 비 촉촉이 적셔주길 바라네.
憑誰拈筆點雙睛,	누구에게 맡기랴, 붓을 집어서 용의 두 눈동자 그려 넣으면,
一作甘霖[1130]遍天下.	일제히 온 천하에 단비가 촉촉이 적시게 되리라.

1127 한극(旱劇): 가뭄이 지독하다.
1128 원야(原野): 벌판. 개척하지 아니하여 인가가 없는 벌판과 들.
1129 점려(沾麗): 젖어 빛나다. 촉촉이 젖다.
1130 감림(甘霖): 오랜 가뭄 끝에 내리는 단비.

5장

서예:

왕양명의 용장 관련 서예 도판

1) 상사기(象祠記)(正德3年, 1508)

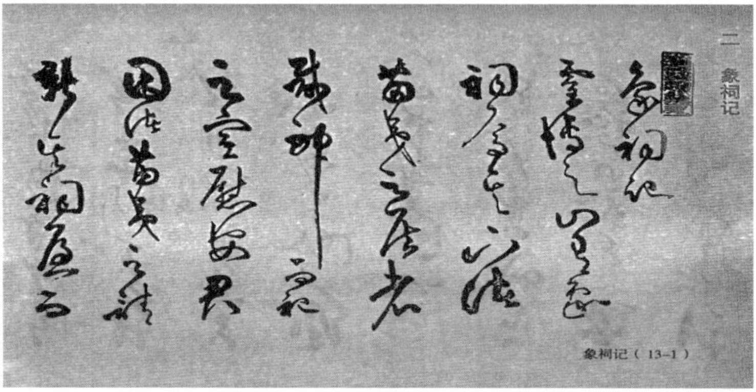

象祠记（13-1）

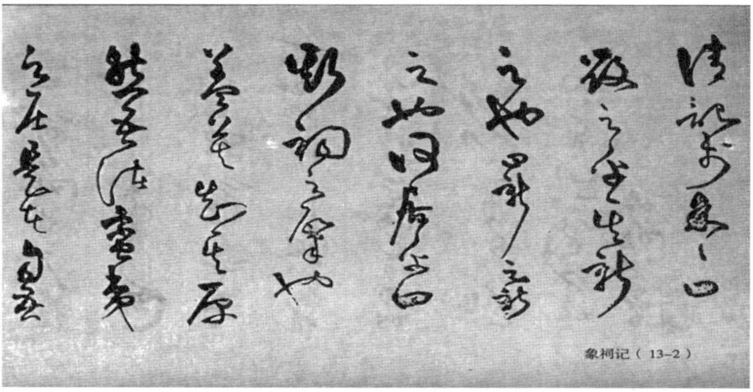

象祠记（13-2）

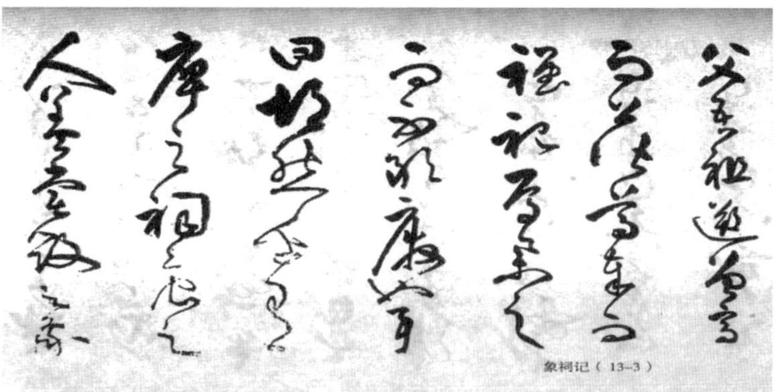

象祠记（13-3）

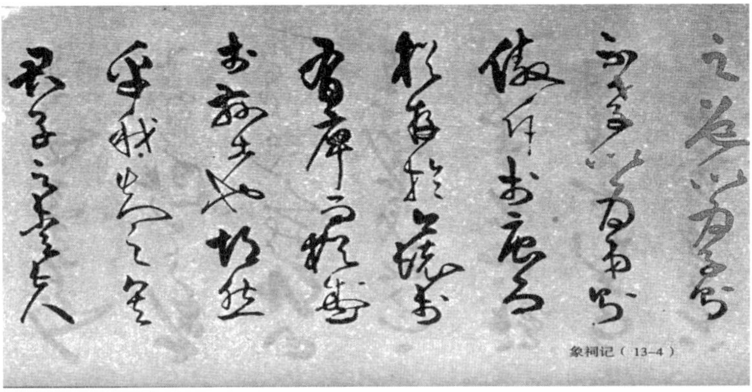

象祠记（13-4）

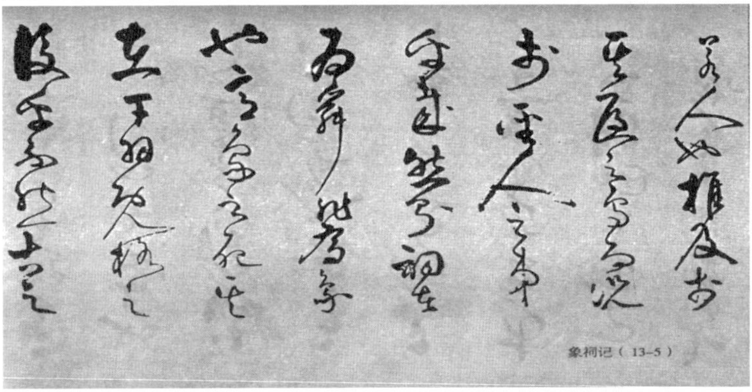

象祠记（13-5）

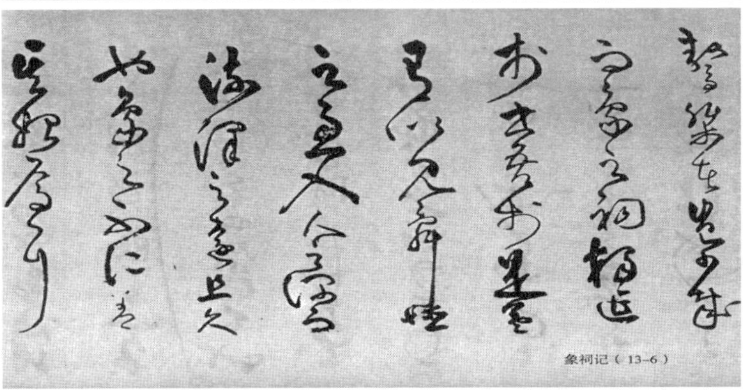

象祠记（13-6）

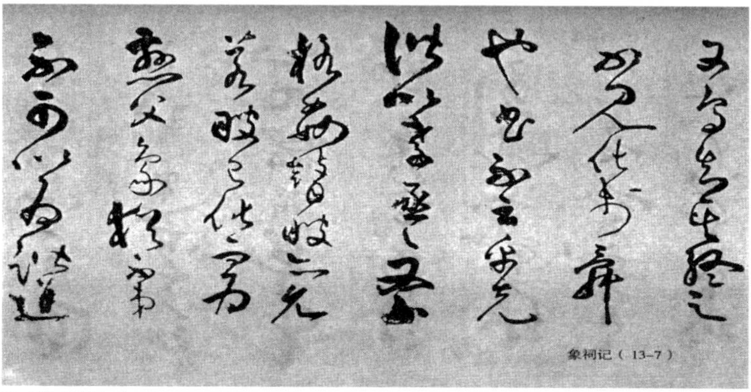

象祠记（13-7）

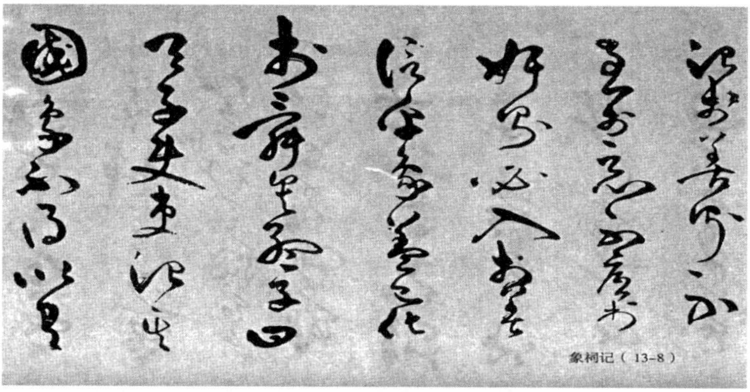

象祠记（13-8）

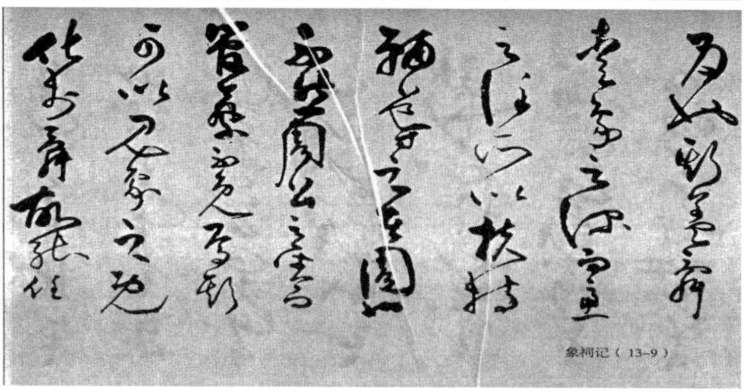

象祠记（13-9）

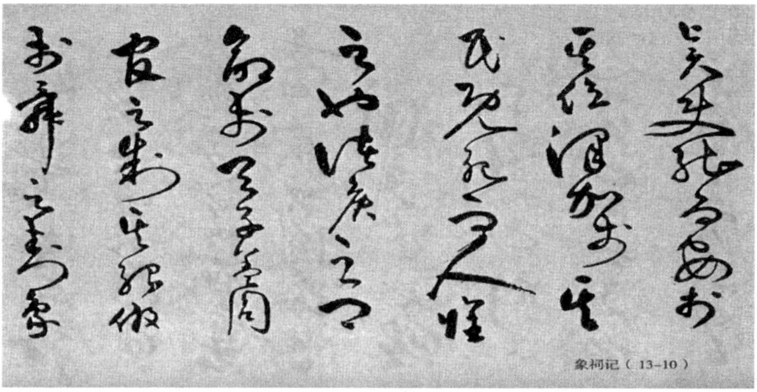

象祠记（13-10）

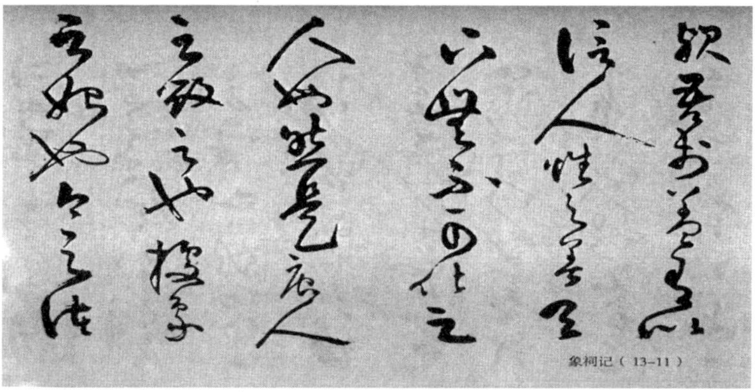

象祠记（13-11）

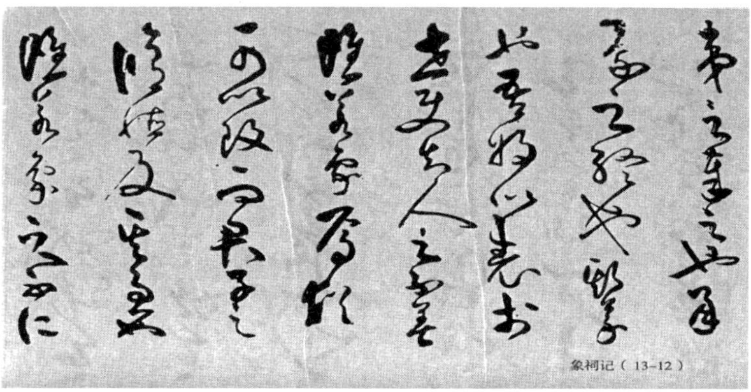

象祠记（13-12）

象祠记（13–13）

2) 진원려저서차(鎭遠旅邸書劄)(正德五年春1510)

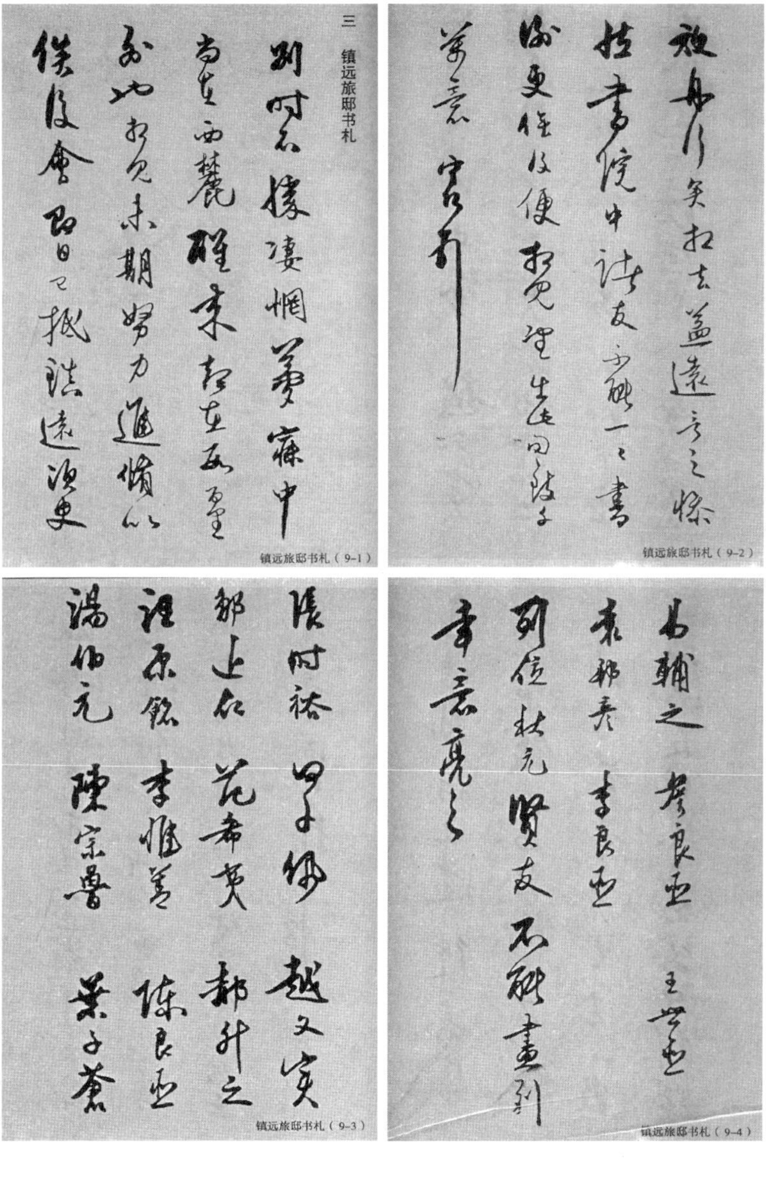

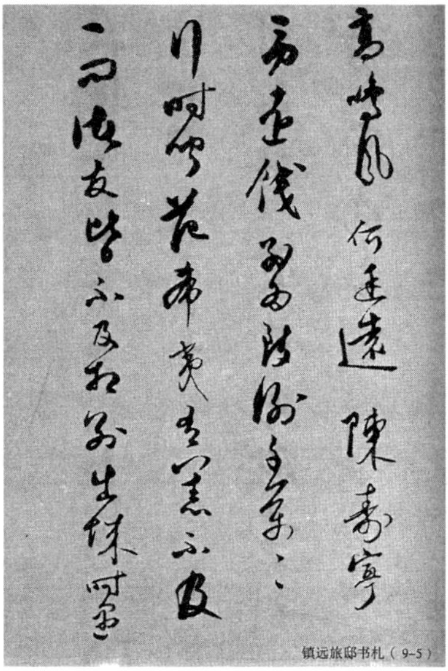

镇远旅邸书札（9-5）

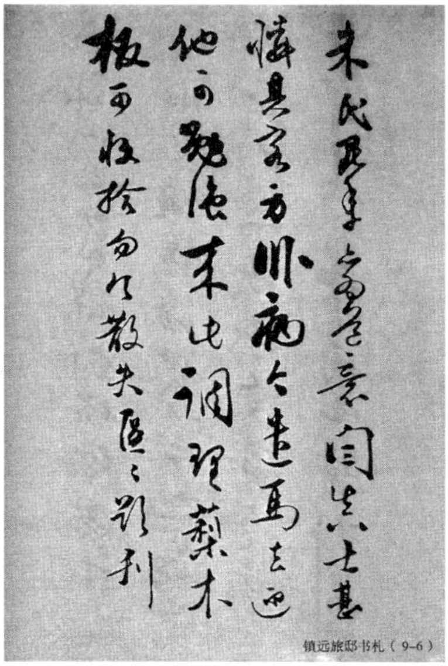

镇远旅邸书札（9-6）

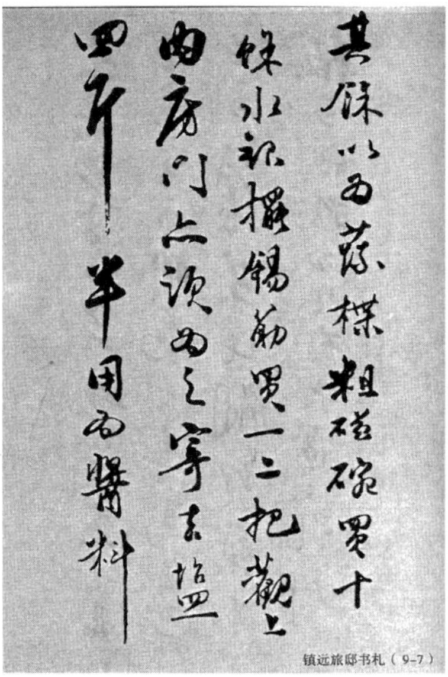

镇远旅邸书札（9-7）

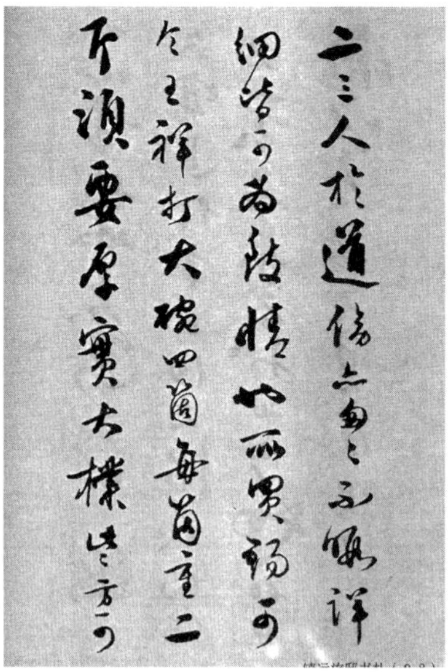

镇远旅邸书札（9-8）

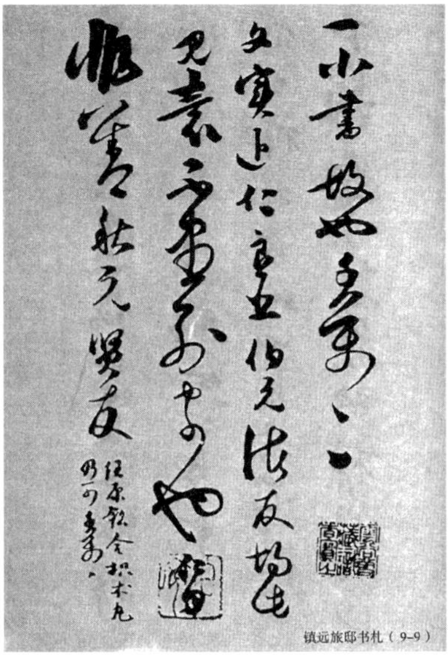

镇远旅邸书札（9-9）

3) 여유선수차(與惟善手劄)(正德五年春1510)

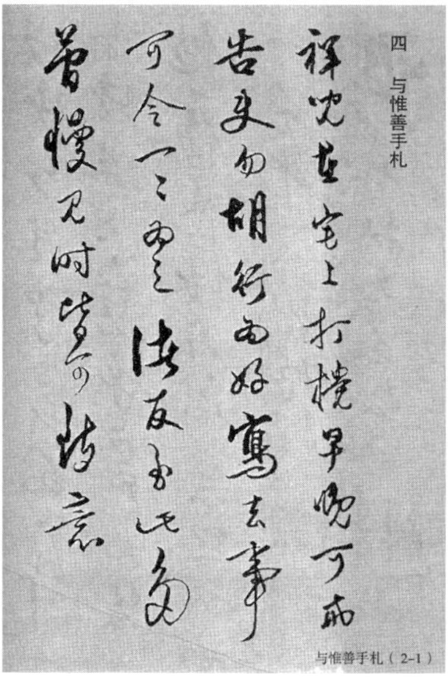

与惟善手札（2-1）

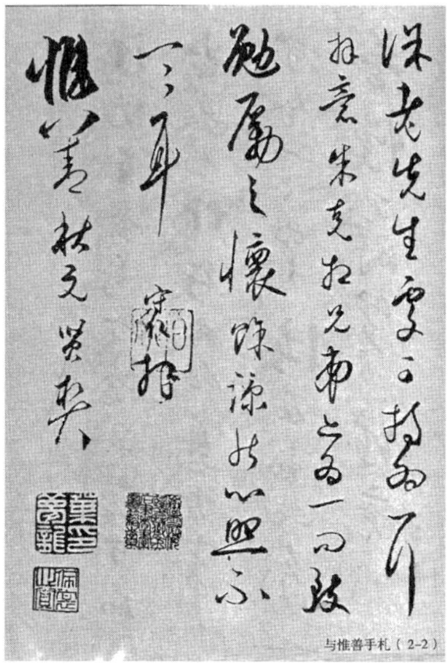
与惟善手札（2-2）

4) 천애사귀서축(天涯思歸書軸)(正德五年春1510)

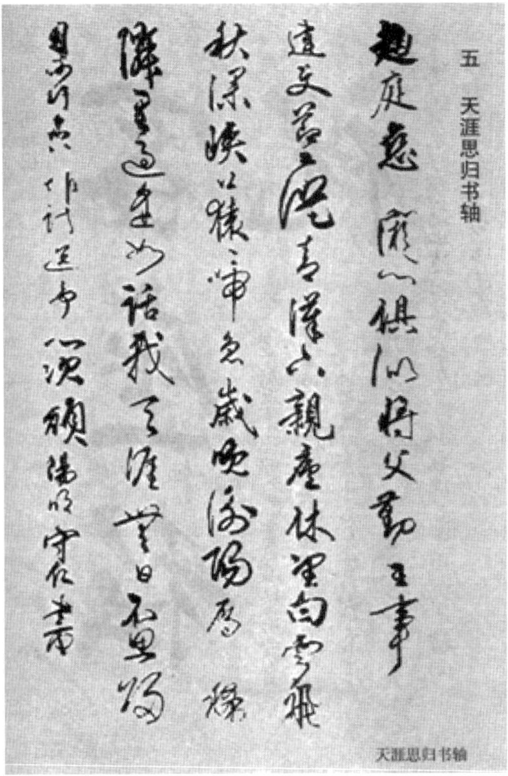

5)객좌사축(客座私祝)(1527)

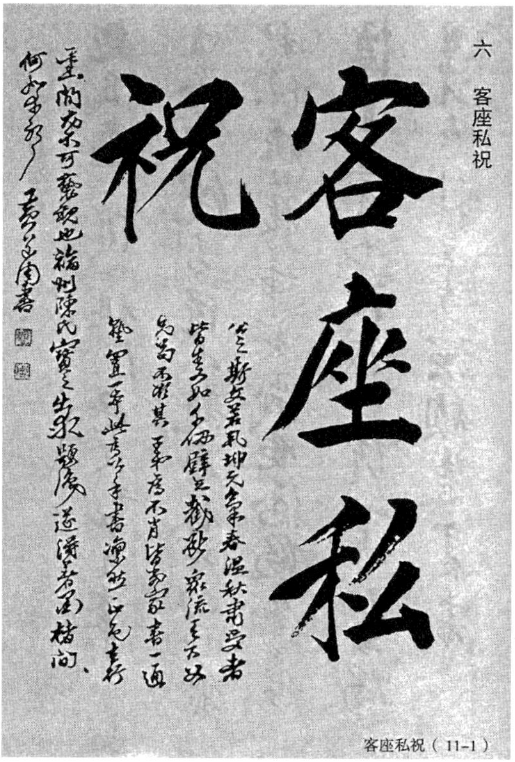

客座私祝（11-1）

찾아보기

ㅇ

ㅈ

ㅊ

저자

왕수인 王守仁, Wang Shouren

왕수인(王守仁 1472-1528)은 중국 명나라의 사상가, 정치가, 교육가로, 중국사상사에서 '양명심학(陽明心學)'이라는 장르를 만들었다.

자는 백안(伯安), 호는 양명(陽明), 시호는 문성(文成)이다. 중국 절강성(浙江省) 여요(餘姚) 사람이다. 1506년 환관 유근(劉瑾) 탄핵 운동에 참가했다가 화를 불러 투옥되었다. 그 다음 1508년 중국 귀주(貴州) 수문현(修文縣) 용장역(龍場驛) 역승(驛丞)으로 좌천되었다. 왕양명은 용장에서 약 3년간(1508 봄~1510년 3월)을 머문다. 그 동안 그는 "성인(聖人)의 도는 자신의 본성 속에 자족한 것[吾性自足]"이라는, 양명학의 탄생을 알리는 깨달음을 얻는다. 보통 이것을 '용장대오'(龍場大悟)라고 하고, 또한 '심즉리(心卽理)'설의 제창이라 한다. 모든 이치(理)는 나의 본성에 갖추고 있다! 내가 진리의 창출자이다! 누구나 이 점에서 평등하다! 이 '선언'에 의해 왕양명의 '성인됨'의 추구와 고뇌는 일단락된다. 이후 '심즉리'를 토대로, 그는 지행합일설, 치양지설, 만물일체론 등의 학설을 전개해 간다.

왕양명은 비로소 당시 유행하던 주자의 이학(理學)에서 벗어나 심학(心學) 중심의 양명학파를 형성하게 된다. 그의 대표적인 저서로는 『전습록(傳習錄)』과 『왕문성공전서(王文成公全書)』가 있다.

이번에 역주한 이 책은, 그동안 빛을 보지 못했던 용장 좌천기의 관련 자료를 처음으로 일괄 공개하는 셈이다. 여기 실린 글들을 통해서, 왕양명의 철학사상 즉 '양명학'이 탄생되어 나오는 광경과 그 기반이 되는 정신적 자각 등을 자세히 살필 수 있을 것이다.

역주자

최재목 崔在穆, Choi Jae-Mok

현재 영남대 철학과 교수. 일본 츠쿠바(筑波) 대학원 문학석사·문학박사, 전공은 양명학·동아시아사상사. 한국양명학회장 역임. 『동아시아 양명학의 전개』(일본·대만·중국·한국 판) 외 다수의 저서와 논문이 있음.

김명월 金明月, Kim Meong-Wol

현재 영남퇴계학연구원 연구원. 영남대 대학원 중문학과 문학석사, 한국학과 문학박사. 박사학위논문「鄒守益與李滉的心學思想及其比較研究(『鄒守益과 李滉의 心學思想 비교연구)」외 다수가 있음.